Carlo Carretto

Denn du bist mein Weg

CARLO CARRETTO

Denn du bist mein Weg

MEDITATIONEN FÜR JEDEN TAG

Herausgegeben von Luitgard Maly

JAHRESLESEBUCH

Herder

Freiburg · Basel · Wien

Umschlagbild: Erich Lessing

Herstellung: Clausen & Bosse, Leck
ISBN 3-451-22385-6

VORWORT

»Unsere Schritte treten in die Fußstapfen, die du uns zurückgelassen hast. Wenn ich dich beschreiben müßte, hätte ich nur dies zu sagen: ›Du bist der, der mir zuvor war,... du bist mein Weg.‹«

In dieser Gewißheit fest verwurzelt, lebte Carlo Carretto (1910–1988), sprach er begeistert und mitreißend von *ihm*, den er »gesucht und gefunden« hat, und wurde er zu einem herausragenden, verläßlichen Wegbegleiter für viele Gottsuchende heute. Bei Vorträgen im In- und Ausland, zahllosen persönlichen Gesprächen und Begegnungen in Spello (bei Assisi), einem geistlichen Zentrum von großer Anziehungskraft, und in seinen weltweit verbreiteten Büchern führte Carlo Carretto vor allem auch jungen Menschen die Lebenswirklichkeit von Glaube, Hoffnung und Liebe geradezu ansteckend vor Augen, vermittelte ihnen fast jubelnd seine Erfahrung und Überzeugung: »Wir sind nie allein, wenn wir in Gott leben; Gott ist immer da... Ich habe nie die geringste Schwierigkeit gehabt, die Gegenwart Gottes zu spüren. Ich freue mich seiner Gegenwart, die lebenschaffend ist... Gott ist dein Vater, und du bist sein Kind.«

Die Schlüsselworte, die wie Marksteine den Weg der Suche und Erfahrung Gottes kennzeichnen, und die Carlo Carretto jedem immer wieder neu ans Herz legt, heißen *Gebet* und *Kontemplation*. Darin erweist er sich als wahrer Lehrmeister; doch nicht mit einer Theorie – wie Kardinal Martini in einer Meditation in Spello nach einem Besuch am Grab Fratel Carlos im März 1990 ausführte –, sondern durch sein mitreißendes Beispiel, sich Gott entgegenzuwerfen, sich in ihn fallen zu lassen, »sich in Gebet und Kontemplation zu versenken und sie zu leben.« – »Das ist es,« sagte Carlo Carretto selbst in seinem am weitesten verbreiteten Buch »Wo der Dornbusch brennt«, »was für die Seele wichtiger ist als jede andere Übung, und das ist mein Wunsch für dich, Bruder und

Schwester. Hierin sind alle Gaben zusammengefaßt, die mir die Wüste geschenkt hat.«

Für diesen Weg der Gottsuche und -begegnung in Gebet und Kontemplation will die vorliegende Textauswahl Hilfe und Begleitung sein. Sie bietet dem Leser für jeden Tag des Jahres einen Abschnitt aus dem umfangreichen Werk Carlo Carrettos, den er, auch wenn er nur wenig Zeit hat, in ein paar Minuten lesen und für sich bedenken kann.

Mit dieser Auswahl, die sich an den Hauptthemen der geistlichen Botschaft Carlo Carrettos orientiert – zu ihnen gehören Kennworte wie: Vertrauen, Mut, Nacht, Schweigen, Wüste, Gebet, Kontemplation, Kindsein, Nachfolge, der »letzte Platz« u. a. m. – ist zweifellos eine reiche Quelle erschlossen, aus der sich geistliches Leben heute nähren kann. So mag dieses »Jahreslesebuch« auch Einladung sein, die eigene Wegrichtung neu zu bedenken, über die Carlo Carretto schrieb: »Bruder, Schwester, mach dir keine Sorgen um das, was du tun sollst! Behellige nicht den Himmel mit der ständigen nutzlosen Frage ›Welches ist mein Weg?‹, sondern lerne statt dessen zu lieben. Wenn du liebst, wirst du deinen Weg finden, wenn du liebst, wirst du die Stimme hören, wenn du liebst, wirst du den Frieden finden.«

Luitgard Maly

INHALT

JANUAR

Das Neue

MORGEN EINER ZEIT

Es liegt etwas Neues in der Luft. Ein Wehen des Geistes geht durch die Welt. Eine alte Welt stirbt, eine neue wird geboren. Wir stehen am Morgen einer Zeit, die gezeichnet ist von einem gewaltigen Verlangen nach Liebe und Frieden unter den Völkern und unter den Menschen.

Wahrheit und Liebe sind von neuem unterwegs, um sich zu begegnen. Ein ökumenischer Sinn entwirrt die verwickeltsten Knoten, und der Wunsch, einander kennenzulernen und zu verstehen, überwindet die Versuchung, im alten Bollwerk unserer angeblichen Wahrheiten verschanzt zu bleiben.

Der Mensch geht, vielleicht zum erstenmal, hinaus ins Freie, ohne Abwehrapparat, ungeschützt, ungesichert, in der Hoffnung auf fruchtbare Begegnungen. Die Freundschaft wird der normale Weg menschlicher Beziehungen, Religionskriege gehören der Vergangenheit an.

Ihr sagt, ohne Waffen erreiche man nichts. Ich antworte im Namen Jesu: Das ist nicht wahr. Man erreicht sehr viel, erreicht mehr ohne Waffen. Gandhi und King haben das durch ihr Leben bezeugt. Sie haben daran geglaubt, daß Sanftmut eine Seligkeit ist.

Es ist aber sehr schwer, an die Macht der Sanftmut zu glauben. Jesus hatte recht: »Hättet ihr Glauben wie ein Senfkorn, dann könntet ihr zu diesem Berg sagen: Hebe dich hinweg!«

Ein Glauben so groß wie ein Senfkorn – das ist nicht sehr viel. Wir haben aber nicht einmal dieses Maß an Glauben, mit anderen Worten, wir glauben nicht an Jesus. Sein Wort tut uns weh, erweckt bei uns Anstoß, bestürzt uns zumindest. Wie kann man dem Wolf Einhalt gebieten ohne Gewehr?

DER TRAUM

»Dann schmieden sie Pflugscharen
aus ihren Schwertern
und Winzermesser aus ihren Lanzen.
Man zieht nicht mehr das Schwert,
Volk gegen Volk,
und übt nicht mehr für den Krieg« (Jes 2,4).

Ja, wir werden unsere Schwerter zu Pflugscharen und die Lanzen zu Winzermessern umschmieden.

Alles Träume?

Ja, Träume, aber Träume, die uns aufleben lassen, die uns Mut machen, die uns unserer Verzweiflung am Dasein entreißen, unserer eigentlichen Sünde, und uns eine andere Welt zeigen, eine Welt, die wir in uns tragen und auf der Stelle verwirklichen würden, wenn es auf uns ankäme.

Wer sagt uns, daß er, »der Himmel und Erde gemacht hat« (Ps 134,3), nicht dieselben Vorstellungen und Wünsche hat wie wir? Und wer sagt uns, daß nicht eigentlich er es ist, der uns den Traum ins Herz schreibt, der uns darauf bringt und uns sagt, wir sollten so vorgehen, daß wir ihn auch verwirklichen können, der uns sagt, daß wir es schaffen..., daß eine Zeit kommt?

Ja, sie kommt...

Dieser messianische Traum ist eine Verheißung zwischen Himmel und Erde, ist eine Brücke zwischen zwei Ufern, ein Baum an deinem Pfad durch die Sonnenglut.

Die Eingebung kommt aus der Ferne, aber du bist es, der den Traum lebt. Eingegeben wird er dir durch eine Verheißung, aber deine Sache ist es, ihn auszudenken; er kommt vom andern Ufer, aber du verwirklichst ihn auf deinem Ufer. Ich glaube, er ist der Weg, auf dem Gott uns ruft, uns heranbildet und uns an seine Denkweise gewöhnt.

Wenn du hinhörst, dich in Bewegung setzt, stehen bleibst, nimmt der Traum in dir schärfere Konturen an.

EIN NEUER HIMMEL, EINE NEUE ERDE

»Dann sah ich einen neuen Himmel und eine neue Erde; denn der erste Himmel und die erste Erde sind vergangen, auch das Meer ist nicht mehr. Ich sah die heilige Stadt, das neue Jerusalem, von Gott her aus dem Himmel herabkommen...« (Offb 21,1f.).

Der neue Himmel und die neue Erde, uns verheißen vom Geist, werden tatsächlich neu sein. Gott erwartet von uns nicht, daß wir Himmel und Erde neu schaffen. Seine neue Schöpfung hängt nicht ab von der kulturellen und technischen Stufe, die wir erreicht haben.

Was also erwartet Gott von uns?

»Doch wird der Menschensohn, wenn er kommt, Glauben finden auf Erden?« (Lk 18,8). Was erwartet er also von uns – von uns, die wir durchaus in der Lage sind, die Welt mit Atombomben zu zerstören?

Die Geheime Offenbarung redet von *neuen Himmeln* und einer *neuen Erde*. Es ist, als ob gesagt wäre: Ich werde eine neue Schöpfung bewerkstelligen, weil es in der alten nicht so zuging, wie es hätte zugehen sollen. Unser Glaube besteht darin, an dieser Möglichkeit Gottes festzuhalten.

Was bleibt also von dieser irdischen Welt?

Was bleibt, ist die *Liebe*. Das Haus verschwindet, es bleibt aber die Liebe, die es auferbaut hat. Das Büro verschwindet, es bleibt aber der Schweiß, mit dem wir unser Brot verdient haben. Revolutionen verschwinden, es bleiben aber die Tränen, die um der Gerechtigkeit willen vergossen wurden. Unser alter Körper verschwindet, es bleiben aber die Zeichen unseres Opferns und die Wunden, die ihm anhaften. Sie gehen über auf den neugeschaffenen, göttlichen Leib, der bewirkt ist durch die Auferstehung und der nicht mehr Sklave des Todes ist.

Erstes Angeld dieser Hoffnung ist uns durch die Auferstehung Christi zuteil geworden.

ERWARTEN

Wenn ich euch sagen müßte, was das Wichtigste für uns ist, die wir an ein Christentum glauben wollen, das wirklichen Einfluß auf das moderne Leben hat, dann möchte ich sagen, daß unsere Grundhaltung der Sieg über die Angst sein muß.

Denn warum bete ich nicht? Weil ich Angst habe, Zeit zu verlieren; weil ich Angst vor der geistlichen Trockenheit habe. Das, was der göttliche Bräutigam von uns fordert, ist: treu sein im Warten auf ihn, der kommt!

Er ist jener Gott, der immer auf uns zukommt; und wir müssen bereit sein, ihn zu erwarten; dies aber in der Überzeugung, daß er uns immer Neues bringen wird. Die frische Kraft der Kirche besteht darin, an die Neuheit Gottes zu glauben. Ist *die* Versuchung der Kirche von heute nicht die Versuchung der Angst?

Gott ist Neuheit. Und wenn ich eine Kirche sehe, die Angst vor Neuem hat, kann ich nur lächeln. Die Kirche steht ja nicht auf ihren Füßen, weil ich tüchtig bin oder nicht. Die Kirche steht auf ihren Füßen, weil sie den Geist hat.

Die Haltung dessen, der die Kontemplation im Leben üben will, ist die Sicherheit in Gott. Dieses Zeugnis läßt uns im Glauben ausrufen: »Der auferstandene Christus ist unsere Kraft!« Eben deshalb meine ich: wir müßten ganz besonders heute innerhalb der Kirche selbst den Eindruck vermitteln, keine Sicherheiten zu wollen.

In eben diesem Mut, keine Sicherheiten zu wollen, nicht auf Organisation und auch nicht auf mein Gebet von gestern zu bauen, sondern mit großem Vertrauen auf die Macht des auferstandenen Christus, auf das Wirken des Heiligen Geistes in mir und im grenzenlosen Vertrauen auf einen Vater, der mir das Leben gibt, mich selbst hinzugeben darin finde ich meinen Frieden und deshalb meine Kontemplation.

ZUVERSICHT

Es geht ein Wind, an den wenige von uns gewöhnt sind, und die Erde, das Symbol der Festigkeit, erweist sich in Anbetracht ihrer Ausbeutung und fortschreitenden Verseuchung als unfähig, uns zu erhalten und zu ernähren.

Selbst die Kirche – Stadt auf dem Berg, Anker der Rettung, uneinnehmbarer Turm, sicheres Schiff – erscheint den Ängstlichen und Schutzlosen unfähig, uns die Sicherheit zu verleihen, an die wir gewohnt waren und die den Trost und die Zuversicht jener Menschen ausmachte, die keinerlei Lust hatten, persönliche Verantwortung zu übernehmen.

Die Angst geht in der Welt um.

Die Angst geht in der Kirche um.

Daß die *Welt* Angst hat, wundert mich nicht. Es ist ganz natürlich, beim Überhandnehmen der Kriminalität und bei der Dreistigkeit der Terroristen und Räuber.

Mich bekümmert die Angst der *Kirche*, weil sie das traurige Zeichen dafür ist, daß uns der Glaube an Christus, den Auferstandenen, den Herrn der Geschichte, ausgegangen ist.

Doch keine Angst, wenn sich etwas ändern wird. Es wird sich im richtigen Sinn ändern. Seit das Konzil den Vorrang des Wortes Gottes besiegelt hat, und die Gemeinschaften sich angewöhnt haben, sich mit dem Evangelium zu beschäftigen, ist unter der wärmenden Einwirkung des Heiligen Geistes der eisige Boden der Institutionen aufgetaut.

Überall bilden sich kleine Gebetsgemeinschaften, die Kirche sein wollen und das Mahl des Herrn mit Fröhlichkeit und Frieden im Herzen neu erleben.

Überall spricht man von Befreiung der Unterdrückten; von Dienst, von Armut, von Liebe.

Ja, das ist das Evangelium, das an die Türen klopft.

Gott hat sein Volk nicht verlassen.

SEINE GEGENWART

»In Gott leben wir, bewegen wir uns und sind wir« (Apg 17,28). Das ist das Fundament aller Wirklichkeit, die Erklärung des Seins, die Bedeutung des Lebens und der Quellgrund der Liebe.

An uns ist es, dieser Tatsache bewußt zu werden, sie im Glauben aufzufassen, sie in der Hoffnung zu vertiefen, sie in der Liebe zu leben.

Es ist die Geschichte des kleinen Kindes, das nach und nach seine Mutter und seinen Vater entdeckt, die Geschichte einer Frau, die ihren Gatten findet, des Mannes, der den Freund findet.

Aber Mutter und Vater waren schon da, der Gatte und der Freund existierten schon vorher.

Gott ist immer schon da. An uns ist es, ihn zu entdecken, nicht, ihn zu erschaffen.

Die Gegenwart Gottes in uns, im Kosmos, im Unsichtbaren, in allem ist radikal. Du wirst dich nie an einem Ort oder in einer Situation befinden, wo Gott nicht schon ist.

Bei mir ist es so gekommen, daß ich ihn immer und überall spüre, und das ist meine Kraft, wie Johannes sagt: »Das ist der Sieg, der die Welt besiegt: unser Glaube« (1 Joh 5,4).

Ich sehe ihn in der Wurzel jeden Dinges, im Hintergrund jeden Ereignisses, in der Transparenz jeder Wahrheit, im Bleibenden der Liebe.

Immer! Und daher kommt es, daß ich glücklich bin. Und ich fühle mich nie allein. Was ich seiner Gegenwart verdanke, ist, daß all meine Ängste verschwunden sind.

AUF DEM WEG

Die Geschichte Israels kehrt wieder: Exodus, Wüste, Unsicherheit. Ich komme von diesem Grundschema der Bibel nicht los, wohl auch, weil ich das Gefühl habe, daß mein eigenes Leben die gleichen Phasen durchschritten hat und durchschreitet. Ägypten als Ort der Knechtschaft, der Exodus als Zug der Befreiung durch die Wüste, der Einzug in das Land der Verheißung, seine Eroberung, die Errichtung des Königreiches in Jerusalem, die erneute Untreue gegen Jahwe und die darauf folgende Strafe: das Exil in Babylon; dann die Heimkehr des kleinen Rests Israels und der Beginn der neuen Zeit mit dem Kommen Christi.

Ob die Kirche, das neue Israel, nicht den gleichen Weg zu gehen hat? Durchläuft ihre Geschichte nicht die gleichen Etappen?

Hat sie etwa nicht ihren Exodus und ihre Wüste durchlebt? Hat sie nicht das neue Jerusalem erobert: Rom? Hat nicht auch sie gesündigt durch übertriebene Selbstsicherheit, Machtstreben, Vergessen der Armen? Hat sie sich nicht dazu bequemt, wenn auch in gutem Glauben, das Sichtbare, das Gepränge zu überschätzen?

Kann sein.

Kann auch sein, daß die Zeit für die Umkehrung des Exodus gekommen ist, im Sinne von Hosea: »Zum Lande Ägypten wird Israel zurückkehren« (Hos 11,5).

Ich weiß nicht.

Jedenfalls schwinden Sicherheit und Pracht dahin, und man braucht gar nicht erst von Verschleppung nach Babylon zu sprechen, nachdem Babylon sich längst in unsere christlichen Städte verlegt hat.

Wir Christen müssen uns klarmachen, daß wir von nun an auf fremdem Boden leben, in das moderne Babylon verbannt zu kleinen Minderheiten geworden, aber Zeugen des Unsichtbaren, nicht mehr Herren, sondern Gäste der Völker, Überbringer einer Botschaft, die die Macht hat, alle zu retten, und Träger einer Hoffnung, die die einzige Hoffnung ist.

SICHER UND GETRÖSTET

Mag sein, daß die Kirche in der Tat harten Zeiten entgegengeht, wie Israel in der Zeit der Verbannung. (Was für bittere und naive Prophezeiungen tuschelt man sich in den Pfarreien zu).

Mir sagt das nicht viel, weil Christus mich von der Angst befreit hat, ich fühle mich sicher und getröstet, weil Jesus in mein Leben getreten ist.

Wenn ein Priesterseminar geschlossen wird, denke ich nicht daran, mir Sorgen zu machen, es könnte eines Tages kein Priester da sein, mir die Eucharistie zu reichen.

Wenn der Vatikan verkauft wird, zittere ich nicht im Gedanken, alles sei zu Ende, und Gott sei vom Bösen bezwungen worden.

Nein, lieber singe ich mit Hosea die Worte der Hoffnung:

»Heilig bin ich in deiner Mitte, Israel,
Wie ein Löwe werde ich brüllen, dem Bösen entgegen.
Deine Kinder eilen herbei wie Tauben,
wie Vögel kehren sie heim in ihr Nest«

(nach Hosea 11,9–11).

Ja, ich habe so große Hoffnung!

Und es ist die wahre Hoffnung, nicht eine, die sich auf menschlichen Optimismus gründet, sondern hervorgegangen aus meiner Widersprüchlichkeit und Schwäche, aus den Widersprüchlichkeiten und Schwächen der Kirche und aus dem Anblick des fortwährenden Babylon der Welt.

Meine Hoffnung gründet sich nicht auf meine Kraft und auf die organisierte Kraft der Kirche, sondern allein auf den lebendigen Gott, auf seine Liebe zum Menschen, auf sein Handeln in der Geschichte, auf seinen Heilswillen.

Ich setze meine Hoffnung auf den Gott, der Jesus von den Toten auferweckt hat und der die Macht hat, alles neu zu machen.

VOLLER HOFFNUNG

Noch vor kurzem hatten die Christen einen ruhigen Winkel, wo sie ihren Blick ruhen lassen und einen Rest von Optimismus pflegen konnten: – eine durchorganisierte und triumphale Kirche – eine klar umrissene Zahl von Gläubigen – eine Kultur christlichen Gepräges – fromme und geordnete Familien.

Aber heute! Mit dem Versiegen des Glaubens an die »Kirche als Zahl« und dem Aufscheinen der »Kirche als Zeichen« setzte ein Umbruch ein, und manch einer kommt nicht mehr mit und leidet darunter.

Wer sich heute in der Wirklichkeit umsieht, ohne von prophetischem Geist berührt zu sein, der kann seinen Optimismus zu Grabe tragen.

Aber ihr sollt wissen: wo der menschliche Optimismus stirbt, wird die christliche Hoffnung geboren. Der Optimismus ist Vertrauen auf die Menschen, auf die menschlichen Möglichkeiten; die Hoffnung ist Vertrauen auf Gott und seine Allmacht.

Apokalyptische Zeit also, Zeit, in der der Glaubende zuerst zum Himmel und dann auf die Erde schaut. Auch späht er mehr nach den Zeichen des Kommens Gottes als nach den Umtrieben der Völker, baut mehr auf die Treue Gottes als auf die Tüchtigkeit oder List der Menschen.

Und auch wenn er handelt, ist sein Geist gesättigt vom Glauben an das Wort:

Komm, Herr Jesus!

Der Weg, auf dem er zu uns her kommt, sich uns zu offenbaren, ist ein und derselbe Weg, den wir gehen, um ihn zu suchen. Wir finden ihn in dem Maße, in dem wir glauben, nicht mehr und nicht weniger.

Gott hat es so angeordnet, daß die Unterredung mit ihm im Glauben stattfindet, daß das Wachsen in ihm in der Hoffnung geschieht und daß seine Offenbarung in der Liebe erfahren wird. Und das bis zum Ende der Zeiten, bis zu dem Tage, an dem wir »von den Toten auferstehen« werden.

DABEI BLEIBEN

Manch einer ist dahin gekommen, daß er sich frei fühlt von dem Tage an, an dem er seine Beziehungen zur Kirche gelöst hat. Andere haben die Empfindung, sie hätten erst richtig zu leben angefangen, seit sie ihr Verhältnis zu Gott in die Vergangenheit verwiesen haben und sich aufmachten, dem Menschen zu dienen, ohne sich an die Tradition gebunden zu halten.

Aber solche Schnitte durchzuführen ist gar nicht nötig, schon weil sie uns von der Wahrheit trennen. Die Kirche bleibt die Kirche und Gott bleibt Gott.

Was bin ich außerhalb des Volkes Gottes, und welche Kraft bleibt mir, wenn der Glaube an den Allerhöchsten dahin ist?

Die Kirche wehrt es mir nicht, das Evangelium wirklich zu leben, und die Bindung an Gott habe ich gerade dann nötig, wenn ich mich entschlossen habe, etwas Ernsthaftes zu unternehmen.

Ich weiß, in der Vergangenheit war Religion allzuoft gleichbedeutend mit: »Haltet Ruhe, tanzen wir nicht aus der Reihe. Nur keine Streiks, nur nichts riskieren«; aber ich weiß auch, daß die Dinge sich geändert haben und daß das Wort Gottes uns heute stellt und ausfragt über die Gerechtigkeit und Liebe, mehr als über Prozessionen und über den Bau prunkvoller Kirchen.

Warum die Kirche aufgeben, ausgerechnet jetzt, wo wir anfangen, uns als Kirche zu fühlen? Warum die göttliche Inspiration aufgeben, ausgerechnet jetzt, da wir sie am meisten brauchen? Warum meinen, daß Gott uns widerstreitet, gerade während wir uns mit mehr Einsatzbereitschaft dem Menschen widmen?

Ist Gott etwa nicht auf der Seite des Menschen? Ist nicht er sein Anwalt?

Lest das Evangelium nach Matthäus und sagt, ob ihr euch härtere Worte denken könnt als die im 25. Kapitel zur Verteidigung der Gerechtigkeit und zur Befreiung des Menschen!

AUF DAS MÖGLICHE SETZEN

Die Liebe, die über meinen Bruder hereinfällt, hat die Macht, in ihm neues Leben zu schaffen.
Die Liebe schafft im Menschen den göttlichen Bereich der möglichen Umgestaltung.

Daß er sich geliebt weiß, das treibt ihn auf den Weg, das läßt ihn auf Rettung hoffen. Seine Armut wird zur Fähigkeit der Erfüllung, seine Verlogenheit stößt er ab, seine Zerrissenheit weckt in ihm die Sehnsucht nach Einheit, in seine Finsternis flutet Licht.

Wenn Jesus zu mir sagt: »Liebe deinen Feind«, spricht er mir ein Maximum der Möglichkeiten, ein Maximum der Liebesfähigkeit zu, doch gleichzeitig gibt er mir das Maximum der Hoffnung, in dieser Welt Frieden zu haben. Wenn ich den Feind mit Liebe und nicht mit den Waffen belagere, mache ich es ihm und mir leichter, unsere Möglichkeit zu ergreifen: nämlich die Zeiten aufdämmern zu sehen, in denen »der Wolf bei dem Lamm wohnt und der Panther liegt beim Böcklein. Kalb und Löwe weiden zusammen, ein kleiner Knabe kann sie hüten. Kuh und Bärin freunden sich an, ihre Jungen liegen beieinander ... Der Säugling spielt vor dem Schlupfloch der Natter ... Man tut nichts Böses mehr und begeht kein Verbrechen« (Jes 11,6–9).

Es kostet mich etwas, so zu handeln, aber damit breite ich das Reich aus, das uns verheißen ist, und übernehme mein Erbteil: den Frieden.

Ja, das Negative im Menschen lieben. In der Gewißheit, daß es morgen ins Positive umschlagen wird.

So betrachtet, macht mir die Erde keine Angst mehr. So betrachtet, weckt die menschliche Gesellschaft in mir Hoffnung und Antrieb zum Handeln.

Lieben wir das Mögliche im Menschen, lieben wir das, was nicht ist, noch nicht ist! Die Christen »ohne Hoffnung«, das sind genau die, die im Menschen nur das Wirkliche zur Kenntnis nehmen und dem Möglichen keine Chancen geben.

Kein Wunder, daß sie trübselig sind.

WANDEL UND STABILITÄT

Mein Schicksal war, daß die Mitte meines Lebens mit der Wende zwischen zwei Epochen zusammenfiel. Ich habe das alte Afrika gekannt und danach das Afrika der Volksrepubliken und Demokratien. Ich habe die Kamelpiste gekannt, und danach habe ich die großen Ölkonzerne die Wüste in einen Pfuhl von Geld und Häßlichkeit verwandeln sehen.

Ich habe noch Zeit gehabt, die vorkonziliaren Traditionalisten sich ereifern zu hören, die in allen möglichen Vernachlässigungen der streng rubrizierten lateinischen Liturgie ebensoviele Gelegenheiten zu Todsünden sahen, und es geschah mir, daß ich heiligen Messen beiwohnte, die der Priester ohne Paramente, ohne Kelch, ein rotes Halstuch umgetan, zelebrierte.

Was habe ich nicht alles gesehen! Ich habe den Übergang gesehen! Den Kostümwechsel, den Wandel der Sitten! Ich sah die neue Zeit kommen!

Aber ich habe auch das Konzil gesehen. Für mich war diese großartige Versammlung von Bischöfen um Papst Johannes und dann um Papst Paul der überwältigende Beweis für die Anwesenheit des Heiligen Geistes in der katholischen Kirche von heute.

Keine andere Kirche war zu so etwas fähig. Es war wie die Rückkehr ins Jerusalem des ersten Konzils mit Johannes, Jakobus, Petrus, Andreas. Es war der Eckstein, auf den sich das Morgen bauen läßt, der Meilenstein, von dem aus der Weg weitergeht in die Welt von heute.

Wir dürfen es nicht vergessen: da ist ein radikaler Wandel, und da ist eine noch radikalere Stabilität. Der Wandel geht in der Kultur und in den Bräuchen vor sich, die Stabilität ist im Glauben. Der Wandel ist in der Welt, die sich wieder einmal im Heidentum vorfindet, die Stabilität ist in der Kirche, die sich bereit findet, an der Heilsverkündigung festzuhalten.

Wir sind wie am Anfang.

Wir sind zu den ersten Christen gestoßen.

NEUES BAHNT SICH AN

Die Vergangenheit ist vergangen und kehrt nicht wieder. Waren auch zweitausend Jahre nötig, bis das Evangelium anfing in die harten Köpfe der Männer einzudringen, die Christen geworden, und doch halb und halb Heiden geblieben sind: einiges bahnt sich an.

Das Konzil war ein einzigartiger Anlauf zur Umgestaltung der modernen Welt und hat manch Überflüssiges weggefegt, das auf der Kirche lastete. Und das konnte geschehen, weil nach soviel Leid das Evangelium in die Adern der Kirche hineingeströmt ist bis ins Innerste.

Lest aufmerksam, und der Unterschied zwischen dem Alten und dem Neuen Testament wird euch ins Auge springen. Die Gewalt Moses, die das Alte Testament kennzeichnet, hat nichts mehr zu tun mit der Gewaltlosigkeit Jesu, der das Neue errichtet hat.

Die Politik des alten theokratischen Staates, wie wir sie auch vom Mittelalter kennen, wo Glaube und Kultur, Glaube und Politik ineinanderliefen, ist von dem in den Herzen gereiften Evangelium endlich überwunden worden. Der Legalismus der alten Zeiten tritt hinter der Liebe zurück, die in den Menschen aufleuchtet.

Heimlicher und offener Rassismus, Kasten- und Klassendenken werden in den Wind gestreut durch die Idee der Gleichheit, die im Reich Gottes gründet und in ihm verwirklicht wird.

Auch für die Frau gibt es Neues, lest aufmerksam.
Öffnet die Augen den Zeichen der Zeit, es könnte euch sonst passieren, daß ihr von der Wirklichkeit überrumpelt werdet, die schon dasteht und an die Türen klopft.

Wie gern wollte ich allen Frauen sagen: »Geht, auch ihr seid berufen!« und in diesen Aufruf die ganze Kraft des Geistes hineinlegen und das Betroffensein von der ungeheuren Bedürftigkeit der Welt, die nach dem Evangelium hungert.

RADIKALER UMSCHWUNG

Der Geist ist gekommen, und wie um sich hören zu lassen, hat er tüchtig an den Türen von Jerusalem gerüttelt, aber...

Wer hätte einen so radikalen Umschwung, wie Jesus ihn andeutete, verstehen können? Wer konnte den seit Jahrhunderten verborgenen Plan fassen, der jetzt enthüllt werden sollte? Das Projekt »Jesus«, wo der Sieg im Verlieren errungen wird, die Kraft des Glaubenden in seiner Schwachheit liegt (2 Kor 2,9–10), wo die Seligkeit in der Armut zu finden und wo das Sterben ein Gewinn ist (Phil 1,21)?

Viele sind überzeugt, mit dem Aufkommen der Kirche sei alles in Ordnung gebracht, klar und glatt, aber so stehen die Dinge nicht.

Wer von uns ist aus dem Neuen Testament geboren? Wer von uns vermochte das Denken Jesu in sich aufzunehmen, besonders wenn es um das Geheimnis des Kreuzes geht?

Obgleich wir getauft sind, stehen wir noch tief im Alten Testament, und wir verstehen uns besser auf das Murren in der Wüste als auf die Seligpreisungen des neuen Jerusalem.

Es ist nicht leicht, Jesus in seiner ganzen Weite und Tiefe anzunehmen. Selbst der Kirche fällt es leichter, das Gesetz des Alten Testaments anzunehmen, als die im Neuen Testament enthaltene *Neuheit der Liebe*.

Auf Schritt und Tritt sind wir versucht, umzukehren zu der Sicherheit des Gesetzes. Vieles ist verstanden worden und auch schon früh, aber nicht alles. Vielleicht kommen wir in unserem irdischen Leben nie bis auf den Grund des Denkens Jesu!

Versuchen wir es...

Einiges werden wir verstehen, einiges nicht...

Manches verstehen wir am Anfang des Lebens, manches am Ende. Manches verstehen wir im dritten Jahrhundert der Kirche, manches fangen wir an im zwanzigsten Jahrhundert zu verstehen. Es ist ein Weg, der Weg des Volkes Gottes, aber es bleibt ein Weg.

DAS WUNDER VON KANA

Wenn du den Wein trinkst, der von Gott ist, bist du in der Freude. Damit ist nicht gesagt, daß diese Freude immer leicht ist und von Schmerz und Tränen ledig, aber sie ist Freude.

Es kann dir geschehen, daß du den Wein des Willens Gottes in Bitterkeit und von Widersprüchen geschlagen trinken mußt, dennoch empfindest du die Freude.

Gott ist Freude, auch wenn du verfolgt wirst.

Gott ist Freude, auch wenn du stirbst.

Gott ist immer Freude, denn er kann das Wasser unserer Not in den Wein der Auferstehung verwandeln.

Nichts wiedersteht dieser verwandelnden Kraft, dieser unerschöpflichen Fähigkeit, die Dinge neu zu machen, den Himmel neu, die Erde neu. Wir brauchen nur zu glauben, zu hoffen und zu lieben, und das Wunder vollzieht sich immer. Und unsere Freude, das ist unsere Antwort, unser Dank.

Ja, der Jünger Jesu
muß in der Freude leben,
muß Freude verbreiten,
muß trunken von Freude sein.

Noch etwas macht uns dieser Wein bewußt, den Jesus in solchem Überfluß geschenkt hat: die Verfassung des Volkes Gottes gründet auf unbedingter Gleichheit.

Der Wein des Reiches Gottes wurde von allen ohne Unterschied getrunken, erfreute alle, war für alle umsonst und geschenkt. Der letzte konnte schöpfen wie der erste, die göttliche Wirklichkeit teilte sich allen mit, die Prophetengabe allen, die Heiligkeit allen, das Priestertum allen.

Die Kirche, die von jenem Wein fröhlich wurde, war eine universale Kirche: da gab es *nicht mehr Mann noch Frau, noch Grieche, noch Skythe.*

Jeder konnte prophetisch künden, da der Geist dieses Weines ihn durchströmte. Jeder mußte heilig sein, da jener heilig war, der seinen Durst gestillt hatte.

DAS EIGENTLICHE GEHEIMNIS

Daß Gott existiert, ist kein Geheimnis: das sieht man doch!

Daß Gott gut ist, ist kein Geheimnis: alle rechtschaffenen Herzen haben das schon erfahren.

Daß Gott schön ist, ist kein Geheimnis: es ist die Inschrift, die alle Blumen, das Meer und die Berge ziert.

Daß Gott unermeßlich ist, ist kein Geheimnis: man braucht nur das All zu betrachten.

Daß Gott uns nahe ist, ist kein Geheimnis: man braucht nur ein junges Paar auf der Hochzeitsreise, ein Freundespaar im Gespräch oder eine sorgende Mutter zu beobachten.

Worin besteht aber dann das Geheimnis? Es besteht hierin: Gott ist ein gekreuzigter Gott. Gott ist der Gott, der sich entmachten läßt; Gott ist der Gott, der sich im Armen offenbart hat. Gott ist der Gott, der mir die Füße gewaschen hat. Gott ist Jesus von Nazaret.

Dieser Gott war für uns neu.

In unserer Kindheit, der Kindheit des Gottesvolkes, haben wir Ausschau gehalten nach einem starken Gott, nach einem Gott, der uns aus unseren Schwierigkeiten hülfe, einem Gott, der die Bösen ausschaltete, der die Feinde niederwürfe, so daß alle es sehen könnten.

Was geschah aber? Er erschien als Kind. Er hat als armer Arbeiter Gestalt angenommen und sich nicht seiner göttlichen Kraft bedient, um zu Brot zu kommen. Er hat sich nicht mit den Mächtigen verbündet, um die Herrschaft über die Völker anzutreten. Er hat sich nicht vom Tempel hinabgestürzt und die unangebrachten Wunder gewirkt, die wir sehen wollten, um uns besser abzusichern.

Und als die Prüfung gekommen war, hat er sich ihr nicht entzogen. Er ließ sich nicht einmal von seinen Engeln helfen. Als Mensch, wahrer Mensch, hat er den den Prozeß hingenommen, das Urteil angenommen, sich das Kreuz aufgeladen und ist unter Tränen zur Schädelstätte geschritten, um gekreuzigt zu werden. Dieser Gott war neu.

EIN REICH HEUTE

Das Reich, in das Gott uns versetzt hat, als er uns »aus der Gewalt der Finsternis errettet« hat (Kol 1,13), wird Himmelreich genannt.

Der Himmel, das ist ein uns noch verhülltes Reich. Als Erdenbürger gehöre ich einem Staat an und besitze von ihm einen Paß, doch gleichzeitig habe ich einen anderen Paß in der Tasche, den des Himmelreichs.

Ich bin wie ein zielstrebiger Partisan in einem Land, das er zu erobern hofft. Wenn es mir ernst damit ist, sehe ich sofort, daß ich jemand lästig fallen muß, ja, ich weiß sogar, daß die totalitären und ideologischen Regierungen mich nicht ertragen können; ich weiß, wenn sie mich entdecken, werden sie mich zu beseitigen suchen oder mir das Leben schwermachen.

Ich hingegen habe keinerlei Absicht, jemand zu beseitigen, schon weil in meinem Paß der Gefolgschaft Christi steht:

Selig die Barmherzigen,

Selig die Friedensstifter,

und sogar dies:

Selig die Verfolgten.

Wie seltsam ist dieses Reich! Wer kann das verstehen?

Eines ist klar, was dieses Reich betrifft: es beginnt heute, es beginnt mit meiner Bekehrung und wartet nicht bis zu meinem Tod, um mir einen Auftrag zu geben.

Heute!

Es ist ein Reich heute. Ich muß heute handeln.

Ich weiß, es ist ein Reich, das kein Ende hat, das sich über die Todesgrenze hinwegsetzt, das die Zeit ins Unermeßliche überschreitet, das »eschatologisch« ist, wie wir es zu nennen pflegen, das aber bereits unter uns ist und das mich in jeder Hinsicht einspannt.

Das Himmelsreich ist keine schöne Redensart, kein leeres Gerede, kein luftiges Versprechen, es ist eine Tatsache, es ist die Begegnung zweier Entschlüsse, die ernst und echt sind, es ist die Hinwendung zum Licht und zur Liebe, zum wahren Leben, denn Gott ist Licht, Liebe, Leben.

VOLLENDETE WIRKLICHKEIT

Ja, das Reich wird vollendete Wirklichkeit, und es wird auch dann Wirklichkeit, wenn man es blockiert.

Viele werden weiter verbissen am Denken des alten Menschen festhalten, aber auf dem Grund der Herzen, in die der Geist Jesu gekommen ist, wird die *Neuheit* des Reiches mit Macht aufbrechen, und ganz allmählich, Tag um Tag, wird das Gute das Böse, die Barmherzigkeit die Rache, das selbstlose Dienen aus Liebe das Handeln aus Egoismus und Stolz überwinden.

Vor allem wird von Mal zu Mal die Zahl derer wachsen, die mit Freuden das Ärgernis der Worte hinnehmen, die Jesus an den Schächer gerichtet hat, der neben ihm am Kreuz seine Schuld bekennt:

»Heute noch wirst du mit mir im Paradies sein« (Lk 23,43).

Eine so radikale Absolution für einen so offenkundigen Sünder klingt unwahrscheinlich. Daran kein Ärgernis zu nehmen, heißt wirklich, daß die Barmherzigkeit in ihrer Bedeutung einen Entwicklungssprung gemacht hat.

Es ist der Sprung in das Reich der Gnade, das Reich, in das sogar die Dirnen und die Zöllner eher gelangen als du, wenn du auf deine angebliche Gerechtigkeit baust.

Es ist das Reich der Armen, der Triumph der Randexistenzen, der Unterdrückten und der Allerletzten.

Es ist das Reich, in dem Vergebung die Landeswährung ist, und die Banken nur die Schätze horten, die aus der Liebe und dem Leid der Menschen stammen.

Es ist das Reich, in dem es keinen Wettlauf um Geld und Wohlstand gibt, wohl aber den Wettbewerb im Dienst an den Brüdern und in der Nächstenliebe. Das Reich, in dem das Martyrium den ersten Platz einnimmt.

Wie außerordentlich müssen doch diese Umkehr der Werte und der Anblick der Mächtigen sein, die, wie das »Magnifikat« singt, von ihren Thronen stürzen. Versuchen wir einmal, es mit Maria nachzusprechen (Lk 1,46–55).

UNSERE ZUKUNFT

Das Gottesreich ist der Plan des Absoluten, auf den alles hinausläuft, das Endziel der Schöpfung, die Zukunft des Menschen, die Antwort auf seine Fragen nach dem Warum, die Enthüllung aller Geheimnisse.

Das Reich ist unsere Zukunft: Himmel und Erde sind sein Ort, es verwirklicht sich im Sichtbaren und im Unsichtbaren, Gott und der Mensch bewirken sein Kommen.

Gottes Herz und das Gewissen des Menschen sind ganz auf das Gottesreich ausgerichtet. Für die Armen, die Kleinen und die Unterdrückten ist es fast selbstverständlich, für die Reichen, die Satten und die Genießer ist es rätselhaft und nicht gefragt.

Wird Jesus doch sagen: »das Reich Gottes wird den Armen verkündet« (vgl. Lk 4,18; Jes 61,1 f.); denn die Armen sind es, die es erfassen können, auch wenn seine Verwirklichung unvermeidlich ist und keine Macht der Welt es aufhalten kann.

Der Stolz, der Götzendienst ist, glaubt das nicht, aber er stolpert dauernd darüber, da kein Weg daran vorbei führt. Stolperstein ist immer ein Götze, auf den der Stolz trifft und von dem das Wort spöttisch sagt, daß »er Augen hat, aber nicht sieht, Hände hat, aber nicht greift, Füße hat und nicht gehen kann« (vgl. Ps 115,5–7).

Einzig und allein Gott ist!

Das ist der Eckstein des Reiches.

Nichts kann den Plan und die Vollendung des Reiches aus der Richtung bringen, nichts kann Gottes Willen ändern. Man kann höchstens draußen bleiben, aber alles ist so angelegt, daß das Draußenbleiben eine dauernde Hölle und die Qual der Einsamkeit schon Anlaß genug ist, die Ansicht zu ändern und in gebührender Weise um Einlaß zu bitten.

Die Tugend, die dich dazu bringt, deine Ansicht zu ändern, und die zum klaren Blick verhilft, ist die *Demut*. Aller Schmerz des Lebens und die ständige Betrachtung des Todes dienen dazu, sie dir richtig beizubringen.

STERBEN, UM ZU LEBEN

Ich habe entdeckt, daß unter den vielen von Gott geschaffenen schönen und guten Dingen eines nicht minder schön ist, vielmehr äußerst schön, und das ist der Tod.

Und warum?

Weil er mir die Möglichkeit gibt, von vorn anzufangen, mir die Möglichkeit gibt, »neue Dinge« zu sehen.

In keinem Augenblick wie in diesem verstehe ich das Wort der Schrift: »Ich mache alles neu« (Offb 21,5).

Es ist nicht, daß ich den Tod liebe, weil er meine letzten Kräfte wegfegt, ich liebe den Tod, weil durch ihn »alles neu« wird.

Ich liebe den Tod, weil er mir das Leben wiedergibt.

Ich liebe den Tod, weil ich an die Auferstehung glaube.

Die freilich interessiert mich!

Was würde mir alle meine Glaubensmühe nützen, alle meine Hoffnung gegen alle Hoffnung, wenn ich, an diesem Punkt angelangt, das Nichts annähme oder, schlimmer noch, die Unbeweglichkeit, die Erstarrung der Zeit?

Nein, das nehme ich nicht an, und ich sage euch, nein, ich rufe laut: »Ich glaube an das ewige Leben!«

Und jetzt sage ich euch noch ein Geheimnis, das ich entdeckt habe: ich bin gewiß, wenn der Hammer des Todes mich wie eine Olive zermalmen wird, in jenem Augenblick werde ich alles Warum des Lebens begreifen, in jenem Augenblick werde ich sagen: »Nun habe ich begriffen, warum der Tod diese große Realität im ganzen Kosmos ist. In ihm war das Geheimnis des Lebens verborgen.« Und ein großes »Oh!« der Bewunderung wird aus meinem Sein hervorbrechen.

Zittere also nicht, meine Seele, und hab keine Angst. Schau nach vorn und lächle noch einmal.

Wenn der Geist sich auf das Chaos im Anfang niederließ, als Gott die Welt erschuf, so läßt er sich wiederum nieder, um alle Dinge neu zu machen.

DIE NEUHEIT

Auf dieser Erde langweilt mich alles, außer der Neuheit Gottes. Gott ist immer Neuheit, er ist die ewige Neuheit. Er scheint deinem Gebet fern zu sein, und du bleibst in der Trockenheit, im Dunkel die ganze Nacht, während du ihn suchst wie die Braut des Hohenliedes den Bräutigam. Doch riechst du schließlich seinen Duft, der auf deinem Kleid haftenblieb. Wenn dies geschieht, hast du die echte Kontemplation vor dir.

Wir hören den jungen Franziskus auf dem Monte Subasio singen: »Gelobt seist du Herr, durch Bruder Feuer!« Aber das war Poesie und Gefühl; es war jugendliche Begeisterung. Doch wenn Franziskus sich auf dem Monte Alverna befinden wird mit erblindeten Augen und mit einem Herzen, zerrissen vom Leiden an einer Gemeinschaft, die ihm nicht folgte, und bedrückt vom Schmerz, daß seine Brüder ihn nicht verstehen wollten, erst in jenem Augenblick, da er ganz Passivität sein würde, da wird er vom Kerub getroffen werden. Ob nun die Stigmata echt sind oder nicht, ist unwichtig; sie sind nur Zeichen. Aber das, was zählt, ist seine Bereitschaft für das Handeln, das Gott an ihm vollzieht, während er vollkommen passiv ist. Wenn es dir bei deinem Gebet zum Vater gelingt, diesen mühsamen Überstieg zur Passivität zu schaffen, dann beginnt wirklich eine Realität, dann lebst du dein ›Leben Christi‹. Jeder von uns ist berufen, denselben Weg, den Christus ging, nochmals zu gehen. Und dies ist *unsere Größe* auf dieser Erde, in uns das Leben Jesu selbst zu leben.

Die zentrale Wirklichkeit des Lebens Jesu ist das, was wir Ostern nennen und zu Ostern besingen; und dies hat nur eine einzige Bedeutung: Das Leben entsteht aus dem Tod. Auch die Kontemplation, die Leben ist, entsteht aus dem Tod. Es ist der Tod der Erwartung; es ist der Tod der Trockenheit, in die Gott dich führt, um dich zu jenem Gebet zu bringen, daß das Gebet Jesu ist: »Vater, nicht mein Wille geschehe, sondern der deine!«

ÜBERRASCHT

Wir werden nie definieren können, was das Gebet ist. Die Worte genügen uns nicht.

Keinem Heiligen ist es gelungen.

Das Gebet übersteigt alle Definitionen so sehr, daß immer Raum bleibt für sein Geheimnis.

Ja, Beten ist ein Geheimnis.

Beten ist Umgang halten mit dem Geheimnis, das Gott ist.

Versucht es selbst, und ihr werdet sehen, daß es euch bei aller Geschicklichkeit nicht gelingen wird, euere Gebetserfahrung in Worte einzufangen.

Aber etwas davon wird euch sicher definierbar erscheinen: daß es eine Beziehung zwischen zwei Personen ist.

Wenn ihr betet, erfahrt ihr euch vor einem Anderen.

Mag sein, daß du den Anderen in dir drinnen fühlst.

Mag sein, daß du ihn draußen fühlst.

Mag sein, daß du dich umfangen fühlst.

Mag sein, daß du dich sehr fern von ihm fühlst.

Mag sein, daß du ihn als Schweigen erfährst,
als Abwesenheit, als Dürre,
als Finsternis oder als Licht
oder als Freude oder als Fülle
oder als Vorwurf.

Unserer Gotteserfahrung ist keine Grenze gesetzt.

Er ist der immer Neue, und ich habe den Eindruck, daß er sich in der Weise, wie er sich uns nähert, nie wiederholt.

Wenn ich ihn unter einem Olivenbaum erwartet habe, kam er unter einer Eiche,

wenn ich ihn in der Kirche erwartet habe, kam er in der Stadt,

wenn ich ihn in der Freude gesucht habe, kam er zu mir in meiner Traurigkeit,

wenn ich ihn nicht mehr erwartet habe, fand ich ihn vor mir stehen und auf mich warten.

Gott hat mich immer überrascht, und seine Zeit war nie die meine.

GEFÜHRT ZU NEUEN UFERN

Gott ist Überraschung.
Gott ist Neuheit.
Gott ist Kreativität.

Als ich nach meinem langen Aufenthalt in der Wüste Sahara die Freude hatte, Papst Johannes wiederzusehen, fragte er mich, und dabei schaute er mich mit seinen lebhaften Augen durchdringend an: »Sag, hast du früher an so etwas gedacht, bevor du nach Afrika gingst? War das schon geplant? Hast du bei deiner Tätigkeit hier in Rom in der Katholischen Aktion nicht dann und wann ins Auge gefaßt, du könntest Kleiner Bruder werden? Hast du dir nie vorgestellt, es könnte einen Umschwung in deinem Leben geben, du würdest vielleicht in einen Orden eintreten... usw.?«

Nein, gab ich zur Antwort, wirklich nicht. Es kam für mich ganz überraschend, daß Gott mich rief, und in wenigen Tagen war mein Entschluß fertig, ja zu sagen zu dem, was ich für seinen Willen hielt, als ich nach Afrika aufbrach... Vorher ist mir eine solche Wendung nie in den Sinn gekommen.

Darauf der Papst lächelnd: »So kommt es oft. *Man wird zu etwas hingeführt, woran man nie gedacht hätte*... Auch mir ist es so gegangen... nie hatte ich an so etwas gedacht.« Er schaute durchs Fenster, das auf den See von Castelgandolfo ging, und immer noch lächelnd verlor sich sein Blick in der Ferne.

DIE BOTSCHAFT VOM LEBEN VERKÜNDEN

Ein armes, sehr sensibles Mädchen in Hongkong sagte mir: Als mein Großvater aufgehört hat zu arbeiten, blieb er ohne Unterstützung. Er hat ein wenig weitergewurstelt, aber als er an den Rand seiner Kräfte kam, ließ er einen Zettel im Haus zurück und verschwand; er hat sich von einem Felsen in die Bucht gestürzt. Die Chinesen ziehen es oft vor, in aller Stille aus dem Leben zu gehen, statt ihrer zahlreichen und armen Familie zur Last zu fallen.

Es ist schrecklich! Aber gerade in solchen unmenschlichen und grausamen Lebenslagen wird das Evangelium zum Ereignis, zerbricht es die Erdkruste, bricht ein ins Bewußtsein.

Ich habe das so stark empfunden, daß ich mir damals zum erstenmal in meinem Leben gewünscht habe, noch länger zu leben, um das Wort Gottes zu verkünden.

Ich habe es nacherlebt, was Paulus sagte, als er dem Gedanken nachhing, die Last der Erde abzuschütteln: »Für mich ist das Leben Christus und das Sterben Gewinn. Gilt es aber, weiterzuleben im Fleische, so bedeutet mir das ein fruchtreiches Schaffen, und so weiß ich nicht, was ich vorziehen soll. Es zieht mich nach beiden Seiten hin. Ich habe das Verlangen, aufzubrechen und mit Christus zu sein; denn das wäre weitaus das Bessere; das Verweilen im Fleisch aber ist notwendiger um euretwillen. Und im Vertrauen darauf bin ich gewiß, daß ich noch bleibe, und verweile unter euch« (Phil 1,21–25).

In Hongkong hat mich die Freude ergriffen, daß ich leben darf, um die Frohe Botschaft zu verkünden. Welch ein Glück, den Menschen anzusagen, daß wir in Christus auferstanden sind, daß die Geschichte auf das Leben zusteuert, nicht auf das Chaos, daß unsere Tränen gezählt sind, daß alles einen Sinn hat, weil Gott der Lebendige und unser Vater ist.

Ja, dafür lohnt es sich zu leben, dafür lohnt es sich, die Lebenszeit zu verlängern und wie Charles de Foucauld zu sagen: »Für das Evangelium bin ich bereit, bis ans Ende der Welt zu gehen und bis zum Jüngsten Tag zu leben.«

MITTEN UNTER EUCH

Die Verkündigung des Gottesreiches ist die Frohbotschaft für alle. Es lohnt sich, ihr Gehör zu schenken. Aber wo ist sie zu hören?

Dazu braucht man nicht in die Ferne zu schweifen: der Ort, an dem wir sie aufnehmen, liegt in uns, tief in jedem einzelnen von uns. Jesu Verkündigung, daß »das Reich Gottes in uns ist«, bietet für alles die Grundlage.

Die Frage war schon lange im Menschenherzen vorbereitet und formuliert. Seit seiner Erschaffung war der Mensch voller Erwartung und hat wie ein staunendes Kind zu begreifen versucht. Wie hätte in ihm, übrigens, die Frage nach Gott aufklingen können, wenn ihm das Ohr zu ihrer Aufnahme gefehlt hätte? Kann der Bräutigam die Braut um etwas bitten, wenn sie gar nicht existiert? Kann der Vater sein Kind rufen, wenn kein Kind vorhanden ist?

In allem geht es wie in der Liebe: das Ja des einen entspricht genau dem Ja des anderen. Zum Zwiegespräch, zur Begegnung, zur Umarmung braucht man zwei.

»Allein wird man kaum warm«, sagt die Weisheit (vgl. Koh 4,11), und auch das Geheimnis Gottes besteht nicht aus Einsamkeit. Der Vater liebt den Sohn, und der Sohn liebt den Vater, und daraus entsteht als Frucht die Liebe.

Das gilt auch für das Reich:

Gott ruft es aus, und der Mensch macht es sich zu eigen.

Gott kommt und klopft an, der Mensch erweist sich zugänglich und öffnet die Tür.

Wir werden sogar noch hören, daß man Gastmahl hält und einander am gleichen Tisch gegenüber sitzt. Das ist wirklich schön und, so meine ich, einfach.

Gott entwirft das Muster, und ich spüre, daß dieses Muster auf Linien durchgepaust wird, die schon in mir vorhanden waren.

Das Reich Gottes ist mitten unter euch! (Lk 17,21)

GEHEN WIR DEN WEG GEMEINSAM

Die ersten Christen fanden sich als Gemeinden zusammen. Da gab es die Gemeinde von Jerusalem, von Antiochia, von Ephesus, von Alexandrien, von Thessalonike.

Und sie verbanden, wie die Apostelgeschichte berichtet, vier unverwechselbare Eigenschaften:

1. Sie verharrten in der Lehre der Apostel (Apg 2,42).
2. Sie waren dem Gebet treu.
3. Sie brachen das Brot.
4. Sie hatten alles gemeinsam, so daß es unter ihnen keinen Bedürftigen gab (Apg 32–34).

Welch erstaunlicher Vorschlag!

Warum sollen wir in unserer Zeit einen so hoffnungsvollen Entwurf nicht wiederaufnehmen? Ein solches Wunder? Wäre das nicht der Ausweg aus einem Leben ohne Sinn, aus einer erstickenden Routine, aus Strukturen, in denen wir vergreisen?

Das hieße: eine wirkliche Kirche leben. Eine Gemeinschaft aufbauen, die das widerspiegelt, was Lukas berichtet, vom Bischof bis hinunter zum letzten der Bauern in einem weltverlorenen Dorf.

Keiner dürfte ohne Gemeinschaft bleiben. Jeder müßte sich verpflichtet wissen, Gemeinschaft aufzubauen.

Da ist der Bischof, der in der Frühe aufsteht und hinuntergeht, um zu beten. Er sollte sich in der Kapelle nicht nur mit seinen Familienangehörigen treffen. Um ihn sollte sich ein Presbyterium versammeln, das seine Gemeinde ist, so wie es bei Augustinus in Hippo war.

Diese echte Gemeinschaft ist die richtige Umgebung für sein Gebet. Gemeinsam sollte das Wort Gottes ruhig, langsam gebrochen werden wie tägliches Brot und Inspiration des Lebens.

Alle gläubigen Christen sollten sich einer wirklichen Gebetsgemeinschaft zugehörig fühlen.

Kardinal Pellegrini fand dafür die glückliche Wendung: »Gehen wir den Weg zusammen.«

ES GEHT MICH AN

Welche Kraft würde davon ausgehen, wenn alle Christen zu sich sagten: »Ich bin mit den anderen zusammen die Kirche.« Jeder würde einen tüchtigen Beitrag zur Tätigkeit des Bischofs leisten, wenn er sagte: es geht mich an.

Jetzt fange ich an.

Jetzt suche ich eine Gemeinschaft.

Ich will nicht mehr allein sein.

Ich will mit andern zusammen meinen Weg suchen.

Mein Leben mit ihnen leben.

Auch wenn wir nur ein paar wenige wären, ich will den ersten Schritt dazu machen.

Wir wollen in den Wohnungen beten.

Wir wollen miteinander die Bibel lesen.

Wir wollen die Eucharistie feiern, wie die ersten Christen.

Wir wollen einander helfen.

Wir wollen so weit wie möglich unsere Güter zusammentun.

Es wird ein vom Evangelium erleuchtetes Leben sein.

Ich denke, auch das schreckliche und beängstigende Problem der Priesterberufe würde in diesen Gemeinschaften angepackt.

Eine Gemeinschaft des Gebets,

eine Gemeinschaft, die wirklich Kirche ist, die den Glauben intensiv lebt, wird ganz von selbst zu einem richtigen Priesterseminar. Dort wo das Wort Gottes verkündigt wird, kommt der Heilige Geist, und er ist es, der die Kirche zusammenhält und Charismen austeilt.

Ich bin fest überzeugt, daß in solchen Gemeinschaften, die reif sind im Glauben und im Gebet, künftig das Charisma des Priesterberufs wieder reichlich genug auftreten wird.

Aber warum uns sorgen?

Gott ist Gott, und er wird der Kirche die Hirten nicht fehlen lassen, die sie nötig hat.

WER BEI IHM BLEIBT

Jesus konnte sich genauso wie wir bestimmt nicht damit zufriedengeben, daß die Dinge schiefgehen, daß die Wahrheit niedergehalten wird, daß die Unschuldigen leiden, daß das Böse triumphiert, daß die Hungrigen weiterhungern, daß die Sklaven versklavt bleiben.

Und doch wird er, der Sohn Gottes, über das Zifferblatt der Geschichte schreiten, geradeso wie wenn er der Menschensohn wäre.

Die Dinge werden sich nicht ändern. Die Sterblichen werden weiterhin sterben, die Unschuldigen werden niedergetrampelt, die Hungernden werden Hunger leiden.

Wenn einmal ein Toter auferstehen wird oder ein Hungriger seinen Hunger gestillt bekommt, wird es nur sein, um ein Zeichen zu geben für den, der begriffen hat, daß die messianischen Zeiten gekommen sind und daß der neue Mose, Jesus, da war: sicher nicht, um die Dinge zu ändern und dem menschlichen Leben die Mühsal der Arbeit und das Leid, sterben zu müssen, fortzunehmen.

Wer aus ihm einen Wundermann machen wollte, der die Probleme der Menschen gelöst hätte, einen Heiler, der die Spitäler geleert hätte, der mußte sich enttäuscht umsehen.

Wer von ihm eine politische Mission erwartet hat, sieghaft und blitzend, mit Wunderkraft eingreifend ins Räderwerk der normalen Dinge und jenseits der Naturgesetze und Alltagsmühe, der ging leer aus und verließ ihn.

Verlassen haben ihn die Mächtigen, die sich des Messias bedienen wollten, um ihre Macht zu festigen.

Verlassen haben ihn die Verfolgten, die nicht mehr verfolgt sein wollten, und die Leidenden, die sich an denen, die ihnen Leid zufügten, rächen wollten.

Bei ihm geblieben sind die Armen, die einwilligten, arm zu sein, die Verfolgten, die nicht verfolgen wollten, die Trauernden, die das Warum der Traurigkeit verstanden haben und in den Tränen das Geheimnis Christi und die Neuheit der von ihm verkündigten Seligpreisungen aufschimmern sahen.

UNWIDERRUFLICHE GABE

Jesus ist gekommen.
Und die Seinen haben ihn nicht aufgenommen.

Sie haben ihn aus seiner Wohnung in die Wüste gejagt wie den Sündenbock. Die ganze Menschheit ist über ihn hergefallen, um ihn zu schlagen, um ihn zu bespucken, um ihn zu hassen.

Und Jesus, der einzig Unschuldige, der wahre Unschuldige, hat seinen Kopf vor den Schlägen nicht weggezogen. Er hat sich nicht auf die Gerechtigkeit berufen. Er hat mit Leib und Seele die Sünde aller bezahlt.

Seit diesem Augenblick geht für immer das Gesetz der Vergebung, des Erbarmens, der Liebe über die Gerechtigkeit. Nach dem Geschehen auf Golgota soll der Friede nicht mehr durch die Seziersäle der Wahrheit oder die Gerichtshallen der Gerechtigkeit hindurchgehen, sondern durch das zerrissene Herz eines Gottes, der sich in Jesus Christus für uns zur »Sünde« gemacht hat.

Vorbei ist die Zeit der Opferseelenkrankheit. Begonnen hat mit Jesus die Herrschaft des Opfers: das wahre Opfer, das schweigende Opfer, das Opfer, das Opfer zu sein akzeptiert und das im Feuer seiner Liebe das Gestrüpp der Ungerechtigkeit zerstört.

»Einen fröhlichen Geber hat Gott lieb«, wird Paulus sagen, und das Opfer ist ein fröhlicher Geber.

Gott selber wird der fröhliche Geber in seinem Sohn sein. Seine Gabe wird unwiderruflich sein. Er wird für immer alle Sünden vergeben. Er wird den lahmen Knochen des Sünders neues Leben geben, eine Dirne zu Maria Magdalena und einen Lebemann zu Franz von Assisi machen.

Das Leben wird über den Tod triumphieren, und der Frühling wird sich selbst aus dem Dung der Erde Kraft und Schönheit holen.

»Ich habe die Welt besiegt«, wird Jesus in seinem Opfer sagen, und die Freude wird wiederkommen und in unseren verängstigten Herzen wieder aufblühen.

WIRKLICH VERGEBEN

Vergeben, wirklich vergeben bedeutet im Grunde: sich überzeugen, daß man das Böse, das uns angetan wird, verdient hat. Noch mehr: daß es gut ist, schweigend zu leiden. Noch mehr: daß die Seligpreisung denen gilt, die um der Gerechtigkeit willen verfolgt werden, wie Jesus sagt, und daß es dumm wäre, so kostbare Gelegenheiten für ein bißchen Eitelkeit, für ein bißchen Stolz zu verspielen.

Was würden die Menschen, die Jesus auf den Kalvarienberg folgen, sagen, wenn sie sähen, wie er sich wütend umdreht und den Mann, der ihm gerade einen Fußtritt versetzt hat, anfährt: »Weißt du überhaupt, wer ich wirklich bin?«

Nein, Jesus hat sich nicht zu denen umgedreht, die ihn beleidigten, und er hat sich nicht verteidigt. Er hat den Leuten, die ihn kreuzigten, nicht seine Verdienste vorgehalten oder sein wahres Wesen verkündet. Vor allem hat er sie nicht in seinem Herzen gehaßt und nicht mit dem Gedanken gespielt, sie alle bei nächster Gelegenheit zur Hölle zu verdammen.

Alles Neue an der Liebe Jesu liegt hier: »Euch aber, die ihr mir zuhört, sage ich: »Liebt eure Feinde; tut denen Gutes, die euch hassen. Segnet die, die euch verfluchen; betet für die, die euch mißhandeln. Dem, der dich auf die eine Wange schlägt, halt auch die andere hin, und dem, der dir den Mantel wegnimmt, laß auch das Hemd« (Lk 6,27–29).

Unergründlich ist der Geist Jesu, einzigartig.

»Seid untereinander so gesinnt, wie es dem Leben in Christus Jesus entspricht: Er war Gott gleich,
hielt aber nicht daran fest, wie Gott zu sein,
sondern er entäußerte sich, und wurde wie ein Sklave
und den Menschen gleich. Sein Leben war das eines Menschen; er erniedrigte sich
und war gehorsam bis zum Tod,
bis zum Tod am Kreuz« (Phil 2,5–8).

FÜR UNS MENSCHEN

Ja! Das eigentliche seit ewigen Zeiten verborgene Geheimnis ist der gekreuzigte Gott.

Er ist ein Gott, der sich aus Liebe in Christus entäußert und zur Rettung seines Geschöpfes mit seinem Blut bezahlt.

Die Liebe, die wahre Liebe, kann nur helfen, wiederherstellen, sorgen und geht dann am Kreuz so weit, dem Straßenräuber, der sich an ihn wendet, zu sagen: »Heute noch wirst du mit mir im Paradies sein« (Lk 23,43).

Wieviel Hoffnung und wieviel Güte liegt in dieser Schreckensszene auf dem Kalvarienberg, und sie ist sogar der Augenblick der Geburt der Kirche, der Kirche Jesu, in der Begegnung zwischen Gott und Mensch, in der die Liebe das Wunder der ewigen Versöhnung wirkt.

»Heute noch wirst du mit mir im Paradies sein.«

Das ist das Heute Gottes. Es ist das Heute der Kirche. Es ist das absolut Neue. Es ist das Blut, das uns loskauft. Der Mensch wird mit dem Blut eines Gottes erobert.

Es wäre uns sicher nie gelungen, dieses Antlitz Gottes zu entdecken, wenn uns nicht die Menschwerdung beschieden gewesen wäre. Und wenn uns das Leiden und der Tod Jesu nicht beschieden gewesen wären.

Und wenn wir das Evangelium nicht in Händen gehabt hätten, das uns Straßenräubern, uns Übeltätern und Verrätern dieses: »Heute, heute, heute wirst du mit mir im Paradies sein«, zuruft.

Ein so radikales, so umwerfendes Wort der Lossprechung klingt unwahrscheinlich. Zumal für unsere Ohren. Waren wir doch davon überzeugt, daß dieser vom Tod ereilte Straßenräuber jetzt dem ewigen Strafgericht verfallen würde.

Aber was will denn dieser skandalöse Gott, der im Gericht über das Leben die Übeltäter freispricht und sie für Individuen hält, die Liebe verdienen?

Ja, er ist ein skandalöser Gott. Er ist ein Gott, der unbedenklich das Heilige aus den Angeln hebt, um die Vorrangstellung des Menschen zu verteidigen.

FEBRUAR

Wege und Rufe

KOMM MIT MIR

Der Ruf Gottes ist etwas Geheimnisvolles, denn man hört ihn in der *Verborgenheit des Glaubens.* Seine Stimme ist so leise und so verhalten, daß sie nur in innerer Stille gehört werden kann. Und dennoch ist für den Menschen nichts so entscheidend, nichts so umstürzend, nichts sicherer und nichts stärker.

Dieser Ruf ist bleibend: Gott ruft immer! Aber es gibt bevorzugte Augenblicke für diesen göttlichen Anruf, Augenblicke, die wir in unserem Kalender ankreuzen, Augenblicke, die wir nicht mehr vergessen.

Einmal mußte ich mein Ja sagen, ohne etwas zu verstehen:

»Laß alles hinter dir und komm mit mir in die Wüste! Ich will nicht mehr dein Handeln, ich will dein Beten, deine Liebe.«

Manch einer, der mich dann nach Afrika gehen sah, dachte an eine Krise, an Enttäuschung, Entmutigung, Aufgabe. Nichts traf weniger zu als das. Ich bin von Natur aus so optimistisch, daß ich mir nicht vorstellen kann, was es heißt, verzweifelt einen Kampf aufzugeben.

Nein, dies war der entscheidende Ruf. Und nie begriff ich ihn besser als an jenem Abend bei der Vesper des Festes des heiligen Karl im Jahr 1954, als ich zu der Stimme *ja* sagte.

»Komm mit mir in die Wüste.« Es gibt etwas, das größer ist als dein Handeln: das Beten. Es gibt etwas, das wirksamer ist als dein Reden: das Lieben.

Und ich ging in die Wüste.

Ohne die Satzungen der Kleinen Brüder Jesu gelesen zu haben, trat ich bei ihnen ein; ohne Charles de Foucauld zu kennen, wurde ich sein Schüler. Es genügte mir die Stimme, die zu mir gesagt hatte: *Das ist dein Weg.*

Während ich die Wege der Wüste mit den Kleinen Brüdern Jesu ging, habe ich entdeckt, wie schön dieser Weg war. Während ich Charles de Foucauld folgte, gewann ich die Überzeugung, daß gerade dieses *mein Weg* ist.

Aber das hatte Gott mir schon im Glauben gesagt!

AUF DU UND DU

In der Wüste habe ich Frieden gefunden. Die klaren, lichtvollen Horizonte der Sahara beglücken mich immer wieder neu. Das »Auf-du-und-Du« mit Gott, das wohl nur in schweigender Einsamkeit möglich ist, ist die großartigste aller Gaben dort, die es mir leicht gemacht haben, alles aufzugeben, was ich in der Jugend erträumt hatte, auch das mühevolle Arbeiten als Bewohner der »Erdenstadt«.

Allerdings war mein Gewissen bei dem Vorhaben, mit ganz armen und einfachen Menschen zu leben und einmal im Wüstensand beigesetzt zu werden, nicht ganz unbeschwert. Willst du in der Wüste bleiben, weil sie dir gefällt oder um Gott zu suchen? Liebst du die Wüste so sehr, weil du die Menschen nicht magst? Willst du nur deshalb bleiben, weil es dir Mühe machen würde, zurückzukehren?

»Geh zurück«, sagte mir mein Gewissen. »Geh zurück«, sagte mein Oberer.

Ich kehrte zurück in die Welt, zu den Brüdern. Manches war jetzt anders. Besonders meine Sicht vom Menschen hatte sich geändert. Auch der Mensch ist ein absolutes Wesen, sagte ich mir jedesmal, wenn jemand kam, um ... mich beim Gebet zu stören.

Heißt Beten nur, auf den Knien zu liegen? So einfach kann es manchmal sein. Mir ist damals neu aufgegangen, daß das Beten eine Art von Flucht sein kann, eine Flucht vor der Wirklichkeit.

Auch der Mensch ist ein absolutes Wesen. Du mußt ihn suchen, lieben und ihm dienen, wie du Gott suchst, liebst und ihm dienst. Jesus hat keinen Zweifel daran gelassen, daß die vertikale und die horizontale Dimension zusammengehören. Je mehr du dich ihm im Gebet näherst, desto mehr wird deine Liebe zum Menschen wachsen. Die Verbesserung der Lage des Menschen auf Erden – das ist irdische Verwirklichung der Liebe zu Gott und zum Nächsten.

DIE ANTWORT

Charles de Foucauld geht denselben Weg wie Franz von Assisi. Wie dieser Heilige vollzieht er eine radikale Umkehr, ist er arm; wie Franziskus will er weder Werke noch Einrichtungen, sondern das Zeugnis. Wie Franziskus lebt er in einer für Kirche und Welt schwierigen Zeit.

Schon oft habe ich mich gefragt, was der Grund für diese so natürliche und beinahe zwangsläufige Nähe zwischen dem Mystiker aus der Sahara und dem Heiligen aus Assisi ist.

Die Antwort erscheint mir jetzt einfach: Beide lebten in einer Zeit, die von denselben gesellschaftlichen und religiösen Widersprüchen wie auch demselben Drang nach einer authentischen Rückkehr zum Evangelium gekennzeichnet ist. Sowohl Franz von Assisi wie Charles de Foucauld fanden die Antwort auf die Erfordernisse ihrer Zeit, indem sie mit ganzer Kraft das Evangelium zu leben und Jesus von Nazaret zu lieben suchten.

Und indem beide in erstaunlicher Weise menschlich sind, gelingt es ihnen, alles Suchen und die Widersprüche der Zeit in zwei durchschlagenden Ideen zu verdichten: in der Idee der *Armut* und der Idee der universalen *Liebe*.

Hier liegt das Geheimnis von beiden, das Geheimnis, das Franziskus wie Charles de Foucauld allen so sympathisch macht und das das Leben vieler, die das Glück haben, sich ihnen zu nähern, von Grund auf zu ändern vermag.

Sie sind arm, sie glauben an die Armut, sie leben als Arme. Und noch mehr verstehen sie zu lieben – in einer Liebe, die keine Grenzen kennt und die sich auf alle Menschen ohne Unterschied ihrer Kultur und ihrer Religion erstreckt.

Armut ist Liebe zu Jesu, dem Armen, das heißt zur freiwilligen Annahme einer Grenze. Jesus wollte arm sein, um die Grenzen der Armen zu teilen, um die Not zu ertragen, um am eigenen Leib die harte Wirklichkeit zu erfahren, die auf dem Menschen lastet, der nach Brot sucht, und um in seinem Geist die quälende Ungewißheit dessen zu spüren, der nicht besitzt. Diese aus Liebe getragene Armut preist das Evangelium.

UNSICHTBARER TANZ

Der zentrale Gedanke, der das Geheimnis Charles de Foucauld zu erfassen vermag, ist der Gedanke von einem unsichtbaren Tanz zweier Hauptfiguren auf der Bahn des Lebens: Der Mensch und Gott, zwei Figuren, die sich unablässig suchen und die einander Partner werden.

Ein in der Tat erstaunliches Verhältnis – im Grunde das Verhältnis eines jeden von uns mit Gott, das aber bei einem Menschen wie Charles de Foucauld besondere Bedeutung erhält, war er doch ein Mensch, der immer wieder ans Kehrtmachen dachte und dem Gott mit der entsprechenden Gegenbewegung das Tanzen beibringen mußte.

Er war ein Adliger und mußte lernen, den letzten Platz unter den Menschen einzunehmen. Er war ein Mann der Tat und mußte lernen, still zu sein. Er war heftig und unbeherrscht und mußte lernen, was Nachsichtig- und Geduldig-Sein heißt. Er war ein überzeugter Verfechter des Kolonialismus und mußte uns die Befreiung der Sklaven und das Eintreten für die Unterdrückten beibringen. Er war Patriot und stolz auf die Größe Frankreichs und mußte seine universale und grenzenüberwindende Kraft der Liebe zu einem Programm gelebter Brüderlichkeit machen. Er konnte keinen Schmutz und kein Ungeziefer ausstehen und lebte unter Nomaden, die kein Wasser zum Waschen hatten. Er hatte den Namen Jesu in sein Herz eintätowiert und mußte sich dazu zwingen, von ihm nicht zu sprechen bei Leuten, die lieber von Mohammed hören wollten.

Charles de Foucauld war in der Tat kein leichter Tänzer, und doch sollte es seinem Partner gelingen, in ihm ein so erstaunliches Leben zu verwirklichen, das uns die unermeßliche Bedeutung der Heiligkeit deutlich vor Augen führt und uns zeigt, was die Gnade bei aller menschlichen Schwäche vermag.

KLEINE BRÜDER UND SCHWESTERN JESU

Wenn ich an meine in der Welt verstreuten Brüder denke, verstehe ich, was geistliche Vaterschaft bedeutet, und oft empfinde ich das Leid des Fernseins. Wie gern wollte ich heute abend jedem von ihnen nahe sein. Ihnen sagen zu können: Habt Mut!

Ja, Mut in der Betrübnis,
Mut in den Versuchungen,
Mut im Glauben.

Ich weiß, ihr seid auf die Probe gestellt, überarbeitet, im Gedränge der Menschen herumgestoßen, ihr tragt schwer an eurer Verantwortlichkeit und sehnt euch nach Frieden und Gebet.

Bei vielen von euch würde ich nicht zögern, die Worte, die der Apostel Paulus an die Korinther schrieb, auf euch zu beziehen: »In allem sind wir bedrängt, aber nicht erdrückt, im Zweifel, aber nicht in Verzweiflung, verfolgt, aber nicht verlassen, zu Boden geworfen, aber nicht umgebracht; allzeit tragen wir das Sterben Jesu an unserem Leibe umher« (2 Kor 4,8–10).

Die Zeiten sind hart geworden, es ist nicht leicht, treu im Glauben zu bleiben.

Ich sehe euch im Geist, wie ihr in der Metro von der Arbeit zurückkommt oder zu Fuß durch das Menschengewühl heimstrebt. Ich sehe euch an dem kleinen Tisch in eurem Zimmer sitzen, draußen gehen die abendlichen Lichter an und ihr ruht euch aus von dem anstrengenden Tag.

Es tut mir wohl, mich mit euch vereint zu denken – eine ideale Familie, von der Bibel »Volk Gottes« genannt, wie ihr, über die ganze Welt verstreut, mit mir denselben Glauben teilt und euch auf dieselbe Hoffnung beruft.

Ihr seid die Zeugen des Unsichtbaren, die Gläubigen des einen Gottes, die Anbeter des Geistes, ihr seid die Partisanen des Himmelreiches, die in der Wüste der Stadt auf die Wiederkunft Christi warten, wie die ersten Christen flüsternd: Maranatha – Komm, Herr Jesus!

DER VORRANG

Hier in Beni-Abbes kommen im Winter oft viele Nomaden mit ihren Zelten vorbei. Es sind die Ärmsten der Armen. Sie haben weder Kamele noch Ziegen, haben auch nicht mehr Kraft und Mut, Karawanen zu organisieren. Sie suchen zunächst einmal einfach einen festen Punkt, von dem aus sie sich wieder einfügen möchten in die geänderten gesellschaftlichen Umstände, in denen Nomadentum kaum mehr möglich ist.

Eine französische Frau, die zu Exerzitien hierher gekommen war, kam eines Morgens an einem solchen Zelt vorbei. Sie blieb stehen, als sie ein Tuareg-Mädchen bemerkte, dünn wie eine Kerze. Es zitterte vor Kälte. Morgens in der Wüste, wenn die Sonne noch nicht hoch am Himmel steht, ist es nämlich recht kalt.

»Warum ziehst du dich nicht wärmer an?« fragte sie.

»Ich habe nichts zum Anziehen«, war die Antwort.

Die Französin geht der Sache nicht weiter nach. Sie ist auf dem Weg in die von Charles de Foucauld erbaute Einsiedelei, möchte dort vor dem Allerheiligsten beten.

Sie wirft sich dort im Sand nieder, möchte also beten.

»Ich konnte nicht«, bekannte sie mir später.

»Ich mußte zurückkehren zu dem Zelt, dem Kind dort etwas zum Anziehen geben. Erst danach konnte ich beten.«

Man kann nicht zu einem persönlichen Gott beten und angesichts der Not der leidenden Brüder gleichgültig bleiben.

Es geht einfach nicht.

Wer betet, aber nicht die Not der Brüder mitleidet, betet vielleicht zu einem Stück Holz, zu einem Schatten, aber nicht zum lebendigen Gott.

Wenn du, lebender Mensch, betest, sendet dich der lebendige Gott nämlich zu deinen lebenden Brüdern.

WEIL DEINE LIEBE MICH TREIBT

Als ich in der Wüste war, habe ich ein von Charles de Foucauld verfaßtes Gebet gelernt, das meinen ganzen Glauben so drastisch zusammenfaßt, daß ich es nie anders als in der Kraft des Heiligen Geistes beten kann.

Oft hielt ich in der Mitte inne, ich konnte nicht weiter. Manche dieser radikalen Forderungen erschreckten mich, es war mir, als würden durch sie meine Tatkraft und mein Freiheitsraum beschnitten.

Jahre sind vergangen seit meiner Rückkehr aus der Wüste. Ich habe neu erfahren, was es bedeutet, mit den Menschen zu sein. Wie es mir heute zumute ist, kann ich mit wenigen Worten sagen: Ich habe entdeckt, daß ich viel ärmer bin, als ich damals dachte. Doch je mehr man seine Armut entdeckt, desto mehr drängt sie einen zum Beten; und wenn ich heute das Gebet von damals, das wir Kleinen Brüder »Gebet der Hingabe« nennen, spreche, dann habe ich den Eindruck, als bete ich es jetzt mit mehr Wahrhaftigkeit.

Mein Vater,
ich überlasse mich dir;
mach mit mir, was dir gefällt.
Was du auch mit mir tun magst, ich danke dir.

Zu allem bin ich bereit, alles nehme ich an.
Wenn nur dein Wille sich an mir erfüllt
und an allen deinen Geschöpfen,
so ersehne ich weiter nichts, mein Gott.

In deine Hände lege ich meine Seele.
Ich gebe sie dir, mein Gott,
mit der ganzen Liebe meines Herzens,
weil ich dich liebe
und weil diese Liebe mich treibt,
mich dir hinzugeben,
mich in deine Hände zu legen, ohne Maß,
mit einem grenzenlosen Vertrauen.
Denn du bist mein Vater.

GEFÜHRT UND GETRAGEN

Die Entdeckung, daß ich nichts war, daß ich für niemand verantwortlich war, daß ich kein wichtiger, bedeutender Mensch war, schenkte mir die Freude eines Kindes, das in Ferien ist.

Warum ist es mir nie durch den Kopf gegangen, daß auf meinen Schultern gar kein Säulchen liegt, das am Weltenbau mitträgt? Ist vielleicht die Welt des Kosmos etwas anderes als die Welt der Menschen? Ja, das hatte ich gemeint.

Es ist wahr, daß Jesus gesagt hat: »Geht zu allen Völkern und macht alle Menschen zu meinen Jüngern« (Mt 28,19). Aber er hat auch gesagt: »Getrennt von mir könnt ihr nichts vollbringen« (Joh 15,5). Es ist wahr, daß Ignatius gesagt hat: »Handelt so, als ob alles von euch abhinge.« Aber er hatte hinzugefügt: »Aber hofft, als ob alles von Gott abhinge.«

Gott ist Schöpfer der Welt des Kosmos, und er ist Schöpfer der Welt des Menschen. Gott lenkt die Sterne, und er lenkt die Kirche. Und wenn er aus Liebe Menschen zu seinen Mitarbeitern am Heil hat machen wollen, so ist die Grenze ihrer Macht eng gezogen und genau bestimmt – so wie die Funktion des Leitungsdrahts gegenüber dem elektrischen Strom genau begrenzt ist. Wir sind der Draht, Gott ist der Strom. Unsere ganze Macht liegt darin, den Strom durchzulassen. Gewiß, wir können ihn unterbrechen, wir können nein sagen, aber viel mehr können wir nicht.

Der Gedanke, daß die Dinge der Welt in Gottes Hand ruhen, ist nicht nur die reine Wahrheit, sondern müßte darüber hinaus denen unermeßliche Freude machen, denen daran liegt, daß es gut geht.

Dies müßte eine Quelle des Glaubens, fröhlicher Hoffnung und vor allem tiefen Friedens sein. Was habe ich zu fürchten, wenn alles von Gott geführt und getragen wird? Warum mich aufregen, als ob alle Probleme von mir abhingen oder von meinen Kollegen, von Menschen? Warum nicht statt dessen zu verstehen suchen, ob es nicht andere Wege gibt?

VERZICHT IN LIEBE

Der Verzicht ist nur eine einvernehmliche, kluge Vorwegnahme des Todes und seiner Folgen, bevor er eintritt. Meiner Häuser, meines Besitzes, meines Erbes begebe ich mich, statt sie später im letzten Augenblick gezwungen zurückzulassen, jetzt und betrachte mich schon als Kind des Vaters, und lebe dementsprechend. Meinen ganzen Besitz opfere ich freiwillig und bezeuge so meinen Glauben an das andere Leben und die anderen Güter.

Die »Nein« des heiligen Johannes vom Kreuz bieten mir eine Hilfe an:

Nein: *Zu den Gütern der Erde,*
Zu eigenen Urteilen,
Zu eigenen Verdiensten,
Sogar zu Gnaden,
Zu sich selbst.

Das ist die Methode, die zum Kreuzweg und zur Kreuzigung des Ich führt. Sie wird dir zum Begräbnis mit Christus, dem Vorspiel der endgültigen Auferstehung mit ihm.

Das geistliche Leben ist also ein *Weg.* Man braucht daher einen Führer, den uns der Vater in zwei für das Leben der Menschheit ganz wesentlichen Augenblicken offenbart. »Das ist mein geliebter Sohn. Auf ihn sollt ihr hören« (bei der Taufe und auf dem Tabor: Mk 9,7).

Aber diesen Führer entdeckt man, wie Petrus, im *Glauben,* und man folgt ihm in der *Liebe*: sie ist das erste Gebot.

Sodann ist die Bestimmung des Menschen nicht mehr der Besitz der Erde, sondern der Besitz des Himmels. Nach seiner Erhebung in den übernatürlichen Zustand müssen ihn Weinberge, Äcker und Häuser insofern immer weniger interessieren, als die himmlischen Güter sich immer deutlicher abzeichnen. In diesem Reifungsprozeß, für den man den *Verzicht* wagt, verblaßt alles Menschliche vor dem immer mehr zunehmenden göttlichen Glanz. Ein Kind Gottes setzt auf das Erbe des Vaters. Mit welchen Verlockungen können vergängliche Güter da nach aufwarten?

DER LOHN

Man wird nicht für seine Taten bestraft, sondern durch sie, wie man auch durch sie belohnt wird!

Ein wahrer Satz. Unsere Taten enthalten Strafe und Lohn von dem Augenblick an, in dem sie ausgeführt werden.

Gott fragt: Du führst Krieg? Dann zahlt der Krieg dir dafür den verdienten Lohn in Trümmern, Haß und Zerstörung.

Man braucht niemanden zu bestrafen, der Haß entfesselt hat. Der Haß sorgt selbst für Vergeltung.

Du vergiftest die Luft mit den Vernichtungsmitteln, die du produzierst – und sie fallen auf dich zurück, vernichten deine Wälder und bringen dich um dein Blut.

Du gibst dich dem Laster der Völlerei hin – und dein Laster zerstört dir die Leber.

Du gehst auf Drogentrips – und dein Gehirn weicht auf.

Du reißt ein ganzes Land an dich und nimmst den Bauern ihren Grundbesitz – und die Bauern werden sich gegen dich erheben und dich eines Tages umbringen.

Du treibst Mißbrauch mit der Geschlechtlichkeit – und machst aus der Liebe ein Konsumgut.

Wundere dich nicht, wenn die Natur sich im Zorn an dir rächt.

Nein, Mensch, man braucht nicht zu sagen: »Gott bestraft dich.« Das hat man im Altertum und im Mittelalter gesagt, damals waren die Menschen noch Kinder.

Sag du dagegen: »Ich bestrafe mich schon selbst«; oder besser: »Meine eigenen Taten bestrafen mich.«

Glaubt mir, zum großen Teil verursacht ihr das Böse, das in der Welt ist und euch beunruhigt und euer Mißfallen erregt, selbst mit euren perversen Gedanken, eurer Machtgier und euren Gelüsten.

Stellt euch nicht die Frage, ob Gott es ist, der die Rachekelter tritt, sondern seht zu, daß ihr unbewaffnet bleibt, damit ihr das Schlimmste nicht mitzumachen braucht. Und sucht den Frieden! Es ist immer so: Gott schlägt den Frieden vor. Warum sollen wir es nicht versuchen?

DEM MENSCHEN DIENEN

Man zertrümmert nicht böswillig Verkehrsampeln mit einem Steinwurf, man quält keinen Hund zum Vergnügen, und man vernichtet nicht das bißchen Grün, das im verdorrten Straßenmilieu der Stadt noch Widerstand leistet.

Man darf das Meer nicht mit gefährlichen Abfällen oder Giften verunreinigen und keine Industrieanlagen bauen, die die Luft verschmutzen.

Umweltschutz ist heutzutage zu einem wirklichen Akt der Nächstenliebe geworden und schlägt sich als Umweltbewußtsein nieder im Gebet und in der Kontemplation. Die Gefahr, die die Menschheit angesichts der Umweltzerstörung läuft, hat die Sensibelsten schon zu alarmieren begonnen, doch sind wir noch weit vom Ziel entfernt.

Selbst die Christen haben nicht das Gewicht ihrer Botschaft eingesetzt, um die Masse der Bevölkerung auf die eigentliche Umweltproblematik vorzubereiten. Man hat sich allzu leichtfertig gehen lassen, ohne zu bedenken, daß ein Verstoß gegen die Natur ein Verstoß gegen die Schöpfung und sogar ein Verstoß gegen den Schöpfer ist.

Oft ist eine Handvoll Geld ein entscheidenderer Faktor gewesen als saubere Atemluft und schadstoffreie Lebensmittel.

Wie müßte den Menschen in Fleisch und Blut übergehen, was jetzt schon eine Erfahrungsnorm ist: »Was man nicht tun darf, tut man nicht!« Alles, was dir Gewissensbisse macht und dem Gemeinwohl schadet, darfst du nicht tun.

Halte also den Kopf hoch, und distanziere dich vom Bösen. Dein Licht soll in der Finsternis leuchten.

Begnüge dich nicht mit der Erklärung: Bei uns zu Hause ist Politik Schwindel. Versuche, das Gegenteil zu tun. Übe deine politische Tätigkeit als Dienst aus. Dann verschwendest du keine Zeit.

Weißt du, daß die Macht die Summe aller Übel ist? Beweise, daß es dir nicht um sie zu tun ist. Tu immer deine Pflicht, und du wirst erleben, daß es eine Freude ist, dem Menschen zu dienen.

DAS INNERE LICHT

Es gibt Dinge, die man tut, und andere, die man nicht tun darf. Das Böse ist etwas, das man nicht tun darf. Das ist ganz selbstverständlich.

Es ist ganz selbstverständlich, daß man nicht töten darf.

Es ist ganz selbstverständlich, daß man nicht stehlen darf.

Es ist ganz selbstverständlich, daß man niemandem Gewalt antun darf.

Es gibt keine Rechtfertigung für die Lüge.

Rauschgift, das dich umbringt, darfst du nicht nehmen, und ein Verhältnis, das nicht ehrlich ist, darfst du nicht unterhalten.

Alles ist einfach für den, der einfach ist, und einzig die Wahrheit darf dein Verhalten bestimmen.

Bleib bei der Wahrheit, und alles klärt sich; du darfst nichts Böses tun. Das Böse kann dich faszinieren, kann dich versuchen, aber du kannst seiner Herr bleiben. Es liegt vor deiner Tür, aber angekettet. Es hängt von dir ab, ob du es von der Kette läßt. Sag nicht: Da bin ich machtlos, das stimmt nicht.

Gott hat das dem Menschen einmal feierlich auf dem Berge Sinai gesagt und es auch auf Steintafeln geschrieben. Aber das war nur ein Zeichen.

Doch er hat es ihm nicht nur damals gesagt!

Nein, es war zu wichtig, und jeder Mensch hat das Recht auf ein inneres Licht, das ihm die Richtung weise, auf eine heilige Stätte, an der er seinem Vater begegnen kann.

Dieses innere Licht, diese heilige Stätte ist das *Gewissen,* und es ist das Wunder im Menschen. Das Gewissen ist das Land, in dem Abraham seinem Gott begegnet ist, der zu ihm sprach: »Zieh weg aus deinem Land« (Gen 12,1), das Gewissen ist die Jakobsleiter, die Himmel und Erde verbindet. Das Gewissen ist die Stätte, an der Maria dem Engel ihr Jawort geben kann. Das Gewissen ist die Wüste, in der Jesus die Versuchungen besiegt.

Sag nicht: Ich weiß nicht, was ich tun soll. Höre auf dein Gewissen in der Stille, und du wirst es wissen.

WAS ALLEIN ZÄHLT

Dort, wo der Mensch unersättlich alles zum Problem macht, ist die Sucht nach dem Neuen größer als der gute Wille, das Wort Gottes zu verwirklichen.

Aber heute stürze ich mich nicht mehr in Auseinandersetzungen. Ich will nicht mehr diskutieren. Ich glaube nicht mehr daran, einen Menschen mit der Kraft der Worte überzeugen zu können.

Ich schweige unter diesen Sternen Afrikas und will lieber meinen Gott und Herrn anbeten.

Um aber eurem Drängen nachzugeben, ihr Lieben, die ihr mir hier unten hin geschrieben habt, will ich nur ein Wort sagen, das mir exakt scheint und außerdem erprobt und erlitten. Denkt daran, daß alles in der Welt problematisch ist außer einem: Liebe. Die Liebe allein ist kein Problem für den, der sie lebt.

Und so sage ich euch: Lebt die Liebe, sucht die Liebe. Sie wird euch jedesmal die Antwort geben für das, was ihr tun sollt. Die Liebe, die Gott in uns ist, wird euch den Weg eingeben, der zu gehen ist. Sie wird euch sagen: »Jetzt, knien!« oder »Jetzt, los, handeln!«

Die Liebe gibt den Dingen ihren Wert. Sie rechtfertigt die Nutzlosigkeit, Stunden um Stunden auf den Knien zu beten, während so viele Menschen mein Handeln nötig haben, und sie rechtfertigt die Nutzlosigkeit meines armseligen Handelns, wenn ich erwäge, daß der Tod alle Kultur zerstören wird.

Die Liebe gibt den Absichten der Menschen ihre Rangordnung; sie eint, was getrennt ist. Sie ist die Synthese von Kontemplation und Aktion. Sie ist die Nahtstelle zwischen Himmel und Erde, zwischen Mensch und Gott.

Nachdem ich das Übermaß an Aktion ebenso kennengelernt habe wie Kontemplation in der Wüste, wiederhole ich noch einmal die Worte des heiligen Augustinus: »Liebe, und tu, was du willst.«

IN SEINEM WILLEN

Bruder, mach dir keine Sorgen um das, was du tun sollst! Gib dir Mühe zu lieben! Behellige nicht den Himmel mit der ständigen nutzlosen Frage: »Welches ist mein Weg?«, sondern lerne statt dessen zu lieben.

Wenn du liebst, wirst du deinen Weg finden. Wenn du liebst, wirst du die Stimme hören. Wenn du liebst, wirst du den Frieden finden.

Die Liebe ist die Vollendung des Gesetzes und die Regel für jedes Leben, die Lösung für jedes Problem, der Ansporn für jede Heiligkeit.

»Liebe, und tu, was du willst.«

Nein, es ist nicht mehr möglich, zu tun, was ich will, wenn ich liebe. Wenn ich liebe, muß ich den Willen des Geliebten tun. Wenn ich liebe, bin ich Gefangener der Liebe. Die Liebe ist schrecklich in ihren Forderungen, zumal, wenn Ziel und Inhalt dieser Liebe Gott ist, ein gekreuzigter Gott. Ich kann nicht mehr meinen Willen tun. Ich muß den Willen Jesu tun, der der Wille des Vaters ist. Wenn ich gelernt habe, diesen Willen zu tun, werde ich meine Berufung auf Erden erfüllt haben. Der Wille Gottes: Er lenkt die Welt, er bewegt die Gestirne, er bekehrt die Völker, er ruft ins Leben, und er gibt den Tod.

Ob du im Sand auf den Knien liegst, um zu sühnen und anzubeten, oder ob du auf der Kanzel stehst, um zu lehren, kommt es nicht allein darauf an, daß du es im Willen Gottes tust?

Und wenn der Wille Gottes dich drängt, zu den Armen zu gehen oder deine Habe herzugeben oder in ferne Länder aufzubrechen, was zählt dann alles übrige? Und wenn er dich ruft, eine Familie zu gründen, an dieser Welt mitzuarbeiten, warum zweifeln?

»In seinem Willen wohnt unser Friede«, sagt Dante. Hierin kommt vielleicht unsere ganze liebevolle Abhängigkeit von Gott am dichtesten zum Ausdruck.

SICH EINSETZEN

Eines der Probleme, das mich im geistlichen Leben am meisten beschäftigt hat, ist, das *Wie* und das *Maß der göttlichen Mitwirkung* beim menschlichen Tun zu ergründen, besonders in bezug auf das Heiligkeitsstreben. Gestern kam mir der Einfall, diese Mitwirkung zur Rolle der Natur bei der bäuerlichen Arbeit in Beziehung zu setzen, und ich bin auf fruchtbare Erkenntnisse gestoßen. Denken wir uns ein fruchtbares und wohlbestelltes Gut. Die Nachlässigkeit eines Besitzers hat es zur Wüste werden lassen. Ist es nun Sache der Natur oder des Menschen, das Gut wieder zur ursprünglichen Blüte zu bringen? Zweifellos ist man in diesem Fall geneigt, sofort den Beitrag zu sehen, den der Mensch leisten muß. Er muß etwas tun, schaffen, pflügen, mähen usw. Ohne diese Mühe kann man die Kräfte nicht wecken, die nach Gottes Willen in diesem Feld wirken sollen. Der Einsatz des Menschen ist also unerläßlich, d. h., er ist von Gott gewollt.

Natürlich wird der Mensch je nach seiner Mitwirkung mit den Kräften der Natur einen größeren Ertrag erwirtschaften, doch ist sein *Tun* unerläßlich. Doch bleibt trotz der menschlichen Anstrengung vieles dem geheimnisvollen Spiel der Naturkräfte überlassen, so daß er – auch wenn er sich weniger bemüht hat – einen Rekordertrag oder – auch wenn er sein Bestes getan hat – eine Mißernte haben kann.

Wenn wir nun zu der Beziehung Mensch – Gott kommen, können wir uns in dieselbe Situation versetzen: Gott will, daß der Mensch sich Mühe gibt. Da er den Menschen frei geschaffen hat, weiß er, daß dieses Bemühen ein echter Beweis für seinen Glauben ist. Es ist der Mensch, der sich zum Willen Gottes erhebt, der tut, was Gott will, wie er im Gebet um das bittet, was Gott will; sein Wille hat etwas Göttliches an sich. Das geistliche Bemühen, die Demut, das Gebet, die Gnade und das Opfer sind der Weg zur geistlichen Fruchtbarkeit. Also: Arbeiten, ja, aber in einem bestimmten Sinn, nach ganz klarer Anweisung.

»GEH DU!«

Über die vom Vater aus Liebe erschaffene und durch das Dazwischenkommen der Sünde zugrunde gegangene Welt erschallt eine Stimme: »Geh du!«

Und es beginnt die Sendung Jesu. Vom Vater her nimmt also die Geschichte ihren Anfang, und die vorausgehenden Jahrhunderte sind nur eine Vorbereitung und die nachfolgenden eine Auswirkung dieses Auftrags. Jesus wird gesandt: »Geh du!« Wie spürte er immer wieder das innere Echo dieses Befehls. In Ägypten bei seiner Rückkehr, in Nazaret. »Geh du!« Das wäre ja die Erklärung für die Ausreiß-Episode Jesu und für die harten, an Maria und Josef gerichteten Worte.

»Geh du!«

Sein ganzes Leben war ein Meditieren über diese Sendung, ein Sich-Vorbereiten, ein Aufmerken, ein Bedenken, ein Erforschen des Vaterwillens in den tiefen Abgründen des Wahren. Das ist die Grundhaltung Jesu, seine Sorge, sein ständiges Gedrängtsein, es ist die Stimmigkeit in allem, was er tut.

Möge Gott von dir damit beschenkt werden, daß du diese Haltung, die Jesus im Leben verwirklicht hat, begreifst und lebst.

»Geh du!«

Wie würde sich alles ändern. Im Licht dieses Gedankens geraten doch meine früheren Irrtümer ins Tanzen! Habe ich so gesucht? Habe ich so empfunden? Deshalb bin ich ja vom Weg abgekommen.

»Geh du!«

Herr, laß mich in Anbetracht der Verdienste des Gehorsams Jesu auch zu solch einer Haltung, zu solcher Demut, solchem Gehorsam und solch einem Bewußtsein gelangen. Man hat den Eindruck, daß in jedem Augenblick der erste Gedanke die Frage nach deinem Wollen als dem Ursprung jeden Gebotes, als der Wahrheit in jedem Tun, als der Fruchtbarkeit bei jedem Werk ist.

»Geh du!«

ER FÜHRT UNS

Beim Lesen des Lukasevangeliums von der Kindheit Jesu war es mir immer unbegreiflich, wie Maria und Josef so zerstreut sein konnten, daß ihnen Jesus auf der Pilgerfahrt in Jerusalem verlorenging.

Ich sagte mir: Ich hätte ihn sicher nicht verloren. Eher hätte ich ihn mit einer Schnur an meinen Fuß festgebunden, wie man es in der Wüste mit den Schafen macht.

Später habe ich es verstanden: Daß Josef und Maria ihn verloren haben, ist für sie beide ein Pluspunkt; es ist das leuchtende Zeichen ihres freien Umgangs mit Jesus und mehr noch mit dem Vater, der im Himmel ist.

Maria war keine »Glucke«, sie war so freizügig, daß sie ihren Sohn ungebunden durch die Stadt gehen ließ. Josef war nicht der Sklave eines Geschöpfs, das ihn mit der Erhabenheit des Geheimnisses überstieg.

Daß es Jesus gelang, ihrer Aufsicht zu entschlüpfen, ist der höchste Ehrentitel, der die Würde des Glaubens dieser beiden Menschen erstrahlen läßt.

Da sieht man – auch wenn das im Evangelium nicht ausgesprochen ist –, daß Josef und Maria dem Opfer Abrahams nicht ausgewichen sind: »Gib mir deinen Sohn.«

Und daher war Jesus frei, so frei, daß er drei Tage von ihnen fernbleiben konnte. So frei, daß er später drei Tage im Bauch der Erde bleiben konnte...

Fürchte dich nicht, wenn Gott dich ruft, aber fürchte dich auch dann nicht, wenn er schweigt.

Fürchte dich nicht, wenn er von dir verlangt, daß du ein Werk vollbringst, aber fürchte dich auch dann nicht, wenn er es von dir zurückverlangt.

Fürchte dich nicht, wenn er dir einen Ehegatten gibt, aber fürchte dich auch dann nicht, wenn er dir keinen gibt.

Gott ist größer als der Auftrag, den er dir erteilt.

Gott ist größer als das Gute, das wir tun.

Was zählt, ist, daß wir unseren Weg in seiner Gegenwart gehen und im Glauben gewiß sind, daß er uns führt.

UNTER UNS GEWOHNT

Steht im Evangelium der gesunde Menschenverstand? Oder das Geheimnis?

Hätte Jesus, als er in diese Welt kam, er, der Allmächtige, er, die Liebe, nicht leicht alle Kranken heilen, alle Hungernden sättigen, alle Toten zum Leben erwecken können?

Warum hat er es nicht getan? Warum hat er die Welt gelassen, wie er sie vorfand, bedürftig, leidend, ungerecht, böse? Sicher, er hat Lazarus erweckt und die Tochter des Jairus und den Sohn der Witwe von Nain, aber nur, um zu zeigen, daß er nicht auch die anderen, die vielen anderen auferwecken wollte. Sicher, er hat manche geheilt, ohne aber zu verhindern, daß sie bei der nächsten Gelegenheit wieder krank werden.

Nein, die Dinge sind nicht so klar, wie der gesunde Menschenverstand es möchte. Es bleibt, ob man will oder nicht, ein großes, dunkles Geheimnis, das mir der Glaube aufhellen kann mit einem Licht, das nicht von dieser Welt ist und das nur von wohlunterrichteten Augen erblickt werden kann.

Das Geheimnis ist Jesus selber. Die unendliche Liebe Gottes ist in Jesus Christus Mensch geworden, der »unter uns wohnt«. Dieses »Wohnen unter uns« ist immer, besonders aber an zwei Orten in seinem unergründlichen Geheimnis aufgeleuchtet: in Betlehem und auf Golgota. Jesus war niemals so sehr Mensch wie in diesen beiden Situationen, denn Ohnmacht und Leiden sind die beiden großen Erbstücke des Menschen als Kreatur und als Sünder auf dieser Erde.

Jesus stellt sich neben den Menschen und bringt ihm bei, Ohnmacht und Leiden zu tragen mit Liebe, in Liebe.

Er wollte sich neben den Menschen stellen, der von seiner Not erdrückt, der von seinem Leid verschlungen wird. Er hatte tausend Mittel, ihm zu helfen, aber er hat sich das härteste, das radikalste ausgesucht: ihn nachahmen, an seine Stelle treten, ihm gleich werden soweit wie möglich: »Er wurde in allem dem Menschen gleich, ausgenommen die Sünde.«

CHRIST SEIN

Jesus war selbst der Träger der Botschaft. Er war auch als ewiges Wort des Vaters höchste Intelligenz und so in der Lage, die besten Wege auszudenken, sich verständlich zu machen und den göttlichen Plan zu verwirklichen.

Und was tat er?

Er baute keine Krankenhäuser, er gründete keine Waisenhäuser. Er wurde Mensch in einem Volk und lebte mit ihm zuerst die Botschaft. Vor dem Wort zuerst das Beispiel, zuerst das »Modell« und dann dessen Erklärung – so geht Jesus vor. Wir vergessen das allzu leicht.

In vielen Fällen wird Glaubensverkündigung mehr auf Worte reduziert als auf Taten konzentriert, mehr auf Vorträge und Diskussionen als auf die Sorge um persönliche Heiligkeit. Hier liegt vielleicht der Grund für die spärlichen Resultate und mehr noch für die Resignation bei den Christen.

Es ist keine Wirkung da, weil kein Leben da ist, und kein Leben, weil kein Beispiel da ist und kein Beispiel, weil an die Stelle von Glaube und Liebe leere Worte getreten sind.

»Ich will das Evangelium durch das Leben ausrufen«, wiederholte Charles de Foucauld oft. Er war überzeugt, daß die wirksamste Methode des Dienstes am Glauben diese ist: als Christ leben. Das gilt heute eher noch mehr, da die Leute mißtrauisch geworden sind. Sie wollen keine schönen Reden hören. Sie wollen sehen.

Nazaret ist die lange Zeit der Vorbereitung vor dem öffentlichen Wirken; die Zeit des Gebets, des Opfers; die Zeit des Schweigens, des innigen Lebens mit Gott; die Zeit der langen Einsamkeit, der Läuterung, der Übung der Zurückgezogenheit, kurz dessen, worauf es ankommt, um sich Christ nennen zu können. Aus Nazaret wird der Apostel kommen.

DAS BEISPIEL NAZARET

Jesus ist der »Heilige Gottes«. Und dennoch verwirklicht er seine Heiligkeit in einem Leben, an dem nichts Außergewöhnliches ist, das ganz geprägt ist von gewöhnlichen Dingen, von Arbeit, vom Leben in der Familie und mit den anderen Leuten, von einem einfachen Tun, wie es allen Menschen möglich ist.

Nachdem Charles de Foucauld die geistliche Wirklichkeit Nazaret entdeckt hat, sucht er sie so getreu wie möglich nachzuahmen. Er sucht ein Kloster, so klein wie das Haus von Nazaret, sucht im Schweigen eines unbekannten Dorfes unterzugehen.

Er will Jesus durch manuelle Arbeit nachahmen und möchte, daß seine Kleinen Brüder immer nach dem letzten Platz suchen, dort, wo die Armen sind, dort, wo das Klima unerträglicher, der Lohn kleiner, die Erschöpfung größer ist. Nazaret bedeutet dies alles, aber dies nicht allein.

Nazaret nachahmen ist keine kleine Sache. Wenn ich denke, daß nur eine Tür, eine Wand, eine Mauer eine heilige Familie wie die Jesu von der Familie eines Nachbarn trennt, die trotz der gleichen Lebensbedingungen, der gleichen Arbeit, des gleichen Tageslaufs das gerade Gegenteil darstellt mit ihrer Verdrossenheit, ihrem Haß, ihrer Unlauterkeit und manchmal ihrer Verzweiflung, dann lasse ich mich von dem gewaltigen inneren Reichtum überzeugen, den das Evangelium gebracht hat.

Dieselben Taten, vollzogen unter dem Licht Gottes, verwandeln von Grund auf das Leben eines Menschen, einer Familie, einer Gesellschaft.

Freude oder Trauer, Frieden oder Krieg, Liebe oder Haß, Reinheit oder Ehebruch, Hingabe oder Egoismus sind Realitäten, an denen sich das innere Leben des Menschen scheidet. Das Leben der gewöhnlichen Dinge, der menschlichen Beziehungen, der täglichen Arbeit, der Liebe zu den Angehörigen kann in einer bestimmten Weise Heilige hervorbringen und in einer bestimmten anderen Weise Dämonen.

IN DEN WIRKLICHKEITEN DES LEBENS

Jesus hat uns in Nazaret gelehrt, alle Stunden des Tages als Heilige zu leben. Alle Stunden des Tages sind fähig, die Eingebung des Geistes, den Willen des Vaters, die Kontemplation des Gebetes, mit einem Wort: Heiligkeit aufzunehmen. Alle Stunden des Tages sind heilig. Man muß sie nur leben, wie Jesus sie zu leben uns gezeigt hat.

Dazu ist es keineswegs erforderlich, sich in einem Kloster einzuschließen. Es genügt, die Realität zu akzeptieren, die das Leben aufgibt. Arbeit ist eine dieser Realitäten. Mutter sein, Kinder erziehen, Familie mit allen ihren Verpflichtungen sind andere dieser Realitäten. Diese Wirklichkeiten müssen geheiligt werden. Seltsame Mentalität, die meint, Materie geistlichen Lebens seien nur die Stunden des Gebets, und die sich keinerlei Rechenschaft gibt über die Stunden der Arbeit und des Zusammenseins mit den anderen, also über die allermeisten Stunden. Solche Mentalität bringt schlimme Entstellungen und – in den leichteren Fällen – fromme Leute mit Blutarmut oder Rachitis hervor.

Der ganze Mensch muß von der Botschaft des Evangeliums verwandelt werden. Kein Tun bleibt belanglos. Alles trägt dazu bei, ihn zu heiligen oder zu verderben.

Nazaret ist das Leben eines Menschen, einer Familie in der ganzen Fülle menschlicher Aktivität, ist die Art und Weise, dreißig Jahre lang, also die meiste Zeit seines Lebens, für die menschlichen Realitäten zur Verfügung zu sein, die in den Schmelztiegel des Glaubens, der Hoffnung und der Liebe eingehen sollen. Wenige haben die Heiligkeit der gewöhnlichen Dinge so klar ausgesprochen wie der große indische Mystiker Ghandi. Er sagt: »Wenn du deine Hand in das Wasserbecken tauchst, wenn du das Feuer mit dem Blasebalg schürst, wenn du unendliche Zahlreihen an deinem Bürotisch untereinanderschreibst, wenn du am Hochofen in brennender Glut stehst und wenn du dabei nicht das gleiche und eigentliche religiöse Leben lebst, als wenn du betend in einem stillen Kloster weiltest, wird die Welt niemals gerettet werden.«

DAS STRAHLENDE LICHT

Nur wer Gott betrachtet, kann überzeugend zum Mitmenschen sagen: Komm und sieh, wie schön er ist!

Noch so raffinierte Methoden, die wir uns zur Verkündigung ausdenken, garantieren den Erfolg nicht. Was wir können, ist, den Lichtschein der Seligpreisungen aufleuchten zu lassen, der dann sichtbar wird, wenn wir Jesus nahe sind.

Wenn ein Mensch verkündet, so ist das, wie wenn der Mond einen dunklen Pfad erleuchtet. Der Mond hat sein Licht nicht von sich selbst, sondern von der Sonne.

Christus ist die Sonne für diese Welt. In der Nacht, in der sich die Menschen befinden, braucht es jemanden oder etwas, der das Sonnenlicht zunächst auf sich sammelt. Das Licht Jesu muß also zunächst aufstrahlen in dir, wenn du andere erleuchten möchtest.

Willst du andere bekehren, so unterlasse es ruhig, auf deine Weisheit zu bauen. Was zählt, ist einzig dein Vermögen, das Licht Jesu widerzuspiegeln.

Vor allem mußt du die Seligpreisungen leben. Sie fassen den Sinngehalt des Evangeliums, die Lehre Jesu wunderbar zusammen.

- Selig die arm sind vor Gott, denn ihnen gehört das Himmelreich
- Selig die Trauernden, denn sie werden getröstet werden
- Selig die keine Gewalt anwenden, denn sie werden das Land erben
- Selig, die hungern und dürsten nach der Gerechtigkeit, denn sie werden satt werden
- Selig die Barmherzigen, denn sie werden Erbarmen finden
- Selig, die ein reines Herz haben, denn sie werden Gott schauen
- Selig die Frieden stiften, denn sie werden Söhne Gottes genannt werden
- Selig, die um der Gerechtigkeit willen verfolgt werden, denn ihnen gehört das Himmelreich (Mt 5,3–10).

LEBENDIGE STEINE

Laienspiritualität darf nicht eine – gelungene oder verunglückte – Kopie der Spiritualität von Priestern oder Ordensleuten sein, sondern etwas anderes, Eigenständiges und Ursprüngliches.

Die Arbeit eines Priesters ist etwas anderes als die eines Politikers, eines Arbeiters oder Familienvaters. Wenn man unter Spiritualität die Art und Weise versteht, zu denken, zu leben, die Akte unseres Lebens zu heiligen, dann ergibt sich daraus, daß sie bei einem Priester anders ist als bei einem Arbeiter, einem Ehemann, einem Bürgermeister. Die Materie ist eine andere. Der Laie soll kein »Quasi-Priester« sein, sondern kraft seines Standes seine Arbeit, seine Ehe, seine verschiedenartigen vielfältigen mitmenschlichen Beziehungen heiligen.

Im ersten Petrusbrief (2,5) heißt es: »Laßt euch als lebendige Steine zu einem geistigen Haus aufbauen, zu einer heiligen Priesterschaft, um durch Jesus Christus geistige Opfer darzubringen, die Gott gefallen!«

Alle sind hier einer Meinung, daß der Getaufte ein echtes Priestertum besitzt, das vom Weihepriestertum verschieden ist, aber doch ein wirkliches Priestertum ist. Es betraut den Laien mit der Aufgabe der Welt, daß er sie deute, belebe, befreie, darstelle. Das ist außerordentlich wichtig; der Laie, der das nicht spürt, hat seine Berufung verraten.

Das Thema Laienapostolat ist eine so langweilige Angelegenheit geworden, weil man von der grundlegenden Weltverantwortung seines Priestertums nicht mehr spricht. Dann ist es verständlich, wenn Laien, die sich engagieren wollen, anfangen, den Pfarrer zu imitieren. Sie werden dann halb Laien und halb Priester zur Erbauung der guten Gemeindemitglieder, aber sicherlich nicht derer, die sie dringender brauchen: der »Fernstehenden«. Ihnen gehen solche Zwitterwesen mit Recht auf die Nerven, und nichts ändert sich an ihrer Meinung, daß das Christentum die Probleme der Welt nicht lösen kann.

DIE WÄRME DES FEUERS

Wie Franziskus im Mittelalter zum Gründer der Franziskaner wurde und Dominikus zum Gründer der Dominikaner, so haben die Gründer und Gründerinnen der modernen geistlichen Gemeinschaften dem christlichen Leben Impulse gegeben, die nicht weniger weittragend sind.

Welche Kraft und Autonomie in den Basisgemeinschaften! Seht sie euch in Basilien an, wo sie zu Tausenden unter den Armen auf dem Land und in den Favelas verstreut sind. Ihr werdet voll Bewunderung sein.

Habt ihr noch nie an einem von den Cursillos organisierten Exerzitienkurs teilgenommen? Ihr werdet umgekrempelt daraus hervorgehen und die Bedeutung der wahren Bekehrung bis auf den Grund verkosten.

Wart ihr nie bei einem Treffen der Fokolar-Bewegung in Deutschland, in Italien, in Japan, in Hongkong? Verbringt einen Abend mit ihnen, und ihr werdet staunen, was christliche Fröhlichkeit zustande bringt.

Gesegnet seien die Gebets- und Glaubensgemeinschaften, die Gemeinschaften des Dienstes an den Leidenden, des Einsatzes für die Vergessenen und Armen. Ihr gemahnt mich an die urchristlichen Gemeinden, an die des Lukas, des Matthäus, Jakobus, Paulus und Diognet, die vom Wort Gottes lebten und den Armen die Frohe Botschaft verkündigten.

Seid gesegnet, ihr Gemeinschaften im Geiste Jesu, die ich noch nicht kenne und vielleicht nie kennenlerne, weil ich alt und müde bin, die ihr aber mit eurem Dasein und Zeugnis meinem Leben so viel Freude zuströmen laßt.

An den spirituellen Phänomenen kann man ablesen, was morgen sein wird, und die Zeugnisse der einzelnen weisen auf den geheimnisvollen Weg der Kirche durch die Welt.

So wirkt der Heilige Geist heute, und wer geübt ist, die unsichtbaren Dinge im Menschen zu gewahren, spürt die Wärme des Feuers, das über die Stoppeln streicht und da und dort, wie es will, auflodert.

WAS SOLLEN WIR TUN?

Hast du schon einmal von Raoul Follereau gehört? Er hat sein ganzes Leben einem großartigen Aussätzigenhilfswerk gewidmet. Mehrmals ist er um die ganze Welt gereist und hat Leprastationen gegründet, und die Spur, die sein Lebensweg hinterlassen hat, ist erstaunlich!

Hast du einmal von Mutter Teresa von Kalkutta gehört? Ihr hat das Mitleid mit den Sterbenden ans Herz gegriffen, die am Straßenrand Liegengebliebenen hat sie in ihr Haus geholt, sie hat die Kraft besessen, die ganze Welt mit dem Beispiel ihrer Liebe aufzurütteln.

Hast du einmal von Martin Luther King gehört? Umgetrieben von der Diskriminierung der Schwarzen in Amerika, hat er alle zum gewaltlosen Widerstand gegen das Unrecht aufgerufen und ist als Märtyrer für sein Volk gestorben.

Hast du einmal von Bischof Romero gehört? Er hatte die Stärke, vor den Gewehrläufen der Diktatoren seines zermarterten Landes die Eucharistie zu feiern und sein Blut hinzugeben zusammen mit dem der heiligen Hostie, die er in der Hand hielt und gerade konsekriert hatte.

Such dir ebenso einen Wirkungskreis, und setz dich ein im Kampf gegen das Böse, gegen die Korruption, die Gleichgültigkeit und das Unrecht.

Nach einer Wirkungsstätte brauchst du nicht zu suchen: es ist ja noch alles zu tun.

Liegt dir die Schule? – Ein ganz wunderbares Wirkungsfeld.

Liegt dir die Sozialarbeit? – Deinem Eifer sind keine Grenzen gesetzt.

Gibt es in deiner Heimat Ärzte in Überzahl? – Reise aus, und arbeite in den Entwicklungsländern.

Liegt dir die Politik? – Dann tritt nur in ihren Dienst, aber hüte dich vor dem Durst nach Macht.

Liegt dir die religiöse Unterweisung? – Vertiefe dich in das Gotteswort und gib es von ganzem Herzen weiter.

ZEUGNIS GEBEN

Die Juristin Marianella Garcia Villas wird Anwältin der Armen in El Salvador und unternimmt es, auch diejenigen zu verteidigen, die kein Anwalt verteidigen wollte aus Furcht, das Mißfallen des Regimes zu erregen.

Es ist dir nicht erlaubt, ruft sie wie der Täufer, der Prophet der Armen, denen zu, die ihre Landarbeiter einzig mit der Begründung hinmetzelten, sie seien Gewerkschaftler. Und sie weicht nicht zurück, als man ihr mit dem Tod und mit Sippenhaft droht, als man ihren Besitz einzieht und ihr Haus überfällt, das von durchziehenden Soldaten und Räubern verwüstet worden ist.

Die Machthaber hatten Angst vor ihr, obwohl sie nur mit ihrem Fotoapparat bewaffnet war, mit dem sie der Welt die Beweise für die grausamen Folterungen erbrachte, die die Soldaten an der wehrlosen Masse der armen Landarbeiter verübten.

Marianella rief sogar die Menschenrechtskommission in El Salvador ins Leben und ließ trotz der Drohungen nicht davon ab, der ganzen Welt mitzuteilen, was in ihrer Heimat vor sich ging, die regelrechten Menschenschlächtern zum Opfern gefallen war.

Das ist Marianellas Glaube. Er ist eine Lehre für alle die sich gerne vor ihrer Verantwortung drücken, ohne sich einmal dorthin umzuschauen, wo Mörder ungestraft bleiben und die Rechte der Armen mit Füßen getreten werden.

Um sie zum Schweigen zu bringen, wird sie von Soldaten gequält. Aber sie gibt nicht nach. Als sie den Ort ihrer Peinigung unter dem Jubel aller verläßt, hält sie es fern von den schmerzlichen Leiden der Ihren nicht aus und kehrt in die Höhle des Löwen zurück, gewärtig, gefoltert und ermordet zu werden.

Sie wurde denn auch gefoltert und ermordet.

»Das ist mein Gebot: Liebt einander, so wie ich euch geliebt habe. Es gibt keine größere Liebe, als wenn einer sein Leben für seine Freunde hingibt« (Joh 15,12 f.).

WIE GOTT

Die echte Liebe ist selten.
Seltener als der echte Glaube.

Sie ist die höchste Möglichkeit des Menschen auf Erden.

Sie ist das Allerschwierigste.

Wenn der Mensch liebt, ist er wie Gott, aber da es schwierig ist, nach Gottes Art zu handeln, ist es schwer zu lieben.

Es geht so zu:

Der Strahl der echten Liebe, die reine Güte ist, geht von Gott aus und erreicht uns.

Bei uns angelangt, ermuntert er uns dazu, uns selbst hinzugeben.

Aber er muß die träge Masse unseres Lebens durchlaufen.

Verbogen kommt er wieder hervor.

Verbogen vom Egoismus, von der Habsucht und vom Hochmut.

Beim Eintreten in uns war er geraden Sinnes; wenn er aus uns wieder hervorkommt...

Ich zögere nicht, zu behaupten, daß von hundert mit Liebe bezeichneten Taten neunundneuzig bei ihrem Entstehen in uns vergiftet werden durch Egoismus, Habgier und Eitelkeit.

Ein winziger Rest, der so viele Feinde in unserem Innern ungeschoren passiert, hat noch die Züge der wahren Liebe, der Selbsthingabe.

Aber so etwas gibt es nicht alle Tage.

Dennoch dürfen wir den Mut nicht verlieren.

Wenn ich den Weg verfehlt habe, muß ich eben umkehren. Inzwischen kann ich etwas sehr Wichtiges feststellen: alles dient zu etwas, auch die Sünde.

Auch die Verfehlung kann in den Heilsplan eingeflochten werden.

»Du sollst den Herrn, deinen Gott, lieben mit ganzem Herzen, mit ganzer Seele und mit all deinen Gedanken. Das ist das wichtigste und erste Gebot. Ebenso wichtig ist das zweite: Du sollst deinen Nächsten lieben wie dich selbst« (Mt 22,37–39).

LOBPREIS DER LIEBE

Die Liebe überwindet alles, bringt alles fertig und findet für alles eine Lösung.

Versuch's, und du wirst es feststellen.

Wenn du traurig bist, tu ein Werk der Liebe, und die Traurigkeit verfliegt.

Wenn du dich einsam fühlst, versuch, mit deinen Brüdern und Schwestern Verbindung aufzunehmen, und die Einsamkeit weicht von dir.

Wenn du Gottes Gegenwart in dir verkosten willst, tu ein Werk der Liebe, und du wirst sie spüren.

Wenn dir zum Sterben zumute ist, liebe, und in dir wird das Leben pulsieren.

Die Liebe verklärt alles, heilt alles und weiß für alles einen Grund.

Die Liebe ist das Paradies. Wer liebt, ist in der Freude, wer nicht liebt, ist in Traurigkeit.

Die Liebe ist die Wahrheit: wer liebt, ist wahrhaftig. Die Liebe ist das ewige Leben.

Die Freude der Heiligen besteht darin, aus Liebe zu lieben. Die Vollendung des Menschen besteht im Sterben aus Liebe. Wo selbstlose Liebe herrscht, da ist Gott.

»Wir wollen einander lieben; denn die Liebe ist aus Gott, und jeder, der liebt, stammt von Gott und erkennt Gott. Wer nicht liebt, hat Gott nicht erkannt; denn Gott ist die Liebe« (1 Joh 4,7 f.).

Von der Liebe erfaßt und gedrängt von Christus, der das Böse besiegt hat, wollen wir entschlossen eine neue Welt aufbauen.

IN SEINEN HÄNDEN

Wir sind zu zweit. Er ist der König, und ich bin ein Kind seines Volkes, und gemeinsam schaffen wir und entwickeln wir das Himmelreich.

Doch sind wir zu zweit. Und er ist wichtiger, das muß ich zugeben.

Das klingt lächerlich, aber die Menschen sind wirklich so, daß sie sich für wichtiger als Gott halten, sie fühlen sich als die Mitte der Dinge und Geschehnisse. Sehr sehr wenige stellen Gott in die Mitte und halten die Augen des Glaubens fest auf ihn gerichtet.

Um uns ein wenig dorthin zu befördern, stößt uns die rauhe Wirklichkeit in die Armut, in die Schwäche, in die Sünde, aber wir triefen dermaßen von Stolz, daß die meisten erst dann zum Glauben kommen, wenn sie in kleine Stücke zerfetzt sind.

Nicht umsonst ist die Demut die Königin der Tugenden, und sie ist unser einziger Grenzübergang zu Gott.

Ein Riesenschritt ist getan, wenn wir einmal im Glauben erfahren, daß wir unsere Geschichte nicht allein machen. Wir machen sie zusammen mit Gott. Und er ist der erste und wir sind die zweiten, die zugreifen, wenn überhaupt.

Meine Berufung liegt in seinen Händen, bevor sie in die meinen gelegt wird.

Meine Zukunft ist in ihm.

Jeder hat seinen Weg, und es ist der schönste, wenn Gott ihn anbietet.

Einen anderen zu wollen ist töricht, und man schafft sich unnötige Leiden, wenn man auf Dingen beharrt, die nicht existieren, und auf Wegen, die nicht für uns gemacht sind.

Das Himmelreich in uns annehmen bedeutet, unsere Berufung annehmen, die Gott uns aus dem Material der Wirklichkeit bereitet, in die wir eingewebt sind.

Aber Gott geht mir voraus.

MÄRZ

Schweigen wird zum Wort

UND DAS WORT IST FLEISCH GEWORDEN

Es braucht Zeit, bis der Mensch seinen Zustand verstehen, den Kopf heben kann, lächeln kann angesichts der Sintflut von Übeln, in der er schwimmt.

Eine Blinde sagte mir, sie habe zwölf Jahre gebraucht, um etwas von ihrer Blindheit zu verstehen.

Dann verstand sie und lächelte.

Es ist ein Geheimnis um die Dinge,
ein Geheimnis um das Leben,
ein Geheimnis um den Schmerz.

Es ist wie die Nacht: um etwas in ihr zu erkennen, muß man die Dämmerung abwarten.

Und warten bedeutet hoffen, und die Hoffnung ist die Geduld des Menschen. Aber gerade in dieser Geduld lernt der Mensch sich besitzen, sich erkennen.

Tatsächlich sagt die Schrift: »In der Geduld werdet ihr euere Seelen besitzen« (Lk 21,19).

Wenn der Mensch sich in Geduld geübt und ans Warten gewöhnt hat, *wird das Schweigen Gottes zum Wort*.

Das Wort, das Wort selbst, ist Jesus, die Person Jesu, das Wort Gottes.

»Und das Wort ist Fleisch geworden
und hat unter uns gewohnt
und wir haben seine Herrlichkeit gesehen,
die Herrlichkeit des einzigen Sohnes vom Vater,
voll Gnade und Wahrheit« (Joh 1,14).

Und das Wort hat unter uns in Armut gewohnt.

Der Arme Jahwes.

Er wollte die Armut des Menschen auf sich nehmen, um ihm zu helfen, den schrecklichen Exodus aus der Armut, dem Leiden, dem Tod zu vollbringen.

Das ganze Leben Jesu ist in diesem Licht zu sehen, ist in diese Perspektive eingespannt, auf dieses Ziel gerichtet.

ARMUT

Eine beschränkte, materialistische Auffassung von Armut hat lange Zeit die Armut als einen physischen Zustand, einen Mangel an Brot, Kleidung, Behausung vorgestellt: Der Arme als Bettler.

Doch so stehen die Dinge nicht.

Sicher, wer kein Dach über dem Kopf hat, wer nichts zu beißen hat, der ist schon ein Armer, aber nicht er allein.

Da gibt es noch viel größere menschliche Armut, schrecklichere Not, schlimmeres Leid.

Warum die Armut nur als materielle Not sehen? Ist das nicht eine Verengung?

Es kann vorkommen, daß jemand nicht um Gehaltserhöhung bittet, aber um ein wenig Stille, ein wenig frische Luft, ein wenig Grün.

Armut ist nicht nur Mangel an Geld. Sie kann Mangel an Gesundheit sein, an gesunder Luft, an Ausgeglichenheit. Sie kann Mangel an Frieden, Liebe, Licht sein.

Ich meine sogar, die Armut des Menschen ist universal, ja, der Mensch ist die Personifizierung der Armut. Ihm fehlt nicht nur ein wenig Brot; ihm fehlt es an allem.

Wenn er haßt, fehlt es ihm an Liebe, wenn er stirbt, fehlt es ihm an Leben.

Ja, die Armut des Menschen ist der Tod selbst, und der ist keine kleine Sache, und man kann ihn nicht wegschicken, wenn er an die Tür klopft.

Aber gerade auf diesem Pfad der menschlichen Armut ist Gott uns entgegengekommen. Die freie Armut Gottes hat sich neben die zwangsläufige Armut des Menschen gesetzt.

Das erste Gespräch war Schweigen.

Was kann man zu jemand sagen, der leidet?

Das Schweigen Gottes ist die respektvolle Art, mit der er sich dem armen Menschen nähert.

Die anderen Worte sind noch nicht reif.

EIN ANDERES ALPHABET

Viele, die auf der Suche nach Gott sind, stecken auf halber Strecke auf; als Grund geben sie sein Schweigen an. Sie rufen mit aller Kraft, und er antwortet nicht.

Was machen wir nicht alles, um dieses Schweigen zu brechen! Unsere Augen starren ins Unsichtbare, in der Hoffnung, endlich etwas zu sehen. Meine Augen spähen angestrengt aus, um etwas zu erhaschen, was zu mir spricht, was der erste Wink für ein Gespräch wäre.

Und statt dessen sehe ich nichts. Meine Ohren vernehmen nichts.

Da ziehe ich mich enttäuscht zurück, und mein Glaube gerät ins Wanken. Noch habe ich nicht begriffen, daß es gut so ist und daß dieses Nichtsehen mit den Augen und Nichthören mit den Ohren immerhin zeigt, ich bin Herr meiner Nerven und fern vom schlüpfrigen Boden des Aberglaubens oder der Sinnestäuschung.

Über diesen Boden weiß ich inzwischen Bescheid und mehr noch über dieses Schweigen Gottes, und wenn mir einer erzählt, er habe etwas geschehen... ein Licht..., eine Stimme gehört... ein Fluidum gespürt..., dann zögere ich nicht, ihm mit passenden Worten zu sagen: »Bruder, Schwester, laß dich von einem Neurologen untersuchen, denn es könnte sein, daß du ans Pathologische streifst.«

Nein, Bruder, nein, Schwester, wie das Sichtbare nicht das Unsichtbare ist, wie die Natur nicht die Gnade ist, so ist unser Alphabet nicht das Alphabet Gottes, unsere Sprache nicht seine Sprache, unsere Ohren sind nicht seine Ohren. Wenn Gott spricht, vibrieren keine Stimmbänder, und der Ort, an dem du seine Stimme vernimmst, ist sicher nicht dein Ohr.

Wenn Gott mir etwas sagen will – und das tut er fortwährend, denn Gott ist Wort –, sagt er es mir im verborgensten und geheimsten Ort meines Seins, im Herzen, wie wir es manchmal nennen, oder im Gewissen.

GOTT SPRICHT

Gott spricht zum Menschen durch seine Realität, und sein Sprechen ist absolutes Schweigen außer der Realität. Gott, der Wort ist, hat diese seine Realität als Sprache, und da, genau da müssen wir auf ihn lauschen. Es ist ein Reden, das weiterströmt, ein unerschöpflicher Gesang der Liebe, eine Harmonie ohne Grenzen, ein Gespräch, das nie ermattet.

Ja, Gott spricht kraft der Dinge, die bestehen, kraft der Logik, die sie steuert, kraft der Zielrichtung, in der sie gehen.

Er sagt mir nicht mit seinem Mund, daß er die Schönheit sei: er läßt sie mich sehen in einem Sonnenuntergang oder im Glitzern des Ozeans.

Er sagt mir nicht, daß er ewig sei: er schenkt mir jeden Morgen die Überraschung, daß die Sonne wieder aufgeht.

Er sagt mir nicht, daß er Leben, Fruchtbarkeit sei: er gibt mir ein Feld mit reifem Korn.

Er sagt mir nicht, daß ich sterben müsse: er läßt mich sterben.

Er sagt mir nicht, daß ich auferstehen werde: er läßt mich sehen, daß Christus auferstanden ist.

Er sagt mir nicht, daß er an mich denkt und daß er mich liebt: er legt mir die Liebe ins Herz, seine Art, die Menschen zu lieben.

Er sagt mir nicht, was ich tun soll: er zieht es aus meinem Gewissen hervor, das seine Wohnung ist.

Und die Bibel – werdet ihr sagen –, das geschriebene Wort Gottes, was ist mit dem?

Nun, es ist genau das, was ich gesagt habe.

Es ist die Realität Gottes, die zu meiner Realität spricht. Es ist wahrhaftig das *Du in mir und ich in dir,* damit wir vollendet seien in der Einheit.

UMHÜLLT

Noch hüllt Gott uns ein, und die Dunkelheit seines Handelns heißt Glauben, der Ansporn, uns zu verwirklichen, heißt Hoffnung, und die Liebe, die alles lenkt, heißt Menschenfreundlichkeit Gottes.

Die Schwierigkeit für uns ist, daß wir nicht vergessen, Gott ist es, der uns umhüllt.

Schwierig ist es in der Tat, weil alles im Schweigen vor sich geht, und das Schweigen macht uns Angst. Wir wollten, er würde zu uns sprechen: »Da bin ich«, oder er würde seine Gegenwart unter Donnerschlägen und Blitzen enthüllen.

Wenn er es manchmal getan hat, wie das Buch Exodus berichtet, dann deswegen, weil die Menschheit noch im Kindesalter war, und man mußte sie nehmen, wie sie war.

Aber er zieht das Schweigen vor. Heute schweigt er, weil dies besser zu der weiter vorangeschrittenen Reife der Menschen stimmt.

Das Schweigen Gottes ist das Zeichen deiner Reife im Glauben. Wenn es dir Angst macht, bist du doch noch nicht so ganz aus den Kinderschuhen heraus.

Kinder fürchten sich vor der Stille und vor der Dunkelheit, aber an beides müssen sie sich gewöhnen.

Die Dinge Gottes brauchen nicht Worte.

»Die Himmel erzählen die Herrlichkeit Gottes,
das Firmament verkündet das Werk seiner Hände.
Der Tag gibt das Wort an den Tag weiter,
die Nacht vermeldet der Nacht ihre Kunde.
Da ist keine Sprache, kein Wort,
unhörbar bleibt ihre Stimme.
Doch in alle Welt ertönt ihr Ruf,
ihre Botschaft bis an die Enden der Erde« (Ps 19,2–5).

Die Dinge sind es, die reden, die Himmel sind es, die erzählen, wenn sie auch keine Worte brauchen.

Gott aber kommt im Schweigen.

VERBORGEN

Gottes Schweigen ist so groß und sein Warten so unerschütterlich, daß man es leicht mit dem Tod verwechseln kann: dem Tod Gottes.

Aber es ist nicht so, ich weiß es.

Du, mein Gott, bietest an, du schweigst, du wartest, um uns nicht Gewalt anzutun.

Du willst, daß wir dir entgegengehen, du willst, daß wir frei sind. Denn das ist es: du willst uns zur Freiheit führen.

Die einzige Versuchung für Gott, die wir uns vorstellen können, ist, daß er seine Macht spielen läßt. Aber gerade in diese Gefahr willst du dich nicht begeben. Im Gegenteil!

Du, mein Gott, erschaffst, und dann verbirgst du deine Schöpfung so gut, daß die Geschöpfe den Eindruck haben, sie hätten sich selbst geschaffen.

Du rufst dein Volk zum Heil, du läßt es die Wüste durchwandern, nährst es mit Manna, stillst ihm den Durst mit dem Wasser aus dem Felsen, wirfst die Mauern von Jericho nieder, du läßt dein Volk das Gelobte Land erobern, und wenn alles getan ist, meinen sie, sie könnten dich bei der nächstbesten Gelegenheit mit irgendeinem Götzen auswechseln, sie beten den an und vergessen dich.

Aber du mit deiner göttlichen List weißt wie keiner, dich zu verstecken. Dein Prophet Jesaja nannte dich gerne den »verborgenen Gott« (Jes 45,15).

Du verbirgst dich in der Schöpfung.

Du verbirgst dich in der Geschichte.

Du verbirgst dich in der Eucharistie.

Du verbirgst dich in unserem Innern.

Und willst, daß wir dich entdecken – auf eigene Faust. Wann es uns gelegen kommt. Wann wir das Bedürfnis danach haben. Meist ist es das Bedürfnis, das uns treibt, dich zu suchen. Das Bedürfnis nach dem Absoluten, dem Ewigen, dem Licht, nach der Freiheit, nach der Liebe.

ICH WERDE BEI DIR SEIN

Ich denke an das Geheimnis der Eucharistie, das so eng mit dem Schweigen Gottes und der Verborgenheit des Lebens Jesu zusammenhängt.

»Ich bin der Herr, und sonst niemand; außer mir gibt es keinen Gott« (Jes 45,5).

Würde denn der Ton zum Töpfer sagen: »Was machst du da?« Wehe dem, der zum Vater sagt: »Was zeugst du?«, und zur Frau: »Was bringst du zur Welt?« (vgl. Is 45,9f.).

Wahrhaft, du bist ein verborgener Gott, Gott Israels, du Retter! Der Gott, der die Himmel erschaffen und die Erde geformt hat, der sie gemacht und ihr Gestalt verliehen und sie nicht im Chaos belassen hat...

»Ich bin der Herr und habe nicht im Verborgenen geredet, irgendwo in einem finsteren Land; ich habe nicht zum Geschlecht Jakobs gesagt: ihr sucht mich vergebens. Ich bin der Herr, der die Wahrheit spricht« (Is 45,18f.).

»Wir werden zu ihm kommen und bei ihm wohnen« (Joh 14,23).

»Ich werde mich ihm offenbaren« (Joh 14,21).

»Fürchte dich nicht, du kleine Herde« (Lk 12,32).

»Ohne mich könnt ihr nichts tun« (Joh 15,5).

»Er wird euch einen anderen Beistand geben« (Joh 14,16).

»Ich will, daß auch sie dort bei mir sind, wo ich bin« (Joh 17,24).

»Vater, heilige sie in der Wahrheit« (Joh 17,17).

Was besagen diese großartigen Stellen, wenn nicht dies: Ich, der Gott, Israels, werde bei dir sein, werde dich nicht vergessen, werde dich heiligen.

Es ist an der Zeit, Schluß zu machen mit der unnützen Sorge, wir wären es selbst, die unsere Heiligung bewirkten! Entweder Er oder niemand brächte es fertig, das ist gewiß. Daraus ergibt sich etwas sehr Einfaches: die bedingungslose Hingabe ist das Minimum, das du selbst bewirken kannst.

NIEMANDEM FERN

Die Schöpfung ist nur ein Beginn. Was mir Himmel und Erde in ihrer Herrlichkeit und Unermeßlichkeit, in ihrer Harmonie und Schönheit offenbaren, ist nur der Anfang eines Gesprächs, das noch viel weiter führen und in meinem ganzen Leben einen zentralen Platz einnehmen wird. Hat dieses Gespräch auch einen Beginn, so hat es doch kein Ende, denn die beiden Gesprächsteilnehmer – Gott und Mensch – sind ewig und werden im gleichen Hause zusammenwohnen. Es wäre doch merkwürdig, wenn man im gleichen Hause wohnt und nicht miteinander redet, merkwürdiger noch, wenn man sich nicht kennt. Ziel des Menschen ist es, Gott kennenzulernen und mit ihm zu reden.

Dieses Kennenlernen mag schnell oder langsam vor sich gehen; es mag leicht oder schwierig sein, mit Gott zu reden: Es handelt sich jedenfalls um Bestimmung und Schicksal. Wir können dem Plan Gottes nicht entrinnen. Er aber will, daß die Menschen zu seiner Erkenntnis gelangen. »Sie sollten die Gottheit suchen, ob sie ihn fühlen und finden könnten, ihn, der doch nicht ferne ist einem jeden von uns« (Apg 17,27).

Gott ist niemandem fern. Er war und ist immer mit uns. Schon in der Schöpfung nehmen wir ihn wahr. In der Offenbarung gewinnt seine Gegenwart deutlichere Umrisse. Durch die Dinge dieser Welt in ihrer Symbolhaftigkeit nehmen ihn unsere Augen wahr. Durch das Geheimnis seines Wortes geht er ein in unseren Geist. Die Schrift vollendet das, was uns Berge, Meere und Sterne sagen. Sie führt eigentlich den Menschen zum Gespräch mit Gott...

Die Bibel ist ein Buch, das des Geheimnisses der Schöpfung würdig ist. Die Schöpfung bezeugt vollgültig die Aussagen der Bibel. Beide sind ein Ganzes in der Hand Gottes, der damit zu den Menschen redet. Beide zusammen sind für die Menschen die Antenne, über die sie Gott hören und verstehen können.

DIE ENTDECKUNG

Einer der größten Glücksfälle, die ich zeit meines Lebens erlebte, ist zweifellos die Entdeckung der Bibel. Das geschah, als ich zwanzig war.

Dieser Entdeckung verdanke ich das bißchen religiöses Empfinden, das mich am Anfang in das Laienapostolat, dann in die kontemplative Kommunität der Kleinen Brüder von Charles de Foucauld führte.

Noch mehr: Die Bibel hat mich niemals im Stich gelassen. In ihr habe ich genau das gefunden, was ich jeweils brauchte – Lebensabschnitt für Lebensabschnitt. Begleitet hat sie die Entwicklung meines Glaubens ständig.

Wir kommen aus einer Zeit, in der die Bibel geradezu ein mit sieben Siegeln versehenes Buch war, aus einer Zeit, in der manche christliche Familie für die Bibel nicht viel übrig hatte und die überwältigende Mehrheit der Katholiken sie nicht einmal kannte.

Zum Glück hat sich das Blatt seit dem Konzil gewendet.

»Ignorantia Scripturarum ignorantia Christi«: Unkenntnis der Schrift ist Unkenntnis Christi. Diesen vielleicht schrecklichen Satz habe ich übrigens nicht selbst geprägt, ich habe ihn dafür aber persönlich so erfahren, wie sein Verfasser, Augustinus.

Die Bibel ist das authentische Buch Gottes.

Dies ist die Wahrheit, dies ist das Bewußtsein, die sich heute unter dem Antrieb des Geistes mehr und mehr Raum schaffen. Ich fürchte keine Widerlegung, wenn ich behaupte, daß wir gerade durch diesen Antrieb einen religiösen Frühling erleben werden und daß die Rückkehr der Christen zur Schrift sicher ein Kennzeichen dieses Frühlings ist.

Gerade das macht die Größe und die Unentbehrlichkeit der Bibel aus: Hier spricht Gott, hier offenbart sich der Seele Gott selbst – wenn sie in Demut und Offenheit zwischen den Zeilen den ewigen Willen ihres Herrn herauszulesen versucht.

WARTEN

Es begann auf jener Scheibe Wüste, in der Einsamkeit der Sahara, an dem Tag, als ich träumte, von dem Granitfels erschlagen worden zu sein, unter dessen Schatten ich mich zur Ruhe gelegt hatte.

Im Traum wurde ich vor Gottes Gericht geführt, und es wurde über meine Liebe und nur darüber befunden.

Eine von mir einem Armen vorenthaltene Decke schickte mich ins Fegfeuer. Dort verstand ich, daß ich jenen Ort erst dann hätte verlassen können, wenn ich eines Aktes der vollkommenen Liebe fähig geworden wäre: einer Liebe, die der Liebe Jesu wesensgleich wäre.

Ich fühlte mich dazu nicht fähig.

Seitdem sind viele Jahre verstrichen. Gerade gestern, am Karfreitag, dachte ich über das Leiden Christi nach: Ich befand mich wieder in der gleichen Lage wie damals, wieder unter dem Fels.

Ich bin immer noch der vollkommenen Liebe unfähig, ich habe die Kraft nicht, Jesus auf den Kalvarienberg zu folgen.

Allerdings: Ist es überhaupt möglich, daß ich mich dessen fähig fühle? Und sollte ich mich ganz fähig und stark fühlen, wäre ich nicht noch schlimmer als ich schon bin?

Ja: Das ist die Wahrheit, zu der ich endlich durch den langen Weg meiner religiösen Erfahrung gefunden habe. Müßte es von mir kommen, wäre ich dazu nicht fähig!

Ein neues Ereignis muß herbei, ein Übergang. Ein Blitz muß aufleuchten, jemand muß kommen, etwas ganz anderes muß geschehen, damit ich – fähig werde.

Doch werde ich all das niemals entdecken, es niemals voraussehen, dem nie vorwegnehmen.

Ich kann nur eines: warten. In Gebet, in Liebe, in Tränen, in Anflehen. Dies ist die Haltung des Menschen auf Erden.

Und Gott, der Gott des Unmöglichen, wird plötzlich kommen. Er wird meine Seele berühren und mich fähig werden lassen, ihm dorthin zu folgen, wohin er mich gehen lassen will: wie der Schächer an jenem Karfreitagnachmittag.

NACHFOLGEN

Wieso hat Jesus das Böse besiegt? Wieso hat er den Tod vernichtet? Was bedeuten diese beiden Aussagen: das Böse besiegen und den Tod vernichten?

Nichts hat sich seit Nazaret geändert; nichts ist seit Kalvaria anders geworden. Die Welt begeht immer noch ihre Schandtaten und richtet immer noch ihre Blutbäder an, der Mensch schleppt sich immer noch mit seinen Sklavenketten und seinen Tränen dahin. Was ist geschehen, daß man sagen kann: »Jesus hat uns erlöst?«

Hier liegt das Problem, ihm müssen wir unumwunden ins Gesicht schauen, um es uns zu eigen zu machen und es zu lösen.

So wie er gelebt hat, hat Jesus durch sein Leben das Böse auf sich genommen und besiegt, so wie er gestorben ist, hat er den Tod verschlungen. Jesus hat ein Beispiel gegeben: Er zeigt uns, *wie* man das Böse besiegt und den Tod vernichtet.

Mensch, willst du dich vom Joch des Bösen befreien? Dann handle, wie Jesus gehandelt hat.

Mensch, willst du den Tod vernichten, der dich in seinem Griff hält? Stirb aus Liebe, wie Jesus es getan hat.

Das Böse besiegen, das uns unterwerfen will, unseren Tod in eine Liebestat verwandeln, heißt, jene notwendige Überschreitung vollbringen, um in das Gottesreich zu gelangen, das das Reich des Friedens und der Liebe ist. Niemand kann uns diese Mühe abnehmen.

Es ist wahr, daß Jesus uns erlöst hat, aber er hat es unserer Bemühung überlassen, unser Heil zu wirken.

Sein Tod hat uns alle gerecht gemacht, aber er hat uns nicht ins Reich hineingehoben, er hat uns vor die Forderung der Nachfolge gestellt. Jeder von uns ist seit dem Opfer Jesu erlöst, aber jeder von uns muß sein Heil wirken.

Darin besteht die Würde des Menschen, der Sohn und Tochter ist in den Augen des Vaters. Darin besteht die Würde des menschlichen Leidens. Darin besteht die Freiheit.

DER VORRANG

Mit der Offenbarung Jesu, des Gekreuzigten, wird die Kirche geboren als Gemeinschaft derer, die an ihn glauben und, neugeschaffen von seinem Geist, befähigt werden, den Plan Gottes, das Böse durch das Gute zu besiegen, in die Tat umzusetzen. Das führt zur Entstehung des Martyriums mit seinem unstreitigen Vorrang.

Der Vorrang des Martyriums wird zur absoluten Größe, nicht nur für Jesus, sondern für jeden einzelnen von uns.

Diesen Sachverhalt gilt es, gut einzuprägen, da nun alles anders aussieht und das, was die Liebe verlangt, jetzt von uns verlangt wird. Man kann in Zukunft nicht mehr einfach sagen: »Es gibt doch jemanden, der die Rechnung für alle bezahlt hat«; das ist allzu leicht.

Für berechnende Krämerseelen, wie wir es gewöhnlich sind, genügt es jetzt nicht mehr, die ganze Last unserer Schurkereien auf das Blut Christi abzuschieben. Nein! Das geht nicht mehr. Wir werden, wie Paulus sagt (vgl. Kol 1,24), an uns ergänzen müssen, was an den Leiden Christi noch fehlt.

Jesus hat das wahre Martyrium gestiftet: seine engsten Freunde müssen in seiner Nachfolge das Martyrium lieben. Der Vorrang des Martyriums muß in der Wertskala an oberster Stelle stehen. Zunächst wird er dir sagen: »Heute wird dein Martyrium in der Loslösung von deinem Reichtum bestehen, und du mußt dich von ihm trennen, wenn du glücklich sein willst; denn der Reichtum wird dir zuwider sein, besonders wenn du deinen Bruder hungern siehst.«

Morgen wird er dir sagen: »Laß den Götzendienst. Wirf deine Götzen hoch in die Luft: Gott allein ist dein Gott.« Und dann mußt du das tun, um den Durst nach Freiheit zu stillen, den die Liebe dir eingegeben hat.

Dieser Läuterungsweg hört nie auf. Er gräbt sich immer tiefer in dich hinein, um an die Wurzel deines Egoismus, deines Stolzes und deiner Verrücktheit zu gelangen.

DAS GUTE BLEIBT

Bei Jesus zählt nicht das Resultat, sondern die Weise seines Handelns, Denkens und Daseins. Seine Botschaft ist in der Weise seines Handelns, seines Lebens und seines Redens enthalten. Bei ihm herrscht völlige Übereinstimmung zwischen dem, was er tut, und dem, was er sagt.

Er spricht von Gewaltlosigkeit, und er ist nicht gewalttätig.

Er spricht von Feindesliebe, und er lebt sie.

Er spricht von Achtung vor dem Menschen, auch wenn dieser ein Sünder ist.

Er sagt vom Bösen, das zusammen mit dem Guten existiert, von den Halunken, die sich unter die Guten mischen: »Mit dem Himmelreich ist es wie mit einem Mann, der guten Samen auf seinen Acker säte. Während nun die Leute schliefen, kam sein Feind, säte Unkraut unter den Weizen und ging wieder weg. Als die Saat aufging und sich die Ähren bildeten, kam auch das Unkraut zum Vorschein. Da gingen die Knechte zu dem Gutsherrn und sagten: Herr, hast du nicht guten Samen auf deinen Acker gesät? Woher kommt dann das Unkraut?

Er antwortete: Das hat ein Feind von mir getan.

Da sagten die Knechte zu ihm: Sollen wir gehen und es ausreißen? Er entgegnete: Nein, sonst reißt ihr zusammen mit dem Unkraut auch den Weizen aus. Laßt beides wachsen bis zur Ernte« (Mt 13,24ff).

Dieses Gleichnis vom guten Weizen und vom Unkraut konnte nicht treffender und einfacher sein, um mir klarzumachen: Man muß das Böse beim Guten belassen, damit es zu seinem Ende kommt. Ihm wird die Ehre zuteil, noch vor dem Weizen ausgerissen zu werden, aber es wird ausgerissen und gebündelt für das Feuer, das es einäschert. Der Weizen behält das letzte Wort.

Man kann den Gedanken Jesu nicht verkennen: Dem Bösen darf man sich nicht widersetzen: das Böse sinkt von selbst in Schutt und Asche, es hat keine Zukunft.

Das Böse bestraft sich ohne Zutun, es zerstört sich selbst.

HINWEG VON MIR

Ich lese das Gleichnis vom verlorenen Sohn und bin völlig einverstanden mit der Barmherzigkeit des Vaters. Auch ich würde einem Sohn oder einer Tochter, die mir weggelaufen sind, alles vergeben, wenn sie nur wieder heimkommen.

Ich lese das Gleichnis von dem, der einem Freund die Schuld von 10000 Talenten (das sind Millionen!) nachgelassen hat. Das zu akzeptieren ist schwer für einen Menschen, der an Sparsamkeit gewöhnt ist. Aber nun ja, wenn mein Schuldner eben nicht zahlen kann und gar noch mit seinen Anwälten auftaucht: Es sei ihm die Schuld nachgelassen!

Die wahren Schwierigkeiten fangen erst ein Stückchen weiter an, dort wo Arme und Unschuldige betroffen sind – wenn ich mich gehen lasse und die anderen bloßstelle.

Ist Gott auch barmherzig mit den Folterern? Mit den Ausbeutern der armen, mit denen, die Millionen Kinder verhungern lassen? Mit den Kanonenhändlern, die bewußt Konflikte provozieren, Kriege erklären, Nachrichten fälschen, nur damit sie noch mehr verkaufen können?

Ist Gott auch barmherzig mit den Diktatoren, die ihre Gewalt so schrecklich mißbrauchen, die fähig sind, alles bloßzustellen und in den Gefängnissen die Freiheit – eine Gabe Gottes – ersticken?

Was antwortet Jesus darauf?
Nichts. Er schweigt.

Er weiß, daß er sich vor einer Situation befindet, in der der Vater, wenn die Dinge so bleiben, wie sie sind, die Armen und Hilflosen schützt und verteidigt und die Schuldigen mit den Worten bei Matthäus verdammen wird: »Weg von mir, ihr Verfluchten, in das ewige Feuer...; denn ich war hungrig, und ihr habt mir nichts zu essen gegeben; ich war durstig und ihr habt mir nichts zu trinken gegeben; ich war fremd und obdachlos, und ihr habt mich nicht aufgenommen« (Mt 25,41 ff).

DIE LIEBE DES VATERS SCHWEIGEND AUF SICH NEHMEN

»Vielmehr liebet eure Feinde, tut Gutes und leihet, ohne etwas zurückzuerwarten, und euer Lohn wird groß sein, denn er ist gütig gegen die Undankbaren und Bösen. Seid barmherzig, wie euer Vater barmherzig ist« (Lk 6,35 f.).

In welcher Schwierigkeit befindet sich die Liebe in bestimmten Augenblicken!

Wie soll man es machen, den Folterer, den Unterdrücker, den Rassisten und den Waffenhändler noch zu lieben?

Also: Wenn die Liebe unbesiegbar ist und wenn sie den Menschen betrifft, diesen armen Menschen, der sündigt, und zwar auf so schreckliche Weise, dann muß er auch einen Ausweg finden.

Und wenn es die Liebe eines Gottes selbst ist, wie sollte er sie nicht finden?

So wird er sie finden: *Im Schweigen wird er alle Prüfungen auf sich nehmen.* Er wird das Opfer sein von allen Gewalttätigkeiten, von allen Verleumdungen, von allen Machenschaften dieser Welt.

Er wird die Prüfung auf sich nehmen, eingekerkert zu sein, gequält, verspottet, verkauft, verdammt zu sein.

Wenn er durch sein Leiden am Kreuz dies alles selbst durchgetragen hat, kennt er den Grad der Liebe, mit der der Vater fähig ist, uns zu lieben, und kennt die Tragik, verdammt zu sein, der der Mensch sich ausgesetzt hat. Er wird seine Meinung sagen über die Gerechtigkeit, die selbst von den Steinen des Kalvarienberges herabgerufen wird. Würde er von der ganzen Geschichte gefragt, wie man in diesem Augenblick vorgehen soll, er gäbe die außergewöhnlichste Antwort der Liebe und würde auf den Menschen das geistliche Leiden als Milderungsgrund herabrufen: »*Vater, vergib ihnen, denn sie wissen nicht, was sie tun*« (Lk 23,34).

Ich darf nur hoffen, daß mich die Liebe des Vaters in diesem Augenblick retten möge.

DER WAHRE TOD

Der Tod war für Jesus die zum Äußersten getriebene Armut. Der Sohn Gottes hatte den Weg der Armut gewählt, um den Menschen zu retten, aber im Augenblick seines Todes gab er sich einer Armut preis, die nicht mehr zu überbieten war.

Als Jesus die letzte Tiefe dieses finsteren und schmerzvollen Abgrunds erreicht hatte, da hatte er auch alle Menschen erreicht, die der Vater zu seinen Söhnen und Töchtern ausersehen hatte, die aber von ihm fort in die Irre gegangen waren.

Es ist eine große Anstrengung, Menschen zu lieben, die sich der Liebe verweigern. Den Tod aus solcher Liebe anzunehmen ist die höchste Bewährung. Jesus nachahmen heißt ebenso bedingungslos zu lieben versuchen.

Aber der wahre Tod ist nicht der physische; der ist allenfalls das Zeichen, er ist die furchtbare, sichtbare, fühlbare Darstellung des wahren Todes: nämlich der *Trennung* von Gott. Diese Trennung ist unerträglich. Sie ist Tod, der den Menschen vernichtet durch Nichtglauben, Nichthoffen, Nichtlieben.

Der wahre Tod ist das Chaos, in dem sich der Mensch verliert, der den Vater verkennt; das Knäuel seiner Leidenschaften, darin er steckt und erstickt; der endgültige Zusammenbruch all seiner Träume von Größe; die Zersetzung seines Wesens. Der wahre Tod ist die Hohlheit, das Dunkel, die Angst, die Verzweiflung, der Haß, die Zerstörung.

Christus hat diesen Tod gekostet, er wollte allen nahe sein, die von Gott getrennt waren, und sie retten. Als er in die Tiefe ihrer Verzweiflung hinabgestiegen war, verkündigte er ihnen die Hoffnung durch seine Auferstehung.

Als er in ihre Finsternis eingedrungen war, entfachte er das Licht der Wahrheit durch seine Auferstehung.

Als er den Abgrund ihrer Liebesunfähigkeit ausgemessen hatte, teilte er mit ihnen die unendliche Freude der Liebe durch seine Auferstehung.

DAMIT NIEMAND DER LIEBE ENTGEHT

Wenn ich mich losreiße vom Leben, das Gott ist, wenn ich mich losreiße von der Wahrheit, die Gott ist, wenn ich mich losreiße von der Liebe, die Gott ist, reiße ich mich los von Gott und trete ein ins »Nichtleben«, in die Finsternis, in den Haß.

So etwas Entsetzliches will Gott nicht, es bleibt ihm nichts übrig, als mich zu warnen.

Und er warnt mich, er warnt mich durch den Schmerz.

Das ist also genau der Sinn des Schmerzes: Warnung. Ich meine, der Schrecken, den uns der Schmerz einjagt, die furchtbare Angst, die er uns einflößt, will uns sagen:

»Gib acht, Mensch. Ich, der Schmerz, bin nur ein Bote, ein Zeichen. Du mußt vor mir keine Angst haben, denn im Grunde erweise ich dir einen Dienst, du mußt Angst haben vor dem, was ich anzeige. Ich, der Schmerz, bin Zeichen der zeitlichen Trennung. Ich, der Tod, bin Zeichen einer ewigen Trennung. Davor allerdings fürchte dich!«

Ich weiß, du hast eine Frage an mich, ich kenne sie.

Du fragst, wo ist der Grund für den Schmerz der Unschuldigen, wo der Sinn des Leidens der Armen, warum wurde der Gerechte dem Tod preisgegeben?

Ich wußte auch keine Antwort.

Als ich Christus kennenlernte, hat er es mir erklärt.

Frag ihn heute. Er wird es dir sagen.

Vielleicht kommt dir dann dieser Satz in den Sinn, der mir soviel Hoffnung gegeben hat, als ich mir erklären wollte, wie das universale Heil von der Berufung eines einzigen abhängen kann, der für alle bezahlt: »Der Liebe entgeht ihr nicht.«

Wenn wir im Himmelreich einmal die Unschuldigen fragen werden, die für die Sünder gelitten haben, die Armen, die für die Reichen bezahlt haben, die Gefolterten, die ihr Blut für die Tyrannen vergossen haben, ob es recht oder falsch war, so teuer zu bezahlen, werden wir zur Antwort bekommen: »Es mußte sein, damit niemand der Liebe entging.«

WAHRE FREIHEIT

Handeln, wie wenn Gott anwesend wäre!
Aber da bist du noch auf dem Übungsplatz.

Die Reife wirst du erlangt haben, wenn du nicht mehr die Frage stellst, die im Grunde eine kleine Hilfe für unreife Kinder ist.

Es muß nicht sein, daß du die Dinge tust, wie wenn Gott anwesend wäre und dir zuschaute. Du mußt sie tun, weil sie getan werden müssen, weil dein Ja, das in dir gereift ist, eins ist mit dem Ja Gottes, weil die Wahrheit, mit der deine Aufgaben umkleidet sind, eins ist mit der Wahrheit Gottes, und weil die Liebe, die dich auffordert, sie zu tun, eins ist mit der Liebe Gottes.

Du mußt sie tun, wie Gott sie tun würde! Und wenn du sie so tust, wie er sie tun würde, gehst du ein in die volle Kindschaft.

Christus hat es am Kreuz so getan, und mit seiner schmerzlichen Klage »Vater, warum hast du mich verlassen« (Mt 27,46) bezeugt er den Menschen die wahre Freiheit, mit der Gott sie ausgestattet hat, das unendliche Vertrauen, das der Vater auf sie setzt, das völlige Fehlen von Druckmitteln beim Reifenlassen ihrer Selbsthingabe an das Absolute. Und er gibt sich der abwesenden Gegenwart des Vaters preis.

Welch einen außerordentlichen Wert gewinnt das Handeln des Menschen! Welche Würde umkleidet diese radikale Haltung!

Ja, wir können sagen: wenn Gott groß ist in seiner Wesenheit, ist der Mensch groß, wenn er sich Gott nähert, wenn er die Dinge tut, wie Gott sie tut, in freier Wahl.

Welch hohen Wert erwirbt das Martyrium und irgendeine Tat, die in dieser menschlichen Einsamkeit vollbracht wird!

Die Abwesenheit Gottes auf dem Kalvarienberg des Menschen ermöglicht es dem Menschen, sich gänzlich in der Freiheit der Liebe darzubringen.

OHNE MASS

Gott hat sich in die Hände des Menschen gegeben, indem er sich auf seine Seite stellte.

Er hat sich in die Hände des Armen gegeben, indem er sich auf den letzten Platz stellte.

Bleibt noch etwas übrig? Ja, es bleibt noch etwas übrig.

Das Maß des Menschen, das Maß des Armen ist noch ein Maß. Doch gibt es ein »Nicht-Messen«, ein Lieben »ohne Maß«.

Es ist die Bereitschaft des Menschen, sich in den Abgrund der Finsternis zu stürzen, in das Dickicht des Geschaffenen.

Es ist die Bereitschaft Jesu – des Sohnes –, vom Vater verlassen zu werden.

Der tragische Schrei, der durch die Jahrhunderte hallt, ist der Schrei Jesu, des Gekreuzigten: »Mein Gott, mein Gott, warum hast du mich verlassen« (Mt 27,46).

Gibt es nicht Gründe, die solches erklären könnten?

Es ist zwecklos, es verstehen zu wollen.

Gott schweigt. Und er schweigt sogar, wenn es um seinen geliebten Sohn Jesus geht: »Mein Gott, mein Gott, warum hast du mich verlassen?« In diesem Schrei Jesu schreit die ganze Menschheit auf.

Gott schweigt.

Sein Schweigen über der Finsternis des Menschen ist schrecklich. Ich meine, das ist das größte Leid des Menschen. Sicher ist es seine äußerste Prüfung.

Es ist das »ohne Maß«, das Gott früher oder später von uns verlangt.

Versucht nicht zu verstehen, es wird euch nicht gelingen. Versucht nicht zu sehen, ihr werdet nicht sehen.

Versucht zu lieben. Mit Liebe, nur mit Liebe können wir uns dem verlassenen Jesus nähern und mit ihm allen Verlassenen der Erde.

WARUM, HERR?

Wenn du gut bist, Herr. warum läßt du mich denn leiden? Wenn du alles vermagst, warum läßt du mich in meiner Not? Was willst du von mir, o Gott? Warum ist dein Wille anders als der meine?

Das ist eine schreckliche Prüfung: Zu erleben, daß Gott alles kann und dich trotzdem leiden läßt.

Er kann es und hat niemand anders als seinen eigenen Sohn ans Kreuz nageln lassen. Er kann es und läßt zu, daß die Armen von den Mächtigen überrollt und verspottet werden. Er läßt den Unschuldigen leiden, läßt den Gerechten sterben.

Das ist der Karfreitag: die Stunde, in der alle fliehen. Das ist die Stunde der Finsternis.

Wer konnte an jenem Tag, in jener Stunde, die Prophezeiung verstehen, die sogar noch im Tode Jesu enthalten war? Mit solch einem Ende hatte niemand gerechnet.

Die Nacht von Kalvaria ist wirklich der Punkt der dichtesten Finsternis, die ein Mensch auf Erden und in der Prüfung erlebt hat.

Mein Gott, mein Gott,
warum hast du mich verlassen? (Ps 22,2)

Du bist fern meinem Schreien,
den Worten meiner Klage.

Mein Gott, ich rufe bei Tag,
doch du gibst keine Antwort;
ich rufe bei Nacht und finde doch keine Ruhe (Ps 2.3)

Warum, Herr?
Warum?

Sagt den Verzagten:
Habt Mut, fürchtet euch nicht!
Seht, hier ist euer Gott!
...er selbst wird kommen und euch erretten (Jes 35,4).

FRAGE UND GEHEIMNIS

Das, was ist, was mich umgibt, was ich sehe, was ich fühle, ist wie eine geheimnisvolle Frage, die Gott an mich durch alle Zeiten hindurch stellt und zu der er von mir die Antwort erwartet.

Vielleicht ist auch die schreckliche Frage an Ijob auf seinem Scherbenhaufen eine Frage, die von Gott herkommt.

»Mein Junge hat die Kinderlähmung bekommen«,
»Meine Frau ist unausstehlich«,
»Mein Gedächtnis läßt mich im Stich«,
»Meine Freunde verstehen mich nicht«,
das sind gleichsam von jeher an meinen Lebenstag gerichtete Fragen, an den Tag, der heute anbricht und den ich leben soll.

Ich muß antworten auf die Frage, die Gott an mich richtet in dieser schmerzvollen Wirklichkeit, diesem dunklen Geheimnis, und gerade darin mein Heil entdecken.

Weil mein Heil in dieser Frage enthalten ist.

Das Heil, alles Heil, liegt in der Hinnahme meines Mysteriums und damit zugleich des Mysteriums meiner Frau und meines Kindes.

Die erste Haltung der Liebe zur Schöpfung ist die Hinnahme der Schöpfung, auch wenn sie mir fremd, unfertig, zuweilen feindlich erscheint.

Die erste Haltung der Liebe zu meinen Brüdern besteht darin, sie anzunehmen, wie sie sind, auch wenn sie mir schrecklich ungereimt, unsympathisch und mitunter feindlich vorkommen.

Bevor ich mich von dem Leid, das mich getroffen hat, zu befreien suche, bevor ich meine geschäftigen Versuche anstelle, das Übel um mich her zu korrigieren, muß ich mich vor dem Geheimnis beugen, muß mich in die Haltung begeben, die Jesus einnahm, und mir seine Worte zu eigen machen: »Nicht mein, sondern dein Wille geschehe« (Lk 22,42).

Im Grunde ist es eine Haltung des Vertrauens zu Gott, und in diesem Vertrauen gründet meine Beziehung zu ihm.

VERTRAUEN

Ich weiß, daß Gott der Herr des Universums ist und »die Abgründe der Erde« in seiner Hand hält.

Ich weiß, daß Gott alles vermag und daß die Menschen und Völker vor ihm »wie ein Tropfen am Eimer und wie ein Stäubchen an der Waage sind« (Jes 40,15).

Gott ist Gott, von niemand besiegbar.

Und wenn er sich besiegen läßt, ist es nur, um besser zu siegen. Und wenn er das Böse für eine Weile vorherrschen läßt, ist es nur, um es vor unseren kurzsichtigen Augen deutlicher bloßzulegen.

Auf Gott vertrauen, heißt alle Dinge in seine unbesiegbare Hand legen. Es heißt glauben, daß der Kosmos unausweichlich von seiner Schöpfermacht bestimmt wird.

Wenn ich den Regen verfluche, der mich durchnäßt, oder die Kälte, die mir die Finger steif macht, wenn ich verzweifle, weil ich alt und hilfsbedürftig geworden bin oder wegen einer Krankheit, unter der ich leide, werde ich nicht in das Geheimnis Gottes eintreten.

Wenn mir der Glanz der Sterne nichts bedeutet oder wenn ich hastig am Meer entlanggehe, ohne einen Blick dafür zu haben, dann verstehe ich das Geheimnis Gottes nicht.

Wenn ich mich über alles beklage, wenn ich die Menschen lästig finde, wenn ich schimpfe, weil das Mittagessen mißraten ist, wenn ich wütend werde, weil die Kinder im Garten spielen, wenn ich einem, der an meine Tür klopft, ein finsteres Gesicht mache, dann bin ich ein alter Griesgram und weiß nichts mehr zu sagen.

Auf Gott vertrauen,
die Tatsachen annehmen,
sie annehmen als Heilstat Gottes an mir,
sie annehmen, um sie dann mit Liebe und Geduld zu verwandeln.

WORTLOSE LIEBE

Ich habe an mich geglaubt, ich habe auf mich gehofft, ich habe Null Komma nichts erreicht.

So will ich denn einzig an Gott glauben und auf Gott hoffen. Aber wie schwer ist es, eine so einfache und völlig verläßliche Wahrheit ohne Wenn und Aber zu beherzigen!

Was wir brauchen, um weiterzukommen, ist, *vor Gott zu schweigen*. Die Sprache, die Gott am besten versteht, ist die wortlose Liebe.

Richtet den Blick der Liebe fest auf Gott, ganz ohne den Wunsch, etwas Bestimmtes von ihm her zu empfinden oder zu erfahren.

Bewahrt die geistliche Ruhe beim liebevollen Schauen auf Gott. Muß man etwa reden? Dann tut es ebenfalls in Ruhe und Frieden; so lehrt uns der heilige Johannes vom Kreuz.

Lerne, ruhigen Geistes den Blick liebevoll auf Gott gerichtet zu halten. So werden nach und nach, und zwar recht bald, der göttliche Friede und die göttliche Ruhe mit den wunderbaren und hohen Erkenntnissen über Gott in deine Seele einziehen, die in der göttlichen Liebe beschlossen sind.

Wenn du dich eifrig der Lesung gewidmet hast, findest du Gnade in der Meditation, wenn du zum Gebet gerufen wirst, erschließt sich dir die Kontemplation.

Am Ende wirst du im Fach »Liebe« geprüft; lerne also, Gott so zu lieben, wie er geliebt werden will, und mach dir nichts aus allem anderen.

Eine auch noch so kleine Arbeit, die man im stillen tut, ohne darauf aus zu sein, daß die Menschen davon erfahren, macht Gott mehr Freude als tausend andere, die man tut, um den Menschen zu gefallen.

Eine Seele, die ihren Weg aus Liebe geht, spürt und macht keine Mühe.

GESCHEHEN LASSEN

Echte Betrachtung beginnt, wenn du nicht mehr nachdenkst und fragst, sondern dich hingibst, etwas mit dir geschehen läßt...

Auch Elias ist – nach der Wanderung durch die Wüste – am Horeb endlich bereit, selbst nichts tun zu wollen, sondern etwas mit sich geschehen zu lassen. Er ist endlich bereit für die Offenbarung Gottes.

»Geh hinaus, und tritt auf dem Berg vor Jahwe hin! Und siehe, da zog Jahwe vorüber. Ein gewaltiger, heftiger Sturm, der Berge zersprengt und Felsen spaltet, kam vor Jahwe her; aber Jahwe war nicht in dem Sturm.

Nach dem Sturm kam ein Erdbeben; aber Jahwe war nicht im Erdbeben.

Nach dem Erdbeben kam Feuer; aber Jahwe war nicht im Feuer.

Nach dem Feuer kam ein leises, sanftes Säuseln.

Da, als Elias das vernahm, verhüllte er sein Antlitz mit seinem Mantel, ging hinaus und trat an den Eingang der Höhle. Nun drang eine Stimme zu ihm, die sagte: Was tust du hier, Elias?« (1 Kön 19,11–13).

Wie Elias in der Höhle auf dem Berge Horeb will ich auf Gott warten. Betrachtung ist etwas Passives: Gott kommt in uns, wird uns bewußt, läßt sich erkennen, *»wie er ist«*, nicht, wie er uns von außen erscheint. In der Betrachtung verwirkliche ich voll mein Leben, nähre ich mich von ewigem Leben, denn für dieses bin ich ja bestimmt.

Demgegenüber ist alles andere von geringer Bedeutung.

»Suchet vielmehr zuerst das Reich und seine Gerechtigkeit, und all das wird euch dreingegeben werden« (Mt 6,33).

Er ist weder im Sturm noch im Erdbeben, noch im Wind. Nichts davon hilft dem Elias, sich selbst zu verwirklichen. Aber im *Schweigen* ist er. Du mußt deine Seele zuvor im Schweigen reduzieren, hin auf den innersten, schwachen Kern. Im Schweigen wird Gott dort einkehren, einziehen wie Tau. Nur so kannst du Korn für die Scheune Gottes werden.

WENN DU LIEBST

Am Beginn deines Weges schaust du Gott im Zeichen der Schöpfung. Danach hilft dir die Vernunft, dies zu durchdenken und eine gewisse Logik darin zu finden, sie zwingt dich, allem Wirklichen, das dich umgibt, einen Sinn zu geben.

Dann setzest du die Vernunft beiseite, weil sie dich mit ihrer Beschränktheit, ihrem Stolz und ihrer Naseweisheit durcheinanderbringt. An ihre Stelle tritt die Liebe, die große Liebe, und sobald du das Nachsinnen aufgibst, findest du dich in den Armen der Liebe eingeschlafen.

Das ist die Kontemplation, echte Offenbarung Gottes. Personale Offenbarung Gottes, schmackhaft, dunkel, passiv, oft schmerzlich. Jacques Maritain beschreibt sie so in seinen »Stufen des Wissens«.

Wenn du liebst, wirklich liebst, wird alles leichter, und du fühlst, daß du gefunden hast.

So war es bei mir. Ich habe gefunden, weil ich geliebt habe und mich im Dunkeln einfach losließ.

Aber das Dunkel ist Licht für Gott, und er kann mich berühren, wann er will, und kein Schleier ist mehr zwischen unserer Liebe.

Die Liebe ist etwas Phantastisches!

Und er bittet mich nur um dies: ihm mehr zu geben, ihm alles zu geben. Aber was ist noch Kostbares in mir, das ich ihm schenken könnte? Welches Geschenk hat er am liebsten?

Es ist das Vertrauen. Von allen Geschenken, die du jemandem geben könntest, ist das Vertrauen das größte.

Ich vertraue mich dir an.

Ich fühle mich gut bei dir.

Ich finde bei dir Frieden.

Du weißt, du kannst, du sorgst!

Es ist der reine Glaube, der nackte Glaube, der Glaube dessen, der sich aufs Lieben versteht.

ALLES IST MÖGLICH

Das Schweigen von Nazaret: Dreißig Jahre lang hat niemand gewußt, wer Jesus war! Das heißt, ein Geheimnis wahren. »Deus absconditus« – »Ein verborgener Gott« (Is 45,15). Wie am Kreuz, wie im Altarsakrament.

Die Erstlingsfrucht der ganzen Schöpfung ist das menschgewordene Wort. Jesus, der Sohn Gottes, ist zum Himmel emporgestiegen und hat seine Gottheit und seine Menschheit mitgenommen.

Das ist in der Geschichte Gottes ein völlig neues Faktum. Der Menschensohn geht ein in die Herrlichkeit. Auch in uns steckt dieses Ur-Verlangen: die Herrlichkeit. Und Er wird sie uns schenken, wenn wir seinem Sohn treu bleiben. Nach ihm, nach Maria, werden auch wir verherrlicht, ausgesöhnt, neugeschaffen und auferweckt werden.

Welch gewaltige Gabe! Wie kommt sie doch dem Bedürfnis der menschlichen Natur entgegen, die von Gott schon auf dieses gewaltige Schicksal hin erschaffen worden ist!

Nazaret. Welche Lehre erteilt uns Gott im Geheimnis von Nazaret? Schauen wir uns den Sachverhalt in sich an. Das menschgewordene Wort führt dreißig Jahre lang ein Leben, das man nicht alltäglicher nennen könnte. Seinerseits geschieht nichts, um Abwechslung ins Geschehen zu bringen oder etwas zu verändern.

Was besagt das? Es besagt, daß alles, was man im menschlichen Leben tut, *die Möglichkeit höchster Vollendung* in sich schließt. Wenn der Gottmensch mittels seines Alltagslebens die absolute Vollkommenheit seines geistlichen Lebens zum Ausdruck bringen konnte, besagt das, daß jedes menschliche Tun, das unbedeutendste und das gewohnheitsmäßigste, die Verfügbarkeit für eine Ganzhingabe an Gott in sich einschließt. Das ist sehr wichtig für uns mit unserer liebgewordenen Vorstellung, nur die außerordentlichen Ereignisse seien von Belang, für uns in unserem Stolz und unserem dauernden Streben nach dem Außergewöhnlichen im Leben.

WAS ERST NOCH ENTSTEHEN MUSS

Jesus hat eine Wahl getroffen: er hat den Menschen gewählt, die Liebe zum Menschen.

So hatte sich Gott schon immer entschieden: er wollte auf der Seite des Menschen stehen. Er hat sich sogar zum Anwalt Kains gemacht, als der nach seinem schrecklichen Verbrechen Gefahr lief, von den Menschen aus Rache getötet zu werden.

»Wer Kain erschlägt, siebenfach wird es gerächt.
Und der Herr setzte für Kain ein Zeichen,
daß ihn nicht erschlüge, wer immer ihn fände« (Gen 4,15).

Gott steht auf der Seite des Sünders, weil er auf der Seite des Menschen steht, der Sünder ist.

Er weiß, der Mensch wird umkehren, er wird sich bekehren, wird begreifen. Das Vertrauen Gottes auf den Menschen ist unerschütterlich. Er kann warten bis zuletzt.

Als Jesus die Geschichte vom verlorenen Sohn erzählte, dachte er an jeden einzelnen von uns, er wußte, wir würden sie ein jeder in ganz persönlicher Fassung erleben.

Und er liebt uns geradeso, wie wir in jeder Etappe unseres Weges sind. Er liebt die Möglichkeit, die in uns ist. Diese Möglichkeit bedeutet Umkehr, Heimkehr, Liebe, Licht.

Er liebt Magdalena, als sie noch Sünderin ist, weil er in ihr schon die Bewegung zum Licht sieht, und darin sieht er etwas so Ergreifendes, etwas vom Wunderbarsten auf dieser Erde, vor dem man lange in Betrachtung verweilen kann.

Er liebt Zachäus, den Sünder, den Betrüger und Ausbeuter, er findet es schön, daß ein Mensch wie dieser imstande sein wird, sein Dasein umzukrempeln und ein Freund der Armen zu werden.

Ja, Gott liebt im Menschen das, was noch nicht ist, das, was erst noch entstehen muß.

Wir hingegen lieben in einem Menschen das, was an ihm verwirklicht ist: die Tugend, die Schönheit, die Werte, die wir an ihm finden. Und gerade deswegen ist unsere Liebe so bedingt und unbeständig.

DAS, WAS FEHLT

In unserer Zeit gibt es doch eine erschreckende Zahl von Ehen, die wenige Jahre oder gar Monate nach der Hochzeit in Krisen geraten. Und ich spreche nicht von überstürzten Eheschließungen, von Formfehlern, von Oberflächlichkeit.

Nein, ich spreche von gut geschlossenen Ehen, von echten Christen, die ihren Ehebund im Zeichen des Glaubens besiegelt haben, von Ehen, die in strahlender Liebe und in geistiger Einheit begannen.

Alles ist eine Zeitlang gutgegangen, und dann höre ich sagen: »Ja, wir haben uns geliebt. Jetzt... ich weiß nicht... verstehen wir uns nicht mehr. Wir sind einander unerträglich geworden. Ich möchte fast sagen, ich habe eine andere geheiratet..., ich habe eine andere gekannt..., vielleicht ist es besser, wir trennen uns.«

Das sind harte Worte, gewiß, aber dahinter steckt etwas sehr Einfaches, in das sich die komplizierte Psychologie der menschlichen Beziehungen auflösen läßt.

»Ich habe eine andere geheiratet...«

Hör zu, was ich dir sage: »Du hast nur das Positive in ihr gesucht. Nun, da du das Negative entdeckt hast, stürzt alles ein. Du bist auf dem falschen Weg...«

Du mußt von vorne beginnen. Du mußt in ihr die negativen Seiten lieben, das, was ihr fehlt. Du mußt ihr helfen, sich selbst zu finden, sich zu dem Menschen zu machen, zu dem sie fähig ist. Du mußt sie in der wahren Liebe neu schaffen.

Dann wirst du deine wirkliche Frau lieben, du wirst sie so lieben, wie Gott sie liebt, und deine Liebe wird unerschütterlich sein, weil sie echt ist.

Die Stunde ist gekommen, sie (oder ihn) gerade in ihrer negativen Seite, in ihrer Armut, in ihrem Elend zu entdecken. Du wirst sehen, daß »das, was sie ist«, nichts ist im Vergleich mit dem, was sie sein wird, mit dem, was sie noch nicht ist. Versuch's doch...

Gott wird dir helfen, er ist der Ursprung dessen, was noch nicht ist.

DAS UNMÖGLICHE

Warum fesselt euch die Geschichte vom Wolf in Gubbio so sehr?

Ihr seht in der kleinen Erzählung die Lösung eures drükkenden Problems und legt sie sogleich unterm Titel Utopien ab, denn daß ein Wolf durch eine Liebkosung gezähmt wird, das haltet ihr für unmöglich.

Und doch habe ich euch gesagt, daß das Wunder von Gubbio in der Bekehrung der Dorfbewohner bestand, die es eine kurze Weile für möglich hielten, den Kampf nicht blutrünstig mit Waffen, sondern mit Geschenken, mit freundlicher Speisung zu führen.

Darin liegt des Rätsels Lösung. Das ist die Geheimschrift im Plan Gottes mit den Menschen:

Das Unmögliche für möglich halten. Hoffen gegen alle Hoffnung. Lieben, was nicht liebenswert scheint.

Gottes Angebot an den Menschen hüllt sich immer in den Schleier dieses Geheimnisses und verdichtet sich zur Frage:

Kannst du glauben? Kannst du hoffen? Kannst du lieben?

Wenn du Ja sagst, schenke ich dir das Unmögliche.

Kannst du glauben, daß Gott existiert?

Wenn du mir Ja sagst, so existiert Gott und im Glauben gewahrst du seine Existenz.

Kannst du auf die Rettung aller Welt hoffen?

Kannst du hoffen, daß du dazu bestimmt bist, in einem Reich der Wahrheit, des Friedens und der Liebe zu leben?

Wenn du mir Ja sagst, lasse ich dich vor Freude strahlen und schaffe für dich ein Paradies, wo ich dich erwarte.

Kannst du den Menschen lieben, wie ich ihn geliebt habe, so sehr, daß ich in seinen Dienst trat und für ihn starb?

Wenn du mir Ja sagst, gebe ich dir Gott durch deine eigene Erfahrung zu erkennen, denn die Liebe wird dich zu ihm führen, der die Liebe ist.

WAS WISST IHR?

Was weißt du von der Libelle? Von dem, was passiert, wenn sie stirbt? Ja, was passiert, wenn die Gazelle in der Wüste auf der Flucht vor dem Schakal nach langer Hetzjagd tot zusammenbricht? Was passiert, wenn eine Blume verwelkt? Was, wenn ein Lamm unter dem Schlachtmesser in Todesnot liegt?

Was wißt ihr?

Und wenn dieser Augenblick geradezu ein Fest wäre? Und wenn der Schmerz sich in Freude verwandelte? Und wenn Tod Leben, noch mehr Leben, ganz und gar Leben würde?

Das ist das einzige Rätsel, das Gott in der Schöpfung übriggelassen hat; warum nehmt ihr es so schlecht auf?

Ganz sicher war es schlimm, daß die Menschen Jesus gekreuzigt haben, und ihr könntet das Schweigen Gottes zu dieser Tragödie auf Kalvaria tadeln, doch... habt ihr schon einmal erlebt, was Auferstehung ist?

Habt ihr den Übergang vom Sichtbaren ins Unsichtbare vollzogen, um festzustellen, was da geschieht?

Gewiß: wenn mit dem Tod alles zu Ende ist, ob für die Libelle, ob für das Grün auf dem Feld oder für meinen Sohn Jesus, könntet ihr Recht haben, aber...

So ist es nicht. Das Leben geht weiter...

Es geht nicht nur weiter, es entwickelt sich sogar, es wird intensiver, es reift.

Das Leben ist unvergänglich, und das Beste habt ihr nicht gesehen: das Reich nämlich!

Das Thema Himmel und Erde steht erst am Anfang all dessen, worüber zu sprechen ist. Es gibt noch andere Themen, die auf euch warten und von denen ihr jenseits des leiblichen Todes zu hören bekommt. Und dann werdet ihr voll Freude sagen: »Jetzt weiß ich es; Gott ist wirklich Gott.«

Wenn ihr etwas demütiger wäret, könntet ihr es jetzt schon sagen; es wäre die Kraft, aus der ihr lebtet, die Freude, die ihr in eurer Kontemplation erführet, aber... das braucht seine Zeit!

DIE ZEICHEN SPRECHEN

Die sichtbare Welt, die vor mir steht, kann ich nicht abstreiten. Die Schöpfung kann ich nicht leugnen. Das Wunder der Blumen, die Macht der Meere, die Genauigkeit eines Elektronengehirns, die grenzenlosen Tiefen des Alls können mir nicht entgangen sein.

Ich kann nicht sagen: das ist Zufall.

Die Zeichen sprechen für sich und stellen mir ihre Fragen: sie sind nicht rein zufällig da, sie sind Wirklichkeiten. Von Kind auf habe ich mir diese Theologie der Zeichen zu eigen gemacht. Sie dringen von allen Seiten mit einer Ästhetik, einer Harmonie, einer Kraft und Klarheit auf mich ein, denen niemand sich entziehen kann.

Das Meer ist da, und ich sehe es, der Himmel ist da, und ich schaue staunend zu ihm auf, die Hitze ist da, und ich empfinde sie, die Speise steht da, und ich koste sie.

Das kann mich nicht gleichgültig lassen: die Zeichen, die Natur, die Schöpfung liegen wie Seiten eines Buches vor mir, das ich, ob ich will oder nicht, lesen können muß. Und beim Lesen denke ich nach, und mein Denken richtet sich immer auf eine unbekannte, unsichtbare, allgegenwärtige, außerordentlich gewichtige Mitte, auf »den Anderen«, der ich nicht bin, auf das Schweigen, das meine Frage beantwortet, auf den Absoluten.

So wie Gott Zeichen setzte, um zu uns zu sprechen, die Dinge zu verdeutlichen, sollten wir es gleichfalls tun, sei es, um nicht Zeit zu verlieren, sei es, um uns auf unserem Weg zu prüfen und uns in unseren Schwächen zurechtzuweisen. Zeichen sollten wir setzen als konkrete Veranschaulichung unseres Denkens, Zeugnis dessen, was wir sein wollten, Katechese des gelebten Evangeliums.

APRIL

Alles ist Zeichen Gottes

ZEICHEN SEINER GEGENWART

Lange bevor Jesus uns seine Gleichnisse erzählt hat, um sich uns verständlich zu machen, hatte Gott Vater uns ein Gleichnis von kosmischen Ausmaßen und abgründiger Tiefe erzählt: das Gleichnis des Lebens. Dieses Gleichnis umfaßte alles Sichtbare und Unsichtbare und kam statt in Worten in der Wirklichkeit zum Ausdruck, in der Existenz der Dinge. Wer es hörte, war selbst ganz in das Gleichnis eingegangen und konnte sich dem Zuhören nicht entziehen, denn die Worte bestanden aus den Dingen selbst, und man konnte sie auf keine Weise in Abrede stellen.

»Wer könnte sagen, die Sonne geht falsch?«, sagt die Sonnenuhr, wenn sie die Stunde anzeigt, die auf ihrer Skala sichtbar verstreicht.

Wie kann man sich der »abwesenden Gegenwart« eines geheimen Planers, eines schöpferischen Willens und einer über jeden Zweifel erhabenen Einheit entziehen, als deren Teil man sich erlebt?

Nenne ihn Architekten der Welt, nenne ihn Sein, nenne ihn unbewegten Beweger, nenne ihn wie du willst, du kannst auf die Dauer nicht leben, ohne das Bedürfnis zu spüren, mit ihm ins reine zu kommen, ohne an ihn zu denken, ohne ihn, noch bevor du ihn genau kennst, liebzugewinnen.

Das ist unausweichlich so.

Auch wenn der Zweifel, den man ihm gegenüber hegt, seiner Verfahrensweise gilt, der Frage, warum er so handelt, und vor allem, warum er sich so still verhält und eine so geheimnisvolle und dunkle Gegenwart besitzt, auch wenn alles einzig und allein von ihm spricht.

Ja, alles.

Ja, ich kann nicht zweifeln: alles ist Ausdruck seiner Sichtbarkeit und seiner Allgegenwart. Auch wenn ein Schleier über seiner Unverhülltheit liegt und gleichsam ein Geheimnis ist, das ihn umgibt, so vermag dieser Schleier seine gewaltigen und einzigartig lichten Konturen doch in keiner Weise zu verbergen.

ENTDECKUNG DER PERSON

Die ständige Annahme der Gegenwart Gottes in den Dingen um uns ist nur ein Anfang. Man muß noch eine andere Entdeckung machen, und zwar im Glauben: es ist die Entdeckung der Person Gottes.

Wenn ich mich von der Sonne küssen lasse, wenn ich die Erde berühre und mit dem hl. Franziskus singe: »Gelobt seist du, Herr, durch Bruder Feuer«, dann bin ich erst an der Schwelle der Kontemplation; es ist sein frisches und unbeschwertes Herz, das sich darin ausdrückt, aber es ist noch nicht die wirkliche Kontemplation, weil diese passiv ist. Um dorthin zu gelangen, muß man zuerst die Person entdeckt haben:

Als Abraham sich in der Wüste befand und die Stimme Gottes hörte, die rief: »Verlaß dein Land, gib mir deinen Sohn!«, da kam er von einem allgemeinen Verhalten zu einem Gott, der in der ganzen Wüste gegenwärtig ist, zu Gott als Person, die vor ihm ist. Als Mose den brennenden Dornbusch sah, da blickte er nicht nach rechts oder links, sondern geradeaus; es ist die Personalisation Gottes. Die Entdeckung der Person fällt zusammen mit dem Geheimnis unserer Person. Ich als Person erfahre vor mir die andere. Das ganze Leben wird ein Wort: Vater. Alles Licht wird ein Wort: Jesus. Alle Liebe wird eine Person: Heiliger Geist.

Aber bei dieser Dreiteilung stehenzubleiben, gäbe Anlaß, traurig zu sein; es ist, wie wenn die Einheit zerbrochen wäre; es wäre ein Leiden. Doch die Offenbarung des Heiligen Geistes, der die Liebe ist, gibt mir die Erfahrung der Einheit Gottes wieder. Es geht hier um das gleiche wie für Abraham, der drei Besucher vor sich sieht und sagt: »Herr, mein Gott!«, und dies im Singular sagt (vgl. Gen 18,1–33). Die Entdekkung der Einheit Gottes durch die Dreiheit der Personen ist die Substanz der Kontemplation selbst; und wenn jemand dies erfährt, spürt er eine Freude, die ihresgleichen auf dieser Welt nicht hat; dann ist das Reich Gottes da.

WO DER HIMMEL IST

Der Himmel ist der verborgene Ort, wo mein Schöpfer wohnt und wo ich wohne, wo Gott ist, der mir Vater ist, und wo ich bin, sein Sohn, wo Gott ist, der die Quelle ist, und ich, der seinen Durst an ihr stillt, wo Gott ist in Schöpferkraft und Inspiration und ich, durch ihn befähigt, schöpferisch und inspiriert zu werden.

Himmel ist überall, weil Gott überall ist; und er heißt Himmel, weil er das verborgene Geheimnis ist, und es ist richtig so, mit Rücksicht auf meine Unreife, meine Langsamkeit im Werden, meine Neigung, die Augen zu verschließen auf meinem Weg in die Fülle des Ganzen, in das wachsende Verstehen der Person Gottes.

Und damit dies eintritt, bedarf das Licht der Finsternis, das Leben muß das Nichtleben berühren, die sich verschenkende Liebe muß die Realität des Egoisomus entdecken, die Wahrheit muß sich durch die Lüge bahnen und die Tugend sich mit der Sünde schlagen.

So ist es, das Positivbild Gottes entdecke ich in seinem Negativ, das ich bin, das das Universum ist, und ich weiß, daß zu einer rechten Fotografie beide gehören.

Das ist die Gotteserfahrung. Gott wird Mensch, damit der Mensch Gott werde, damit die Trauer zur Freude, das Nichts zum Alles werde.

Der Himmel ist die Begegnung. Er ist das Zusammensein. Er ist das Hervorbringen. Er ist das Wachsen und Reifen des Sohnes beim Vater. Er ist das Reich der Liebe. Er ist die Ewigkeit. Er ist das Paradies.

Als ich ein Kind war, suchte ich Gott, unverwandt ins Licht blickend, das von oben kam. Als ich heranwuchs, suchte ich ihn bei den Brüdern, die um mich waren. Als ich in der Mitte des Lebens war, suchte ich ihn auf den Pisten der Wüste. Nun da mein Weg dem Ende zugeht, genügt es mir, die Augen zu schließen, und ich finde ihn in mir.

WER SUCHT, DER FINDET

Vor Jahren erschien ein Buch von Augusto Guerriero (Ricciardetto) mit dem Titel: »Ich habe gesucht und nicht gefunden.«

Gegenstand der Suche war Gott. Ich habe Gott gesucht und ihn nicht gefunden! Gibt es so etwas?

Mir schien das absurd. Zudem widersprach es dem Wort Jesu, an das ich zutiefst glaube: »Wer sucht, der findet.« Ich fragte mich: »Wie denn nun, was ist das für ein Gott, der sich nicht finden läßt?« Spielt er Verstecken? Verbirgt er sich ausgerechnet dem, der ihn redlich sucht?

Mich kam die Lust an, folgendermaßen an den Autor zu schreiben: Lieber Bruder, ich habe den Titel Deines Buches gesehen. Weißt Du, was ich gedacht habe? Du bist ans Meer gegangen, hast Dich ausgezogen, hast den Strand überquert, hast die Füße ins Wasser gesetzt, bist weiter hineingegangen, bis das Wasser Dir bis an die Brust, bis an den Hals stieg. Darauf fingst Du an zu schwimmen. Ans Ufer zurückgekehrt, hast Du die Kleider wieder angezogen, und so, wieder im Trockenen, hast Du Deine Erfahrung mitgeteilt: Nichts von Wasser gesehen.

Es gibt ein hebräisches Sprichwort, das lautet: ›Das letzte, was ein Fisch sieht, ist das Wasser.‹ Auch der Vogel sieht die Luft nicht, in der er lebt. Versuch aber einmal, sie ihm wegzunehmen...

Weißt Du nicht, Bruder, Schwester, daß wir wie die Fische und die Vögel sind – wenigstens lange Zeit unseres Lebens – und auch erst dann auf Wasser und Luft aufmerksam werden, wenn man sie uns nimmt?

Auf diese drastische Weise offenbart sich uns Gott, weil er mit unserer Unreife rechnet. Er läßt sich im Negativ sehen. Ihn auf positive Weise zu erkennen, soweit sind wir noch nicht. Dazu braucht es noch Zeit.

Wir merken nichts von ihm, wenn alles gut läuft, aber wir erschauern, wenn er uns fehlt oder wenn er schweigt.

GOTT BLICKT DICH AN

Schau dir die Dinge gut an, lies in ihnen: fürchte nicht, Zeit zu verlieren, wenn du an der Meeresküste entlang wanderst oder durch ein Mikroskop die harmonische Struktur des unendlich Kleinen betrachtest.

Das Erschauen Gottes, der Glaube an Gott beginnt gerade in diesem Zeichen, das vor dir ist und das nicht umsonst, nicht zufällig zu dir hersieht.

Du mußt nicht meinen, du nur schaust die Dinge an, versuche dir vorzustellen, die Dinge betrachten dich: Gott blickt dich an durch die Lichter der Stadt, wenn du am Abend durch die Straßen gehst, und er schaut nach dir aus den Wolken, die der Wind herdenweise über den Himmel treibt.

Gott umarmt dich mit dem Wind, der dir durchs Haar fährt, und er küßt dich mit dem ersten Strahl der Morgensonne.

Die Hände Gottes, die dich berühren, können das Handwerkszeug deiner täglichen Arbeit sein, und sein Gruß kann der Pfiff des Zuges sein, der unfern deiner Wohnung die Überführung befährt.

Wenn du erreichen willst, daß die Zeichen der Schöpfung, die dich umgeben, dich nicht zerstreuen, dann erfülle sie mit der Anwesenheit Gottes. Sie sprechen dir von ihm. Willst du, daß die Straßen, durch die du gehst, zu Korridoren deines idealen Klosters werden, dann denke sie dir im Licht der Anwesenheit Gottes.

In der Arbeit wirst du nicht mehr eine Bindung sehen, die dich vom Gebet abhält, wenn du sie als Gelegenheit begreifst, dem Wort gehorsam zu sein, das dir im Ohr tönt: *Im Schweiße deines Angesichts sollst du dein Brot essen* (Gen 3,19).

Die Anwesenheit Gottes, die dir durch die Zeichen entgegenkommt, wird die Umgebung, in der du lebst, zu einem idealen Tempel machen, in dem du Gott »im Geist und in der Wahrheit« anbeten kannst (Joh 4,24).

MIT DEM HERZEN EINES KINDES

Um die Zeichen, die du siehst, zu fassen und ihre Bedeutung zu begreifen, mußt du klein und demütig von Herzen sein. Anders geht es nicht!

Es ist eine unglaubliche Dummheit: für viele ist dies der Grund, daß sie draußen vor der Wahrheit bleiben: »Sie haben Augen und sehen nicht, Ohren und hören nicht« (Mt 13,14).

Jesus greift zu drohenden Worten, so ernst nimmt er die Sache: »Wenn ihr nicht werdet wie die Kinder, so werdet ihr nicht in das Himmelreich eingehen« (Mt 18,3). Habt ihr's gehört? Ihr kommt nicht hinein!

Das Eingehen ins Himmelreich bedeutet so viel wie den Anfang des Begreifens, da wirst du auf die Rede aufmerksam, die der unsichtbar Gegenwärtige an dich richtet durch die Unendlichkeit der Zeichen, in die du versunken bist wie ein Tropfen im Ozean, wie ein Blatt im Wald, wie eine Ameise im Gebirge.

Aber um hineinzukommen, um zu begreifen, da braucht es das Herz eines Kindes. Du mußt darum bitten. Wie könntest du allein mit deinem Verstand begreifen?

Das Geheimnis Gottes hat seinen Sitz im Herzen des Menschen, und wenn es sich auch zuerst im Gehirn vernehmlich macht, findet es den Widerhall allein in der Liebe. Indem du liebst, begreifst du. Ist doch die Liebe die Mitteilung. Das Zeichen wird erklärt, gedeutet, verstanden in der Liebe.

Du siehst dein Haus, und in der Liebe wird es zum Zeichen eines anderen Hauses, das der Himmel ist.

Du siehst ein Hochzeitsmahl, und dieses wird für das Volk Gottes, das in Liebe vereint ist, zum Zeichen eines anderen Hochzeitsmahles, darin sich das innige Zusammensein von Gott und Mensch ankündigt.

Für den, der liebt, wird die Zeit zum Kontrapunkt der Ewigkeit, wie das Sichtbare zum idealen Feld des Unsichtbaren wird und wie Gewalt und Krieg im Herzen zum Katalysator des Traumes vom universalen Frieden werden.

IN GOTT SEIN

Was den Strom kreisen läßt, das ist die Liebe. Wenn du liebst, kommst du heraus aus deiner Einsamkeit.

Solange du nicht liebst, bleibst du stehen in dem, was deine Natur ist. Umfängt dich die Liebe, so wachst du unversehens auf und bemerkst den Anderen.

Der Andere im absoluten Sinn ist Gott, er umgreift alle Anderen, ohne sie auszulöschen, vielmehr bringt er sie in Einklang miteinander, all die Anderen, von denen du erfährst und die auf dich zukommen – Materie und Geist – Gefühl und Verstand – Freude und Schmerz – Sichtbares und Unsichtbares – Erde und Himmel – Zeit und Ewigkeit – Schönheit und Logik – das Haus und das Reich Gottes – der Tod und die Auferstehung.

Gott ist wahrhaft alles, das Warum von allem, der Schlüssel zu allem.

An Gott glauben bedeutet Licht, Frieden, Freude, Jubel.

Nicht an Gott glauben bedeutet Finsternis, Traurigkeit, Erstarrung, Tod.

Wenn Beten bedeutet »in Gott sein«, kann ich sagen, daß ich überall bete, denn überall ist sein Tempel.

Wer sagt: ich kann nicht beten, weil ich arbeiten muß, der redet Unsinn. Wer hindert dich, beim Arbeiten zu beten? Oder genauer: Wer hindert dich zu glauben, daß du dich beim Arbeiten im Gebet befinden kannst?

Warum das Gebet auf Worte, Gedanken, heilige Orte und Zeiten beschränken!

Du mußt weitergehen.

Wenn du unter Beten verstehst, mit einem Gegenwärtigen in Kontakt zu treten, und dieser Gegenwärtige ist überall, dann kannst du immer im Gebet sein...

Wenn du liebst, dann betest du bereits, denn die Liebe trägt dich zur geliebten Person hin, und du kannst lieben, während du sprichst, weinst, denkst, läufst, schläfst, immer... immer... immer. Rund um die Uhr.

ALLES IST GEBET

Wenn sich ein Priester vornimmt, nach getaner Arbeit noch zu beten, dann frage ich ihn: Was hast du nur bis jetzt getan? Alles ist Gebet!

Wenn es dir gelingt, diese Einheit zu schaffen, wird alles Gebet: die acht Stunden, die du als Krankenschwester neben einem Kranken zubringst oder die acht Arbeitsstunden hinter einem Schreibtisch können mit derselben Intensität, ja Intimität gelebt werden wie die Zeit, in der du hinkniest, um dich mehr auf Gott zu konzentrieren.

Aber solange du einen Gegensatz zwischen deiner Arbeit und deinem Gebet spürst, heißt das, daß du noch nicht zur Kontemplation gekommen bist.

Denn Gott hat nicht gesagt, daß er sich offenbart, während du auf den Knien liegst. Gott kann sich offenbaren, während du am Steuer sitzest. Gott kann sich offenbaren, während du ausruhst oder spielst.

Wie wir im Evangeliumtext nach Johannes gehört haben (vgl. Joh 14,21.23), ist die Offenbarung eine Verheißung von Christus in der Liebe: Wenn du mich liebst und tust, was ich dir aufgetragen habe, werde ich mich dir offenbaren. Wenn ihr tut, was ich euch gesagt habe, wird euch mein Vater lieben; wir werden kommen und Wohnung bei euch nehmen.

KAUM MEHR ALS NICHTS

Gott verlangt vom Menschen Vertrauen: wahre, echte Unterwerfung des Geschöpfes unter seinen Schöpfer, Demut, Liebe. Dieses Vertrauen auf Gott, dieses Löschen unseres Wissensdurstes in dem unendlichen Meer seines Vaterseins, dieses Annehmen seines geheimnisvollen Planes, dieses Zur-Schule-Gehen, um sein Wort zu hören, dieses Wartenkönnen – das ist der Akt menschenwürdiger Anbetung.

Wenn wir aber aus Stolz nicht den Weg des Glaubens betreten wollen, wenn wir der göttlichen Wirklichkeit den Rükken kehren und die Augen vor dem Zeugnis der Sterne verschließen, was haben wir dann erreicht? Haben wir vielleicht unsere Einsicht in das Geheimnis vermehrt? Finden wir anderswo mehr Licht für unsere Nacht? Was wissen wir denn im Grunde?

Um nicht von Gott, der Menschwerdung des Wortes, der Eucharistie zu sprechen, was wissen wir denn schon von der Welt, die uns umgibt? Von dem, was nach unserem Tod geschieht? Vom Leiden der Lebewesen und von der Bestimmung der Dinge? Von dem, was im Andromedanebel geschieht und was aus der Gazelle wird, die stirbt?

Was wir wissen, ist kaum mehr als nichts. Bei jeder Entdeckung könnte uns eine Stimme empfangen, die uns fragt: »Erst jetzt kommst du hier an?«

BETRACHTUNG DER DINGE

Heute abend betrachtete ich den außergewöhnlichen Sternenhimmel über der Wüste. Ich sah den von der Erde am weitesten entfernten, gerade noch für das bloße Auge sichtbaren Himmelskörper: den Andromedanebel.

Er erschien mir wie bleiches, fluoreszierendes Licht in der Form einer länglichen Linse zwischen der Regelmäßigkeit der Cassiopeia und dem unvergleichlichen Diamanten der Pleiaden. Dieses Licht der kleinen Linse ist nicht von heute. Es ist eine runde Million Jahre alt.

Heute abend habe ich also in die Zeit vor einer Million Jahre, das heißt vor zehntausend Jahrhunderten zurückgeschaut.

Dabei ist dieser Andromedanebel noch die Galaxe, die der unseren am nächsten steht. Die Entfernungen, die uns von anderen, gleichartigen Gebilden trennen, rechnen die Astronomen heute nach Milliarden von Lichtjahren.

Gott war schon lange Zeit auf dem Weg zu mir, als ich noch nicht geboren war. Weder Sonne, Mond, noch Erde gab es, meine Geschichte und meine Probleme existierten noch nicht.

Die Wissenschaft sagt uns, daß diese unsere Erde, auf der wir mit unseren Füßen stehen, vor etwa zwei Milliarden Jahren entstanden ist. Über verschiedene geologische Epochen hin bereitete sie sich dann auf die Ankunft des Menschen vor – Epochen, die die ganze Schöpfermacht Gottes widerspiegeln. »*Es ward Abend, und es ward Morgen ...*« (Gen 1,5).

Wieviel Zeit liegt aber zwischen dem einen Morgen und dem anderen, dem einen Abend und dem anderen!

Jedes der erdgeschichtlichen Zeitalter zählt Milliarden und Millionen von Jahren!

Gerne schaue ich mir den Himmel und die Erde an. Mir ist es keine verlorene Zeit. Wenn ich in der Wüste beten will, bereite ich mich dazu mit der Betrachtung der Dinge vor. Nach meiner Ansicht hat sie der Herr zu eben diesem Zweck an ihren Platz gestellt.

DAS MASS DER LIEBE

Für mich bleibt dieser Teil der Wüste, der sich von Tit bis Silet erstreckt, der Ort meines Fegefeuers, die Umgebung, in der sich meine Seele gerne sammelt, um die Dinge Gottes zu meditieren, und wohin ich nach meinem Tod wahrscheinlich zu gelangen wünsche, um die Sühne fortzusetzen, wenn ich im Leben nicht fähig werden sollte, eine Tat vollkommener Liebe zu vollbringen.

Ich sehe wieder den großen Stein unter der gleißenden Sonne der Sahara, den Schattenstreifen auf dem heißen Sand, die Linie des Wadi, die sich bis zum Horizont abzeichnet, zerfurcht von den Spuren der Tankwagen und der Jeeps der Geologen. »Gerichtet werdet ihr nach der Liebe«, sagt mir dieser Ort wieder und wieder, und meine Augen, von der Sonne verbrannt, sehen in der Ferne den wolkenlosen Himmel.

Ich will mich nicht mehr täuschen, ich kann mich nicht mehr täuschen: Wirklich ist, daß ich vor kurzem aus Angst vor der kalten Nacht nicht fähig war, dem frierenden Khada meine Decke zu geben: Das heißt, daß ich meine Haut mehr liebe als die meines Bruders, während das Gebot Gottes mir sagt: »Liebe das Leben der anderen wie das deine.«

Und das gehört noch zum Alten Bund: »Liebe Gott über alles und deinen Nächsten wie dich selbst« (Dtn 6,5).

Wenn wir zum Neuen Bund kommen, zur Offenbarung Jesu, werden die Dinge komplizierter: »Liebt einander, wie ich euch geliebt habe« (Joh 13,34).

Wie ich! Das heißt nicht nur die Decke, sondern gar das Leben. Die Tat vollkommener Liebe besteht in Wirklichkeit darin, bereit zu sein, das zu tun, was Jesus getan hat: zu sterben für Khada, für mich, für alle.

So gesehen, ist der Himmel der Ort, wo jeder so »reif für die Liebe« sein muß, daß er sein Leben für alle anderen anbietet. Das ist die vollkommene, universale, radikale Liebe, ohne Schatten der Ablehnung, der Abneigung, der Einschränkung, dieses alles ausgeglüht wie von Feuer.

DAS GESETZ DES HEILS

Jesus besiegte das Böse, indem er die Versuchung dazu überwand, den Tod vernichtete er, indem er dem Sterben die Liebe einflößte.

Kurz gesagt, was das Böse angeht, nimmt Jesus den Kampf mit ihm auf und besiegt es selbst; was den Tod angeht, nimmt er ihn an und verwandelt ihn in ein Sterben-für-uns. Durch seinen Liebestod bringt Jesus der Menschheit wieder den Frieden und stellt die Harmonie der ganzen Schöpfung wieder her.

Es könnte scheinen, als wäre das nichts, doch es ist alles, vor allem ist das, was durch sein Tun ein für allemal erreicht wird, die Grundlage des Heils. Mögen die Menschen seither weiterhin Böses tun, mögen die Völker sterben, jetzt gilt jedoch das Gesetz des Heils.

Mensch, das ist dein Heil. Vernichte das Böse in deinem Herzen, reife deiner eigenen Hingabe entgegen. Der Weg dorthin ist weit, aber es wird dir alle Zeit gegeben, die du zu seiner Verwirklichung brauchst. Und sollte die Erde nicht ausreichen, so kommt dann noch deine Läuterung und dein Wüstenzug, aber du schaffst es.

Du mußt denselben Weg gehen wie Jesus.

Fort, ihr trügerischen Götzen, fort, du Macht, die doch nichts bringt, fort, du Reichtum, Vorrangstellung im Brüderkreis, fort mit euch, tote Werke.

Doch präge dir einmal dieses großartige Lied ein, das aus dem Evangelium stammt.

»Ihr habt gehört, daß gesagt worden ist:
Lieben sollst du deinen Nächsten,
hassen deinen Feind.

Ich aber sage euch:
Liebt eure Feinde,
tut Gutes denen, die euch hassen,
betet für die, die euch verfolgen,
segnet die, die euch verfluchen.«

WOHER DEN MUT?

Wie mache ich es, zu leben, wie Jesus gelebt hat? Wie mache ich es, aus Liebe zu sterben wie Christus, wo nehme ich den Mut her?

So falsch wie ich bin, so ungerecht, so geizig, so ängstlich, so egoistisch, so stolz?

Jetzt verstehe ich, warum Paulus sich so heiß redete, als er den Korinthern gegenüber an den Nerv des Problems kam: »Wenn ich in den Sprachen der Menschen und Engel redete, hätte aber die Liebe nicht, wäre ich dröhnendes Erz und eine lärmende Pauke. Und wenn ich prophetisch reden könnte und alle Geheimnisse wüßte und alle Erkenntisse hätte; wenn ich alle Glaubenskraft besäße und Berge damit versetzen könnte, hätte aber die Liebe nicht, wäre ich nichts« (1 Kor 13,1–2).

Da liegt das eigentliche Problem: ich laufe Gefahr, ein Nichts zu sein, weil ich nicht zu lieben weiß.

Fragt euch nicht mehr, ob ihr an Gott glaubt oder nicht, sondern ob ihr liebt oder nicht. Und wenn ihr liebt, sorgt euch nicht um anderes, liebt einfach.

Und liebt immer mehr bis zur Torheit, die zur Seligkeit führt: die Torheit des Kreuzes, die bewußte Selbsthingabe, die Explosivkraft der menschlichen Befreiung.

Daß diese Torheit der Liebe durch die Entdeckung der eigenen Armut hindurch muß, der Armut, nicht lieben zu können, ist unvermeidlich. Aber ebenso sicher ist, daß an der für den Menschen unüberwindbaren Grenze die schöpferische Macht Gottes eingreift. Gott sagt uns nicht nur: »Ich mache alles neu« (Off 21,5), sondern auch dies: »Ich nehme das Herz von Stein aus eurer Brust und gebe euch ein Herz von Fleisch« (Ez 36,26).

Darum, wenn wir lieben, erfahren wir Gott, kennen wir Gott, und der Zweifel löst sich auf wie Nebel an der Sonne.

TAUBE UND LAMM

Gott hat es gefallen, Bilder zu wählen, unter denen er sich uns in geeigneter Weise vorstellen könnte. Es gibt zwei davon: Die Taube und das Lamm. Die Taube versinnbildlicht den Geist Gottes, den lebendigen, da und dort wirkenden Geist. Das Lamm verweist auf Christus in seiner Sanftmut und Demut. Der Mensch hingegen, der sich ja besonders schlau dünkt, würde lieber den Löwen wählen oder ein anderes Tier, das diesem ähnelt. In seinem Wahn denkt er daran, wie er die Erde erobert und gestaltet hat.

Seit Tausenden von Jahren möchte man die Erde erobern, und noch ist es nicht gelungen. Löwen, Tiger und Schlangen werden auf den Feldzeichen in den Kampf geführt. Entsprechende Tiere schmücken die Feldzeichen auf der anderen Seite. Am Abend des Kampfes ist aber immer alles in Blut gebadet, Ruinen und Verwüstung kennzeichnen das Feld.

Man ruht ein wenig aus, verbindet die Wunden, und bald ist wieder alles Entsetzen vergessen: Das Ganze beginnt von vorne. Wieder denkt man, dieser eine Kampf würde Frieden bringen, aber wiederum hat man sich getäuscht. Ist das nicht ein trauriges, ein verrücktes Spiel?

Jesus hat gesagt: »Selig die Sanftmütigen, denn sie werden das Land besitzen.« Also ist die Erde in der Haltung der Sanftmut zu besitzen.

Die Seligkeit der Sanftmut will nicht sofort den Sieg. Sie vertraut dem, der schon gesiegt hat. Seligkeit liegt darin, sanftmütig zu sein. Die Ergebnisse hängen nicht immer von uns ab, von unserem Wollen und Können. Die Seligkeit der Sanftmut kann zum Tode führen. Man denke an Luther King und Gandhi. Dieser Tod ist aber ein guter Tod, und die Seligkeit endet mit dem Tod nicht. Die Seligkeit ist ewig wie Gott selber.

IM HAUS DES VATERS

Wenn ich in einem einfachen, aber passenden Bild das ganze Schaffen Gottes zusammenfassen wollte, würde ich es mit dem Bau und dem Leben eines Bauernhofes vergleichen: Ein Hügel, ein Weinberg, ein Olivenhain, Äcker, ein paar Wiesen, eine Hecke. Auf dem Hügel ein altes Bauernhaus, einfach und geräumig, luftig und nach Brot duftend. Das Haus des Vaters, das Haus des Brotes.

Und das ist das Haus, in dem ich meiner Berufung zufolge das Leben eines Sohnes führen soll.

Die Hausordnung für alle Bewohner? Die Liebe, die Einfachheit, der Glaube an den Vater, die Arbeit, die geschwisterliche Liebe, der Friede, vor allem der Friede, tiefer Friede.

Mir fehlt nichts von dem, was Leben spendet: Brot, Wein, Öl. Aber mehr noch als alles andere die Liebe meines Vaters. Wie total ist doch diese Liebe; wie keine andere zur Wiederaufnahme derer bereit, die sich ihr entziehen, ist sie die humanste, die ungezwungenste und willkommenste.

Vater, ich möchte als dein Sohn in deinem Haus leben, von deinem Brot essen, deinen Wein trinken und mich deines Friedens erfreuen. Im Sohn werden, wenn es ein echter Sohn ist, alle Seligkeiten wirklich: Armut, Sanftmut, Friede, Reinheit, Trauer, Gerechtigkeit und der Durst, für den Vater zu leiden.

Vater, mach mich zum Sohn; Sohn, mach mich zum Sohn; Heiliger Geist, mach mich zum Sohn.

BROT FÜR MICH

»*Jesus sprach zu ihnen: ›Ich bin das Brot des Lebens‹*« (Joh 6,35).

Dem Adam offenbart sich Gott als Schöpfer. Moses hört ihn reden. Er zeigt sich im Bewußtsein des Abraham, wird gegenwärtig in der Erfahrung des Elias, im Innersten des Jakob.

Als ob das alles noch nicht genügte, wird er sichtbar und berührbar in Jesus, offenbart sich in ihm als der liebende Vater, als der die Fülle verschenkende Geist.

Das wäre nun wirklich genug!

Jeder Mensch, der auf der Suche ist nach seinem Gott, kann ihn nun treffen und finden, wenn er das nur möchte.

Gott hat sich aber noch mehr ausgedacht. Er will noch auf eine weitere, eine andere Weise unter uns gegenwärtig, bei uns sein, in uns sein.

Er wandelt sich in ein Stückchen Brot.

Wir alle kennen den Bericht aus der Heiligen Schrift:

»Jesus, der Herr, nahm in der Nacht, in der er ausgeliefert wurde, Brot, sprach das Dankgebet, brach das Brot und sagte: Das ist mein Leib für euch. Tut dies zu meinem Gedächtnis! Ebenso nahm er nach dem Mahl den Kehl und sprach: Dieser Kelch ist der Neue Bund in meinem Blut. Tut dies, sooft ihr daraus trinkt, zu meinem Gedächtnis!« (1 Kor 11,23–25)

Schwer ist es, diesen Worten Jesu Glauben zu schenken.

Schwer ist es aber auch, von ihnen loszukommen!

Ich schaffe es nicht mehr, und versuchte ich es, so wäre es Sünde wider den Heiligen Geist.

Ich glaube, was Jesus gesagt hat, glaube, daß dieses Lebensbrot Jesus selber ist, der mir nahekommt, Christus, Brot für mich, Gegenwart für mich.

DER LEIDENDE GOTTESKNECHT

Wie fern waren die Menschen von dem, was Jesus über die Wirklichkeit, über das Leben, über Gott zu offenbaren hatte. Vor allem über Gott.

In ihren Köpfen glich Gott dem diensttuenden Zuchtmeister, der eifersüchtig über seine Vorrechte wacht und von der Welt erwartet, daß alles am Schnürchen geht wie in einer Erziehungsanstalt.

Der kleinliche Mensch machte sich einen kleinlichen Gott, der nichts versteht von Neuschaffen und Heilbringen.

Wie fern war das Denken Jesu von dem peinlichen Moralismus des Tempels. Und wie eng war die Auffassung der Menschen von Gottes wahrem Wesen.

In Jesus gab Gott sich zu erkennen.

Auf der Erde brach der Himmel aus! Das Licht war so blendend hell, daß alle die Augen bedecken mußten.

Selbst den Satan drehte es beim Anblick dieses Flammenblitzes, und er erholte sich nicht mehr von diesem Schreck.

Was war das für eine Offenbarung? Es war die Offenbarung eines Gottes, der sich arm, leidend, geschlagen gibt.

Der Mensch, der auf das Donnern vom Himmel und das Krachen der Strafgerichte eingestellt war, sah sich Jesus gegenüber, der tot am Kreuze hing. Von allen Gesichtern des Messias, die sich der Mensch im Gebet vorzustellen versuchte, war keines so treffend wie das von Jesaja erahnte: das Gesicht des leidenden Gottesknechtes.

Er war die Liebe, die sich Armut und Schmerz zu eigen gemacht hatte, um den in Armut und Schmerz gefallenen Menschen zu retten.

Er war die Liebe, die sich mit dem Geliebten, dem Menschen, solidarisch machte und ohne Zögern bis zum Grund seines sündigen Daseins hinabstieg, um ihn zu erlösen.

Das Feuer der Liebe, das die »Nicht-Liebe« umfing, hatte die Kraft, das eisige Nein aufzuschmelzen.

Die Liebe hatte gesiegt, der Mensch war gerettet. Die Freiheit war wieder auf Erden eingekehrt.

HIER BIN ICH

Als Papst Johannes XXIII. sich dem »Hinübergang«, dem Tod, nahe fühlte und die vielen Menschen in St. Peter für sich beten hörte, sagte er: »Mein Bett hier ist jetzt der Altar, gehen wir die Stufen hinauf, um die Messe zu feiern und das Opfer zu vollenden.«

Papst Johannes hat damit dem Tod seine eigentliche Bedeutung gegeben: die einer Liturgie.

Wenn wir sterben, feiern wir unsere reifste Messe. Das Neigen des menschlichen Hauptes, das Hinwelken der Blume, das Ende einer Jahreszeit, der Anbruch des Abends, das Töten eines Tieres, der Tod des Menschen, all das bedeutet eine feierliche Messe, die die Schöpfung vor dem Schöpfer zelebriert. Es ist ein Liebeswort an den, der alles geschaffen hat und alles erhält und zur Vollendung führt: »Hier bin ich, nimm mich, wie ich bin.«

Jede Dunkelheit im Leben ist Vorbereitung auf diese Messe.

Jeder Schmerz ist Schulung für diese Messe.

Jede Trockenheit im Gebet ist Vorwegnahme dieser Messe.

Jedes Sterben ist der gelebte Vollzug dieser Messe.

Jesus hat ihn zu Ende gebracht, und das Ende war das Maul des Fisches, der Jona für drei Tage verschlungen hat. In Jesus, dem Lebendigen, wird die so auf Kalvaria gefeierte Messe zum glaubwürdigsten Zeugnis für den Inhalt seiner Botschaft der Liebe, und die Kirche eignet sie sich an und macht sie zum Mittelpunkt ihrer Osterliturgie.

Aber diese Haltung, dieses Sterben aus Liebe, war schon allem Geschaffenen auf den Leib geschrieben und war das Thema der ganzen Schöpfung.

ZU NEUEM LEBEN

»In deine Hände lege ich meine Seele.« Dieser Satz aus dem »Gebet der Hingabe« von Charles de Foucauld drückt diese Grundhaltung aus, die Jesus uns gelehrt hat und die vor der Taufe von uns verlangt wird.

Die von Jesus verkündigte Taufe ist die entscheidende Geste des Menschen gegenüber der Forderung Gottes: »Geh ein in das Wasser des Todes und erstehe mit Christus zu neuem Leben.« Um frei zu werden, müssen wir uns selber sterben, und das ist Ostern.

Dieses ist die Feier der Ostern,
in der das Lamm geschlachtet wird.
Dies ist die Nacht, in der du unsere Väter herausgeführt hast aus der Knechtschaft in Ägypten.
Dies ist die Nacht, die das Dunkel des Bösen besiegt und die uns scheidet von den Finsternissen der Sünde.
Dies ist die Nacht, in der Christus die Bande des Todes zerbrach und aus der Tiefe emporstieg als Sieger.

O wahrhaft selige Nacht,
die das Böse verbannt,
die Schuld abwäscht,
den Menschen zu seinem Gott zurückführt.
O wundersames Erbarmen des Vaters,
o unbegreifliche Huld deiner Liebe:
um den Knecht loszukaufen,
hast du den Sohn hingegeben.
O glückliche Schuld,
die eines solchen Erlösers gewürdigt wurde.

Ohne die Sünde Adams hätte uns Christus nicht erlöst.
Glückliche Schuld, eines solchen Erlösers gewürdigt.
Und ich möchte hinzufügen:
Glückliche Armut,
die du so anziehend bist,
daß Gott dich annimmt.

SINN UND LEBEN

»*Ich bin die Tür.«.*
Die Tür weist auf ein Hier und ein Dort.

Die Erde, das Sichtbare, Sinnenhafte, die Zeit, der Raum, das ist das Hier; der Himmel, das Unsichtbare, das Ewige, das Unendliche ist das Dort. Doch alles ist vereint, konsequent, logisch, wahr.

Die Tür, die Christus ist, beherrscht zugleich das Hier wie das Dort mit der Liebe, die hier gekreuzigt und dort verherrlicht wird. Um in das ewige Leben und in die Herrlichkeit des auferstandenen Christus einzugehen, muß jeder Mensch durch diese Tür gehn, und wer öffnet und schließt, ist der Herr, wie es in der Apokalypse heißt: »Wenn ich öffne, schließt keiner mehr.«

Der Übergang heißt Ostern, und der erste, der hinüberging, war Christus der Herr. So heißt es denn auch: »Dies ist der Vorübergang des Herrn.«

Alles diesseits der Tür hat eine zeichenhafte Bedeutung, du kannst es nur verstehen im Zusammenhang und in der Entfaltung des Jenseitigen. Ohne diese Bezogenheit, ohne diese Übergänglichkeit kannst du die Wirklichkeit nicht fassen, du verzehrst dein Leben, ohne zu sehen. Die Dinge, die in der Zeit ohne Anknüpfung an das Ewige sind, gewinnen keine Bedeutung: sie sind wie nichts, Blätter, die welken. Jesus selbst hat gesagt:

»Sammelt euch nicht Schätze hier auf der Erde, wo Motten und Rost sie zerstören und wo Diebe einbrechen und sie stehlen, sondern sammelt euch Schätze im Himmel, wo weder Motten noch Rost sie zerstören und keine Diebe einbrechen und sie stehlen« (Mt 6,19f.).

Die Auferstehung Christi gibt Sinn und Leben jedem Geschöpf, das der Vater geschaffen und im Blick auf Ihn und durch Ihn gestaltet hat.

BETEN, LIEBEN, WARTEN

Liebe mehr, damit du weniger leidest. – Ihr wißt, was die Osterkerze bedeutet und was sie aussagen will. Sie geht auf die Nacht des Vorüberganges, des Pascha des Herrn, zurück. In der frühen Kirche diente die Osterkerze als Zeichen für die Gegenwart Christi im Dunkel der Welt. Wie Christus das Licht der Welt ist und sich in Liebe verzehrt hat, so spendet die Osterkerze ihr Licht und verzehrt sich dabei. Sie ist ein Zeichen und spricht uns an wie alle Zeichen.

Mich hat dieses Zeichen sehr angesprochen, ich habe es in der Osternacht lange angeschaut und habe es mir in der Sonntagsmesse zum persönlichen Besitz gemacht.

Dann habe ich bei meiner Bemühung um den Sinn des Lichtes, das die Kerze verzehrt, Fortschritte gemacht. Und als mir ein lieber Freund in Wien eine schöne bemalte Kerze geschenkt hat, habe ich sie nach Hause mitgenommen und in meiner Zelle zu einer kleinen Ikone auf die Kommode gestellt. Zusammen sah es dann wie ein Altärchen aus.

Jetzt handle ich folgendermaßen, und ich zeige euch den Trick: Wenn der Schmerz bei mir anklopft – und er klopft ziemlich oft an –, und ich mir wie in einem schwarzen Loch vorkomme, zünde ich die Kerze an. Dann halte ich den Blick fest auf sie gerichtet und versuche, mir selber die Worte zu sagen, die mir im Kreis der Brüder bei der Lichtfeier so leicht von den Lippen kommen.

»Siehst du diese dicke Kerze? Sie ist ein Symbol Jesu, der der Welt das Licht schenkt, und sie zehrt sich auf, wie er sich aufgezehrt hat.« Ich spreche es aus und versuche, mir Mut zu machen.

Und was tue ich dann? Um meine kleine Privatliturgie fortzusetzen, tue ich dreierlei, nur Kleinigkeiten, auf die ich gekommen bin und die in die rechte Richtung gehen:

Ich bete.

Ich liebe.

Ich warte.

BERÜHRUNG MIT GOTT

Die Sonne stand hoch am Himmel, als ich den Monte Subasio hinaufstieg. Mir war, als dringe das Licht in meinen Körper ein und mit dem Licht die Freude. Damals habe ich mich gefragt, wie es möglich sei, daß ich mich irgendwann der Traurigkeit hingebe.

Dieses Licht war das Geschöpf Gottes, das mir mehr als alle anderen seine Anwesenheit bedeutete; und in mich eindringend nahm es denselben Weg, den Gott nahm, um mich zu suchen und mit mir zu reden.

Mir ist es nie schwergefallen, die Geschöpfe, alle Geschöpfe, als Boten Gottes, als Zeichen von ihm zu erkennen.

Sie, die Geschöpfe, haben die Macht, uns behutsam zur Kontemplation zu geleiten, um die wir uns auch selber mühen müssen und die daher »erworbene Kontemplation« genannt wird. Sie ist ein Quell großer Freude.

Sie, die Geschöpfe, sind Sinnbilder, die auf Gott zeigen. Sie sind von seiner Gegenwart durchströmt. Sie umfangen sie, leben sie, drücken sie aus mit der keuschen Transparenz ihres Wesens, ohne von ihr Besitz zu ergreifen.

Der Wind ist Zeichen der Beweglichkeit der Dinge, ihres unerschöpflichen Vorantriebs, die Stimme des Geliebten, der unerwartet kommt, Berührung mit Gott, der zu mir herfindet und mich aus meiner Einsamkeit herauszieht, immer mögliche Liebkosung, Anweisung und unstillbares Drängen nach fortwährendem Wachstum.

Auch Pfingsten steht unter dem Zeichen des Windes, ja des Sturmes, der die Türen aufstößt.

Und wie war es mit dem Feuer?

Das Leben, der Tod, die Zeit, der Raum, das Unendliche, die Erde, der Himmel, die Liebe, die Heiligkeit, der Schmerz, die Freude, die Umarmung. Alles, alles findet im Feuer sein Zeichen, auch das Warum des Lebens: unaufhaltsame Selbsthingabe, Wärme, die sich verstrahlt im langsamen Sichverzehren.

DREI PERSONEN

Das Phantasiegebilde, das ich mir von Gott zurechtgemacht hatte, ist aufgelöst, ich suche nur noch seine Gegenwart zu spüren. Sie genügt mir. Und ich spüre sie überall, ob auch eingehüllt in ein unermeßliches, hohes, sprödes Geheimnis.

Ich spüre sie in den Zeichen, an denen sie es mir nie fehlen läßt und die mir die Realität Gottes ankündigen wie das Wasser, die Sonne, die Nacht, das Feuer.

Ich spüre seine Gegenwart in der Geschichte.

Ich spüre sie im Schweigen.

Ich bin ihrer froh in der Hoffnung.

Ich greife sie in der Liebe.

Seit ich verstanden habe, verbiete ich mir im Gedanken an Gott jegliches Bild, jeden Begriff, jede Phantasterei und begnüge mich damit, ihn als die Realität zu denken, die mich umgibt und in die ich eingetaucht bin.

Und die Realität, die mich da umfängt, schaut mich an mit ihrer Stärke, mit ihrer Schönheit, mit ihrer Logik und ihrer Transparenz, und sie ist bezwingend durch drei Worte, die ich nicht auswischen kann, auch nicht mit all meiner diabolischen Rationalität: Leben, Licht, Liebe.

Auch weil diese drei Worte – und das ist das Wunder aller Wunder – Person geworden sind: Die Person des Vaters, der das Leben ist. Die Person des Sohnes, der das Licht ist. Die Person des Heiligen Geistes, der die Liebe ist.

Ja, Gott ist Person, für mich, und das verblüfft mich nicht.

Bin ich vielleicht nicht Person? Deswegen sagt mir der Katechismus, daß ich nach seinem Bild und Gleichnis geschaffen bin, eben weil ich Person bin, und ich kann mich nicht verneinen, wie ich die Realität meines Körpers und meines Geistes nicht verneinen kann, darin ich lebe und kundwerde.

Ja, Gott ist für mich Person, und mit ihm halte ich Austausch.

EIN BESIEGELTER BUND

Gottes Anwesenheit in den Dingen, in der Geschichte, in mir, ist eine vitale Anwesenheit. Indem Gott mich liebt, zeugt er mich, macht er mich zu seinem Kind. Seine Anwesenheit in mir ist eine zeugende Anwesenheit.

Es gibt indes zwei Etappen in diesem Zeugungsgeschehen: Die unbewußte und anfängliche Zeit der Genesis, in der Gottes Geist »über den Wassern schwebt«, ohne mich um Erlaubnis zu fragen, und mich zu geknetetem Lehm, zu einem Stück Stern, einer Blume des Feldes, einem harmonischen Tier macht, und die Zeit, die »die Reife der Zeiten« ist, in der mich, wie es bei Maria war, der Geist mit »der Kraft des Höchsten überschatten« wird und mein »Ja« erheischen wird.

Da Gott, will er mich zu seinem Kind machen, mich nach seinem Bild schaffen muß, macht er mich frei, und da er mich heimisch machen will im vertrauten Umgang mit ihm, gibt er mir die Möglichkeit, aus seinem Haus davonzulaufen.

Das Geheimnis unserer Freiheit ersteht aus der Größe seiner Liebe, weil es keine wahre und große Liebe ohne Freiheit gibt.

Gott erwartet von uns eine freiwillige Liebe, weil die Liebe ein Absolutes ist. Aber das Absolute läßt sich nicht aufzwingen. Gott selbst kann uns nicht zwingen, ihn zu lieben. Er macht immer nur ein Anerbieten, das ist der Bund, der in seiner Fülle im Evangelium Reich Gottes oder Himmelreich heißt.

»Das Himmelreich ist nahe gekommen«, verkündet der Täufer (Mt 3,2).

»Das Reich Gottes ist zu euch gekommen«, bekräftigt Jesus (Mt 12,28).

Was er uns vorschlägt, ist nicht eine Parade von Ideen und Gebetchen, sondern ein mit Blut besiegelter Bund.

DIE TIEFE SEHNSUCHT

Blicke ich auf das menschliche Leben, so muß ich mich daran gewöhnen, in allem das Zeichen jenes göttlichen Lebens zu sehen, das Christus mir übermittelt und das mir Nahrung ist, Tag um Tag.

Mein Vater und meine Mutter sind Zeichen himmlischer Vater- und Mutterschaft, mein Haus, darin ich als Kind gewohnt habe und das es heute nicht mehr gibt, das den Stürmen der Zeit nicht standhielt, ist Zeichen eines anderen Hauses, das nie wieder zerstört wird. Meine Brüder und Schwestern, mit denen ich zusammen lebte, sind Zeichen von vielen anderen Brüdern und Schwestern, die mit mir im ewigen Reich des Vaters leben werden.

Die Speise, die mich ernährt hat, das Feuer, das mich erwärmt hat, die heiteren Hügel, die meine Freude waren, sind Zeichen einer anderen Speise, eines anderen Feuers, anderer Hügel im himmlischen Reich.

Selbst die liturgische Versammlung, an der ich teilgenommen habe, selbst das eucharistische Brot, das ich mit so inniger Freude gegessen habe, sind lebendiges Zeichen einer anderen Versammlung, an der ich einst teilnehmen werde, und dann wird Gott selbst mein Leben sein.

Es ist schön, sich vorzustellen, daß alles und jedes ein Zeichen dieser unsichtbaren Welt ist, in die wir eingetaucht sind. Der Glaube läßt mich diese Welt des Unsichtbaren nach und nach entdecken, die Hoffnung macht sie mir lebendig, und die Liebe schenkt sie mir.

Alles ist Zeichen.

Wenn wir aber von Zeichen zu Zeichen immer höher steigen, gelangen wir zum Paradies, dessen Zeichen die Liebe ist oder die Heimat, das Haus.

Das Zuhause, wo alle einander lieben, ist das Paradies. Man nennt es auch Himmel, oder auch Reich Gottes. Es ist immer dasselbe. Es ist die tiefe Sehnsucht jedes Menschen auf dieser Erde.

DAS HIMMELREICH

Der Wüstenzug der Israeliten hatte das Gelobte Land, das Land der Verheißung, zum Ziel. Unser Wüstenzug hat das Himmelreich zum Ziel, für das das Gelobte Land Bild und prophetische Verheißung war. Das Gelobte Land war ein geeignetes Thema für Menschen, die ein Land brauchten, um in den Genuß ihrer Freiheit zu kommen. Das Reich erfüllt ein Bedürfnis, das wir alle haben, das Bedürfnis, den König, der Gott selbst ist, zu sehen, zu hören und ihm zu dienen.

In dem Maß, in dem man die Reife für die Dinge des Geistes erlangt, hat die Erde nur noch Zeichenfunktion, und es setzt sich das Streben nach dem durch, wofür sie Zeichen ist: Gott selbst in Person.

Da das Reich unser Erbe und uns zugedacht ist, darf eigentlich nur die Freude unser Leben beherrschen. Das Reich erfüllt jedes Verlangen, rechtfertigt jede Erwartung und belohnt jede Mühe. Es ist die absolute Fülle.

Wir brauchen daher nicht zu staunen, daß wir uns alle Mühe geben oder einen weiten Weg gehen müssen, um in seinen Besitz zu gelangen. Wir brauchen uns nicht über die Läuterung zu wundern, zu der wir angehalten werden, bevor wir den Fuß auf seine Schwelle setzen.

UNS GANZ NAHE

»Wer mich liebt,
wird mein Wort festhalten;
mein Vater wird ihn lieben,
und wir werden zu ihm kommen
und bei ihm wohnen« (Joh 14,23).

Die Dreifaltigkeit wird Gast der Seele, die Erde wird Himmel. Warum suchen wir noch einen Gott hinter den Sternen, da er uns so nahe ist, da er in uns ist, ja uns näher ist, als wir uns selbst nahe sein können? Himmel ist nicht mehr etwas astronomisch Fernes im Weltall, sondern etwas liebend Nahes, greifbar Nahes, wo ich mit ihm reden, mit ihm gehen, mit ihm leben kann.

Und der Heilige Geist in uns?

Er ist der mächtige, kunstvolle Meister, der unsere Vereinigung mit Gott herstellt. Er bringt uns mit Jesus Christus zusammen. Er sagt uns, was wir dem Vater sagen sollen. Er gibt uns einen »neuen« Geist, weil sich unser »alter« als unfähig und schlecht herausgestellt hat. Er tritt für uns ein »mit unaussprechlichem Seufzen«. Er leiht unserem schwachen, kindlichen Bemühen seine Kraft und erhebt uns zu Gott.

Wie kann ich noch zu mir selber sagen: »Wer wird mich beten lehren«, da ich einen solchen Meister in meiner Mitte habe? Wie kann ich noch zweifeln an der Kraft meines Gebets, wenn es – obschon so gebrochen und lahm – in seinem Aufschwung vom Geist, dem Welten erschaffenden Geist, getragen wird?

Nein, ich werde nicht mehr mich selber im Gebet suchen. Ich werde mich nicht mehr auf mein armes Ich zurückfallen lassen, da ich im Glauben entdeckt habe: Der Geist Gottes ist eingegossen in mein Herz.

DER BLITZ DES ABSOLUTEN

Wenn es wahr ist, daß wir eine Epoche durchleben, die atheistisch ist wie keine andere je, dann ist es nicht minder wahr, daß ein Nichts genügt, das Steuer herumzuwerfen.

Ein winziger Auslöser kann ein Meer aufwühlen, das gesättigt ist mit sprungbereiten Elementen, mit solchen, die durch Leid und Ernst der Forschung geläutert sind. Allmählich bin ich daran gewöhnt, Bekehrungen mehr unter den »Fernstehenden« als unter den »Nahestehenden« zu sehen, und wenn ich einmal aufgefordert bin, von Gott zu sprechen, hören mir die am aufmerksamsten zu, die ihn immer geleugnet haben.

Oft kommt es vor, daß das »glatte Nein«, das sich aufgrund freier und redlicher Forschungen bis zur Unwahrscheinlichkeit verdichtet hat, in ein »glattes Ja« explodiert, wenn der Blitz des Absoluten herabfährt.

Selbst die Materie, die nur als solche betrachtet wurde, ausgeräumt von einem unnützen Gott, wird von einer Präsenz erleuchtet, die sie nicht mehr verläßt und von der Tiefe ihres Geheimnisses flüstert.

In der Tat: der Atheismus von heute mit seiner ungeheuren Anstrengung, sich von einer vergangenen religiösen Kultur zu befreien, steht am Vorabend eines strahlenden Glaubensaufgangs. Infolge einer größeren Nacktheit und Transparenz hat der Glaube eine lebendigere Fähigkeit erworben, die Einheit des Ganzen als Zeichen der Immanenz Gottes in den Dingen und der vollkommenen Transzendenz der göttlichen Dreifaltigkeit zu schauen.

Aber wie fangen wir es an? Wie finden wir in uns die Kraft, zu glauben, daß die Welt erneuert werden kann, zu hoffen, daß wir den Frieden und die verlorene Freude wiederfinden, und den Mut, auf Felsengrund zu bauen?

ALLELUJA

Hör zu, ich sage dir, was du fühlen und sehen sollst! Du sollst die Geschöpfe, alle die Geschöpfe, fühlen und sehen.

Warum regst du dich auf über einen Tautropfen, der an den Wimpern einer gemalten Madonna erschienen ist, und siehst nicht die vielen Tautropfen an einem Frühlingsmorgen?

Warum machst du soviel Aufhebens wegen einer kaum merklichen Bewegung, die man an einer Statue wahrgenommen haben will, und bist nicht mehr fähig, außer dir vor Staunen die gewaltige Bewegung der Sterne zu betrachten?

Fange an, Gott in den Geschöpfen zu empfinden. Entdecke seine Schönheit in der Schönheit der Sonne, die über deinem Erdentag aufgeht. Entdecke seine Stimme in der Stimme des Bruders, der dir über den Weg kommt und mit dir Gemeinschaft sucht. Verlier keine Zeit mehr, Gott in deiner Phantasie zu suchen.

Wenn du so weit bist, daß du die Fähigkeit der Biene, ihren Hauseingang zu finden, als etwas Wunderbares ansiehst, dann wirst du fühlen, daß Gott dir und deinem Schweigen nahe ist.

Und versuche zu singen.
Für den Himmel, den du uns gibst, Alleluja!
Für die Sonne, die du uns gibst, Alleluja!
Für das Meer, das du uns gibst, Alleluja!
Für die Freunde, die du uns gibst, Alleluja!
Ja, Alleluja, auch wenn der Himmel manchmal stürmisch ist,
Alleluja, auch wenn die Sonne manchmal brennt,
Alleluja, auch wenn die Freunde mich manchmal vergessen.
Alles ist Gnade,
Alles ist Gott, der mich liebt,
Alles ist Gott, der mich anrührt,
Alles ist Gott, der mich zu seinem Sohn macht.

WIE EIN FISCH IM WASSER

Es gibt keinen Tropfen Wasser, es gibt keine Blume und keinen Hügel, und es gibt keine Wiese, die ich zu sehen bekomme, die mir nicht Gott zum Bewußtsein bringen. Es gelingt mir nicht mehr, auch nur wenige Minuten zu leben, ohne an Gott zu denken. Denken ist nicht der richtige Begriff. Es geht um Tieferes und kommt aus der Kontemplation, die eine Gabe Gottes ist.

Wenn ich euch sagen müßte, wie ich mich in Gott fühle, dann gäbe ich zur Antwort: ich fühle mich in Gott wie ein Fisch im Wasser, wie ein Vogel in der Luft, besser: wie ein Kind im Schoß seiner Mutter. Dieses Bild des Kindes im Schoß seiner Mutter ist das vollkommenste Bild für das Handeln Gottes am Menschen. Wir sind in Gott, in Gott atmen wir, in Gott leben wir.

Aber dies ist keine zusammenhanglose, isolierte Sache. Gott berührt uns, Gott berührt uns mit der Sonne, mit dem Wind, er berührt uns durch die Geschichte, er berührt uns mit dem Schmerz und in den Geschehnissen. Es ist eine fortwährende Zeugung.

Die Schwierigkeit vieler, an Gott zu glauben, besteht gerade darin, daß sie meinen, von Gott getrennt zu sein. Wenn sie wüßten, welche Nähe, ja welch lebensvolle Wirklichkeit uns mit Gott verbindet, so würden sie sich eher über das Gegenteil wundern. Hier gibt es keine Halbheiten mehr; es geht um alles oder nichts: Wenn Gott existiert, wie er existiert, wenn Gott mein Vater ist, der mir das Leben im Licht und in der Liebe gibt, dann bin ich *immer* in Gott. Es bedarf keiner Suche mehr nach der Einheit mit Gott; sie ist schon da und ist schon Wirklichkeit. Es genügt, sich dies bewußtzumachen. Die Kontemplation ist das Bewußt-Werden und das Bewußt-Sein von dieser allumfassenden Gegenwart Gottes in unserem Leben.

MAI

Gib mir deinen Glauben

DIE NÄHE GOTTES

An einem Morgen war ich schon vor Sonnenaufgang in den Dünen. Der Wind des Vortags hatte sie wunderbar geformt und ließ sie nun in ihrer ganzen Großartigkeit und geheimnisvollen Pracht erscheinen. Das Sandmeer erstreckte sich vor meinen Augen bis hin zum Horizont, wo das Licht zögernd den Anbruch des neuen Tages ankündigte.

Wenige Schauspiele der Natur sind so rein wie das Sandmeer unter dem blauen Himmel der Sahara! Es ist das Schauspiel, das die Schöpfung zu Anfang darbot. Mit großer Eindringlichkeit verweist das sichtbar Geschaute auf das dahinter liegende Unsichtbare. Sand und Himmel sind verwoben, nur andeutungsweise getrennt durch die Linie des Horizonts.

Wer mit reinen Augen, mit den Augen eines Kindes dieses Schauspiel betrachtet, kann nicht zweifeln: Gott ist da, wie du selbst, wie der Sand und der Himmel da sind. Sogleich kannst du mit ihm ins Gespräch kommen.

Würdest du Gottes Anwesenheit im Bereich der Wahrnehmung, der Phantasie, der vernunftgemäßen Nachprüfung aufsuchen, hättest du nur eine winzige Stütze zu gewinnen, eine Stütze, die dir beim ersten Windstoß zusammenbräche.

Suchst du hingegen seine Anwesenheit im Glauben, dann wird der Glaube dein Bekenntnis stärken, begehrst du, Gott zu berühren in der Hoffnung, dann wirst du dich in den Abgrund seines Lichtes hineingetragen fühlen, lebst du seine Liebe, dann wirst du Gott in der Schau erkennen, die er selbst dir geben wird. Dann wirst du das schwindelerregende Gipfelgefühl der Nähe Gottes kennenlernen.

DIE WURZELN

Meine Familie war christlich, das steht fest. In ihr wurde ich zum Glauben geboren, lernte ich von klein auf beten, Gottesfurcht zu haben, in die Pfarrkirche zu gehen, das Fluchen zu meiden, bei Prozessionen mitzugehen und vor Weihnachten die Krippe aufzubauen.

Denke ich an meine kindliche Religiosität, die gewiß traditionsgebunden und ziemlich statisch war, arm an kreativen Fermenten, so kann ich doch nicht umhin, höchst solide Werte in ihr zu finden.

Glaube und Kultur, Menschliches und Göttliches, Gebet und Frieden, Kirche und Familie, Phantasie und Wirklichkeit, das alles zusammen schuf in mir eine Einheit, über die ich heute noch staune.

Ich hatte noch nicht die Genesis gelesen, in der es heißt, daß Gott den Menschen in den Garten Eden bringt, damit er ihn bebaue und hüte, und doch meinte ich in dem Garten zu wohnen, den er mir geschenkt hatte, im Raum dieser meiner Erde, dieser meiner Berufung. Er wandelte unter den Bäumen des Gartens umher, war mir zugetan und enthüllte mir Mal um Mal seine unsichtbare Anwesenheit.

Ich kannte Jeremia noch nicht und seine Geschichte vom Töpfer, der den Ton formt und gelassen das Gefäß, das in seiner Hand zerbricht, wieder aufhebt und aus demselben Ton ein anderes Gefäß gestaltet (Jer 18). Aber ich fühlte mich in den Händen eines Gottes, der uns ständig neugestaltet und nicht müde wird, den Entwurf zu ändern, den er für uns hatte, wenn der Ton, aus dem wir sind, sich nicht fügen will, gering und spröde wie er ist.

Ja, meine Familie hat mir geholfen, den Grund zu legen für Glauben und Hoffnung.

KINDSEIN

Gott ist niemals fern von unserem Leben, denn »in ihm sind wir und bewegen wir uns«. Freilich müssen wir uns sehr anstrengen, bevor es uns gelingt, ja zu sagen zu dieser Wahrheit. Immer wieder müssen wir Akte des Glaubens vollbringen, bevor es uns gelingt, im Meer Gottes mit geschlossenen Augen zu segeln, bevor wir wirklich davon überzeugt sind, daß wir dann, wenn wir untergehen, hineinfallen in ihn. Glücklich der, der diese Reise in Gott beizeiten lernt und ganz ruhig dabei bleibt, auch dann, wenn die Wellen hochschlagen.

Der Psalmist betet so: »Ich will dich lieben, Jahwe, meine Stärke, Jahwe, du mein Hort, meine Burg und mein Retter ... Mich umgaben des Todes Fluten, Wogen des Unheils erschreckten mich ... In meiner Bedrängnis rief ich zu Jahwe, zu meinem Gott erhob ich mein Rufen. Und er hörte meine Stimme aus seinem heiligen Tempel, meine Klage erreichte sein Ohr ... Er streckte seine Hand aus der Höhe und faßte nach mir und zog mich heraus aus den tiefen Wassern« (vgl. Ps 18,2–17).

David zum Beispiel war sich dieser dramatischen Fahrt auf dem Meer sehr wohl bewußt. Nur ausgerüstet mit seiner kindlichen Schwäche, kämpfte er gegen Goliath (1 Sam 17). Der Knabe besiegt den Riesen mit fünf Steinen! Er weiß aber, daß es Gott ist, auf den er sein Vertrauen setzt, auf den also, der unbesiegbar ist. Das Unmögliche wird möglich. Goliath stürzt zu Boden, während es David vorbehalten bleibt, in Erinnerung daran sein ganzes Leben Gott zu preisen: »Der Herr ist mein Hirte, nichts wird mir fehlen. Er läßt mich lagern auf grünen Auen und führt mich zum Ruheplatz am Wasser« (Ps 23).

Er wird davon noch singen, wenn er längst kein Kind mehr ist, dann, wenn der Weg härter und der Glaube dunkler geworden ist. Je älter wir werden, desto leichter geht uns das Kindsein auch im religiösen Leben verloren. Der Glaube braucht aber dieses Kindsein so sehr!

SCHAUEN, WAS JENSEITS DER DINGE

Versuche einmal, dich zeitlich zurückzuversetzen und dir vorzustellen, wie du noch im Schoß deiner Mutter warst, mit Händen, Füßen und dem ganzen Sein eingeschlossen in sie.

Du empfindest sie, spürst sie, berührst sie, aber du siehst sie noch nicht. Die Zeit ist noch nicht da, sie zu sehen. Könntest du an ihrer Gegenwart zweifeln, daran, daß sie wirklich da ist? Und doch: Du siehst sie nicht.

Der Leib deiner Mutter ist eine Stufe deines Entwicklungsganges. Darin gibt es manche Dinge, die man annehmen muß, ohne sie begreifen zu können.

Nur der Glaube erhellt diesen Entwicklungsgang. Er ist das Auge für eine Wirklichkeit, die man nicht sehen kann. Die Hoffnung bürgt dafür, daß du zum Licht kommst, wenn es an der Zeit ist.

Auf tausend Weisen spürst du die Gegenwart derer, die dich zur Welt bringt. Aber du mußt deine Grenzen anerkennen, mußt bejahen, daß du noch nicht reif bist. Du bist der Zeit unterworfen. Sie ist nicht dein, und doch bist du gebunden an sie.

Die Zeit aber schreitet voran! Wenn das Ende aller Dinge herbeigekommen ist, bist du aus ihr entlassen. Du wirst Gott sehen von Angesicht zu Angesicht. Mit dem Finger deiner Liebe kannst du dann den Unsichtbaren berühren.

Der Vergleich mit der Mutter hat mir sehr geholfen, das Warum des Glaubensdunkels zu verstehen, das Warum der Frage zu beantworten, warum wir klein werden müssen vor dem Geheimnis des Seins.

Wir leben noch in den Dingen, in der Geschichte, im Zufälligen und in der Dynamik des Werdens. Erst am Ende werden wir die göttliche Jenseitigkeit schauen können, das, was über die Dinge hinausgeht, jenseits von ihnen steht. Wir werden Gott schauen von Angesicht zu Angesicht.

UNBESIEGBAR

»Dann bildete Gott den Menschen aus Staub vom Erdboden und blies in seine Nase einen Lebenshauch. So wurde der Mensch ein lebendes Wesen« (Gen 2,7).

Wie auf dem Höhepunkt der Entwicklungsgeschichte des Lebens aus einem Bündel von Nerven und Muskeln und Gehirnzellen der »homo sapiens« wurde, so wird auf dem Höhepunkt der Liebe Gottes aus diesem Menschen der »homo credens«, der glaubende Mensch. Damit aber hat eine Geschichte ihren Anfang genommen, an deren Ende die vollkommene Vertrautheit von Schöpfer und Geschöpf steht. Der Glaube ist Geschenk Gottes, wie das Leben Geschenk Gottes ist, wie die Evolution Gottes Geschenk ist.

Im Glauben ist sich der Mensch seines Gegenübers bewußt geworden. Der Freund hat den Freund entdeckt, die Frau hat den Mann erkannt, der Sohn den Vater.

So beginnt das Leben der Beziehung, weil der Glaube die Möglichkeit ist, die Gott uns gegeben hat, in lebendige und bewußte Verbindung zu ihm zu treten.

Wenn ich glaube, rede ich mit Gott, höre ich auf Gott, sehe ich Gott. Das Leben des Glaubens ist das Außergewöhnlichste auf Erden. Es stellt alle Gaben in den Schatten, die man je zuvor empfangen hat, ähnlich wie die Gabe, daß man zum Licht der Welt gelangt, größer ist als die, daß man überhaupt Mensch wird.

Mit dem Glauben habe ich teil am Leben Gottes, betrete ich neue Bahnen, die Bahnen Gottes.

Mit dem Glauben überschreite ich die Himmel, reise im Unsichtbaren, besiege die Hindernisse meiner Menschennatur, transzendiere meine Schwäche, werde Kind Gottes.

Das ist so außergewöhnlich, daß der Glaube keine Grenzen in seiner Schönheit und in seinen Entwicklungsmöglichkeiten hat.

Er läßt mich meine Angst überwinden, ist stärker als der Tod. Der Glaube ist unbesiegbar. So sagt Johannes: »*Das ist der Sieg, der die Welt überwand: unser Glaube*« (1 Joh 5,4).

DER SPRUNG

Ich bin sicher, auf dieser Welt gibt es kein schwierigeres Handwerk als das Leben aus Glaube, Hoffnung und Liebe. Letztlich handelt es sich ja um einen Sprung ins Dunkle oder genauer: ins Unsichtbare.

Und das ist wahrhaftig nicht leicht.

Vor einem dunklen, tiefen Brunnenschacht die Aufforderung zu hören: »Mach die Augen zu, und spring hinein!« ist für niemanden so ganz leicht.

Wenn dieser Brunnen ohne Boden ist?

Wenn mich niemand auffängt?

Selbst wenn die Hoffnung dir mit den Worten zu Hilfe kommt: »Ich bin Jahwe, dein Gott, der dich aus dem Ägypterlande, dem Sklavenhause, herausgeführt hat« (Dtn 5,6). Selbst wenn dir die Erfahrung deiner Erinnerung sagt, daß du ja unzählige Male in deinem Leben den »Sprung« gewagt hast, und zwar nicht nur ohne Schaden zu leiden, sondern sogar mit der Freude der erlebten Nähe Gottes: Ja, selbst dann spürst du jedesmal ungeheure Angst vor diesem neuen Schritt.

Machen wir uns also nichts vor: Der Glaube ist für uns eine *Prüfung,* er ist eine furchtbare Probe, deren Ebenbild der Tod selbst ist. Niemand kann sie dir ersparen, nicht einmal Gott selbst.

Ich glaube, man darf sagen, daß Gott an uns nichts so sehr interessiert wie unser Glaubensvollzug. Wie ein Liebender auf seine Geliebte wartet, so wartet Gott auf unser Glauben.

Wie sich ein Vater über sein Kind freut, das durch eine Menschenmenge hindurch doch zu ihm herüberfindet, so freut sich Gott über uns, wenn wir glauben.

Glaube hat immer mit Liebe zu tun, ist im Grunde deren erste Erprobung. *»Ohne Glauben aber ist es unmöglich, Gott zu gefallen; denn wer zu Gott kommen will, muß glauben, daß er ist und daß er denen, die ihn suchen, ihren Lohn geben wird«* (Hebr 11,6).

DIE PRÜFUNG

Das Risiko des reifen Glaubensaktes geht bis ins Mark. Das allererste Urbild eines solchen Glaubens steht in der Bibel und ist die Prüfung Abrahams.

Gott spricht zu Abraham: »Nimm deinen Sohn, deinen einzigen, den du liebst, Isaak, gehe in das Land Morija, und bringe ihn dort auf einem der Berge, den ich dir nenne, als Brandopfer dar!« (Gen 22,2).

Der Sprung in den Glauben wird dem Abraham hier unabdingbar abgefordert. Er muß ihn ganz persönlich vollziehen.

Wer kann eine solche Aufforderung verstehen, wer würde nicht bis in seine letzte Tiefe hinein erschrecken – ja abgestoßen werden?

Der Liebende? Nur der Liebende wagt es. Wer sieht, wie Gott dieser großartigen Patriarchengestalt nahesteht, wie er bei ihr ist in der Wüste, im Zelt, in der Einsamkeit, wie er Freund ist – wagt der zu sagen: ich verstehe?

Dieser Gott, der sich dem Menschen Abraham in der Tiefe mitteilen will, der ihn ganz zu sich ziehen will, dieser Gott, der ihn umformen will, aus einem Zelt- zu einem Himmelsbewohner machen will, dieser Gott prüft ihn auf eine absurde Weise, wie die Liebe auch immer absurd bleiben wird, wenn man sie nicht lebt – aber wahr und unerbittlich ist, wenn man sie besitzt. »Nimm deinen Sohn ...«

Alle Engel des Himmels müssen wohl damals auf jenen Berg geschaut haben, wo sich ein Mensch daran machte, auf so tragische und radikale Weise seine Liebe zu bezeugen. Alle Toten, die je vor Abraham gelebt haben, müssen den Raum um ihn förmlich ausgefüllt haben, um zu sehen, wie Abraham den schwersten Tod starb.

Was hat Gott von diesem Menschen verlangt!

Wie leicht wäre es dagegen für ihn gewesen, sich selbst zu opfern, das Messer gegen sich selbst zu richten.

Das ist das Schwerste, das erst ist Glaube, das Geliebteste hinzugeben für den Geliebten. Nur die Liebe ist stärker als der Tod.

IN UNSERER MITTE

Jesus hatte in einer einsamen Gegend am See den Hunger von fünftausend Menschen gestillt. Er hatte sie in Gruppen zu hundert und zu fünfzig im Gras lagern lassen und mit fünf Broten und zwei Fischen nicht nur alle Mägen gefüllt, sondern mit den Resten auch noch zwölf Körbe.

Dieses Zeichen war unmißverständlich. Wenn einer in der Wüste auftritt und so vielen Menschen Brot gibt, ist das eine Gottesoffenbarung. Gott ist in unserer Mitte.

Und Markus fährt in seinem Bericht fort: »Er forderte seine Jünger auf, ins Boot zu steigen und ans andere Ufer nach Betsaida vorauszufahren. Er selbst wollte inzwischen die Leute nach Hause schicken. Nachdem er sich von ihnen verabschiedet hatte, ging er auf einen Berg, um zu beten« (Mk 6,45 f).

Auch Matthäus setzt seine Erzählung so fort und bemerkt außerdem noch, daß Jesus allein war. Dann weitet sich das Bild, und Himmel und Erde werden zu staunenden Zeugen des Ereignisses, das sich auf dem See abspielt:

»Das Boot war schon viele Stadien vom Land entfernt und wurde von den Wellen hin und her geworfen; denn sie hatten Gegenwind. In der vierten Nachtwache kam Jesus zu ihnen; er ging auf dem See. Als ihn die Jünger über den See kommen sahen, erschraken sie, weil sie meinten, es sei ein Gespenst, und sie schrien vor Angst. Doch Jesus begann mit ihnen zu reden und sagte: Habt Vertrauen, ich bin es; fürchtet euch nicht!« (Mt 14,24–27).

Hierin liegt der Kern unseres Glaubens: daß Gott bei uns ist, daß die Welt besiegt, daß der Tod von Christus verschlungen worden ist, daß es das ewige Leben gibt, daß wir unsterblich sind.

Das ist nicht einfach, und es ist die schwierigste Aufgabe, die der Mensch auf Erden bewältigen muß. Glaube, Hoffnung und Liebe stellen wirklich das Meisterstück dar, um das es in dem geheimnisvollen Disput zwischen Himmel und Erde, zwischen Sichtbarem und Unsichtbarem geht.

DIE LEHRMEISTERIN

Es gibt ein Geschöpf, das vor dem Geheimnis nicht um Hilfe gerufen, das den Engel Gabriel nicht für ein Gespenst gehalten hat, sondern vor dem Göttlichen still und gefaßt blieb: Maria von Nazaret.

Maria hat die Glaubensprobe bestanden. Die Wasser ihres Lebens waren ebenso bitter wie die des Petrus; das Meer war sicherlich nicht spiegelglatt angesichts des Vorschlags, Mutter Gottes zu werden. Das Geheimnis, Christus zur Welt zu bringen, war viel tiefer als das eines Spaziergangs über das Wasser, und doch hat Maria nicht gezweifelt und ist Jesus entgegengegangen.

»Selig bist du, Maria, die du geglaubt hast« (vgl. Lk 1,45).

Maria ist für mich die Lehrmeisterin des Glaubens, von ihrer Gefaßtheit und ihrem Mut bin ich gepackt.

Ich hätte tausend Erklärungen verlangt und gezittert bei dem Gedanken, in den Augen meiner Mitbürger als Sünder dazustehen. Vergessen wir es nicht: Maria hat in die Rolle einer ledigen Mutter eingewilligt, um das Geheimnis der Vaterschaft Gottes zu schützen!

»Selig bist du, Maria, die du geglaubst hast«, werden alle Zeiten ihr zusingen. Maria schreitet über das Wasser des Widerspruchs und hält Jesus nicht für ein Gespenst, wie wir es voller Angst tun.

Wie großartig ist doch der Glaube!

Welch ein Triumph über unsere Schwäche ist doch die Hoffnung!

Was für eine Erfahrung von etwas ganz Neuem ist doch die Liebe, die Gottes Gegenwart in uns bewirkt!

Mit Hilfe des Glaubens fühlen wir uns unbezwinglich. Mit Hilfe des Glaubens besiegen wir die Angst. Mit Hilfe des Glaubens wird das Wasser zum Pfad, auf dem wir schreiten können.

AUFERSTEHUNGEN

Wenn du siehst, wie der Sturm die Wälder niedermäht,
wie die Erdbeben die Städte zertrümmern,
wie das Feuer dein Haus frißt,
dann sag zu dir selber: ich glaube,
daß der Wald wieder aufwächst,
daß die Erde wieder stillhalten wird,
und mein Haus baue ich wieder auf.

Wenn die Sünde dich an der Kehle packt und du meinst, du erstickst und bist am Ende, sag zu dir selbst: ›Christus ist von den Toten auferstanden, und ich werde von meiner Sünde auferstehen.‹

Wenn Alter oder Krankheit dein Leben bitter machen wollen, sag zu dir selbst: ›Christus ist auferstanden von den Toten und hat Himmel und Erde neu gemacht.‹

Wenn dein Sohn davonläuft und Abenteuer sucht wer weiß wo, und du fühlst als Vater oder Mutter, wie deine Träume zerrinnen, sag zu dir selbst: ›Mein Sohn wird Gott nicht entfliehen und wird heimkehren, weil Gott ihn liebt.‹

Wenn du siehst, wie die Liebe um dich herum erlischt und die Menschen in ihrer Sünde wie von Sinnen und in ihrem Verrat versumpft sind, sag zu dir selbst: ›Sie werden an den Boden des Abgrunds stoßen, aber sie werden umkehren, weil man fern von Gott nicht leben kann.‹

Wenn dir die Welt wie eine einzige Niederlage Gottes erscheint und es dich ekelt vor der Verlotterung, vor der Roheit und dem Terror, vor dem Krieg, der sich fortzeugt, und wenn die Erde dir wie das Chaos vorkommt, sag zu dir selbst: ›Jesus ist gestorben und auferstanden, um Rettung zu bringen, und sein Heil ist schon gegenwärtig unter uns.‹

Wenn dein Vater oder deine Mutter, dein Sohn oder deine Tochter, deine Braut, dein liebster Freund vor dir auf dem Sterbebett liegen und du in der tödlichen Angst vor der Trennung auf sie blickst, sag zu dir selbst und zu ihnen: ›Wir werden uns wiedersehen im Reich Gottes, haben wir Mut!‹

Das bedeutet an die Auferstehung glauben.

AN DIE AUFERSTEHUNG GLAUBEN

An den auferstandenen Christus glauben bedeutet noch etwas anderes.

Es bedeutet für Mutter Teresa von Kalkutta, die Sterbenden von der Straße aufzuheben – und für dich, ähnliches zu tun.

Es bedeutet für Martin Luther King, dem Tod zu trotzen, und für dich, ebenfalls dein Leben zu wagen um deiner Brüder willen.

Es bedeutet für Frère Roger Schutz, seinen Konvent zu öffnen, um der Welt eine Hoffnung zu sein – und so öffne auch du dein Haus.

Jede Heilstätte für Leprakranke, die eingerichtet wird, ist ein Credo an die Auferstehung.

Jeder Friedensschluß ist ein Akt des Glaubens an die Auferstehung.

Jeder Dienst, den du übernimmst, ist ein Akt des Glaubens an die Auferstehung.

Wenn du deinem Feind vergibst, wenn du dem Hungernden zu essen gibst, wenn du den Schwachen verteidigst, glaubst du an die Auferstehung.

Wenn du den Mut hast, dich zu verheiraten, wenn du das Kind annimmst, das zur Welt kommt, wenn du dein Haus baust, glaubst du an die Auferstehung.

Wenn du am Morgen heiter aufstehst, wenn du der aufgehenden Sonne zusingst, wenn du mit Freude an deine Arbeit gehst, glaubst du an die Auferstehung.

An die Auferstehung glauben bedeutet, das Leben mit Vertrauen zu empfangen, dem Bruder Gutes zuzutrauen, vor niemand Angst zu haben.

An die Auferstehung glauben bedeutet, daran zu denken, daß Gott dein Vater ist, Jesus dein Bruder und Maria deine Schwester und deine Mutter.

DAS SPIELKÄRRELCHEN

Heute möchte ich dir von einem Marienbild erzählen, bei dem etwas nicht stimmt.

Das Kind im Arm der Mutter, dem der unbekannte Maler des 15. Jahrhunderts ein Vögelchen in die Hand gegeben hatte, drückt statt dessen ein Spielkärrelchen an sich, von dem man denken könnte, der heilige Josef habe es ihm aus einem Stückchen Holz gemacht. Ich gestehe, der Eingriff stammt von mir, und das kam so:

Ich war von Papst Pius XII. nach Rom berufen worden, um die Leitung der Jugendorganisation der Katholischen Aktion zu übernehmen. Das war damals keine kleine Aufgabe.

Oft fühlte ich mich von der Last der Verantwortung erdrückt, und damals habe ich das Fürchten gelernt, besonders wenn ich von den Außenbezirken nach Rom reiste.

Zu Hause hatte ich eine Kopie dieses ziemlich bekannten Marienbildes. Ich hielt es in Ehren, weil es mir gefiel und mir soviel sagte.

Wie es kam, weiß ich nicht mehr, aber ich sehe mich plötzlich zum Pinsel greifen und an die Stelle des Vögelchens den kleinen *Karren* malen, der das Symbol meines Familiennamens ist.

Während ich diese kindliche Zeichnung anfertigte, war es mir, wie wenn ich zu Maria sagte: »Hab du drauf acht. Ich wäre zufrieden, ein Spielzeug in der Hand deines Sohnes zu sein, besonders jetzt, wo ich in Schwierigkeiten bin, aber hab du drauf acht.«

Die Angst vor Rom verlor ich nicht ganz; sicher aber ist, daß jedesmal, wenn es mir beklommen zumute wurde, etwas mir heraushalf: ich brauchte mich nur als Teil jenes so friedvollen Bildes zu denken, und schon gelang es mir, ruhig zu werden und den Tag in Frieden zu beenden.

Ich kann sagen, daß ich mich in schweren Stunden immer auf jenem Bild suchte, wo Jesus sein hölzernes Kärrelchen an sich drückt, das Zeichen eines anderen Kärrelchens, das über die staubigen Straßen der Welt holpert.

GEGRÜSST SEIST DU...

Ich hatte einen lebendigen Kontakt mit Maria bekommen. Sie war nicht mehr eine Gestalt, der ich untertänige Verehrung schuldig war, sie war die Schwester meines Herzens, die Reisegefährtin, die Lehrerin meines Glaubens.

Ja, genau des Glaubens.

Ich will es erklären. Ihr müßt wissen, Brüder und Schwestern, den ganzen langen Weg des Glaubens bin ich gegangen... zu Fuß. Mein Glück war, daß ich vor der Finsternis nicht zurückgeschreckt bin und daß ich weiterstapfte, auch wenn ich nicht mehr konnte.

Die in der Wüste verbrachten Jahre haben mir viel geholfen, auch wenn ich gerade dort die »Nacht« kennenlernte, die der heilige Johannes vom Kreuz beschrieben hat.

Heute fühle ich mich als Bruder all derer, die sich Atheisten nennen (und es sind wenige), und mehr noch derer (und das sind viele), die sich schwer tun mit dem Glauben und noch nicht die wahren Umrisse des Problems kennen.

Wenn ich gestorben bin – und ich hoffe bald, denn ich habe den Herrn kennengelernt und sehne mich danach, sein Antlitz zu sehen – und ihr kommt an mein Grab und haltet es für möglich, daß es eine Kommunikation zwischen den Kindern des Reiches Gottes gibt, dann bittet mich nicht, daß ich für euch um die Heilung von dem oder jenem Leiden bete.

Bittet mich nur, daß ich für euren Glauben bete. Er ist das einzige Geschenk, um das es sich zu beten lohnt.

Nun also, wenn ich es tun kann, werde ich es tun: ich werde Maria von Nazaret still in die Augen schauen, und in ihren Anblick versunken, die soviel Glaubensmut hatte, werde ich das einzufangen suchen, was ihr nötig habt.

Ave Maria

DER GLAUBENSMUT

Ich war erschüttert von jenem Vorfall mit dem jungen Tuaregmädchen, das von seiner Familie wegen Ehebruchs getötet wurde, und ich fing an, Maria von Nazaret immer besser zu verstehen. Es war, wie wenn sie unversehens meine Schwester geworden wäre.

Ja, ich muß es in Demut bekennen: erst als mich diese lautlos vollzogene Tragödie in einem verlorenen Tal des Hoggar ans Lukasevangelium erinnerte, gelang es mir, Marias Mut zu ermessen, daß sie den Anruf des Engels und das, was Gott mit ihr vorhatte, annahm.

Sie mußte die Rolle des schwangeren Mädchens annehmen. Wer hätte ihr geglaubt? Wer hätte einem jungen Mädchen die Geschichte abgenommen, wenn es hereinkäme und sagen würde: »Weißt du... dieses Kind, das ich erwarte, ist der Sohn des Allerhöchsten...«

Bei mir zu Hause hätte sie zuallermindest eine Ohrfeige von meinem Vater eingesteckt, und wir waren in Piemont; in einer Familie weiter im Süden hätte sie zu hören bekommen: »Fort mit dir, du bist der Schandfleck der Familie.«

In manch einem arabischen oder skythischen oder hebräischen Haus von dazumal... wäre Blut geflossen.

Maria hatte im Glauben den Mut, auf den Gott des Unmöglichen zu vertrauen und ihm die Lösung ihrer Probleme zu überlassen; ihr Glaube war vollkommen.

Es war beglückend für mich, dies auf einem so eindrucksvollen Schauplatz, wie es die Wüste – und was für eine Wüste! – ist, entdeckt zu haben.

Vergessen wir nicht, daß die Bibel genau auf diesem Landstrich zwischen Wüste und Steppe geschrieben wurde, wo die Karawanen gehen , wo die Esel und Schafe das magere Gras abrupfen und die Menschen gewohnt sind, den Himmel zu befragen, weil er ihre einzige Lebenshoffnung ist.

DAS GEHEIMNIS ANNEHMEN

Das Feuer, mit dem ich mein Brot gebacken hatte, war am Erlöschen. Es war tiefe Nacht, und ich fühlte mich allein.

Marias Gegenwart war in meinem Rosenkranz, den ich in der Hand hielt und der mich zum Beten einlud.

Ich fror und wickelte mich in den Burnus, den arabischen Mantel aus Schafwolle, den ich bei mir hatte. Es war jetzt vollkommen finster, aber ich hatte keine Lust zum Schlafen. Ich wollte die Meditation auskosten, die Maria mir geschenkt hatte. Vor allem wollte ich behutsam und entschlossen in das Geheimnis des Glaubens eindringen, des wirklichen Glaubens, der schmerzlich, dunkel, trocken ist.

O nein, es ist nicht leicht zu glauben, es ist leichter, vernünftig zu argumentieren. Es ist nicht leicht, das Geheimnis anzunehmen, das dich immer übersteigt und das dir die Grenzen deiner Armut immer weiter dehnt.

Arme Maria! Es war schwerer für dich, das Kind im Glauben zu empfangen als im Fleisch.

Und doch gibt es keinen anderen Weg als den Glauben. Keine andere Wahl.

Willst du, Maria, vor dem Glauben zurückschrecken, dir sagen, das kann nicht wahr sein, es ist sinnlos, sich einzulassen, sich einen Gott vorzustellen, der Mensch wird, es gibt keinen Messias, der uns rettet, alles ist ein Chaos, das Absurde regiert die Welt, der Tod hat das letzte Wort und nicht das Leben?

Nein!

Wenn Glauben schwer ist, ist Nichtglauben der sichere Tod.

Wenn Hoffen gegen alle Hoffnung heroisch ist, ist Nichthoffen die erwürgende Angst.

Wenn Lieben dich das Blut kostet, ist Nichtlieben die Hölle.

Ich glaube, Herr!

WEIL DU GEGLAUBT HAST

Sag mir, Maria, war es dir nicht wie ein Traum, einen Sohn solcher Art zu haben?

Konntest du es für wirklich halten? Ihn im Fleisch geboren zu haben war nichts im Vergleich mit der schweren Mühe, ihn im Glauben zu gebären.

Das Kind zu betrachten und zu betreuen, das wie jedes Menschenkind die Hilfe der Mutter braucht, das war dir leicht, aber dabei zu glauben, das ist Gottes Sohn, das war keine leichte Sache.

Der Glaube war sicher auch für dich dunkel und schmerzlich, nicht bloß für uns, deine Brüder, auf dieser Erde der Lebenden.

Ist es so nicht auch für dich?

Es gibt keine größere Mühe auf der Erde als die: zu glauben, zu hoffen, zu lieben: du weißt es.

Recht hatte deine Base Elisabeth, als sie zu dir sagte: *Selig bist du, weil du geglaubt hast!*

Ja, Maria, du bist selig, du hast geglaubt.

Du wirst mir glauben helfen, du hast die Kraft gehabt, das Geheimnis der Geburt Jesu anzunehmen, du hast den Mut gehabt, deinen Leib einem solchen Geschehen darzubieten, das unbegreiflich ist in seiner Größe und in seiner verblüffenden Winzigkeit.

Maria, begreifst du, was du getan hast?

Du hieltest stand unter der Last eines grenzenlosen Geheimnisses.

Du hast dich vor dem Licht des Ewigen nicht versteckt, das deinen Schoß suchte als Haus, um sich darin zu wärmen.

Du bist nicht vor Angst vergangen vor der grinsenden Fratze Satans, der dir zuraunte, so etwas sei ganz unmöglich, die Transzendenz Gottes könne nicht aus dieser schmutzigen Menschheit Fleisch annehmen.

Was für ein Mut, Maria! Nur deine Demut konnte dir helfen, solchen Anprall von Licht und Finsternis auszuhalten.

OHNE ZU SEHEN

Was hast du, Maria, empfunden, als Magdalena dir sagte, sie habe Jesus im Garten gesehen? Und als Petrus und Johannes zu dir gelaufen kamen, um dir zu erzählen, wie sie das leere Grab gesehen haben?

Was ist an jenem Tag geschehen? Was bedeutet es, zu glauben, daß Jesus von den Toten auferstanden ist?

Und du, hast du ihn in jenen Tagen wiedergesehen?

Das Evangelium spricht nämlich nicht von dir.

Und dich ging das doch am meisten an.

Warum ist er dir nicht erschienen?

Was hat mir dieses Schweigen des Evangeliums zu denken gegeben!

Oder hat Jesus auf dich angespielt, als er zu Thomas sagte: *Weil du mich gesehen hast, glaubst du. Selig sind, die nicht sehen und doch glauben* (Joh 20,29).

Warst du vielleicht die einzige, die es nicht nötig hatte, zu sehen, um zu glauben?

Und du warst selig.

Ich meine, so war es.

Und daher bist du unsere Meisterin im Glauben, und Elisabeths Lobpreis auf dich, ganz zu Anfang, war das größte Lob, das man dir spenden kann.

Selig bist du, weil du geglaubt hast.

Du hattest es nicht nötig, dich mit den Augen zu überzeugen. Du hast an deinen auferstandenen Sohn geglaubt, und das war dir genug.

An die Auferstehung Jesu glauben, das heißt allerdings glauben, ohne zu sehen.

Und auch ich möchte glauben, ohne zu sehen: wie du.

Das einzig Verläßliche ist der Glaube.

Das einzige, was bleibt, ist der Glaube.

Und wenn ich an die Auferstehung Jesu glaube, halte ich mich an nichts als an den Glauben.

Wenn ich glaube, bin ich unbezwinglich: *Das ist der Sieg, der die Welt besiegt hat: unser Glaube* (1 Joh 5,4).

HILF MIR GLAUBEN

Was geschah an jenem Morgen? War es leicht für die entstehende Kirche, für Petrus, für die Apostel, für die Jünger, sich davon zu überzeugen, daß Christus auferstanden war?

Und woher kam die Überzeugung?

Weil sie ihn gesehen hatten?

Und warum glaubten sie den Frauen nicht, die ihn gesehen hatten (vgl. Lk 24,22–24)?

Was half das Sehen?

Was war das für ein Sehen, wenn sogar Magdalena Jesus mit dem Gärtner verwechselte (vgl. Joh 20,15)?

Was hat sie nun gesehen?

Wie geht das mit dem Sehen zu, wenn man einen halben Tag zusammen mit Jesus auf der Straße nach Emmaus wandert, ohne ihn zu erkennen (vgl. Lk 24,16)?

Nein, nicht mit den Augen sieht man die Auferstehung Christi: nur im Glauben. Die Augen lassen sich zu leicht täuschen, allenfalls sehen sie das Zeichen.

Ist es wohl leichter mit dem Wort?

Gewiß. Vor allem, wenn es das Wort Gottes ist: »Und er legte ihnen dar, ausgehend von Mose und allen Propheten, was in der gesamten Schrift über ihn geschrieben steht« (Lk 24,27).

Aber auch wenn es sich um das Wort handelt, braucht es den Glauben, denn erst im Glauben hat sich die Offenbarung des Gottessohnes erfüllt.

Sie erkannten ihn am Brotbrechen. Er aber entschwand aus ihren Augen (vgl. Lk 24,30 f).

Gott begegnet man im Glauben.

Von seiner lebenschaffenden Kraft werden wir in der Hoffnung ergriffen.

Ihn selbst erfährt man in der Liebe.

Und der Glaube ist dunkel.

Die Hoffnung ist schmerzlich.

Die Liebe ist gekreuzigt.

Maria, hilf mir glauben, gib mir deinen Glauben.

DEIN REICH KOMME

Für heute will ich zwei Gedanken festhalten: der eine betrifft das Gottvertrauen und der andere die göttliche Liebe. Ich will mir angewöhnen, Gott in mir wirken zu sehen, und werde deshalb besonders wachsam auf alles eingehen, was ich weder geplant, noch in die Wege geleitet habe. Wo es um Entscheidungen geht, werde ich, wenn möglich, die anderen entscheiden lassen.

Was die Liebe angeht, so muß ich mich zwingen, möglichst aus mir herauszugehen. Je mehr ich an die anderen denke, desto mehr werde ich mich daran gewöhnen, auf mich keine Rücksicht zu nehmen. Je mehr ich mich vergesse, desto besser gelingt das, was ich tue.

Dein Reich komme

Statt des Hasses herrsche deine Liebe,
statt des Krieges der Friede;
statt der Gewalt die Sanftmut,
statt der Rache die Vergebung;
statt des Reichtums die Liebestat,
statt der Armut das Beglücktsein;
statt des Schreckens Ruhe,
statt der Trauer Freude;
statt der Todesfurcht Glaube,
statt der Verzweiflung Friede;
statt der Sünde Gnade,
statt der Lauheit Glut;
statt Egoismus die Gabe,
statt Finsternis Licht;
statt Leid Freude,
statt Leere Fülle;
statt Tod Leben,
statt Ausbeutung Verantwortung;
statt Diebstahl Dienst,
statt Unterdrückung Milde;
statt Herrschen Dienen.

Dein Reich komme.

DEIN WILLE GESCHEHE

Gottes Wille ist eine Wirklichkeit. Er hat die Welt erschaffen, er hat die Erlösung beschlossen, hat den Gedanken gehabt, den Menschen kraft großartigen Planes zu verherrlichen, ihn Christus gleichförmig zu machen durch die Erhebung zur Teilhabe an der göttlichen Natur.

Dieser Wille Gottes hat nicht nur die großen Pläne beschlossen, sondern auch die kleinen und kleinsten auf sie hin ausgerichtet, da nichts sich seiner Weisheit und seiner Macht entziehen kann.

Gottes Wille ist demnach allgegenwärtig, in jeder Situation, in jedem menschlichen Entschluß, wie er auch kraft des Gesetzes des Instinktes und der Natur in allem gegenwärtig ist, was die Schöpfung zusammenhält.

Diese Feststellung ist wichtig, denn sie macht die Welt lebendig, die ihm nicht fern ist, sondern von seinem Willen regiert wird, dem es um die Liebe, das Wahre und das Gute geht.

Er ist also auch in mir und wirkt als Ansporn für meinen Willen, den seinen, der allzeit größer ist, zu akzeptieren.

Auf Grund dieser Feststellung scheint es mir für meine Seele sehr wichtig zu sein, diesen Willen mit einem Akt der vollkommenen Hingabe im voraus zu bejahen wie auch eine feste Gewohnheit daraus zu machen, in allen Belangen meines Lebens diesen Willen zu bedenken, zu sehen und zu akzeptieren.

In diesem Licht muß man den *Gehorsam* sehen. Man gehorcht *Ihm*, und keinem Menschen. Da sieht man *Ihn* im Menschen, einzig und allein *Ihn*. Und da kein Ergebnis solch einem höchsten, unendlichen, allmächtigen und liebendem Willen entgeht, ist es sehr wichtig, daß man sich angewöhnt, sich dem Gewebe aus menschlichen Ereignissen und Naturereignissen als einem Ausdruck des göttlichen Wollens gefügig anzuvertrauen und zu bemühen, den so naheliegenden Versuchungen auszuweichen.

Gott, ich gebe dir meinen Willen. Und ich gebe dir mein Herz.

DER SCHLÜSSEL

Nach allem, was ich erfahren habe, denke ich oft, wir müßten Gott erfinden, wenn es ihn nicht gäbe.

Ohne ihn und das, was er bedeutet, vermöchten wir nicht zu leben, und schon die ersten Schritte ohne ihn bringen uns in Verwirrung.

Ohne den Glauben an Gott ist es, als wohnten wir in einem Haus ohne Dach oder als wollten wir nachts lesen und hätten keine Lampe.

Aber Gott braucht nicht erfunden zu werden, weil er schon erfunden ist, und so nahe ist er, daß wir seinen Atemhauch spüren können, wenn wir schweigen oder beten.

Gewiß gibt es mit der Sichtbarkeit Probleme, aber die kommen nicht von ihm, sondern von unserer schrecklichen Kompliziertheit.

Gott ist einfach, und wir machen ihn kompliziert. Er ist nahe, und wir denken ihn uns fern. Er ist in den wirklichen Dingen und Geschehnissen, und wir suchen ihn in den Träumen und in den unmöglichen Utopien.

Der Geheimschlüssel, der uns eintreten läßt in den Umgang mit Gott, das ist die Einfachheit des Herzens, die Armut des Geistes: lauter Sachen, die in uns vereitelt werden durch Stolz, Reichtum und Spitzfindigkeit.

Jesus hat es gesagt: »Wenn ihr nicht werdet wie die Kinder, werdet ihr nicht hereinkommen« (Mt 18,3), und das meinte er ernst.

Gott zu sehen oder nicht zu sehen: das hängt von unseren Augen ab.

Schlichte Augen sehen ihn, boshafte sehen ihn nicht. Und suchende Augen merken nicht, daß sie ihn sehen.

Gott gibt dem Menschen das Leben, gibt ihm das Brot, es zu erhalten, und gibt ihm diese ahnungsvolle Schau, die der Glaube ist, um ihn auf dem Wege zu leiten und zu erleuchten.

Und diese Schau gibt er allen. Allen!

IN BILDERN UND GLEICHNISSEN

Für den, der die Schritte Gottes hört, für den einfachen, guten, wahrhaftigen Menschen, ist die Existenz Gottes offenkundig.

Leider haben wir diese Eigenschaften nicht mehr.

Nicht mehr einfach, gut, wahrhaftig zu sein heißt, ein Sünder zu sein.

Dem Sünder aber ist Gottes Existenz nicht offenkundig, besser gesagt, einerseits ist sie es, andererseits ist sie es nicht. Dieser Gott, dessen Existenz aus der Natur offenkundig ist und auch wieder nicht – ich würde ihn den Gott des Gleichnisses nennen.

Jesus selbst redet in Gleichnissen und gebraucht dabei die Methode der Natur. Er selbst sagt uns auch warum: »Deshalb rede ich zu ihnen in Gleichnissen, weil sie sehen und doch nicht sehen, hören und doch nicht hören, noch verstehen« (Mt 13,13).

Der Gott des Gleichnisses zeigt sich durch den Schleier der Zeichen, er schickt dir aus der Ferne einen Kartengruß, eine Zeichnung von sich, seine Visitenkarte. Er erscheint dir »gekleidet... in Hoheit und Würde« (Ps 104,1), er bestellt sich »zu seinen Boten die Winde« (Ps 104,4).

Ein Gott ist er, der in dein Leben eintritt und es wieder verläßt, der kommt und geht. Seinen Ort kennst du nicht, ihn selbst kannst du nie bestimmen, nie kannst du ihn halten.

Er ist verborgen in einer Geschichte, die noch Zukunft ist, in einem Keim, der noch nicht aufgegangen ist.

Einmal aber kommt dann eine große Stunde, ein Vorübergehen, ein gewaltiger, qualitativer Sprung, etwas ganz Neues.

Eine Stunde, die wirklich »Stunde« ist, die Stunde Gottes, die Fülle der Zeiten.

Der Gott deines Glaubens kommt.

Nun ist er kein Symbol mehr, kein Bild. Er ist nicht einfach etwas Vernünftiges, Schönheit, Ästhetik, Gefühl. Dieser Gott ist nicht Zahl und Raum. Er zeigt sich als Person.

ICH SUCHTE IHN

So ist Er!
Wenn du glaubst, sein zu sein, ist er weit weg.

»Ich geriet außer mir wegen seiner Flucht.
Ich suchte ihn, doch ich fand ihn nicht;
ich rief nach ihm, doch er gab mir nicht Antwort.
Die Wächter trafen mich auf ihrer Runde durch die Stadt,
sie schlugen mich, verwundeten mich.
Meinen Überwurf rissen sie mir weg,
die Wächter der Mauern.
Ich beschwöre euch, Jerusalems Töchter,
wenn ihr meinen Geliebten trefft,
was sollt ihr ihm melden?
Daß ich krank bin von Liebe!« (Hld 5,6–8)

Immer habe ich mich gefragt, warum Gott so handelt. Warum schweigt er so lange? Wenn ich doch anklopfe, immer und immer wieder anklopfe, warum tut er nicht auf?

So und ähnlich habe ich früher gedacht, als ich in seiner Schule noch Abc-Schütze war.

Dann aber bin ich weiter gegangen und habe mich von den Anfangsschwierigkeiten nicht beeindrucken lassen, habe vor seiner Tür mit der eisernen Entschlossenheit eines Streikenden ausgeharrt und habe an die Wahrheit und Unerbittlichkeit des Evangeliums geglaubt.

Allmählich ist mir aufgegangen, wie die Dinge sind, wie er sich verhält, allmählich habe ich gelernt, seinen leisen Schritt wahrzunehmen.

Ich habe mich nicht mehr verwundert, daß er mich behandelt wie die Braut im Hohenlied, daß er weg ist, wenn ich die Tür öffne.

Ihm steht es zu zu öffnen, nicht mir, der ich immer zu vorschnell bin.

Die Sünde ist die Eile Adams, und meine Gier nach Besitz ist stärker als meine Liebe zu ihm.

ARM ODER REICH

Wenn es wahr ist, daß der Arme die Barmherzigkeit Gottes anzieht, dann zieht der Sünder sie am meisten an, weil er der ärmste der Armen ist.

Was ist die Armut eines Menschen, der nackt ist am Körper, verglichen mit seiner Nacktheit im Geist? Was ist der Mangel an Brot im Vergleich mit dem Mangel an Liebe? Ist Franziskus, der nackt ist, aber frei, der Ärmere, oder sein Vater in üppigem Gewand, der seine Reichtümer anbetet?

Grenzenlos ist das Elend eines gewalttätigen, grausamen Menschen, der angekettet ist an seine Sinnlichkeit, der durch die Droge oder die Unzucht verwüstet ist.

Größere Angst gibt es nicht als die eines Menschen, der vor den großen Werten des Lebens flieht und sich in die Einsamkeit des raffiniertesten Egoismus einspinnt.

Wenn Gott Gott ist, dann geht die Glückseligkeit von ihm aus, nicht umgekehrt. Je näher der Mensch bei Gott ist, desto glücklicher ist er; je ferner von ihm, desto ärmer.

Die Sünde, das heißt die Flucht vor Gott, ist nicht interessant, macht keine Freude, gibt nicht Fülle und nicht Frieden, sie verrät dich gründlich.

Wer die Wahrheit erkannt hat, wer den Liebreiz Gottes und seines Hauses geschmeckt hat, dem erscheint der Sünder wahrlich als der Unglückliche, der sein Mitleid anzieht.

Wo ist das Haus für den Sünder?

Wo ist die Freude für den Verräter?

Wo ist Sicherheit und Verläßlichkeit für den, der nicht glaubt, nicht hofft, nicht liebt?

Darum läßt sich das ganze Evangelium zusammenfassen in das Gleichnis bei Lukas: die Heimkehr des verlorenen Sohnes zum Vater. Die Heimkehr ist der Sieg Gottes, sie ist die Freude Gottes. Im Erbarmen stillt Gott seinen Durst nach Liebe.

Wohl weiß ich, es gibt die Möglichkeit, daß wir uns ins Verderben stürzen; aber da ich Gott kenne, bin ich gewiß, daß alle gerettet werden.

WIE EIN KIND

Jeder von uns möchte ein Leben führen, das letztlich ganz von Gottesvertrauen bestimmt ist. Ruhig bleiben inmitten der Prüfung! Nicht mehr nächtliche Ängste fürchten, nicht mehr Krebs fürchten, der uns mitten im Leben fängt. Das ganze Leben ist uns geschenkt, damit wir diesem Sieg näher kommen. Stein für Stein müssen wir aufeinanderschichten, immer mehr müssen wir uns dem göttlichen Geschenk des Glaubens öffnen. Immer neu müssen wir uns im Glauben mühen. Gott will unsere Mitarbeit. Er gibt uns Boot und Ruder, aber rudern müssen wir schon selber. Er schenkt uns seine Gaben in dem Maße, wie wir uns selber einsetzen.

David wird stark im Glauben, nachdem er die Herausforderung durch Goliath angenommen hat. Josue kommt Gott näher, nachdem er Jericho angegriffen hat ohne starke Waffen. Judith rückt näher hin zu Gott, nachdem sie sich bereit erklärt hat, einzutreten in das Zelt des Holofernes. Joseph wird »gerechter«, nachdem er sich der Anweisung des Engels gebeugt hat.

Wer glaubt, vertraut auf Gott. Gottesvertrauen bringt neues Gottesvertrauen aus sich hervor. So schreiten wir vollkommener Einigung entgegen: »Nach großen Dingen jage ich nicht, nach Dingen, die mir zu hoch. Schweigen lehrte ich meine Seele, und ich schaffte ihr Frieden. Wie ein Kind auf dem Schoß der Mutter, wie ein Kind, so ruht meine Seele in mir. Harre, Israel, auf Jahwe, heute und immerdar« (Ps 131).

Das ist die höchste Stufe, die man im religiösen Leben auf Erden erreichen kann: die Seele wie ein Kind werden zu lassen, das einkehrt in den Schoß seiner Mutter. Ruhig schläft es in den Armen der göttlichen Liebe. Ganz nah ist es der Quelle seines Seins. Sicher ruht es bei dem, der es »gewollt« und schon lange zuvor an es gedacht hat. Das ist wirklich der Höhepunkt einer Beziehung zwischen Gott und Mensch, das ist das gültigste Beispiel für Vertrauen in Gott. Daraus kommt der Friede für jeden von uns – daraus, daß wir im Geheimnis Gottes leben.

IN GOTT

Gott ist in meinem Herzen eingetroffen wie ein großes Gleichnis. Alles, was mich umgab, sprach mir von ihm,
der Himmel sprach mir von ihm,
die Erde sprach mir von ihm,
das Meer sprach mir von ihm.

Er war wie ein Geheimnis in allen sichtbaren und unsichtbaren Dingen verborgen.

Er war wie die Lösung aller Probleme.

Er war wie einer, der in mein Leben eintrat, wichtiger als alle anderen, und mit dem ich auf immer leben sollte.

Schnell fühlte ich mich umwoben von seiner »immer gegenwärtigen Gegenwart«, er schaute mich an mit allen Blättern des Waldes, den ich durchstreifte, und durch die Wolken, die sich fröhlich am Himmel tummelten.

Ich habe nie die geringste Schwierigkeit gehabt, schon von klein auf nicht, die Gegenwart Gottes zu spüren. Seine Abwesenheit wäre mir so sonderbar und unwahrscheinlich vorgekommen.

Ich fühlte mich in Gott wie der Vogel in der Luft,
wie das Holzscheit im Feuer,
wie das Kind im Schoß der Mutter.

Dieses Bild vom Kind war für mich das stärkste und wahrste, es wird immer noch reicher an Bedeutung.

Wirklich, ich meine, der Schoß einer Frau, die ein Kind trägt, ist ein Beispiel des ganzen Universums, das Sichtbare des Unsichtbaren, das Zeichen, das erkennen läßt, wie Gott verfährt, um mich zu seinem Sohn zu machen.

In Gott lebe ich, atme ich und freue ich mich seiner Gegenwart, die lebenschaffend ist, auch wenn – zu meinem Schmerz – noch nicht die Zeit gekommen ist, sein göttliches Angesicht zu schauen, »so wie er ist« (1 Joh 3,2).

Es ist noch zu früh.

GOTT ALLEIN

Es ist so schwer, radikal an das Wirken Gottes in den Dingen der Welt zu glauben. Hier liegt die häufigste und hartnäckigste Versuchung, der wir auf dieser armen Erde ausgesetzt sind.

Das bezeugt die ganze Bibel.

Die Geschichte des erwählten Volkes ist, im Grunde genommen, nichts anderes als die Geschichte einer Handvoll Menschen, die Gott bei jeder Gelegenheit immer wieder fragt: »Glaubst du an mich? Ich bin der Gott Abrahams, Isaaks und Jakobs. Ich bin der Gott, der dich mit starkem Arm der Knechtschaft Ägyptens entrissen hat, der dich durch die Wüste geführt hat, der dir Manna vom Himmel zu essen und Wasser aus dem Felsen zu trinken gegeben hat. Deinetwegen habe ich die Erstgeburt Ägyptens geschlagen, habe ich mächtige Könige in Schrecken versetzt. Und was hast du getan als Antwort auf diese Machtzeichen, auf diese unaufhörliche Hilfe? Du hast dir Götter aus Holz und Silber gemacht, hast mich, deinen Gott, verlassen.«

Immer dieselbe Geschichte, die Geschichte Israels und unsere Geschichte.

Auch wir glauben an Gott und beten zu ihm; aber dann meinen wir, unsere Umkehr – dazu sind die Pfarrer da, die großen Prediger, die frommen Bücher. Unser Gebet um das Kommen des Reiches Gottes reduzieren wir auf eine Angelegenheit wie die Bewerbung bei einer Behörde, von der wir im Grunde nichts erwarten.

So – unter einem seltsamen Himmel, in einem unwirklichen Halbdunkel des Glaubens und der Rührseligkeit, von Gott und Welt gleich weit entfernt – vergeht unser armes religiöses Leben, eine Mischung von Gebeten, Widersprüchen und Kompromissen.

Gott allein ist, Gott allein weiß, Gott allein vermag, Gott allein genügt. Das ist die Wahrheit.

DIE STUNDE WIRD KOMMEN

Gott allein lenkt den Kosmos. Gott allein weiß, wann ich sterben werde. Gott allein kann China bekehren.

Warum Verantwortung übernehmen, die wir nicht haben? Warum darüber bestürzt sein, daß der Islam Jesus Christus noch nicht entdeckt hat und daß der Buddhismus über Millionen von Brüdern herrscht? Die Stunde wird kommen. Aber sie hängt nicht von mir ab.

Gibt es eine Geographie Gottes oder nicht, eine heilige Geschichte für alle Völker, ein Fortschreiten in der Zeit auf eine Reife hin?

Abraham kannte Christus nicht, es sei denn in der Hoffnung auf die Verheißung; aber deshalb war er nicht verloren oder vom Vater vergessen. Die Zeit der Menschwerdung war noch nicht gekommen. Es gibt die Pläne Gottes, und sie zählen. Und es gibt die Pläne der Menschen, und sie zählen nicht oder wenigstens nicht im zeitlichen Zusammenspiel mit den ersten.

Gott ist es, der vorangeht, nicht der Mensch. Selbst Maria hätte in der Erwartung sterben können, ohne Jesus zu sehen, wenn Gott nicht bestimmt hätte, daß die Stunde der Menschwerdung gekommen sei. Die Männer von Galiläa hätten weiter im See gefischt, wenn er nicht gekommen wäre, um ihnen zu sagen: »Kommt!«

Dies ist die Wahrheit, die wir im Glauben lernen müssen: Warten auf Gott. Diese Haltung des Herzens ist keine Kleinigkeit. Dieses »Warten«, dieses »keine Pläne machen«, dieses »Stillwerden« ist das Wichtigste, was von uns verlangt wird.

Dann wird auch die »Stunde des Rufs« kommen, die Stunde, da man reden muß, die Stunde, da man laufen wird, die Stunde der Ernte. Aber blind wären wir, blind, in dieser Stunde, zu meinen, wir seien es, die solche wunderbaren Dinge vollbrachten.

Besteht doch das Wunder darin, daß Gott sich unser bedient, die wir so arm, so armselig sind.

DER GARTEN

Ein Beispiel: Es war einmal ein Garten in der Wüste, der Mensch vor dem Sündenfall. Der Lauf der Jahrhunderte, mangelnde Pflege und Eindringlinge haben ihn verwüstet. Jetzt ist er ein Stück Wüste. Wie kommt Gottes Entwurf, der den Menschen einplant, zum Zuge?

Wer hingeht, zur Hacke greift und arbeitet, ist sicher der Mensch. Ohne diese Arbeit kommt der ursprüngliche Garten nicht mehr zum Vorschein. Worin aber besteht der Unterschied? Darin, daß das Grundwasser heute wieder da ist, weil Gott es wieder hat strömen lassen. Aufgabe des Menschen ist es, es an die Oberfläche zu fördern, Kanäle anzulegen, zu hakken, zu säen und zu pflanzen.

Ist der Mensch aber frei, nach eigenem Plan vorzugehen? Nein, denn sein Plan muß sich nach den Gesetzen richten, die für ihn und für den Garten gelten: die Jahreszeiten, die Beschaffenheit des Saatguts, das Wasser, die Sonne usw. Hier liegt der Irrtum des Menschen: er vergißt diese Gesetze und arbeitet ohne Rücksicht auf sie.

Das sind genau die Fehler, die ich in meinem Leben im Übermaß begangen habe! An der Oberfläche zu arbeiten, ganz nach eigenem Entwurf und ... ohne mich um Wasser zu bemühen. In der Wüste – und die Welt ist eine riesige Wüste – ist das Wasser für den Garten alles. Es ist das »sine qua non«, die Grundvoraussetzung. Hat Jesus doch gesagt: »Ohne mich könnt ihr nichts tun« (Joh 15,5).

Was dann selbst die Aufstellung des Planes angeht, ist es nicht viel richtiger, gesünder, demütiger, wahrhaftiger, wertvoller, sich an den zu wenden, der den Garten schon früher gekannt hat, da er ihn angelegt und lange bestellt hat, weil er in Wirklichkeit der Gärtner ist? Nicht nur das, er hat ihn mit seinem Blut zurückerworben.

Genau hier wirkt sich der Glaubensmangel aus: sich nicht um Ihn scheren – ihn nicht hören, ihn nicht sehen – ihn nicht achten und nicht suchen.

Glaube heißt: Gott sehen, der die Welt erfüllt.

UNTER SEINEM ZELT

Glauben ist heute schwer. Das ist ein unbestrittenes Zeichen unserer Zeit.

Der Zerfall der Kulturen hat ihn nackt gemacht, der Niedergang der Zivilisation schmerzvoll. Ich meine, daß wir Gott heute leichter in seinem Negativ entdecken. Gewöhnlich hören wir seine Melodie nicht, wenn sie wie das Säuseln des Windes ist, aber wir erschauern, wenn er schweigt.

Der Mensch fühlt sich allein, auch weil die Kirchen sich verblüffen lassen und oft von Entsetzen gepackt ihr Heil in der Vergangenheit suchen, statt auf die Neuheit Gottes zuzugehen mit dem Zutrauen von Kindern.

Die Zeit ist apokalyptisch, und mehr denn je ist das Buch des Johannes ein guter Gebetstext: »Ich bin das Alpha und das Omega, der Anfang und das Ende. Ich will dem Dürstenden umsonst zu trinken geben vom Quell des Lebenswassers« (Offb 21,6).

Und zu dem spricht der Herr, den die Einsamkeit schreckt: »Sieh, das Zelt Gottes unter den Menschen. Und er wird bei ihnen sein Zelt aufschlagen und bei ihnen wohnen, und sie werden sein Volk sein, und er selbst, Gott mit ihnen, wird ihr Gott sein« (Offb 21,3).

Und zu dem, der leidet und zittert, spricht er: »Und er wird abwischen jede Träne von ihren Augen, und es wird keinen Tod mehr geben, auch keine Trauer, keine Klage, keine Mühsal, denn das Frühere ist vergangen. Seht, ich mache alles neu« (Offb 21,4 f.).

In unseren Tagen kommt uns aus der Apokalypse nichts so sehr entgegen wie der leuchtende Text, der die Haltung des Wartens auf Gott, der kommt, auf Christus, der wiederkommt, ausdrückt: Maranatha!

So betete die Gemeinde des hl. Johannes in Ephesos.

Komm, Herr Jesus, komm! (Offb 22,20).

GEBORGENSEIN

Das Geborgensein in Gott beginnt und mündet im Vertrauen. Wie lieb ist Gott der Mann, »der auf den Herrn vertraut«! Von ihm hat er gesagt, daß »er niemals wankt und ewig bleibt«.

Versucht es doch! Eine größere Freude könnt ihr nicht erleben. Das Leben wird zum Paradies, zur tiefen Geborgenheit, zum unablässigen Gebet.

Versucht es einmal mit den Worten:

»Ich will dich rühmen, Herr, meine Stärke,
Herr, du mein Fels, meine Burg, mein Retter,
mein Gott, meine Feste, in der ich mich berge« (Ps 18,2).

Das schon auf Erden in Gottes inniger Liebe geborgene Leben ist die Vorwegnahme des Reiches, ist der wahre Friede. Es ist die Fülle der Liebe.

Hier ein paar Ratschläge, die ihr euch merken könnt:

– Wenn du am Morgen aufstehst, mach das Fenster auf und bete: »Mein Gott, ich liebe dich.«

– Wenn du an die Arbeit gehst, müde bist und Hilfe brauchst, sag ganz ruhig: »Vater, ich gebe mich in deine Hand.«

– Wenn es dir eine Last ist, dich mit dem Alltag und mit den Brüdern und Schwestern auseinanderzusetzen, bete: »Dein Reich komme, dein Wille geschehe.«

– Wenn es dir weh tut, das Leiden Jesu auf dich zu nehmen, sag beherzt: »Herr, dein Wille geschehe.«

– Wenn du in deinem Leben Dunkel siehst und es dir verborgen bleibt, wohin Gottes Gegenwart in dir dich führen will, sag mutig: »Herr, du bist mein Hirte.«

– Wenn du dem Tode nahe bist, feiere deine Messe, schau auf Jesus am Kreuz, und sprich dein Amen.

Du bist dann nicht allein: Gott wird bei dir sein, wie er es während deines ganzen Lebens gewesen ist.

Und denk daran: Das wahre Leben beginnt erst dann.

JUNI

Seine Gegenwart – der letzte Platz

DAS ALLERHEILIGSTE

Über der Welt steht das Gedächtnis des Todes des Herrn: das Allerheiligste. Die Eucharistie, die lebendige Opfergegenwart Christi, ist das immerwährende Fortbestehen des Opfers von Kalvaria – die Messe ist das fortdauernde Opfer des Hohenpriesters –, die Anbetung des Lammes, die Brücke auf der Welt, die lebendige Tür, der Anbeter des Vaters, das Exemplarische, das Sakrament schlechthin. Sie ist und bleibt das Wichtigste auf der Welt...

Unsere Religion müßte sich um dieses Mysterium drehen, das ein Inbegriff der beiden Hauptgeheimnisse des Glaubens ist: der Einheit und Dreifaltigkeit Gottes, wie auch der Menschwerdung und des Leidens Jesu. Wenn wir auf das Allerheiligste schauen, wenn wir das Allerheiligste anbeten, können wir die ganze gott-menschliche Wirklichkeit, die in der Welt enthalten ist, lebendig vor Augen haben. Die Dreifaltigkeit ist zugegen, die Menschwerdung ist sichtbar, das Leiden des Herrn wird verkündet, Gottes Liebe ist greifbar.

Alles ist da in dem Zeichen der Hostie zusammengefaßt...

Das ist der Himmel auf Erden, und es bedarf schon unserer ganzen Gefühllosigkeit und unseres Unglaubens, um zu zeigen, welcher Gleichgültigkeit man Jesus überlassen hat.

Welche Unruhe, welche Härte, welcher Unglaube, sich vom Allerheiligsten abzuwenden, nicht an das Allerheiligste zu denken, nicht aus dem Allerheiligsten zu leben. Hier liegt heute die größte Schwäche der Christen. Hier liegt der Punkt, an dem man morgen den Hebel ansetzen muß. Länder, die dem Geheimnis des Allerheiligsten fern sind, Städte voller Leben, in denen man Jesus links liegen läßt ohne den Glauben, der ihn entdecken könnte, Seelsorge ohne ihn, Gebete ohne diesen Fürsprecher, jemand, der leidet, ohne den, der das Leid Gott weiht. Was nutzt all unser Tun, wenn es nicht von Ihm vor den Vater gebracht wird? Was nutzt unser Reden, wenn es nicht mit seiner Stimme geschieht?

Unser Beten ohne jenes lebendige Beten?

Gott, gib mir doch großen Glauben an das Allerheiligste!

MYSTERIUM DES GLAUBENS

Die Juden hatten die Bundeslade und bewahrten in ihr die Gesetzestafeln und das Manna auf, die Wahrheit und das Leben nach der damaligen Verkündigung.

Salomo hat den Tempel gebaut, und Gott hat die Gnade seiner Gegenwart im Allerheiligsten, im völligen Dunkel des Glaubens, geschenkt. Göttliche Vorstufen des großen Geheimnisses, das das Herzstück des Christentums sein sollte: das Allerheiligste.

Die Gesetzestafeln? Viel zu wenig: wir sollten den Gesetzgeber selbst haben. Das Manna? Viel zu wenig: wir sollten den Gott-Menschen als Speise haben. Bleiben sollte die Dunkelheit des Glaubens wie schon im Dunkel des Tempels... Eines muß man aber noch sagen: das Allerheiligste ist wie das All, wie das Universum, wie der Mensch nicht nur um des Menschen willen geschaffen, sondern »um der Ehre Gottes willen«. Immer geht es um diese beiden Aspekte – die Ehre Gottes und das Heil des Menschen. Wer nur das letztere sähe, brächte sich um die wahre »Frömmigkeit« Christi. Zuerst Gott, dann der Mensch.

Die Schöpfung? »Per ipsum factum est – seinetwegen ist alles geschaffen worden«, dann erst für den Menschen.

Die Menschwerdung? Ja, um des Menschen willen, »propter nostram salutem – um unseres Heiles willen«, aber zunächst zur Ehre des Vaters. Jesus wäre – als Priester der Menschheit – auch ohne den Sündenfall gekommen. Er ist der Anbeter des Vaters, er vertritt vor der Majestät des Vaters die ganze Schöpfung.

Und das Allerheiligste? In diesem Geheimnis hat vieles mit dem Vater zu tun, über die Opferkomponente, die als Erlösungswerk mit der Sünde zu tun hat, hinaus.

Jesus im Allerheiligsten ist die Fortsetzung der Menschwerdung, die Fortsetzung des vollkommenen Gebetes, das er während seines Erdendaseins an den Vater gerichtet hat.

Wie unendlich kostbar ist diese Anbetung! Wie gewaltig ist diese verborgene Gegenwart!

DAS OPFER

Es ist gesagt worden: »Du findest Völker ohne Städte; du findest Städte ohne Mauern; du findest Menschen ohne Kunst; niemals aber findest du Völker und Städte und Menschen ohne Opfer.« Das Opfer als Form des Gebets und als Ausdruck menschlichen Glaubens ist mit dem Menschen entstanden und wird mit dem Menschen sterben.

Wäre es darum zu tun, das Altertum auf einem einzigen Bild darzustellen, ich glaube, es geschähe in treffender Weise durch die Darstellung von Menschen, die opfernd mit einem Priester um einen Altar versammelt sind.

Warum Opfertiere? Warum Blut? Hätte es nicht genügt, auf friedliche und unblutige Weise zu opfern, Früchte etwa und Getreide? Tatsächlich aber gibt es umfassende Zeugnisse nicht nur für die Opferung von Honig oder Wolle oder Wachs, sondern ebenso für das blutige Opfer. Warum? Der Mensch hat immer gespürt, daß etwas nicht in Ordnung und aus dem Gleichgewicht geraten ist. Er empfand, daß das unblutige Opfer ausreichte für Augenblicke des Friedens und Ruhens. Das reichte aber in einem bestimmten Augenblick nicht mehr aus. Die Theologen sprechen vom Einbruch der Erbsünde, Augustinus spricht von Unordnung.

In dem Moment, da der Mensch begreift, Sünder zu sein, möchte er zahlen. Die Völker sind ihrer religiösen Anlage nach darauf aus, den Abgrund, der sich durch die Sünde zwischen Gott und Mensch aufgetan hat, mit Blut auszufüllen. Es ist, als ob sie sagen wollten: »Herr, wir haben getötet, geraubt und verraten. Wir verdienen dein Erbarmen nicht. Schau jedoch auf das unschuldige Opfer, das auf dem Altar stirbt! Um seines Blutes willen verzeihe uns!«

Es ist, als hätten die Menschen den Arm der Gerechtigkeit beschwichtigen wollen: »O Gott, schau herab!«

Natürlich waren die Opfer der Alten nur Symbole, Sinnbilder einer noch nicht reifen Wirklichkeit und einer Geschichte, die sich erst noch erfüllen mußte: Jesus Christus sollte kommen.

DER NEUE BUND

»Während des Mahls nahm Jesus das Brot und sprach den Lobpreis; dann brach er das Brot, reichte es seinen Jüngern und sagte: Nehmt und eßt; das ist mein Leib. Dann nahm er den Kelch, sprach das Dankgebet und reichte ihn den Jüngern mit den Worten: Trinkt alle daraus; das ist mein Blut, das Blut des Bundes, das für viele vergossen wird zur Vergebung der Sünden« (Mt 26,26–28).

In diesem Augenblick opfert sich Jesus selber auf dem Altar der Welt. Die ganze Menschheit ist gleichsam um ihn herum versammelt. Er ist das unschuldige Opfer, das sich dem Vater darbringt. Das Abendmahl ist wie die Gabenbereitung. Das Opfer wird sich tags darauf am Kalvarienberg vollenden. In jeder Eucharistiefeier wird dieses eine Opfer erneuert.

Durch die Menschwerdung ist Jesus mit der gesamten Menschheit solidarisch geworden. Er hat die Rolle des Ewigen Hohenpriesters übernommen, der sich selbst auf dem Altar der Welt opfert. Im Alten Bund war dieses Opfer angekündigt. Dort war es Erinnerung an die Befreiung aus Ägypten und Zeichen für die Freiheit im Verheißenen Land. Hier opfert sich das Lamm Gottes selber. In Auferstehung und Himmelfahrt bestätigt der Vater dieses Opfer. In der Feier der Eucharistie wiederholt es sich bis zum Ende der Zeiten. Es ist das einzige und ewige Opfer, das Gott wohlgefällt. Es ist die große Wirklichkeit des Christentums, der Neue Bund. Es ist die Synthese von Glaube, Hoffnung und Liebe.

Wenn Christus uns im Sakrament begegnet, dann treten wir ein in die Fülle Gottes.

Wenn wir am Mahl des Herrn in lebendiger Weise teilnehmen, dann erfüllen wir Jesu Willen, der die gesamte Menschheit um den Tisch des Vaters versammeln will. Ihre letzte und höchste Dimension wird die Messe finden, wenn die Hüllen des Glaubens fallen und die Erlösten teilhaben am Gastmahl in der Ewigkeit.

EWIGES LEBEN

»Das ist das ewige Leben:
dich, den einzigen wahren Gott zu erkennen
und Jesus Christus, den du gesandt hast.« (Joh 17,3).

In Christus ist Gott Speise und Trank geworden, um uns ewiges Leben zu schenken: »*Wer mein Fleisch ißt und mein Blut trinkt, hat das ewige Leben*« (Joh 6,54). Was ist dieses ewige Leben?

Er hat es uns gesagt: »*Das ist das ewige Leben: dich, den einzigen wahren Gott zu erkennen und Jesus Christus, den du gesandt hast.*« (Joh 17,3).

Jesus hat uns also nicht im unklaren gelassen: »*Ewiges Leben ist Erkenntnis Gottes.*«

Es handelt sich um eine wahre, wirkliche Erkenntnis.

Deshalb ist unser Gott »*der Gott, der ist*«, nicht ein Gott, der »*mir scheint, daß er ist*«.

Wer sich vom Sakrament des Lebens nährt, wer glaubt, kann mit Nachdruck sagen: Ich kenne meinen Gott. Ich verlasse mich auf die Worte Jesu: »*Amen, amen, ich sage euch: Wer glaubt hat das ewige Leben*« (Joh 6,47).

Ich glaube. Deshalb habe ich ewiges Leben. Deshalb erkenne ich ihn.

Gott gibt mir das Gebot, ihn zu lieben: »*Du sollst deinen Gott lieben aus deinem ganzen Herzen, aus deiner ganzen Seele und mit all deiner Kraft*« (Dtn 6,5; Mt 22,37; Mk 12,30; Lk 10,27). Wie könnte er mir dieses Gebot geben ohne die Möglichkeit dazu, ihn zu erkennen? Wie kann ich etwas lieben, das ich zuvor nicht erkannt habe?

Wer aber an ihn glaubt, ihm in der Eucharistie begegnet, kann nicht sagen, daß er ihn nicht kennt.

Sonst empfingen wir den Leib des Herrn wie Tote, kommunizierten wir wie Tote und empfingen ein einbalsamiertes Gesetz, nicht den lebendigen Gott.

Nur Lebendige können miteinander in Beziehung treten.

FEIER SEINER GEGENWART

Es ist richtig: Gott läßt sich auch in der Natur finden. Oder beim Spaziergang in einer belebten Stadt. Ich muß aber bekennen, daß die Natur nur eins ist von dreien, die in meinem Leben erstrangige Bedeutung haben: Natur, Bibel, Eucharistie.

Die Sterne sind ein Stück Natur. Sie führen mich zu Gott, deshalb kann ich unter dem Sternenhimmel gut beten. Die Bibel ist das Wort Gottes. Auch sie führt mich zum Gebet. Wenn ich aber kann, bete ich am liebsten vor dem Altarsakrament. Dort ist der gegenwärtig, durch den alles geschaffen wurde und den uns die Bibel als Erlöser aller Menschen vorstellt.

In der Eucharistie ist alles zusammengefaßt, Natur und Bibel. Alle drei enthalten das Göttliche, aber die Eucharistie ist das Größte. Sie ist die Fülle schlechthin, die in der Schrift genannte versteckte Perle. Sie ist der verborgene Schatz, ist Gott selber, der mir dort ganz nahe kommt.

Dort stehe ich am äußersten Grenzpunkt meines Menschseins. »Geheimnis des Glaubens« – diese Worte gewinnen vollste Bedeutung. Der Verstand muß zurückbleiben. Nur der Glaube erfaßt, daß in diesem Stück Brot Jesus gegenwärtig ist. Es ist ein nackter, dunkler, oft schmerzlicher Glaube.

Wenn ich aber mein ganzes Vertrauen auf das setze, was Gott gesagt hat, dann werde ich reich an Hoffnung und Liebe. Der Glaube bringt Hoffnung und Liebe mit sich, wie auch jede der drei göttlichen Personen die beiden anderen herbeiführt.

Glaube, Hoffnung und Liebe führen dich ganz sicher hin zum unsichtbaren Gott.

Die Eucharistie ist wie die Wolke, die das Volk Gottes in der Wüste begleitete, wie die Feuersäule, die ihm voranging in dunkler Nacht.

Diese Nacht ist aber keine Nacht mehr. Sie ist am hellsten von allem.

SCHÖPFER GEIST

Die korrekteste Beziehung zum Heiligen Geist scheint mir – im Blick auf die Jungfrau Maria – die bräutliche zu sein. Ist doch der Heilige Geist Gottes ganz Liebe, eben die Liebe, die den Vater mit dem Sohn verbindet. Er ist die schöpferische Liebe, die heiligmachende Liebe. Er ist die Liebe Gottes, die die Liebe sucht, wovon die Ehe ein Abbild ist. Gottes Liebe ist somit mein Bräutigam, und solch eine Liebe ist es, in der ich künftig ganz aufgehen, mich verzehren, mich erfreuen und mich trösten muß.

Komm, Schöpfer Geist, mein geliebter Bräutigam, denn die Braut wird aus der Seite des Bräutigams geboren.

Besuch das Herz der Kinder dein. Dich treibt es, uns zu suchen, denn du liebst leidenschaftlich.

Erfülle nun mit deiner Gnad'. Was bringst du bei deinem Kommen mit? Die Fülle. Denn wenn du in der Seele zugegen bist, was bleibt dann noch zu wünschen übrig? Nichts, denn du bist das Ein und Alles, das Ganze, das jeden Hunger stillt und Frieden bringt.

Die Herzen, die du erschaffen hast. Dein sind sie, diese Herzen, denn schließlich gehören sie dir, drängt es sie zu dir hin, du allein bist es, der ihren Hunger stillt, Schöpfer Geist.

Der du der Tröster wirst genannt, vom höchsten Gott ein Gnadenpfand. Nicht Liebe ist die schönste Gabe, die Gabe seiner selbst ist es, also ganz wie in der Nächstenliebe und in der größten Angleichung an Gott.

Du Lebensbrunn, Licht, Lieb' und Glut. Da ist der Bräutigam – lebendiger Quell in der schmachtenden Wüste, das Ganze, das sich der Schöpfung schenkt, die Atemluft für die Lunge, das Licht in der Finsternis; alles, alles. Und darüber hinaus noch als feurige Glut, unverlöschliche Liebe.

O Schatz, der siebenfältig ziert: Weisheit – Verstand – Rat – Stärke – Wissenschaft – Frömmigkeit – Gottesfurcht.

Du Finger an des Vaters Hand. Worin besteht die Aufgabe dieses erhobenen Fingers an Gottes rechter Hand? Er ist der

Hinweis, er ist also der Weg, den man einschlagen muß, der Punkt, den man bei Entscheidungen beachten muß.

Geschenk vom Vater zugesagt. Kann es eine bessere Zusage der Liebe geben? Eines Bräutigams an die Braut? Eines Geliebten an die Geliebte?

Du, der die Zungen reden macht. Ohne dich ist alles stumm, doch mit dir löst sich unsere Zunge und spricht und spricht. Es sprechen die Propheten, es spricht Johannes, es spricht Jesus, es spricht die Kirche, es sprechen die Heiligen.

Zünd ein Licht den Sinnen an. Unsere Sinne, ausgesetzt der Versuchung wie Adam! Doch du, Lieber, erleuchte sie, ordne sie, dränge sie.

Gieß Liebe in die Herzen ein. Genau das, denn sonst ist es unmöglich, Gott und die Menschen zu lieben.

Stärk unsres Leib's Gebrechlichkeit mit deiner Kraft zu jeder Zeit. Das ist deine Aufgabe als liebevoller Seelenarzt, als der Heilende nach dem Fall, als unser Heiligmacher.

Treib weit von uns des Feind's Gewalt, in deinem Frieden uns erhalt. Du bist es doch, Lieber, der deine Braut schützt, sie führst, sie durch die Wüste ins Land der Verheißung bringst, dem Frieden entgegen.

»Der Friede!« Das ist das Geschenk der Liebe, das größte Geschenk, das Jesus in Betlehem verheißen hat.

Daß wir, geführt von deinem Licht, in Sünd' und Elend fallen nicht. Den Begleiter hat man sich erwählt – die Liebe – den himmlischen Bräutigam, das Endziel, das Ganze. Lauf in kindlichem Geist hinter ihm her, laß dich leiten; betrachte das Unbekannte genau, sieh in allem, was nicht dein ist, eine genaue Weisung seinerseits. Vertrau dich ihm blindlings an, begib dich auf den Weg. Er wird dich nie im Stich lassen, es ist ihm unmöglich, dich zu vergessen, dich nicht zu lieben, nicht an dich zu denken, laß dich leiten: *hab Glauben.*

Gott Vater, Gott Sohn, Gott Heiliger Geist, ich liebe dich, ich nehme deine Führung an, ich vertraue mich dir an in allem jetzt und immer. Amen.

GEIST, DER EINT

»Das ist mein Gebot, daß ihr einander liebt, wie ich euch geliebt habe« (Joh 15,12).

Es gibt eine Art und Weise, wie Gott liebt: die göttliche Liebe selbst.

Diese Liebe ist eine Person: der Heilige Geist.

Diese Liebe eint Vater und Sohn.

Diese Liebe wurde in uns ausgegossen an Pfingsten. Nicht allein mit Wasser sind wir getauft, sondern vielmehr mit dem Feuer des Heiligen Geistes – mit Liebe.

Wer den Heiligen Geist besitzt und auf ihn hört, begreift alles. Wer ihn nicht besitzt, ihn nicht hört, versteht nichts. Licht und Finsternis in unserem Innern kommen von diesem Geist.

Er kam in das Chaos, und sogleich wurde das Universum geschaffen.

Er überschattete Maria von Nazaret, und das Fleisch der Frau wurde das Fleisch des Gottessohnes.

Die Menschwerdung ist Frucht des Heiligen Geistes und der Menschheit, die durch Maria vertreten war.

Das Kind, das dann geboren wurde, wurde Jesus genannt.

Er ist Gott, der in menschlichem Fleisch lebt. Deshalb ist er der Menschensohn und der Gottessohn zugleich.

Was er als Sohn des Menschen tut, tut er auch als Sohn Gottes.

Der einen Person Jesu gehören zwei Naturen an.

Jesus ist der menschgewordene Gott.

Jesus ist der mir nahe Gott.

Jesus ist mein Meister.

Was er tut, ist die Norm, ist die Wahrheit.

Nach seinem Evangelium sollte sich jede Lebensweise auf Erden richten. Es ist das einzige Buch, das wir auswendig können sollten.

Es ist die Botschaft der Liebe.

BEI IHM SEIN

»Wir werden zu ihm kommen
und Wohnung bei ihm nehmen« (Joh 14,23).

Ich bin nicht allein.

Jemand wohnt in mir.

Hinter meinem begrenzten Dasein als Mensch lebt Gottes Gegenwart, die Gegenwart eines Sohnes, der kein Einzelgänger ist, sondern Trinität, Liebe.

Eines Gottes, der Vater, Sohn und Geist ist.

Eines Gottes, den die Liebe eins macht.

Eines Gottes, dessen Liebe mich befähigt, eins mit ihm zu sein: »Daß alle eins seien wie du, Vater, in mir und ich in dir, daß sie in uns eins seien...« (Joh 17,21).

Der schönste, entscheidenste und wichtigste Augenblick für einen Menschen ist zweifellos der, in dem er erkennt, in dem ihm bewußt wird, daß er diese Wirklichkeit »lebt«.

Wenn Gott sich in seiner Natur als Einheit und in seiner Dynamik als Dreifaltigkeit offenbart, wird es im Herzen Pfingsten.

Die Seele wird in Brand gesetzt und von Licht und Leben durchtränkt.

Der Mensch überschreitet seine eigene Grenze, verläßt seine irdische Heimat, um sie gegen eine neue, die Heimat Gottes, einzutauschen.

Er erreicht zum ersten Mal den eigentlichen Horizont seines Christseins und wird sich der Natur des Reiches Gottes bewußt.

Seine erste Wahrnehmung ist die Überlegenheit seiner Entdeckung gegenüber jedem anderen Wert. So kommt ganz realistisch und authentisch seine Entscheidung: alles zu verkaufen, um »*jenen Acker*« zu erwerben (vgl. Mt 13,44), »*jene Perle*« (Mt 13,45–46), von der Jesus im Bild vom Himmelreich spricht.

ALLE SIND KIRCHE

Das Geheimnis der Kirche ist das Geheimnis des Heiligen Geistes, der ungeschaffenen Liebe also, die den Vater mit dem Sohn verbindet und uns durch Christus mit Gott eint. Dieser Geist wurde an Pfingsten ausgegossen.

Der Heilige Geist ist wie das Lächeln Gottes über die Menschheit, die durch Jesu Blut reingewaschen wurde. Er ist das Vertrauen Gottes zu uns. Im Heiligen Geist schaut Gott die Menschheit liebevoll an und befähigt uns, eins zu werden mit ihm und untereinander.

Der Heilige Geist, der der Geist Jesu und des Vaters ist, ist das Fest Gottes, die Freude Gottes. Er ist der Finger Gottes über unseren Wunden, sein Licht in unseren Herzen, seine Barmherzigkeit über unsere Sünden.

Er ist das, was dem Zachäus widerfahren ist, als er Jesus begegnete: »Siehe, die Hälfte von meinen Gütern gebe ich den Armen, und habe ich jemanden betrogen, so erstatte ich es ihm vierfach zurück.«

Er ist das, was sich im Herzen der Maria Magdalena abspielte, als sie mit Jesus zusammentraf. Er war es, der dem Petrus die Worte eingab: »Du bist der Christus, der Sohn des lebendigen Gottes!«

Denkt man da noch an die Vergehen eines Zachäus, an die Sünden einer Maria Magdalena und an die Schwächen eines Petrus?

Alle sind Kirche, wie auch ich Kirche bin. Auch die, die sich noch bekehren müssen, sind Kirche. Kirche war in gewisser Weise schon jener Räuber, der in Palästina sein Unwesen trieb: Christus erwartet ihn auf Golgotha.

Auch Räuber gehören zur Kirche, Ausbeuter und Gewalttätige. Sie sind die neuzeitlichen Kranken, die es zu heilen gilt, die Besessenen, die von ihren Dämonen zu befreien sind, die Blinden, die wieder sehen wollen, die Toten, die erweckt werden sollen.

DER DRITTE

Das wirklich Neue am Christentum ist Gottes dreifaltige Liebe in uns. Sie ist die vollkommene Weise des Liebens. Das ist das ewige Leben: das Lieben Gottes in uns. So werden wir eingeführt ins Reich Gottes und frei vom zerstörerischen Egoismus.

Die Liebe zweier Menschen – zwischen Braut und Bräutigam, unter zwei Brüdern oder Freunden, zwischen Mutter und Kind – läuft immer Gefahr, zu etwas Ausschließendem zu werden, zu einem abgeschlossenen Besitz, zum Motiv verschiedener Eigeninteressen.

Die Liebe, mit der Gott liebt, korrigiert solche Entstellungen. Ein drittes Element wird eingeführt und mit ihm Großherzigkeit. Die Liebe wird uneigennützig und umfassend.

Zwei Liebende, die nur sich selbst lieben, werden egoistisch und kapseln sich ab. Allmählich schwindet auch ihre eigene Liebe.

Haben sie hingegen Anteil an der dreifaltigen Liebe Gottes, dann ist das Band zwischen ihnen immer neu. Immer wieder sind sie dann aufgerufen, den Blick nach außen zu weiten über ihre Beziehungen hinaus, auf eine wirklich göttliche Dimension.

Das Ja zu einem »Kind« ist ja im Grunde nichts anderes als die Annahme dieses »Dritten«, der ihnen helfen soll, aus ihrem möglichen Egoismus herauszutreten.

Was für Eheleute gilt, mag unter anderen Vorzeichen für jede Art der Liebe zutreffen. Menschliche Liebe strebt immer auf eine Bindung von zweien. Göttliche Liebe erinnert hingegen ständig an den »Dritten«.

Das alles sind nur Bilder, aber sie können hilfreich sein. Gott in seiner Liebe ist dreifaltig; die Liebe ist nichts anderes als ein Abbild der Dreifaltigkeit.

FÜLLE UND FREUDE

Man sagt, das Geheimnis der Dreifaltigkeit sei unbegreiflich, und das mag wohl sein. Aber es ist so einfach, wenn du es lebst!

Dann ist es strahlender und wahrer als alles andere.

Was wäre der Vater ohne Jesus?

Und was wäre Jesus ohne den Vater?

Und wo wäre die Fülle und Freude ohne den Geist, der sie eint? Der aus drei eins macht?

Habt ihr euch je hineingedacht in den Ruf Jesu in der Nacht, sein Gebet in der Wüste oder in Getsemani?

Wäre nicht der Vater, der ihm antwortet, was bliebe ihm an Wirklichkeit – und uns?

Welche Einsamkeit eines Gottes, der allein ist in seiner furchtbaren Einsheit!

Nein, Jesus hat gerufen, und der Vater hat ihm geantwortet, und die Liebe ist ihre ewige Einheit.

Welche Freude ist der Heilige Geist!

In der durch ihn geschaffenen Einheit, Dreieinigkeit, liegt alle Glückseligkeit Gottes...

Als ich in der Wüste das Geheimnis der Liebe Gottes als Dreifaltigkeit erspürte, rollte ich mich vor Freude im Sand und rief: »Auch ich liebe dich!« Im Fühlungnehmen mit ihm, in der lebendigen Kommunikation gewahrte ich die Relativität aller Dinge und die Absolutheit unserer Teilhabe am göttlichen Leben, das die ewige Liebe Gottes ist.

Und die Vernunft, wo hat sie sich hinverkrochen? Sie, die immer so fleißig ist, indiskrete Fragen zu stellen, wo hat sie sich versteckt?

Sie lag auf den Knien, neben mir im trockenen Sand, endlich zum Schweigen gebracht; auch sie vom aufblitzenden Licht benommen wie ich.

Sie war klein geworden, wie die Liebe es will.

Und ich sagte hingerissen: Danke, mein Gott! Danke.

DIE LIEBE DRÄNGT

Der Anblick des Bösen betrübt uns und erfüllt uns mit Abscheu; das Leid des Menschen, zumal des Unschuldigen, zerreißt uns das Herz.

Was ergibt sich für uns aus alledem?

Die Antwort ist einfach: Jetzt ist es an uns, zu handeln. Wir sind aufgerufen, *die Liebe drängt uns.*

Man könnte sagen, das alles sei geschehen, um uns zum Einsatz unseres Lebens zu verpflichten.

Der Anblick der Schande, das Mitgefühl mit dem Menschen in seinem Leid, das heillose Durcheinander, das uns umgibt, können uns nicht gleichgültig lassen. Von der Liebe erfaßt und gedrängt von Christus, der das Böse besiegt hat, wollen wir entschlossen eine neue Welt aufbauen.

So hat schon der heilige Franz von Assisi zu seiner Zeit geschrieben:

»Herr...,
mach mich zu einem Werkzeug deines Friedens,
damit ich dorthin,
wo man haßt, Liebe bringe,
wo man schmäht, Verzeihung bringe,
wo man streitet, Eintracht bringe,
wo man irrt, Wahrheit bringe,
wo man zweifelt, Glauben bringe,
wo man verzweifelt, Hoffnung bringe,
wo Dunkel herrscht, Licht bringe,
wo Trauer herrscht, Freude bringe.«

Das ist nicht wenig, und unser Dasein kann wirklich aufleuchten in einem strahlend hellen Leben.

ZWING DICH ZU LIEBEN

Die Wüste ist immer gleich, der Himmel ist immer herrlich, die Piste ist verlassen.

Das einzig immer Neue ist Gott, aber wenn man über ihn berichten will, muß man sehr aufpassen. Man bekommt auch nicht immer etwas zu berichten. Außerdem schenkt er uns gern lange Perioden nackten Glaubens, in denen man nur Schweigen üben und sich zwingen kann zu lieben, zu lieben, so gut es mit diesem Herzen aus altem und verdorbenem Fleisch geht, aus dem man nichts als Bosheit und Elend herauspressen kann.

Was soll man da sagen?

Aber heute ist mein Herz ganz voll von Jesus, und ich könnte einen Roman schreiben. Was hat mir der Herr heute nacht nicht alles gesagt! Vor allem *eins*, was ich dir gleich anvertrauen will.

Möchtest du das Geheimnis erfahren, in dem alles beschlossen ist? Möchtest du die äußerste Zusammenfassung des Evangeliums hören? Möchtest du die ganz kurze, ganz einfache Formel kennen, mit der du den Weg zur Heiligkeit im Lauf, im Flug, zurücklegst?

Hier ist sie:

»Zwing dich zu lieben.«

Ich sage nicht einfach: »Liebe!«, denn so leicht geht das nicht. Manche nicht gerade sympathische »Brüder und Schwestern« *zu lieben*, die an unserer Seite leben, ist fast unmöglich. Ich sage Dir vielmehr: »Zwing dich zu lieben«, denn das Umsetzen eines Vorsatzes in die Tat geschieht fast immer *am Kreuz.*

Nichts von dem, was wirklich wahr, gut und heilig ist, fällt uns leicht. Man muß sich zwingen. Das ist das Kreuz, das auf unserem armen Herzen liegt, und bei der Berührung mit ihm beginnt das Leben wieder zu pulsieren...

WAS SCHWERER WIEGT

»Wie mich der Vater geliebt hat, so habe auch ich euch geliebt. Bleibet in meiner Liebe« (Joh 15,9).

Und seine Liebe ist ewig, unbesiegbar.

Handelt auch ihr, wie er gehandelt hat, liebt, wie er geliebt hat! Dann werdet ihr erkennen, was Seligkeit bedeutet! Und vergeßt nicht: Eine Tat der Barmherzigkeit wiegt schwerer als alle Diplomatie, die wir in unseren Beziehungen so gerne walten lassen!

Besser ist es, zu verlieren, als zu gewinnen. Verlieren heißt hier: sich herabbeugen zum Bruder.

Es gibt ein Geheimnis, das zeigt, wie man auf dem Weg der Liebe rasch vorankommen und dabei Friede im Herzen haben kann:

- Verlangt danach, bei denen, die ihr liebt, immer den letzten Platz einzunehmen.
- Macht euch gerne klein und gering, wie er es getan hat, obwohl er Gott ist.
- Sorgt euch darum, zu lieben, nicht geliebt zu werden.
- Sucht nicht die Ehre bei den Menschen, sondern den Dienst an ihnen.
- Vertraut nicht auf Waffengewalt, auch nicht, wenn das Ziel Revolution heißt.
- Glaubt an die Gewalt der Liebe.
- Nehmt euch nicht vor, die Welt zu bekehren, sondern kehrt selbst um.
- Je kleiner und ärmer ihr seid, desto glücklicher werdet ihr sein.
- Wenn die Liebe euch ans Kreuz schlägt, dann denkt daran, daß er euch nahe ist!

DIE RICHTIGE SEITE

Der *Weg* ist der Weg Jesu.

Es ist ein Weg, der fast senkrecht abfällt: genau das Gegenteil des Weges, den die Menschen anpreisen.

Wenn Jesus den Menschen sucht, steigt er hinab.

Er steigt hinab in die Inkarnation und wird Knecht.

Er steigt hinab in das Abendmahl und wird Brot.

Er steigt hinab zu den Menschen und wird der Letzte.

Der Platz Jesu ist der letzte Platz: Bethlehem, Nazaret, Golgota.

Er wird nicht als Machthaber geboren, er erblickt das Licht der Welt in einem Stall.

Er ist nicht von vermögender Familie, er arbeitet, um sein Brot zu verdienen. Er sucht nicht obenauf zu kommen, er verliert das Leben am Kreuz.

Dies ist die Haltung der Liebe, und sie ist erst zufrieden, wenn sie ganz unten angelangt ist: auf dem letzten Platz.

Charles de Foucauld sagte von Jesus: »Er hat den letzten Platz so sehr gewollt, daß ihn keiner ihm entreißen könnte. Höchstens kann man sich neben ihn setzen.«

Zwischen einem Selbstzufriedenen und einem Armen gibt Jesus dem Armen den Vorzug.

Zwischen einem Gesunden und einem Kranken gibt Jesus dem Kranken den Vorzug.

Zwischen einem Satten und einem Hungrigen gibt Jesus dem Hungrigen den Vorzug.

Daran ist nicht zu zweifeln.

Diese im Evangelium getroffene Vorentscheidung verpflichtet uns und verweist uns auf die richtige Seite: an die Seite dessen, der am niedrigsten ist, am meisten leidet, am meisten an den Rand gedrückt ist; der einen andern am meisten nötig hat.

WER LIEBT

Gott hat sich in Jesus arm gemacht, um mir zu begegnen, und seine Armut wurde das Zeichen seiner Liebe.

Es gab für ihn keinen anderen Weg, glaubhaft zu werden.

Die Liebe hat ihre schrecklichen Forderungen, und sie zu befriedigen, reichen Worte nicht aus.

Wer liebt, muß sich dem Geliebten ähnlich machen, sonst wird dieser an ihm vorbeigehen, ohne ihn zu verstehen, und das bedeutet: ohne ihn zu lieben.

Zu jemand Sympathie haben heißt, mit ihm etwas von ihm zu »erleiden«.

Das ist nicht leicht, aber einen anderen Weg gibt es nicht.

Wer kann sich einen Ehemann vorstellen, der behauptet, seine Frau zu lieben, sie aber ein dürftiges Leben fristen läßt, während er im Reichtum lebt, sie sich abschinden läßt, während er es sich bequem macht, sie weinen läßt, während er lacht?

Wie kann einer behaupten, er liebe seinen Bruder, wenn der Hunger leidet, und er ist satt, wenn der nackt ist, und er ist gut angezogen, wenn der im Gefängnis sitzt, und er ist frei.

Heißt das nicht, beim Spiel mogeln?

Ist es da nicht besser, gerade heraus zu sagen: »Ich liebe dich nicht« oder »Ich habe nicht die Kraft, dich zu lieben« oder, was noch leichter und zugleich wahrhaftiger ist: »Ich würde dich gerne lieben, aber ich bringe es nicht fertig.«

Gott ist aufrichtiger, und wenn er sagt, er liebe den Menschen, dann geht er bis zum Grund, und um ihn zu lieben, inkarniert er sich, und um dem Menschen zu gleichen, macht er sich arm.

Die Armut Gottes ist Gottes Weise, zu lieben.

DIE BEGEGNUNG

Es gibt Augenblicke, in denen uns Gott an die äußerste Grenze unserer Ohnmacht führt, und dann, erst dann begreifen wir unser Nichts bis in den Grund.

Viele Jahre, allzu viele Jahre habe ich gegen meine Ohnmacht, gegen meine Unfähigkeit, gegen meine Schwäche angekämpft. Meistens habe ich sie versteckt und trat in der Öffentlichkeit mit der schönen Maske der Sicherheit auf.

Hochmut ist es, der die Ohnmacht nicht will, Stolz, der das Kleinsein nicht akzeptiert. Das hat mir Gott nach und nach beigebracht. Jetzt kämpfe ich nicht mehr gegen sie an. Ich versuche, mich anzunehmen, mich zu sehen, wie ich bin, ohne Schleier, ohne Träume, ohne Romane.

Ich denke, das ist ein Schritt vorwärts. Wenn ich ihn gleich getan hätte, damals, als ich den Katechismus auswendig lernte, hätte ich vierzig Jahre gewonnen...

Meine Ohnmacht lege ich jetzt ganz und gar vor die Allmacht Gottes: den Berg meiner Sünden unter die Sonne seines Erbarmens, den Abgrund meiner Niedrigkeit geradewegs in den Abgrund seiner Größe.

Und mir scheint, der Augenblick einer Begegnung mit ihm sei gekommen, wie ich sie bis dahin nie gekannt hatte, ein Zusammensein, wie ich es nie erfahren hatte, ein Entgegenkommen seiner Liebe, wie ich es nie gespürt hatte. Gerade mein Elend ist es, das seine Macht anzieht, meine Wunden, die ihn anrufen, mein Nichts, das sein Alles über mich hereinbrechen läßt.

Diese Begegnung zwischen dem Alles Gottes und dem Nichts des Menschen ist das größte Wunder der Schöpfung. Und die schönste Vermählung, weil sich hier die grundlos hingebende und die grundlos annehmende Liebe vereinen.

Darin liegt im Grunde alle Wahrheit Gottes und des Menschen. Die Annahme dieser Wahrheit geschieht allein in Demut. Daher gibt es ohne Demut keine Wahrheit und ohne Wahrheit keine Demut.

ICH BIN BEI DIR

»Höre, spricht der Herr,
er, der eine Straße gebahnt hat mitten im Meer:
Fürchte dich nicht: ich bin bei dir.
Fürchte dich nicht: ich habe dich ausgelöst.
Ich gebe Ägypten als Kaufpreis für dich.
Ich tausche Völker gegen dich ein.
Fürchte dich nicht.
Ich bin bei dir.
Fürchte dich nicht,
von überallher
sammle ich dich« (P. Comi, Canto biblico).

Die dunkle Nacht lehrt mich das Glauben, denn das bloße Verstehen ist kaum der Rede wert und der Liebe unwürdig; verstehen ist menschlich, glauben göttlich.

Wenn ich verstehe, begreife ich die Erde, wenn ich glaube, begreife ich den Himmel.

Wenn ich verstehe, meditiere ich, wenn ich glaube, gebe ich mich der Kontemplation hin.

Wenn ich verstehe, bin ich im Diesseits, wenn ich glaube, bin ich drüben.

Es liegt einfach in der Natur der Dinge, daß sie vom Glauben übertroffen wird. Die Kontemplation wird zur Beschäftigung der Seele, die von Gott angezogen wird.

Mach dir keine Gedanken mehr, hat er mir gesagt: von nun an gehen wir Hand in Hand.

Jetzt ist das Heil da, der Himmel ist zur Erde geworden und die Erde zum Himmel.

»Denkt nicht mehr an das, was früher war;
auf das, was vergangen ist, sollt ihr nicht achten.
Seht her, nun mache ich etwas Neues.
Schon kommt es zum Vorschein,
merkt ihr es nicht?« (Jes 43,18f.).

GOTT IN UNS

Das Himmelreich bedeutet Gott in uns. Eine hinreißendere Nachricht kann es gar nicht geben. Gott ist mit mir verbündet. Mein Leben wird göttliches Leben, meine Geschichte wird eine heilige Geschichte.

Das Himmelreich bedeutet Gott in uns.

Die messianischen Zeiten sind die Zeiten, in denen diese Wahrheit verkündet wird und in denen sie möglich gemacht wird durch den Willen Gottes.

Das ist der Kern des Evangeliums, die gute Botschaft für die Armen.

Und wer ist der Arme?

Der Arme bin ich, das Kind Gottes im Schoß der dunklen Zeugung, das seine Enge und Hilflosigkeit hinausschreit.

Nun habe ich gute Nachricht und merke sie mir.

Heute ist sie verkündigt worden.

Die Wirklichkeit bestand schon, aber was soll die Wirklichkeit, wenn ich nicht reif bin, sie zu fassen.

Gott bedeutet mir nichts, wenn ich nicht entdecke, daß er der Lebendige ist. Es nützt mir nichts, wenn er zu mir kommt, und ich sehe ihn nicht.

Die messianische Zeit ist die Zeit der Liebe, das heißt der Augenblick, in dem ich Gott als mein Du gewahre.

Die früheren Zeiten haben sein Kommen vorbereitet, die messianische Zeit ist das Kommen.

Sie ist das Heute der Liebe.

Sie ist das Heute des Sich-Austauschens.

Sie ist das Leben zu zweit.

Sie ist die heilige Geschichte, die für mich beginnt.

Meine heilige Geschichte beginnt in dem Augenblick, in dem ich im Glauben erfahren habe, daß ich nicht mehr allein bin, daß ich forthin mit Gott zusammen den Weg gehe.

Damit ist jede Angst vorbei.

ICH BIN DEIN

Gott ist wirklich der Quell: der Quell des Lebens bei der Schöpfung, der Quell des Heils bei der Erlösung, der Quell der Herrlichkeit im Ewigen. Am Menschen ist es, zu begreifen, auf wen er sich verlassen, von wem er alles erwarten und zu wem er gehen soll.

Herr, ich glaube an dich, du bist mein Schöpfer, mein Erlöser, mein Alles. Dich will ich, dich liebe ich. Du bist mein Leben, meine Kraft, meine Möglichkeit, mein Können, meine Hoffnung, mein Glaube. Mein Alles.

Ich liebe dich, Herr, und bitte nur darum, mir dein Denken, deine Absicht und dein Wollen inniger zu eigen machen zu können. Gib mir dein Wollen und dann auch die Kraft, es in die Tat umzusetzen. Mein Nichts wird in dir zur Kraft: meine Unfähigkeit zum Können, selbst meine Sünde zum Quell der Liebe.

Alles hast du geregelt für den, der dich liebt. Deine Liebe ist unerschöpflich. Sie hat erschaffen, hat neugeschaffen, hat geheilt, hat vergeben, hat wieder vergeben, hat immer vergeben, hat gelitten, hat sich töten lassen, ist Brot geworden, ist sozusagen ein Nichts geworden, ist bis ganz unten und dort unten erst zur Ruhe gekommen: im Menschenherzen.

Ich denke heute daran, daß, wenn Gott sich uns mitteilt, d. h., uns seine Liebe schenkt, uns wohl auch ein ähnlicher Abstieg bestimmt ist, wir wohl auch einen Leidensweg zu gehen haben, bis wir in völliger Selbsthingabe zur Ruhe kommen.

Jesus, gewähre mir diese Gnade. Verbrenne die Schlacken meiner Seele, die das Auflodern der Liebe verhindern.

Gott, Gott allein, Gott ganz, mein Licht, meine Liebe, mein Alles. Ich bin dein. Laß mich nach dem untersten Platz verlangen, ihn suchen und an ihm Geschmack finden.

DER LETZTE PLATZ

Warum all die Schwierigkeiten in den menschlichen Beziehungen, selbst wenn es nur um Kleinigkeiten geht? Warum all die Antipathie, das Verfolgungsdenken, die Traurigkeit usw. usw.? – Weil wir uns nicht wie Jesus den letzten Platz ausgesucht haben.

Das ist der Grundfehler, aus dem sich all die Komplikationen und Mißstimmungen ergeben.

Willst du geschwinder laufen?
Such dir den letzten Platz.
Willst du freier sein?
Such dir den letzten Platz.
Willst du Jesus besser begreifen?
Such dir den letzten Platz.
Willst du mehr lieben?
Such dir den letzten Platz.
Willst du der Gerechtigkeit dienen?
Such dir den letzten Platz.
Willst du, daß man dich liebt?
Such dir den letzten Platz.
Willst du Jesus begreifen?
Such dir den letzten Platz.
Willst du mehr Freude haben?
Such dir den letzten Platz.
Willst du mit deinem Leben predigen?
Such dir den letzten Platz.
Willst du begreifen, was Anbetung ist?
Such dir den letzten Platz.
Willst du zum Frieden gelangen?
Such dir den letzten Platz.

Jesus hat doch gesagt:

»Viele aber, die jetzt die Ersten sind, werden dann die Letzten sein, und die Letzten werden die Ersten sein« (Mk 10,31).

Allerdings muß ich dies alles aus Liebe tun und nicht aus raffiniertem Stolz.

DAS VORBILD

Charles de Foucauld war ein Adliger. In seinen Adern pulsierte stolzes Blut, das zu befehlen gewohnt war. Er verliebte sich in Christus mit der Leidenschaft eines heiligen Franz von Assisi. Im Evangelium suchte er Person, Charakter, Leben seines geliebten Jesus. Selten findet sich ein Mensch, der hingebungsvoller darauf aus ist, Einzelheiten des Lebens Jesu zu entdecken, sein Verhalten nachzuahmen. Bei dieser liebenden Suche nach dem Inhalt lebendiger Nachahmung erregt eines vor allem das Staunen von Charles de Foucauld: Jesus ist ein Armer und ein Arbeiter.

Diesem Faktum kann keiner widersprechen. Der Sohn Gottes, der ganz frei wählen konnte – wie es sonst niemand kann –, wählt sich nicht nur eine Mutter und ein Volk, sondern auch eine soziale Position. Er wollte Arbeitnehmer sein.

Aus freien Stücken ist Jesus untergetaucht in einem unbekannten Nest Palästinas, eingegangen in die tägliche Monotonie harter Arbeit, dreißig Jahre lang, verschwunden aus der Gesellschaft mit Ansehen und Einfluß, völlig anonym geworden – das ist es, was den adligen Konvertiten Foucauld zutiefst trifft.

Warum war Jesus kein Schriftgelehrter? Warum wollte er nicht aus einer jener Familien stammen, die für die Macht, die Verantwortung, den sozialen und politischen Einfluß bestimmt sind?

Leidenschaftlich sucht Charles de Foucauld nach den Motiven, die den göttlichen Meister bei der Wahl seines Lebens geleitet haben. Und er kommt zu der Einsicht, die im Grunde die ganze Spiritualität und das Leben des Erforschers Marokkos und des Mystikers der Sahara zusammenfaßt: »Jesus hat so sehr den letzten Platz gesucht, daß niemand ihm diesen wird streitig machen können.«

Nazaret war der letzte Platz: der Platz der Armen, der Namenlosen, derer, die nicht zählen, der Arbeiter, derer, die unter harten Lebensbedingungen das harte tägliche Brot verdienen mußten.

KONTEMPLATION AUF DEN STRASSEN

Charles de Foucauld wurde nach seiner Bekehrung Trappist. Er hat sich das ärmste Trappistenkloster ausgesucht, das es damals gab, das Kloster Akbès in Syrien.

Eines Tages schickte ihn sein Oberer auf Totenwache in die Nähe des Klosters. Ein christlicher Araber in einer Armenbehausung war gestorben. Als Bruder Karl in der Elendswohnung des Toten weilte und die wirkliche Armut der hungernden Kinder und der hilflosen Witwe sah, geriet er in eine geistliche Krise. Er trat aus dem Trappistenkloster aus, um eine neue, ganz andere Umwelt für sein religiöses Leben zu suchen.

»Wir, die wir die Nachfolge Jesu, des gekreuzigten Jesus, gewählt haben, sind weit entfernt von den Leiden, von der Unsicherheit und Armut, die diese Menschen erleiden. Ich will kein allzu sicheres Kloster mehr. Ich will ein Kloster, das so klein ist wie die Hütte eines armen Arbeiters, der nicht weiß, ob er morgen Arbeit und Brot findet, und der mit seinem ganzen Sein das Leiden der Welt teilt. O Jesus, ein Kloster wie dein Haus zu Nazaret, um gering, unscheinbar zu werden, wie du es getan hast, als du zu uns gekommen bist« (aus seinen geistlichen Schriften).

Später wird er seine erste Bruderschaft in Beni-Abbès in der Sahara errichten, dann in Tamanrasset; dort wurde er von Tuaregs ermordet.

Die »Bruderschaft« sollte dem Haus von Nazaret ähnlich sein, also einem der vielen Häuser, die man an den Straßen der Welt antrifft.

Hat er damals auf das kontemplative Gebet verzichtet? War sein Gebetseifer erlahmt? Nein, er hat einen Schritt nach vorne getan. Er hat darin eingewilligt, kontemplatives Leben auf den Straßen zu leben, in einer Umwelt, die den Lebensbedingungen einfacher, armer Menschen gleich ist. Und das ist sehr viel schwerer.

DER KLEINE WEG

Getrieben durch die Kraft und das Licht des Heiligen Geistes geht Charles de Foucauld nach Afrika, als die Kolonialisierung auf dem Höhepunkt war. Er wollte nur das Evangelium den Berbern oder den Tuaregs bringen, und dabei begreift er, was die anderen nicht begreifen, und er arbeitet, als ob der Prozeß der *Ent*kolonialisierung bereits eingesetzt hätte.

Nicht milde Gaben, nicht Kliniken und Ambulanzen, nicht Schulen, nicht Geld. Allein, schutzlos, arm – so bietet er sich dar.

Er hat begriffen, daß die Macht der Europäer, selbst wenn sie sich in Krankenhäusern und Schulen ausdrückt, den Armen Afrikas, religiös gesehen, fast nichts mehr bedeutet. Es ist kein Zeugnis mehr wie früher.

Man muß einen anderen Weg einschlagen, den Weg, der für immer gilt, weil er im Evangelium steht, ihn aber mit neuer Reinheit und Kraft beschreiten. Es ist der kleine Weg, der Weg des Opfers, der Armut, der Verborgenheit, des Zeugnisses.

Das Auge des Menschen richtet sich mit Freude auf das, was klein, schutzlos, schwach ist.

Gerade hier liegt das Geheimnis der Beliebtheit, die Charles de Foucauld gewann. Er hat sich Mördern, wie es die Tuaregs waren, ohne Waffen vorgestellt. Er ging zu den Arabern, gekleidet wie ein Araber. Er lebte unter den Arabern, die bei den Europäern in Dienst standen, als ob die Araber seine Arbeitgeber waren. Er baute seine Einsiedeleien nicht nach dem Muster romanischer oder gotischer Bauwerke, sondern er baute sie in Anlehnung an die Einfachheit und Armut der Moscheen in der Sahara.

Als einer der Armen leben, sich wie sie kleiden, ihre Sprache reden, ihre Gebräuche annehmen – das hat mit einem Schlag die Mauern eingerissen und die echte Begegnung ermöglicht: die Begegnung von Gleichen.

DAS BEISPIEL NAZARET

Nazaret ist der letzte Platz. Nazaret nachahmen ist keine kleine Sache. Wenn ich denke, daß nur eine Tür, eine Wand, eine Mauer eine heilige Familie wie die Jesu von der Familie eines Nachbarn trennt, die trotz der gleichen Lebensbedingungen, der gleichen Arbeit, des gleichen Tageslaufs das gerade Gegenteil darstellt mit ihrer Verdrossenheit, ihrem Haß, ihrer Unlauterkeit und manchmal ihrer Verzweiflung, dann lasse ich mich von dem gewaltigen inneren Reichtum überzeugen, den das Evangelium gebracht hat.

Dieselben Taten, vollzogen unter dem Licht Gottes, verwandeln von Grund auf das Leben eines Menschen, einer Familie, einer Gesellschaft.

Freude oder Trauer, Frieden oder Krieg, Liebe oder Haß, Reinheit oder Ehebruch, Hingabe oder Egoismus sind Realitäten, an denen sich das innere Leben des Menschen scheidet. Das Leben der gewöhnlichen Dinge, der menschlichen Beziehungen, der täglichen Arbeit, der Liebe zu den Angehörigen kann in einer bestimmten Weise Heilige hervorbringen und in einer bestimmten anderen Weise Dämonen.

Jesus hat uns in Nazaret gelehrt, alle Stunden des Tages als Heilige zu leben. Alle Stunden des Tages sind fähig, die Eingebung des Geistes, den Willen des Vaters, die Kontemplation des Gebetes, mit einem Wort: Heiligkeit aufzunehmen. Alle Stunden des Tages sind heilig. Man muß sie nur leben, wie Jesus sie zu leben uns gezeigt hat.

Dazu ist es keineswegs erforderlich, sich in einem Kloster einzuschließen oder seinem Leben seltsame Stundenpläne aufzuerlegen. Es genügt, die Realität zu akzeptieren, die das Leben aufgibt.

Arbeit ist eine dieser Realitäten. Mutter sein, Kinder erziehen, Familie mit allen ihren vielfältigen Verpflichtungen sind andere dieser Realitäten. Diese Wirklichkeiten müssen geheiligt werden.

MEIN PLATZ

Als ich zum erstenmal nach Afrika ging, um Kleiner Bruder zu werden, lebte ich zuerst einige Zeit in Algier.

Ich erinnere mich, was ich mittags in der Kasba zu sehen bekam: eine lange Reihe von zerlumpten Gestalten auf dem Gehweg an einem Haus, das wie eine Festung aussah. Jeder hatte einen Eßnapf in der Hand. Ich sah, wie eine Tür sich öffnete, und es erschien eine Schwester ganz in Weiß mit zwei großen, makellosen Haubenflügeln, neben ihr ein riesiger, dampfender Kessel. Es war die Stunde der täglichen Almosenverteilung, und jeder Arme ging mit einem Stück Brot und einer warmen Suppe.

Ich suchte meinen Platz mitten in dieser ganzen Armut. Ich hatte meine Heimat verlassen, von dem Wunsch getrieben, von mir selbst loszukommen, um mich meinem Gott zu schenken, um unter den Ärmsten das Antlitz des gekreuzigten Jesus zu finden, um irgend etwas für meine verlassensten Brüder zu tun, um in der Liebe für sie schneller die lebendige Verbindung mit dem Ewigen zu finden.

Was sollte ich also tun?

Sollte ich auch Ausgabestellen organisieren und an die armen Leute Brot und Bildung und Medikamente verteilen? Welches war mein Platz in dem großen Evangelisationswerk der Kirche?

Ich suchte den Platz dessen, der mich nach Afrika gezogen hatte: Charles de Foucauld.

Ganz klein, ganz demütig fand ich ihn, mit dem Eßnapf in der Hand am Ende der Reihe. Er lächelte verlegen, als ob er sich entschuldigen wollte, daß auch er da war und möglicherweise die Dinge komplizierter machte.

Kein Zweifel war mehr möglich.

In diesem Augenblick begriff ich trotz meiner ganzen Angst vor dem Leiden, trotz meiner ganzen Schwäche, die Last der anderen zu tragen, trotz meinem Erschrecken vor dem Kreuz: Dort ist auch mein Platz; ich muß den Armen folgen.

DER ERSTE, DER LETZTE

Die Parabelkurve meines Lebens ist typisch. Mein erster Lehrer hatte zu mir gesagt: »In allem der erste, Christus dem König zu Ehren«, und der letzte, Charles de Foucauld, riet mir: »Sei der letzte von allen, Christus dem Gekreuzigten zuliebe.«

Es ist gut möglich, daß alle beide recht hatten und daß die Schuld bei mir selbst liegt, wenn ich ihre Lektion nicht gut gelernt habe.

Auf jeden Fall war ich jetzt hier in der Sahara, auf den Knien vor der Monstranz, auf dem Sand der Grotte, die sich zu den Dimensionen einer Kirche dehnte. Und ich fühlte auf meinen Schultern die berühmte kleine Säule des aktiven Kämpfers.

Vielleicht war jetzt der Augenblick, klar zu sehen.

Ich zog mich plötzlich zurück, wie um mich von jener Last zu befreien. Was geschah? Alles blieb an seinem Platz, nichts rührte sich, nicht der geringste Riß im Gewölbe, nicht das geringste Knistern.

Nach fünfundzwanzig Jahren merkte ich, daß auf meinen Schultern buchstäblich nichts ruhte und daß die Säule falsch, künstlich, unwirklich war, geschaffen von meiner Einbildung und Eitelkeit.

Ich bin gelaufen, gefahren, habe geredet, organisiert, gearbeitet, habe geglaubt, daß etwas an mir liegt; und in Wirklichkeit lag an mir buchstäblich nichts.

Die Last der Welt lag ganz auf dem Gekreuzigten. Ich war nichts, gar nichts.

Dies alles war nötig, damit ich an die Worte Jesu glaubte, der schon seit zweitausend Jahren zu mir gesagt hatte: »Wenn ihr alles getan habt, was euch befohlen wurde, solltet ihr denken: Wir sind unwürdige Knechte. Wir haben nur unsere Schuldigkeit getan« (Lk 17,10).

BRUDER PAUL

Unterwegs in der Sahara traf ich auf eine Gruppe von Arbeitern. Etwa fünfzig Eingeborene, an der Spitze ein Pionieroffizier, quälten sich ab, die durch Winterregen beschädigte Straße zu reparieren. Unter der Sonne der Sahara, ohne Maschinen, ohne Technik – nur noch Quälerei des Menschen, der den ganzen Tag in Hitze und Staub mit Schaufel und Hacke hantiert.

Arm, verschwitzt, dreckig, erschöpft: Bruder Paul, ein Kleiner Bruder, der sich diesen Bautrupp ausgesucht hat, um hierin wie der Sauerteig des Evangeliums aufzugehen. Keiner hätte hinter diesen Kleidern, diesem Bart und diesem durch Staub und Sonne vergilbten Turban den Europäer entdeckt.

Ich kannte Bruder Paul gut, denn wir haben zusammen das Noviziat gemacht. Er war Ingenieur, stammte aus Paris und gehörte zu einer der Kommissionen, die an der Entwicklung der Atombombe arbeiteten, als er den Ruf des Herrn hörte. Er verließ alles und wurde Kleiner Bruder. Jetzt war er hier.

Ich erinnere mich an seine Mutter, als sie zur Profeß ins Noviziat kam. »Helfen Sie mir, Bruder Carlo, die Berufung meines Sohnes zu begreifen. Ich habe einen Ingenieur aus ihm gemacht, und ihr macht einen Arbeiter aus ihm. Wozu? Würde er denn nicht als Ingenieur mit seinen Geistesgaben der Kirche viel mehr dienen können?« »Es gibt Dinge«, antwortete ich, »die man mit dem Kopf und mit dem gesunden Menschenverstand nicht begreifen kann. Nur der Glaube kann sie uns begreiflich machen. Warum wollte Jesus selbst arm sein? Warum wollte er seine Göttlichkeit und seine Macht verbergen und unter uns als letzter leben? Warum das Scheitern des Kreuzes, die Schande des Todes für ihn, der das Leben war? Die Kirche braucht nicht einen Ingenieur mehr, sondern ein Weizenkorn mehr, damit es in Gottes Ackerfurchen stirbt. Und je voller dieses Korn von Leben, Himmel und Sonne ist, desto willkommener wird es der Erde sein, die es für die künftige Ernte empfängt.«

DIE WAHRE REGEL

Der uns anstehende Platz ist der, den Jesus gewählt hat: der letzte.

Aber gerade weil er der letzte ist, ist er der schönste. Wenn wir uns auf den letzten Platz setzen, wird uns niemand beneiden, niemand wird an uns Ärgernis nehmen, niemand Angst vor uns haben.

Vom letzten Platz aus werden wir die Dinge viel richtiger einschätzen können, werden wir die Menschen viel leichter verstehen, die leiden, und für die wir arbeiten wollen.

Das einzige, was wir fürchten müssen, ist der Hochmut, die Sucht, uns vorzudrängen, die Brüder zu richten, mit unserem Urteil diejenigen zu schlagen, die schon hart genug geschlagen sind durch die Abwesenheit Gottes und durch die Traurigkeit, die die Saat der Sünde im Menschen ist.

Unsere wahre Regel ist das Evangelium, und wir müssen jene für selig halten, die es begriffen haben und die Armut, Keuschheit, Milde, Frieden, Verfolgung als Seligkeiten leben.

»Selig, die arm sind vor Gott; denn ihnen gehört das Himmelreich.

Selig die Trauernden; denn sie werden getröstet werden.

Selig, die keine Gewalt anwenden; denn sie werden das Land erben.

Selig, die hungern und dürsten nach der Gerechtigkeit; denn sie werden satt werden.

Selig die Barmherzigen; denn sie werden Erbarmen finden.

Selig, die ein reines Herz haben; denn sie werden Gott schauen.

Selig, die Frieden stiften; denn sie werden Söhne Gottes genannt werden.

Selig, die um der Gerechtigkeit willen verfolgt werden; denn ihnen gehört das Himmelreich« (Mt 5,3–10).

JULI

Weil du mein Vater bist

GOTTESKINDSCHAFT

»Er hat uns das Geheimnis seines Willens kundgetan, wie er es gnädig im voraus bestimmt hat: Er hat beschlossen, die Fülle der Zeiten heraufzuführen, in Christus alles zu vereinen, was im Himmel und auf Erden ist« (Eph 1,8–10).

Wie soll dieser Plan Gottes nach dem Verrat des Menschen Wirklichkeit werden? Wie kann man dieses Neue auf dem alten, verwilderten Wurzelstock der Menschheit sprossen und wachsen lassen? Er wird es Nikodemus sagen: »Wenn jemand nicht aus Wasser und Geist geboren wird, kann er nicht in das Reich Gottes kommen« (Joh 3,5). Man muß also von neuem geboren werden, und das unmißverständlich: »Allen aber, die ihn aufnahmen, gab er Macht, Kinder Gottes zu werden, allen, ... die nicht aus dem Blut, nicht aus dem Willen des Fleisches, nicht aus dem Willen des Mannes, sondern aus Gott geboren sind« (Joh 1,12 f.)...

So beginnt ein neues Leben; es ist ein Sohn, der Gott geboren wird, ein Adoptivkind des Allerhöchsten, dazu bestimmt, aufzuwachsen, »um an Wesen und Gestalt seines Sohnes teilzuhaben, damit dieser der Erstgeborene von vielen Brüdern sei« (Röm 8,29).

Wie das geschehen soll, gehört zum Geheimnis der Gnade, die durch den Heiligen Geist in uns ausgegossen ist.

Wie kann man sich das vorstellen? Jesus vergleicht es mit dem Leben eines Weinstocks, Paulus mit dem Lebenssaft eines Leibes. Es bleibt ein Geheimnis, und obgleich die Vorstellung vom Aufpfropfen auf den alten Ölbaum uns eine Verstehenshilfe sein mag, entzieht es sich uns, da alles, was diese Gotteskindschaft in uns bedeutet, unseren Horizont unendlich übersteigt.

Der heilige Johannes definiert dieses neue Leben als *ewiges Leben*: »Wer an mich glaubt, wird das ewige Leben haben«, und um zu zeigen, was es bedeutet, bedient er sich derselben Worte, die Jesus an den Vater gerichtet hatte: »Das ist das ewige Leben: dich, den einzigen wahren Gott, zu erkennen und Jesus Christus, den du gesandt hast« (Joh 17,3).

MEIN VATER

Einen Stern erschaffen
ist anders als einen Sohn erschaffen.
Eine Blume erschaffen
ist anders als einen Sohn erschaffen.
Eine Libelle erschaffen
ist anders als einen Sohn erschaffen.

Gott hat mich zuerst als einen Sternensplitter gemacht und mir das Leben gegeben,

dann hat er mich als eine Blume gezeichnet und mir die Form gegeben,

und dann hat er mir das Bewußtsein eingegossen und hat mich geliebt.

Ich glaube an die Evolution im Schöpfertum Gottes, und ich stelle mir gerne vor, daß Gott Material von den Felsen genommen hat, um meinen Leib zu machen, und Zeichnungen von den Blumen, um nach ihrem Muster meine Nervenzellen zusammenzufügen.

Aber als er an mein Bewußtsein dachte, suchte er das Modell in sich selbst, in seinem dreifaltigen Leben, und machte mich nach seinem Bild und Gleichnis: Mitteilung, Freiheit, ewiges Leben.

All das bedeutet, einen Sohn zu erschaffen, denn der Sohn ist Leben vom Leben des Vaters, er ist Freiheit von der Freiheit des Vaters, er ist Mitteilung, um mit dem Vater Austausch zu halten.

Es gibt viele Baupläne im sichtbaren Kosmos und im unsichtbaren Himmel, aber alle sind Vorübungen eines einzigen Entwurfs im Plane Gottes: mich zu seinem Sohn zu machen.

Zu einem Sohn, der Leben haben soll von dem seinen, daß er ewig sei, der Freiheit haben soll von der seinen, daß er glücklich sei, und der sich mitteilen kann wie er, daß er wie er Liebe sei.

HINAUSTRETEN

Gott modelliert mich und rührt mich an mit den geschaffenen Dingen und weckt mich zum Bewußtsein: manchmal, indem er mich sanft mit seiner Gnade streift, und dann wieder rüttelt er mich auf mit der Kraft seines Geistes.

Ich bin im Bereich der Dinge drinnen, bin aus den Dingen gemacht, aber ich trachte nach einem Leben, das jenseits der Dinge ist.

In den Dingen geboren als Menschenkind, werde ich nach und nach Gotteskind.

Als Kind meines Vaters und meiner Mutter geboren, die mir die irdische Wirklichkeit übermittelt haben, werde ich ein zweites Mal als Kind der himmlischen Wirklichkeit geboren werden.

Jetzt bin ich noch wie ein Ungeborenes auf halbem Weg zwischen meiner Vergangenheit und meiner Zukunft zwischen den Dingen, die ich kenne, und denen, die ich nicht kenne.

Es ist keine bequeme Lage, in der ich bin.

In der Tat leide ich darunter.

Ich leide an Unfertigkeit, Blindheit, Sehnsucht.

An Unfertigkeit, weil ich eben noch nicht fertig geschaffen bin und es an Reife fehlen lasse; an Blindheit, weil ich nicht klar sehe, so eingeschlossen in die Dinge, wie ich bin; an Sehnsucht, weil ich manchmal schon Gottes Leben durch meine Adern strömen fühle und doch in Geduld mein wildes und krankes Menschenblut zu ertragen habe.

Würde mir einer sagen, in dieser Lage müsse ich immer bleiben, es wäre, wie wenn man mir sagen würde: »Du mußt immer im Schoß deiner Mutter bleiben.«

Ich muß aber aus dieser Umhüllung hinaustreten, und auch ihr, ob ihr wollt oder nicht, müßt hinausgehen.

GOTT IST DEIN VATER

Es ist schwer zu glauben. Und es wäre für den Menschen eine geradezu unlösbare Sache, wenn nicht Gott, der die Liebe ist, die Lösung des Problems gefunden hätte.

Die Lösung ist der Heilige Geist. Der Heilige Geist ist die Liebe Gottes, er ist der Wind, »von dem man nicht weiß, woher er kommt und wohin er geht«, und der an den Türen von Jerusalem rüttelt und sie aufstößt an Pfingsten.

Er ist das Wasser, das den trockenen Boden durchtränkt und ihn fruchtbar macht. Er ist die Sonne, die die erstarrten Glieder erwärmt und belebt. Der Heilige Geist, der die Liebe Gottes, die Fruchtbarkeit Gottes, die Schöpferkraft Gottes ist, kommt zu mir und sagt mir: »Gott ist dein Vater.«

Erst flüstert er es mir ganz leise zu, dann sagt er es lauter, dann noch lauter und so immerfort bis ans Ende.

Er ist Gottes Zeuge. Er ist immer da, er wirkt mit Macht und Milde; und wie er mir das Licht der Wahrheit »mit unaussprechlichen Seufzern« aufgehen läßt, nimmt er für mich das tiefste aller Gebete vorweg: »Mein Vater.« So wendet er sich zum Vater an meiner statt, da ich es noch nicht kann.

Ja, der Geist ist der in mir gegenwärtige Zeuge. Er kommt und geht, kehrt wieder, er kehrt immer wieder zu mir zurück, ohne jemals müde zu werden. Denn er ist die Liebe, und die Liebe wird nie müde.

Du hast gute Lust, ihn anzuschreien, das sei nicht wahr, Gott könne unmöglich Vater sein. Der Geist geht leise hinaus, läßt dich toben, bis du genug hast, und dann: unversehens ist er wieder da, hat sich wie eine Taube auf der Sintflut deines ausgetobten Zorns und auf dem Schutt deiner Müdigkeit niedergelassen, um es dir wieder zu sagen: »Gott ist dein Vater und du bist sein Kind.«

Ja, es ist schwer zu glauben, wenn man die Dinge von unserem Blickpunkt aus betrachtet, aber es ist noch schwerer, *nicht* zu glauben, wenn man – wie wir – umgeben und durchwirkt ist von einem so eifrigen Zeugen.

Früher oder später werden wir nachgeben müssen

VORAUSBESTIMMT

Gott ist mein Vater.

Diese einfachen Worte sind für den Menschen die wichtigste Kunde. Sie gehen ihn unbedingt an. Sie sind die Antwort auf alle Fragen, die das Geheimnis des Lebens uns aufgibt. Solch große Offenbarung hat sich auf diesem kleinen Planeten, der Erde heißt, ereignet.

Die Kunde schwebt über der ganzen Schöpfung, löst alle Probleme, stillt jeden Durst, erfüllt jede Hoffnung, rechtfertigt jede Erwartung, erleuchtet die Dunkelheit: Sie sagt, wer der Mensch ist.

Wer an sie glaubt, ist im Licht, wer nicht an sie glaubt, bleibt in der Finsternis.

Wer auf sie hofft, ist in der Freude, wer nicht auf sie hofft, ist in der Angst.

Wer sie liebt, hat das Leben, wer sie nicht liebt, ist im Schatten des Todes.

Was kann also das Leben des Menschen auf Erden bedeuten, wenn dieses Leben sich nicht ins ewige Leben Gottes entfaltet?

Was kann die Vaterschaft des Menschen bedeuten, wenn sein Schicksal das Nichts ist?

Soll denn die Logik des Lebens ihren Schluß im Tod finden? Soll denn die Freude über das Licht nur ein Theater sein, dessen Vorhang sich über der ewigen Finsternis schließt?

Soll denn das Feuer der Liebe am Ende in der Umarmung des unendlichen Eises erlöschen?

Nein!

Der Arme hat es im Herzen schon immer gewußt; und auf die Kunde von der Vaterschaft Gottes, die Paulus in seinem Brief an die Epheser so gut ausgedrückt hat: »Er hat uns aus Liebe im voraus dazu bestimmt, seine Söhne zu werden durch Jesus Christus und nach seinem gnädigen Willem zu ihm zu gelangen« (Eph 1,5).

Auf diese Kunde kann jeder seine Lebenskraft und seinen Mut zum Warten setzen.

DIE GABE DES ZUHAUSE

Mein Vater!

Das ist die Quintessenz der ganzen Offenbarung, das Wort, das die ganze Bibel zusammenfaßt, der Inbegriff der »Guten Botschaft«, das Ende aller Angst.

Gott ist mein Vater, im wahren, tiefen, echten, lebendigen Sinn des Wortes.

Gott ist mein Vater, er schaut mich an. Gott ist mein Vater, er liebt mich.

Gott ist mein Vater, und er will mich immer bei sich haben.

Wenn Gott mein Vater ist, fürchte ich mich nicht mehr vor dem Finstern, weil auch er in der Finsternis wohnt und sie ans Licht zieht, wenn die Zeit dafür gekommen ist.

Wenn Gott mein Vater ist, kann ich mit ihm sprechen, ihm zuhören und ihm sagen: »Mein Vater und mein Gott.«

Das ist eine überaus erstaunliche Sache. Es ist die Quelle aller möglichen Gaben.

In eins damit habe ich die Gabe des Lebens.

In eins damit habe ich die Gabe der Wahrheit.

In eins damit habe ich die Gabe der Liebe.

Vor allem habe ich in eins damit die Gabe des »Zuhause«. All meine Erfahrungen auf dieser Erde haben in mir die Idee des »Zuhause« reifen lassen.

Ein Heim haben, in einem Haus wohnen.

Wir sind dazu geschaffen, in ein Haus einzukehren, in dem ein Vater ist und in dem Geschwister sind und niemand ausgeschlossen wird.

Wir sind dazu geschaffen, ein Haus zu haben, das uns den Sinn für Beständigkeit, für das Bleibende, für die Ruhe gibt.

Ja, wir sind für ein Haus geschaffen, in dem Gott Vater ist und in dem alle Menschen Brüder sind.

UMGESTALTUNG

Der Abstand vom Ende, das ist auch der Abstand, der jeden von uns von seiner wahren Geburt trennt, nämlich von dem Tag, an dem er aus der Höhle der sichtbaren Dinge heraustreten wird, um in vollkommener Bewußtheit zu sagen: »Mein Vater.«

So wird er zu seinem Schöpfer selbst sprechen und wird in sein Haus als Sohn eintreten, nicht wie sonst ein Geschöpf, nicht wie eine Blume oder ein unwissendes Tier, die nicht fähig sind, den Vater zu erkennen.

Die Geschichte des Menschen auf Erden ist nichts als die lange, dramatische, mühsame Geschichte seiner Umgestaltung, die ihn so lange umfängt, bis er zum Kind Gottes geboren wird.

So dramatisch wäre es nicht, wenn der Mensch nicht eine der schwierigsten Verantwortlichkeiten Gottes – nämlich die Freiheit – sich zu eigen machen müßte. Und es wäre auch nicht so mühsam, wenn es nicht die Sünde gäbe, diese unbegreifliche Bosheit des Menschen, daß er Nein sagen kann zur Liebe und daß er den Plan Gottes zurückweisen kann.

»Er kam in sein Eigentum, aber die Seinen nahmen ihn nicht auf. Allen aber, die ihn aufnahmen, gab er Macht, Kinder Gottes zu werden, allen, die an seinen Namen glauben, die nicht aus dem Blut, nicht aus dem Willen des Fleisches, nicht aus dem Willen des Mannes, sondern aus Gott geboren sind« (Joh 1,1–13).

WIE DIE KINDER

Wir müssen vor Gott sein wie das Kind im Evangelium. Betrachten wir ein paar Wesenszüge dieses Kindseins: Das Kind glaubt an seinen Vater, es hat keine Angst vor ihm, es vertraut sich ihm blindlings an. Es fragt sich nicht sorgenvoll: »Was werde ich morgen essen?«, denn es weiß ja, daß er da ist. Dieses grenzenlose Urvertrauen, diese vollkommene Hingabe, dieses von Hintergedanken freie Aufschauen zum Vater, wie es den Kleinen eigen ist, das muß meine Haltung Gott gegenüber sein.

Einen sichereren Weg gibt es nicht. Unser ganzer Glaube bemüht sich darum. Sonst »werdet ihr nicht hineinkommen«, sagt Jesus. Was hätte denn Maria getan und gedacht, wenn sie sich nicht von diesem Geist des Kindseins hätte leiten lassen, den der Glaube ihr eingegeben hatte? Hätte sie das Geheimnis der Geburt Jesu verstanden? Wäre sie mit dem unbegreiflichen Kindermord zurechtgekommen? Wieso greift der Allmächtige nicht ein! Er, der doch auf wunderbare Weise Josef zur Flucht auffordert? Solche Fragen können wir uns sparen. Das menschliche Leben ist solch ein Rätsel, daß nur der in kindlicher Schlichtheit akzeptierte Glaube es lösen kann. *Hier ist mein Weg.*

So bin ich denn *Kleiner Bruder Jesu* geworden. Das ist der passendste Titel für einen Christen und die korrekteste Beziehung zu Jesus. Diese Beziehung knüpft die andere Beziehung, die zum Vater, noch fester. Ich bin Kind des Vaters, für seine Familie errungen um den Preis des Blutes des Erstgeborenen, Jesus. Und zum Heiligen Geist? Die korrekteste Beziehung scheint mir da – im Blick auf die Jungfrau Maria – die bräutliche zu sein. Ist doch der Heilige Geist Gottes ganze Liebe, eben die Liebe, die den Vater mit dem Sohn verbindet. Er ist die schöpferische Liebe, die heiligmachende Liebe. Er ist also die Liebe Gottes, die die Liebe sucht, wovon die Ehe ein Abbild ist. Gottes Liebe ist somit mein Bräutigam, und solch eine Liebe ist es, in der ich künftig ganz aufgehen, mich verzehren, mich erfreuen und mich trösten muß.

BRUDER JESUS

Heute betrachte ich meine Beziehungen zu meinem Bruder Jesus und bedenke dabei vor allem, was er von sich gesagt hat. Versuchen wir, es hier zusammenzufassen:

Ich bin der gute Hirt (Joh 10,11)
Ich bin das Licht der Welt (Joh 8,12)
Ich bin der Weg und die Wahrheit und das Leben (Joh 14,6)
Ich bin unter euch wie der, der bedient (Lk 22,27)
Ich bin der Herr über den Sabbat (Mt 12,8)
Ich bin nicht gekommen, um die Seelen zugrunde zu richten, sondern um sie zu retten (Joh 3,17)
Ich bin die Auferstehung (Joh 11,25)
Meine Worte werden nicht vergehen (Mk 13,31)
Meine Speise ist es, den Willen dessen zu tun, der mich gesandt hat (Joh 4,34)
Ich bin das Brot des Lebens (Joh 6,35)
Wer an mich glaubt, hat das Leben (Joh 6,47)
Ich bin nicht auf meine Ehre bedacht (Joh 8,50)
Noch ehe Abraham wurde, bin ich (Joh 8,58)
Ich und der Vater sind eins (Joh 10,30)
Und ich, wenn ich über die Erde erhöht bin, werde alle zu mir ziehen (Joh 12,32)
Ich habe euch ein Beispiel gegeben (Joh 13,15)
Ich werde euch nicht als Waisen zurücklassen (Joh 14,18)
Ich bin der wahre Weinstock, und mein Vater ist der Winzer (Joh 15,1)
Ich bin der Weinstock, ihr seid die Reben (Joh 15,5)
Ich nenne euch nicht mehr Knechte, sondern Freunde (Joh 15,15)
Vom Vater bin ich ausgegangen und in die Welt gekommen; ich verlasse die Welt wieder und gehe zum Vater (Joh 16,28)
Ich bin ein König (Joh 18,37)
Lernt von mir; denn ich bin gütig und von Herzen demütig (Mt 11,19)
Ich bin bei euch alle Tage bis zum Ende der Welt (Mt 28,20)

ER ZEIGT UNS DEN WEG

Jesus ist unser Bruder. Als solcher ist er uns nahe und zeigt uns den Weg, den wir gehen müssen, um zum unsichtbaren Gott zu gelangen. Er drückt vorstellbar aus, was unsichtbar ist, handelt als der Mensch so, wie Gott handeln würde. Er bringt den »Lebensstil« Gottes zu uns. Das alles ist »Frohbotschaft«.

Jesus tut und sagt alles so, wie es Gott tun und sagen würde. Was er sagt, hat er vom Vater sagen hören. Das Evangelium auf Erden leben meint, das Leben der Heiligen im Himmel zu führen. Das Evangelium ist alles.

Es ist das wahre Vorbild, hat die Vollkommenheit Gottes zum Inhalt: Jesus lebt sie vor. Für den Christen sollte es kein anderes Buch geben, an dem er sich orientiert, kein anderes Vorbild, an das er sich hält.

Das Evangelium ist eine lebende Person: Jesus.

Wenn es im Evangelium heißt, man solle die Armut mehr lieben als den Reichtum, so heißt das, daß eben dies der Ansicht Gottes entspricht.

Die Frohbotschaft redet von Vergebung und Barmherzigkeit. Das bedeutet, daß Gott so handelt und will und daß auch wir so tun sollen.

Im Evangelium ist von Auferstehung die Rede. Deshalb dürfen wir nicht daran zweifeln.

Das Evangelium preist das Leben der Armen und Arbeitenden, der einfachen Menschen. Mit anderen Worten: Gott will uns als seine Kinder arm und einfachen Sinnes haben.

Das Evangelium sagt, es sei besser, ohne Auge oder Arm ins Himmelreich zu gelangen als unversehrt in die Hölle. Deshalb sollten wir nicht so sehr auf unser äußeres Sosein achten, sondern in erster Linie unser Heil im Auge haben.

Wenn dasselbe Evangelium sagt, wir seien Kinder Gottes – dürfen wir daran zweifeln? Sollten wir nicht Friede und Freude daraus schöpfen?

BUCHSTABEN DER LIEBE

Die ganze Schöpfung liegt wie ein offenes Buch vor mir in der Schrift *seiner* Liebe: sie erzählt mir von ihm. Der Liebesbrief, den er mir im Lauf der Jahrhunderte geschrieben hat, ist die Bibel. Auch ihre Buchstaben sind Buchstaben der Liebe.

Die ersten Beziehungen waren, als ich Jesus, die menschgewordene Liebe, kennenlernte, Beziehungen der Freundschaft. Ich habe gespürt, daß er mein Freund war. Dann habe ich unter dem Ansturm des Bösen, als er sich als Arznei erwies, gespürt, daß er mein Bruder war. Er hat mir sein Blut gegeben, um mich zu heilen.

Noch später habe ich ihn als Bräutigam kennengelernt. Als die Liebe mich zu erobern begann, haben die Beziehungen freier Liebe den menschlich gängigen Begriff des Ehebundes gedehnt.

Jetzt wird für mich die Kindesbeziehung wieder fester und wichtiger. In der Nachfolge Jesu unter dem Antrieb des Heiligen Geistes gelangen wir zum Herzen des Vaters: »Wo ich bin, sollt auch ihr sein« (Joh 14,3). Und am Herzen des Vaters wird der Geist der Kindschaft – der Geist des Sohnes – unser Lebensprinzip: *»Vater unser.«*

Gott, mein Schöpfer! Quell, Wurzel meines Seins, ich liebe dich. Ich suche dich. Du bist für mich alles. Jetzt, da ich durch die Sünde Schaden genommen habe, schaffe mich neu, erneuere mich, gib mir wieder das Antlitz, das dir vorgeschwebt hat, als du mich schufst.

Die Luft für das Leben, das Wasser für den Verdurstenden, das Brot für den Verhungernden, sind eine Kleinigkeit verglichen mit dem, was du für mich bist.

Du bist... die Wurzel, aus der ich erwachse, das Ganze, von dem ich nur ein Teil bin. Dein bin ich, laß mich dein sein; in dir bin ich, führe mich tiefer in dich hinein. Denk an das, was dein Geist bei Sacharja gesagt hat: »Geziert mit meiner Schönheit«.

Gott, ich liebe dich.

DIE GELÄUTERTE GESINNUNG

Folgendes Wort machte die Runde um die Welt: »Würde man alles Geld zusammenlegen, das für Abmagerungskuren und für die Anstrengungen ausgegeben wird, die durch unmäßiges Essen ruinierten Organe in den beiden Wohlstandskontinenten Europa und Nordamerika zu kurieren, dann hätte man genügend Mittel, den unterentwickelten und unterernährten Völkern Afrikas und Asiens Arbeit und Brot zu geben.«

Eßgier ist ein Grundtrieb beim Menschen, auch beim gebildeten Menschen, sogar beim geistlichen Menschen. Jesus würde uns dazu sagen: »Wer in den kleinsten Dingen unzuverlässig ist, der ist es auch in den großen« (Lk 16,10).

Wenn wir schon am Tisch der materiellen Dinge solche Begierde an den Tag legen, stellen wir uns einmal vor, um wieviel mehr es uns an den Tisch der geistlichen Dinge ziehen müßte – wenn, ja wenn wir wirklich danach verlangen, uns dorthin ziehen zu lassen! Wir wären Sturm gelaufen gegen den Himmel, wie Satan es tat.

Es braucht nicht wiederholt zu werden: Wir sind Kranke, aus dem Gleichgewicht Gebrachte, Sinnenmenschen, schuldig Gewordene. Wir alle, wohlgemerkt, ohne Ausnahme.

Jesus hat sein Urteil über uns abgegeben, ein gültiges Urteil. Er hat gesagt: »Ihr, die ihr böse seid« (Mt 7,11). Und am Kreuz hat er dieses Urteil ergänzt: »Vater, vergib ihnen, denn sie wissen nicht, was sie tun« (Lk 23,34).

Egoistisch und träge sind wir in den kleinen und in den großen Dingen. Wir sind es, wenn wir uns Verdauungsbeschwerden zulegen und Mitmenschen vor Hunger sterben lassen. Wir sind es genauso beim Beten und bei den Dingen des Glaubens.

Aber uns zu bremsen, unseren Sturmlauf gegen den Himmel zu halten, unsere Verfettung im geistlichen Leben zu kurieren, hat Gott ein Radikalmittel: den nackten Glauben, die bedingungslose Hoffnung, die unverzärtelte Liebe.

IN DEN ARMEN GOTTES

Die Liebe hat allen Anspruch, etwas zu wissen, alle Einbildung, etwas zu sein, weggenommen. Sie hat uns zur wahren geistlichen Kindschaft geführt.

»... wie ein kleines Kind bei der Mutter ist meine Seele still in mir« (Ps 131,2).

Das ist der höchste Zustand des Gebets: Kinder in den Armen Gottes zu sein – schweigen, lieben, sich freuen. Und wenn du dann doch einmal etwas sagen, etwas tun möchtest, dann mach es so: Wähle ein Wort, ein kleines Sätzchen, das deine Liebe zu ihm zum Ausdruck bringt, und wiederhole es, wiederhole es ruhig, ohne zu versuchen, Gedanken zu formulieren, ohne dich innerlich hin und her zu bewegen, sondern reduziere dich zu einem kleinen liebenden Punkt vor dem Gott der Liebe.

Und wenn du dieses Wort oder dieses Sätzchen zu einem glühenden Pfeil, Symbol deiner Liebe, umgeschmiedet hast, dann wirf, dann wirf ihn gegen die dichte Wolke des Nichtwissens Gottes.

Zerstreu dich nicht, was auch geschieht. Jage auch die guten Gedanken weg, sie dienen jetzt zu nichts mehr.

Die höchste Stufe der Kontemplation, die in diesem Leben erreicht werden kann, besteht ganz und gar in dieser Dunkelheit und Wolke des Nichtwissens und in einem blinden Blick auf Gottes reines Wesen, in einem liebenden Sich-ihm-Entgegenwerfen, ihm allein.

Sich Gott entgegenwerfen, sich in ihn versenken, sich in ihn fallen lassen, der uns verborgen in der Wolke des Nichtwissens an sich zieht – das ist es, was für die Seele jetzt wichtiger als jede andere Übung ist. Hierin sind alle Gaben zusammengefaßt, die mir die Wüste geschenkt hat.

DICH ZU ERKENNEN

Gott ist der Unerkennbare, er allein kann sich mir offenbaren auf Wegen, die ganz und gar die seinen sind, in Worten, die in keines Menschen Ohr gedrungen, in Begriffen, die alles menschliche Begreifen übersteigen.

Beim wahren Beten wird von mir mehr Passivität als Aktivität gefordert, mehr Schweigen als Worte, mehr Anbetung als Studium, mehr Bereitschaft als Bewegung, mehr Glaube als Vernunft.

Ich muß bis ins letzte begreifen, daß das echte Gebet die Frucht einer Gabe ist, die der Himmel an die Erde verschenkt, der Vater an den Sohn, der Bräutigam an die Braut, der, der hat, an den, der nicht hat, das All an das Nichts. Und je mehr sich dieses All dem Nichts nähert, desto mehr breitet sich grenzenlose Unergründlichkeit aus.

In dem Maße, wie die Liebe zu Gott in uns wächst, wächst die Erkenntnis Gottes; von dieser Erkenntnis können wir aber nichts sagen. Wir wissen nur, es ist eine geheimnisvolle, persönliche, dunkle Erkenntnis.

»Ich werde mich euch offenbaren.« (vgl. Joh 14,21)

Diese »Offenbarung«, die Gott von sich selbst dem Menschen gibt, ist die Seele, die Frucht, der Atem des sogenannten »kontemplativen« Gebets, eine echte Vorausnahme des ewigen Lebens, von dem Jesus sagt: »Dies ist das ewige Leben: dich, den einzigen und wahren Gott zu erkennen und Jesus Christus, den du gesandt hast« (Joh 17,3).

»Wenn jemand mich liebt,
wird er an meinem Wort festhalten;
mein Vater wird ihn lieben,
und wir werden zu ihm kommen und bei ihm wohnen« (Joh 14,23).

NICHT IN MENSCHLICHEN BEGRIFFEN

Alles, was wir von Gott wissen, ist nicht eigentlich Gott selbst, sondern nur Gottes Bild.
Wenn wir darüber nachdenken, dann geht uns unsere ganze Armseligkeit auf. Der Abgrund wird uns bewußt, der uns von Gott trennt, unsere Unfähigkeit, Gott zu besitzen, ja, ihn auch nur zu erreichen.

In solcher Situation bleibt nur das Schweigen.

Um das göttliche Wort aufnehmen zu können, muß es zu einem schmerzhaften Schweigen werden, zum gekreuzigten Schweigen. Die wahre Offenbarung Gottes, bei der Gott sich dem Menschen öffnet, geschieht dort, wo der Mensch absolut arm und unfähig ist – arm und unfähig wie die trockene Wüste selbst.

Der Mensch weiß nicht mehr, wie er vorankommen soll. Das Wort wendet sich zur Klage, die Betrachtung, früher so beredt und tief, ist nur totale Ohnmacht. Da beginnt Gottes wahre Offenbarung an den Menschen. Sobald dem Menschen bewußt wird, daß er ganz armselig ist und ganz trokken, öffnet er sich für Gott wie eine Blume in der feuchten Nacht.

So enthüllt sich Gott dem Menschen, gibt sich zu erkennen. Er tut es nicht in menschlichen Begriffen, sondern in Begriffen ohne Begriffe, in Bildern ohne Bilder, in Symbolen, die jenseits aller Symbole liegen. Das ist die Offenbarung mit der Dimension Gottes.

Es ist die übernatürliche Offenbarung. Die Definition der Kontemplation lautet: »Rasche, dunkle, übernatürliche Offenbarung Gottes.« Diese Kontemplation setzt auf Erden beim Höhepunkt geistlichen Lebens ein. Sie wird sich fortsetzen in der Ewigkeit und die ganze Fülle unserer Einheit mit ihm heraufführen.

NICHT EINEN STEIN STATT BROT

»Welcher Vater wird seinem Sohn, der ihn um ein Brot bittet, einen Stein geben? Oder wenn er ihn um einen Fisch bittet, wird er ihm statt dessen eine Schlange reichen? Oder wenn er um ein Ei bittet, wird er ihm dann einen Skorpion geben?« (Lk 11,11f.).

Lukas gibt ein ganz kurzes Gleichnis, aber seine Wahrheit ist abgründig.

Achtet auf die Ähnlichkeit zwischen Stein und Brot – zwischen Fisch und Schlange – zwischen Ei und Skorpion (dieses Phänomen findet sich vor allem in Wüstengegenden und kalten Nächten. Der Skorpion rollt sich zusammen und bedeckt sich mit weißem Flaum, so daß er wie ein Ei aussieht).

Der Evangelist will uns offenbar sagen: Kind, ich bin dein Vater, ich gebe dir nicht einen Stein statt Brot, eine Schlange, wenn du mich um einen Fisch bittest, einen Skorpion, wenn du ein Ei brauchst.

Mag sein, daß etwas wie ein Stein aussieht, aber schau nur: es ist kein Stein, es ist ein Brot.

Mag sein, daß dir eine Krankheit wie eine Schlange vorkam, aber sie war ein Fisch, der dich ernährt und zurechtgerückt hat.

Ein Mißgeschick fiel auf dich wie ein Skorpion, aber es war ein Ei, das dir guttun und dich kräftigen wird.

So gereicht alles dem zum Guten, der an Gott glaubt, der Hoffnung hat, der liebt, und Gott kann nicht zulassen, »daß Unglück seinem Zelt naht« (vgl. Ps 91), außer um ihn durch Gnade umzuwandeln und ihn in den Heilsplan einzuholen.

Wir wissen vom Psalmisten: »Wer im Schutz des Höchsten wohnt und ruht im Schatten des Allmächtigen, der sagt zum Herrn: Du bist für mich Zuflucht und Burg, mein Gott, dem ich vertraue« (Ps 91,1f).

LEBEN AUS DEM TODE

Wenn ich die Person Gottes entdeckt habe, mit der ich sprechen kann, dann stelle ich Fragen; es ist nur recht, daß ein Sohn mit seinem Vater spricht.

Ich habe dich um Brot gebeten, und du hast mir Arbeitslosigkeit gegeben; ich habe dich um einen Fisch gebeten, und du hast mir die Schlange meiner Krankheit gegeben; ich habe dich um ein Ei gebeten, und du hast mir den Skorpion des Todes gegeben.

Warum ist Jesus auf meinen Lebensweg gekommen, warum? Um mich verstehen zu lassen, daß das, was ein Stein war, Brot war; der Mangel an Brot ist Brot. Das Leiden war notwendig für mich, um zu verstehen. Christus hat mich gelehrt, daß meine Krankheit keine Schlange war und daß nichts mich mehr verwirklicht als der Schmerz. Die Lehre, die Jesus mir gab, damit ich zur Ruhe kommen und als Person zum Wesen der Kontemplation finden könnte, damit ich verstehen könnte und so erneut die Möglichkeit zum Frieden mit meinem Vater bekäme, diese Lehre ist die Offenbarung Gottes. Christus ist die Offenbarung Gottes!

Christus sieht die Wirklichkeit; er fordert nicht, sie zu ändern. Nach ihm wird das Sterben von Kindern weitergehen, nach ihm wird das Sterben nicht aufhören. Christus hat nichts geändert; er hat angenommen. Er bittet den Vater nicht, die Dinge zu ändern. Er macht das Zeichen des Jona zu seinem, er wirft sich ins Meer des göttlichen Willens und nimmt den Tod an: und eben dort, in der Tiefe seines Todes, geschieht es, daß der Vater ihn auferweckt. Die Prophetie, die Verheißung Christi, wird so zusammengefaßt in diesen Worten: das Leben entsteht aus dem Tode.

Ja, das Leben entsteht aus dem Tode: Ich kann die Dinge nicht ändern. Ich muß sie annehmen, um mich zu befreien. Ich muß das annehmen, was für mich wie ein Stein aussieht, und ich werde eines Tages begreifen, daß es gutes Brot war.

DIE ERSTE FRUCHT

Die erste Frucht, die aus der Vater-Kind-Beziehung erwächst, ist das *Vertrauen*. Es bannt die Angst. Die Angst, besser: die Furcht ist der Anfang der Weisheit, aber ganz unmerklich überläßt die Furcht mit zunehmender Reife ihren Platz der Liebe, die gewiß eine höhere Stufe unserer Beziehung zu Gott darstellt.

Gott ist dann kein Unbeteiligter, kein vages Wolkengebilde, kein alter Mann mit Bart und kein Problem mehr. Er ist Vater, ein Vater, der erschafft, der liebt, der stützt, der spricht und Geschenke macht.

Es sind wirklich nur sehr wenige, die sich mit Freuden und auf der Stelle ihre Kindschaft gefallen lassen. Die meisten gefallen sich lieber in der Frage: »Ist das denn möglich?«, und verharren in trockener und leerer Gleichgültigkeit.

Ganz sicher ist das Leben dessen, der sich verwaist, einsam und darüber hinaus den schrecklichen Zwängen seiner Umwelt ausgeliefert fühlt, ein trauriges Leben. Alles wird ihm zum Problem und bringt Ratlosigkeit, Schmerzen und Angst hervor.

Vor allem Angst! Denn wie sollte man nicht die Angst zum täglichen Brot haben, wenn man so schwach, so wehrlos und, vor allem, so einsam ist?

Sagen wir es offen: ein Mensch, der nicht merkt, daß er Kind Gottes ist, daß er den Schöpfer des Himmels und der Erde auf seiner Seite hat, daß der ewig seiende Gott ihn erhält, führt, tröstet und gerecht macht, führt im Grunde ein trauriges Leben, wird nur von einem schwachen Licht erleuchtet und von einer kümmerlichen Hoffnung getröstet.

»Ich bin euer Vater, und ihr seid meine Kinder.«

In diesem Licht entfaltet sich der Glaube zur Reife, wächst die Hoffnung von Tag zu Tag, und gewinnt die Liebe an praktischer Bedeutung und Kraft.

NACH DEM AUSZUG AUS ÄGYPTEN

Das Buch Exodus enthält eine phantastische Geschichte, die ihr Licht auf alles wirft, was den Menschen ganz allmählich zur Würde der Gotteskindschaft führt. Im Buch Exodus können wir die Gründe für unser zögerndes Reifen finden, die Grenzen und die mangelnde Erfahrung unseres Kindesalters, die Klage über unsere Sünde, den Jubelgesang beim Sieg über das Böse. Das Buch Exodus gibt auch Aufschluß über den Reifungsprozeß der Geschichte, die mildernden Umstände für unsere Schwäche, die Begründung für die Geduld und die Festigkeit unserer Hoffnung.

Das Böse, das ich getan habe, kann ich beim Exodus, beim Auszug aus Ägypten, sagen, werde ich nicht mehr tun, und was gut ist, kann ich ja noch tun. Es wird leicht, mit Paulus zu sagen: »Als ich ein Kind war, redete ich wie ein Kind, dachte wie ein Kind und urteilte wie ein Kind. Jetzt urteile ich wie ein Erwachsener und begreife, was ich früher nicht verstanden habe« (vgl. 1 Kor 13,11).

Wenn ich mir im Kindesalter einen fernen und schrecklichen Gott vorgestellt habe, so habe ich im reifen Alter gelernt, ihn näher bei mir zu spüren. Den Immanuel, der mit den Menschen zieht.

Wenn früher das Gesetz in mir herrschte, so herrscht jetzt die Liebe.

Vor dem Auszug aus Ägypten brachte mir der Messias die Waffen zum Kampf und forderte mich auf, die Feinde mit Macht in alle Winde zu zerstreuen: nach dem Auszug ist er mir als der Mann der Schmerzen und als Friedensfürst begegnet. Der blutige Kampf gegen die Feinde Gottes, der im Alten Testament seinen lauten Widerhall findet, dient nur als Bild für einen Kampf, in dem ich nicht Gewalt, sondern die Liebe einsetze.

Er war Zeichen und Symbol für einen Siegeswillen, der nicht mehr gegen feindliche Philister oder Amoriter gerichtet ist, sondern gegen meine Hauptlaster.

DIE WAHRHEIT

Nicht ohne Grund sagt Tertullian, der Mensch sei »von Natur christlich«, also dazu veranlagt und geschaffen, die Botschaft Christi zu hören.

Und die Botschaft Christi ist eben die: »Gott ist mein Vater – Gott ist dein Vater, des Menschen Vater.« Jesus hat nichts anderes getan als mit der Autorität dessen, »der von oben kommt... der gesehen und gehört hat« (Joh 3,31 f.) eine Wahrheit zu bezeugen, deren Realisierung bereits im Gang war, er verkündigte ein Absolutes, das durch die Liebe des Vaters bereits angeordnet war, er enthüllte ein Geheimnis, das in den Äonen Gottes verborgen war.

Aber dieses Absolute war schon im Herzen des Menschen.

Und dieses Geheimnis lag im Wurzelgrund des Menschenwesens.

Ich habe es entziffert, die Logik der Hoffnung in den Herzen der Armen und Benachteiligten gab mir den Schlüssel dazu.

Ich habe es wahrgenommen in der Geduld und in dem lebendigen Schweigen der Hindus an den Ufern des Ganges.

Ich habe es in den Augen des Menschen der Wüste gelesen, in diesem Blick voll Vertrauen, wenn er mit seinem »Inchahalla« (»So Gott will«) seine Hoffnung auf morgen bezeugt – und wie unsicher ist doch der morgige Tag für das schwache Geschöpf!

Ja, der Mensch hat eine, wenn auch undeutliche Ahnung von seiner Bestimmung, und darin findet er den Mut zum Leben und die Kraft zum Warten.

Denn mir steht das Leben zu, wenn Gott mein Vater ist.

Denn mir wird das Warten leicht, wenn Gott mir entgegenkommt.

Ja, wenn Gott mein Vater ist, kann ich ruhig sein und in Frieden leben. Ich habe eine Versicherung für das Leben und für den Tod, für die Zeit und für die Ewigkeit.

GRÖSSER ALS UNSERE ANGST

»Im Jahr 2000 werden wir sieben Milliarden auf der Erde sein: Wer wird uns ernähren?« Die Kornkammern Gottes sind größer als meine Angst, und seine Phantasie ist reicher als die unsrige: Er wird uns etwas einfallen lassen.

Wenn Gott mein Vater ist, kann ich damit aufhören, immer dieses eintönige »warum... warum... warum?« vorzubringen. Ich werde statt dessen mit Realismus und Vertrauen sagen: »Du weißt.«

Wenn Gott mein Vater ist, werde ich den Ernteüberfluß nicht bloß der Qualität des Samens und den Düngemitteln zuschreiben, sondern seinem Rat folgen und sagen: »Gib uns heute unser tägliches Brot.« Mit Mut und Gelassenheit will ich mich den Wechselfällen der Jahreszeiten und dem Werden der Geschichte anvertrauen.

Wenn Gott mein Vater ist, werde ich die Vorkommnisse des Tages nicht dem Zufall zuschreiben, sondern sie als Hinweise auf seine Liebe betrachten.

Wenn Gott mein Vater ist, verliere ich nicht unversehens den Glauben, wenn es mir angesichts einer Naturkatastrophe nicht gelingen will, einen Zusammenhang zu sehen zwischen Liebe und Mißgeschick, zwischen der Existenz Gottes und dem Schmerz, der mich zerreißt.

Gott ist Gott und er ist der Herr der Welt, auch wenn die Erde bebt und die Flüsse über die Ufer treten, und er ist Vater, auch wenn die Kälte mir die Hände erfriert und ein Unfall mich fürs ganze Leben zum Krüppel macht.

Das Gott-Sein und das Vater-Sein bedeutet für mich, den Sohn, daß Gott trotz allem imstande ist, das, was wir Übel nennen, in Gutes zu verwandeln. Er kann die uns unbegreiflichen, rätselhaften Geschicke zum Guten wenden für seine Kinder, wie die Schrift sagt: »Wie mit Söhnen verfährt Gott mit euch; denn wo wäre ein Sohn, den der Vater nicht erzieht?« (Hebr 12,7)

SEINE ZUSAGE WIRD SICH ERFÜLLEN

Es sieht fast so aus, wie wenn die Welt, so wie sie erscheint, von jemand oder etwas dazu bestellt worden wäre, die Verheißung zu widerlegen.

Die Verheißung sagt zu Abraham: »Schau doch auf zum Himmel, zähle die Sterne! Kannst du sie zählen? So wird deine Nachkommenschaft sein!« (Gen 15,5)

Und die sichtbare Wirklichkeit antwortet: »Wie soll das gehen? Einem Hundertjährigen soll geboren werden, und Sara, die Neunzigjährige, soll gebären?«

Jesus spricht über Brot und Wein die Worte: »Dies ist mein Leib, dies ist mein Blut.«

Der Verstand erwidert: »Wie ist das möglich? Die Rede ist hart« (Joh 6,60).

Deshalb, wenn ich über den Kosmos und über die Widersprüche dessen, was sich meinen Augen zeigt, hinweg verkünde: »Gott ist Vater«, so entgegnet mir alles: »Du spinnst! Wie denkst du dir das? Sieh doch nur die Ungerechtigkeiten, sieh dir die Hungernden an! Mir ist mein Kind gestorben, und Gott sollte Vater sein?«

Aber ich weiß auch dies und habe es tausendmal erfahren: Immer, wenn ich »glaube«, wenn ich aus ganzer Seele, ganzer Kraft dafür einstehe, daß das Wort Gottes ewig ist und daß seine Zusage sich erfüllen wird, dann wälze ich das Wirkliche um, überwinde meine Schwerkraft, die mich nach unten zieht, trete in eine Umlaufbahn des Lichtes ein, lebe in einer göttlichen Realität, verwirkliche das Reich Gottes in mir, besiege die Welt, die mich umgibt und mich ersticken will.

Wenn ich glaube, bin ich nicht mehr bloß ein Mensch, ich bin schon ein Kind Gottes.

Der Glaube gehört nicht in die Reichweite der Natur. Er ist bereits eine göttliche Dimension in uns.

UNSERE WIRKLICHKEIT

Alles, was mich umgibt, ist schrecklich unvollständig, unverständlich, vorläufig, schmerzlich, willkürlich. Würde ich es nicht als Teil eines Ganzen auffassen, als ersten Schritt, dem andere Schritte folgen, als Anlauf, der sich später erklären wird in einer Entwicklung, die über das, was ich sehe, hinausgehen wird: ich würde mich gezwungen sehen, Gott selbst vor Gericht zu ziehen, der die Dinge so schlecht gemacht hat, der eine Erde so voller Löcher geschaffen hat, daß Erdbeben schon einbegriffen sind, und wahnwitzige Himmel, die nicht anstehen, mit ihren tobenden Wettern die Hütten armer Fischer zu zerstören.

Angesichts der Wirklichkeit, all der meinen menschlichen Augen bloß sichtbaren Wirklichkeit, gibt es keine andere Wahl: entweder sie verfluchen als elendes Machwerk eines wahnsinnigen Schöpfers, oder sie als Geheimnis annehmen.

Der Geist Gottes, der in mir wohnt, heißt mich sie als Geheimnis annehmen. Und er bezeugt es mir mit seiner Stimme, die immerfort in mir tönt. Und ich bezeuge es meinen Brüdern und sage ihnen: »Ja, Gott ist das Licht des Universums.«

Er ist das Licht, auch wenn das Meer im Sturm tobt.
Er ist das Licht, auch wenn ich leide und weine.
Er ist das Licht, auch wenn für mich die Stunde des Todes kommt.

Die Stunde des Todes wird mir alle Zusammenhänge erklären. Dieser für mich Menschenkind unfaßbare Augenblick wird für mich, Gottes Kind, licht werden. Im Sterben werde ich das Warum des Lebens begreifen.

Wie ein vom Gewicht des ganzen Universums zusammengepreßtes Atom, von der alles Maß übersteigenden Wärme der Liebe ergriffen, werde ich aufgesprengt, eingelassen in die Einigkeit Gottes.

Der Tod ist die Tür zur Auferstehung.
Der Tod ist der Eingang zur Fülle des Lebens.
Der Tod ist das größte Geheimnis, das sich enthüllen wird.

DIE ANDERE WIRKLICHKEIT

Jesus sagte mit Vollmacht zu dem, der ihn fragte, ob er König sei: »Mein Reich ist nicht von dieser Welt« (Joh 18,36).

Es ist schwer, sich diese Wahrheit zu merken. Das Sichtbare macht uns immer so vergeßlich für das Unsichtbare. »Diese Welt« richtet uns dermaßen ab, daß wir Mühe haben, uns vorzustellen, es gebe noch eine andere.

Vor so vielem stehen wir ratlos, ja bestürzt.

Wenn ein Kind stirbt, halten wir dem Unsichtbaren ein schmerzliches Warum entgegen.

Wenn alles vorüber ist – wir haben ein Haus gebaut, eine Familie gegründet, mit den Kindern gelebt, und nun sind wir alt und allein und sehen zu, wie alles Errungene zerfällt –, dann sind wir wiederum ratlos.

Wir klammern uns an die Überreste und klügeln aus, wie wir unseren Aufenthalt auf Erden noch ein bißchen verlängern könnten. Wir ziehen überhaupt nicht in Betracht, daß die unsichtbare Wirklichkeit uns aufsaugen muß, um uns zu verwandeln und uns von der irdischen Wirklichkeit fortzuziehen...

Die Erde ist nicht ihr eigener Zweck. Das, was ich bis jetzt zu sehen bekam, ist nur ein Beginn. Was daraus wird, das werde ich später sehen.

Der Tod ist die Schwelle vor dem Licht.

Er ist der Zustand der Erwartung.

Er ist der Glaube an Gott den Schöpfer.

Er ist unsere auf den Gott des Unmöglichen gesetzte Hoffnung.

Er ist die Liebe, die von uns verlangt wird, damit wir auf immer in der Liebe leben.

TOD UND LEBEN

Der Tod betrifft nicht nur unseren letzten Erdentag, sondern jeden unserer Tage. Jeder Augenblick unseres Daseins enthält eine schmerzliche Todeswirklichkeit, aber auch – aufgrund der Auferstehung Jesu – eine wahre und wirkliche Sprengkraft: die Kraft der Auferstehung.

Die beiden Wirklichkeiten sind in uns verborgen, wie der Tod und die Auferstehung Jesu in uns verborgen sind.

»Allzeit tragen wir das Sterben Jesu an unserem Leibe umher, damit auch das Leben Jesu an unserem Leibe offenbar werde« (2 Kor 4,10).

Der Konflikt zwischen den beiden Wirklichkeiten ist der Durchgang zum Reich Gottes, von dem Jesu gesagt hat, es sei mitten unter uns (vgl. Lk 17,21), und das sich entfaltet und wächst, bis es seine Fülle am Ende der Zeiten erlangt.

Dieser Durchgang ist auch der Überschritt vom Sichtbaren zum Unsichtbaren, die Grenze zwischen der Natur des Menschen und der Natur Gottes, die Frucht jeder guten Regung, der Wert jedes Opfers, die Bestätigung jeder Liebestat, das echte, langsame Werden zum Kind des Vaters.

Ja, das Zweigespann Tod – Leben, das von Jesu Tod und Auferstehung sein Siegel, seine Erklärung, seine Fülle, seinen Zugang zum Reich Gottes empfängt, ist sicher der Schlußstein der vielen Warum, die uns umstehen, und auch die richtige Lösung aller Widersprüche des menschlichen Herzens.

Tod und Leben bedeuten zusammengenommen, ja gerade in ihrem Zusammenprall, das Werden der Dinge, die fortwährende Evolution der Schöpfung, die Sprünge von Stufe zu Stufe des Lebens, die aufstrahlenden Tage der Genesis, die Verfahrensweise Gottes, seine Kinder zu zeugen und ihnen die Erfahrung der Liebe zu übermitteln.

Unser irdisches Sterben ist die Geburt zu einer höheren Seinsweise, die wir als das göttliche Leben in uns verstehen.

WAS WILLST DU AUS MIR MACHEN?

Was willst du aus mir machen, Herr?

Dein Geist hat es mir gesagt, er sagt es mir in meinem Innern immer wieder: »Ich will aus dir meinen Sohn machen.«

Ich habe dich aus dem Nichts gerufen, daß du mir ein Sohn seist.

Ich habe meine göttliche Wirklichkeit abgezeichnet, um dir dein Bewußtsein zu machen.

Ich habe meine Liebe aufgeboten, um in dir zu wohnen.

Nun, da ich in dir wohne, sollst du mein sein und ich dein.

Mein, um immer mehr mein zu werden.

Mein, um dich für immer bei mir zu haben.

Mein, daß du wirst, wie ich es bin: frei.

Mein, um dich lieben zu lehren, wie ich liebe.

Doch warum, mein Gott, läßt du mich so lange warten, bis ich deinen Willen erfüllt sehe?

Warum die Gefahren einer so langen Reise?

Vielleicht wirst du mir nie sagen, wieso du unter den tausend und abertausend Möglichkeiten, die deiner Weisheit zur Verfügung standen, um aus mir deinen Sohn zu machen, gerade diese gewählt hast. Vielleicht willst du, daß wir das selber entdecken.

Du hast die Straße gewählt, die vom Chaos zur Harmonie führt, von der Genesis zur Apokalypse, von der Empfängnis zur Geburt, von der empfindungslosen Materie zu den Wundern des Bewußtseins, von der Vorgeschichte zur Geschichte, von der menschlichen Liebe zur göttlichen Liebe.

Es ist der Weg der Erfahrung.

Es ist der Weg des Dialogs.

Es ist der Weg des Suchens.

Es ist der Weg des Glaubens.

Es ist der Weg der Hoffnung.

Es ist der Weg der Liebe.

ORT DER BEGEGNUNG

Der Weg, den Gott gewählt hat, uns zu seinen Kindern zu machen, uns also zur Kommunikation und Liebe fähig zu machen, ist der Weg der Evolution, der Weg der Erfahrung, des Suchens, des Dialogs, der Weg der Geschichte.

Folglich ist es der Weg der Freiheit.

Ohne Freiheit gäbe es kein Suchen, ohne Freiheit gäbe es keinen Dialog, ohne Freiheit gäbe es keine Liebe.

Alles wäre vorgezeichnet, bezweckt, entschieden.

Alles bekäme den fatalen Sinn einer chemischen Verbindung oder erschiene wie eine langweilige folkloristische Kundgebung eines totalitären Staates.

Gott hat ganz entschieden einen anderen Geschmack, und wenn er die Erde als Ort der Begegnung zwischen ihm und uns gewählt hat, so hat er sie berufen, Ort der Begegnung zu sein

zwischen dem Chaos und der Harmonie
zwischen Licht und Finsternis
zwischen Leben und Tod
zwischen Haß und Liebe
zwischen Himmel und Erde.

In diesem Spielfeld von Gegensätzen arbeitet der Mensch frei an seinem Heil.

Er baut die Kultur auf, schafft die menschliche Gesellschaft.

Er verwirklicht seinen Entwurf.

Aber beim Aufbau der Kultur, beim Schaffen der Gesellschaft, im Verwirklichen des Entwurfs gehen seine Hände mit den Händen des Schöpfers zusammen. Seine Pflugschar furcht die Erde, die auch die Erde Gottes ist, und als Menschenkind wie als Gotteskind hat er dieselbe Gestalt.

Wie schwierig ist es, die beiden Abstammungen zu unterscheiden!

Wer begreift das Geheimnis dieses Bundes?

PROBE UNSERER REIFE

Wenn der verlorene Sohn – der ja in jedem von uns steckt – vor seinem Aufbruch von zu Hause seinen Vater nicht gut gekannt haben mag: bei seiner Heimkehr und in seinem heruntergekommenen Zustand wird er begreifen, wer der Vater ist, und wird alle Voraussetzungen haben, ihn in dem unendlichen Geschenk seiner nun offenbarten Barmherzigkeit zu entdecken. Ich glaube, daß Gott sich dem Menschen nie besser offenbart als im Abgrund des menschlichen Elends.

Gerade in Babylon entdeckt Israel seinen Gott wieder, und in der furchtbaren Verlassenheit und Finsternis gewinnt es die wahre Hoffnung.

Die Hoffnung, die den kleinen »Rest« leiten wird und ihn vorbereiten wird, in die messianische Zeit einzutreten. Und die messianische Zeit ist auch für uns immer vor der Tür, denn wir sind nicht anders als Israel.

Vielmehr müssen wir sagen, daß jeder von uns Israel ist. Und wie Israel das wahre Geheimnis Gottes in der eigenen Schwäche entdeckt hat, so werden auch wir es auf diesem Weg entdecken.

Der Weg, den wir in der irdischen Stadt zurücklegen müssen, um sie dem Entwurf der himmlischen Stadt, den wir in uns tragen, möglichst ähnlich zu machen, wird uns unser wahres Gesicht enthüllen, wird gleichsam die Probe unserer Reife oder Unreife sein, der Ansporn, immer Besseres zu erarbeiten, der Ruf zur Wahrheit und vor allem anderen das Verlangen, tief in unserem menschlichen Mysterium die Quelle jenes göttlichen Lebens zu finden, die allein fähig ist, das Unmögliche auf dieser Erde zu verwirklichen: ein Leben der Liebe unter freien Menschen.

Ist das eine Utopie? Sicher ist es eine Utopie. All das, was Gott dem Menschen vorschlägt, ist so groß, daß es als Utopie einzustufen ist.

DU

Wie die Mutter und das Kind zusammengehören, so Gott und der Mensch.

Auch wenn man oft ein Einziges zu sehen meint, sind es in Wirklichkeit zwei: so eng sind sie verbunden.

Früher oder später sagt der eine zum anderen: Du. Die Entdeckung des Du, des anderen, geschieht im Glauben.

Im Glauben erfährt man die göttliche Person, die uns zeugt, und noch ehe wir sehen, beginnen wir schon zu rufen: Lieber Vater!

Aber es ist eine lange Geschichte.

Mag einer jahrelang Ausschau halten, nachdenken, ohne ein Wort.

Und dann, ganz unvermutet, man weiß nicht wie, im Schweigen der Nacht oder auf einer in der Sonne gleißenden Straße hält er inne und sagt: Lieber Vater.

Und lächelt. Darin liegt alles.

Wem es gelingt, in Wahrheit und Liebe »Lieber Vater« zu sagen, der darf annehmen, daß er das Kap der göttlichen Zeugung umsegelt hat.

»Allen aber, die ihn aufnahmen, gab er Macht, Kinder Gottes zu werden. Denn nicht aus Fleisch und Blut, sondern aus Gott sind sie geboren« (vgl. Joh 1,12 f).

Jener Tag ist ein großer Tag, und ich stelle mir vor, daß er früher oder später für jeden kommen wird, nicht weil wir mehr oder weniger tugendhaft sind; sondern weil Gott, der unsere Münder geschaffen hat, es schließlich auch fertigbringt, ihnen das Wort »Lieber Vater« zu entlocken, und auch weil sein liebevoller Wille uns ständig mit Macht beredet und bestürmt.

»Denn in ihm leben wir, bewegen wir uns und sind wir« (Apg 17,28).

DIE ZWEI POLE

Zwei Versuchungen zerren an uns, aus entgegengesetzter Richtung: entweder daß wir, von Gottes absoluter Immanenz ergriffen, uns der Untätigkeit hingeben und sagen: »Er wird es schon machen«, oder daß wir, von Selbstsicherheit besessen, uns in die Tätigkeit stürzen, ohne an sein stilles Wirken zu denken.

Es gab Epochen, in denen die erste Versuchung stärker war. Heute ist die zweite stärker.

Jesus sagt: »Mein Vater wirkt noch immer und auch ich wirke« und hebt damit die beiden Pole klar hervor. Da ist er und da ist der Vater; da ist der Mensch und da ist Gott.

Beide wirken zusammen.

Im Leben Jesu bleibt der Vater immer gegenwärtig. Jesus versteckt ihn nicht, vergißt ihn nicht, hat ihn immer vor Augen; er flieht nicht vor ihm, er sucht ihn. »Ich bin nicht allein, weil der Vater mit mir ist« (Joh 16,32).

Wie es bei Jesus zuging, so geht es bei jedem von uns zu, denn er ist der Erstgeborene, und die Liebe des Vaters hat beschlossen, daß alle Menschen durch Adoption die gleiche Natur erhalten wie der Erstgeborene. Sie werden vollberechtigte Brüder, die unermeßlichen Scharen von Erlösten, für die er sein Leben hingegeben hat, um einen solchen Liebesplan Wirklichkeit werden zu lassen.

Ja, wie Jesus. Und wie Jesus in Beziehung zum Vater steht, sollen auch wir Gemeinschaft halten mit Gott. Wie Jesus mit dem Vater spricht, sollen auch wir mit dem Vater sprechen.

Die Pole der Liebe, des Gesprächs sind zwei und müssen zwei bleiben. Die Sünde besteht darin, daß einer der beiden Pole ausgeschaltet wird.

Wenn ich den Menschen aus der Wirklichkeit streiche, wenn ich meine, alles werde von Gott gemacht, täusche ich mich, aber ich täusche mich auch, wenn ich Gott wegstreiche und meine, ich allein sei am Werk.

MEINE STÄRKE

Wenn ich nicht Gottes Kind wäre, hätte das Gebet keinen Sinn und erst recht keinen Grund. Wenn das Gebet Kommunikation mit Gott ist, dann ist das nur möglich, wenn Gott von der gleichen Natur ist wie ich.

Ich weiß, daß Gott der Unerforschliche ist, aber er ist es für mich als »Mensch«, nicht für mich als »seinen Sohn« und »seine Tochter«.

Seine Unerkennbarkeit wird für mich Erkenntnis nicht in meinem Menschenverstand, sondern in meinem Vermögen, das er mir gegeben hat: sein Sohn und seine Tochter zu sein.

In der Liebe, die er an mich wendet, um mich zu seinem Sohn und seiner Tochter heranzubilden, verleiht er mir die Fähigkeit, ihn als Vater zu erkennen.

Wenn Gott sich mir in der Liebe offenbart, schenkt er mir sich selbst und er gibt sich mir auf persönliche Weise zu erkennen.

Das nenne ich Kontemplation, die eine echte und lebensvolle und personale Erkenntnis Gottes ist.

Doch, das sage ich, weil ich sagen kann: »Ich glaube an Gott, weil ich ihn kenne.«

Der alte Mensch, der in mir ist, glaubt an Gott per Analogie, mit Hilfe der Natur, der Vernunft, der Symbole; aber das »Kind« Gottes, das in mir wie eine Knospe ist und sich entwickelt, das glaubt an Gott, weil es ihn kennt.

Und es kennt ihn, weil er sich zu erkennen gibt. Aber nicht im Fleisch und Blut, sondern in seinem göttlichen Leben, das er ihm durch seine Liebe einflößt.

Das ist meine Stärke.

Und auf diese Stärke setze ich meine Hoffnung.

Und auf diese unerhörte Wirklichkeit setze ich die Karte meines ganzen Lebens.

AUGUST

Größer als Handeln: Beten

MENSCHEN DES GEBETS

Am Gebet, diesem fundamentalen Tun sind zwei Akteure beteiligt: Gott und der Mensch.

Gott erwartet uns: das ist eine tröstliche Gewißheit. Gott steht uns bei – Gott will, daß wir beten. Ohne ihn könnten wir es überhaupt nicht.

Am anderen Ende stehen natürlich wir, steht der Mensch. Beten ist nicht leicht, denn das wahre Gebet verlangt den unbedingten Glauben. Wir müssen uns aber zwingen, uns mutig und mit äußerstem Vertrauen fallenlassen. Wir müssen – und das können wir – *Menschen des Gebets* werden.

Das Gebet ist Gottsuche. Es beginnt, wenn die Seele in einem tief-innerlichen Akt Verbindung zu Gott aufnimmt. Das ist ein Akt der Sammlung, und er ist wie ein Streichholz, das das Feuer anzündet. Je mehr »Selbsthingabe« solch ein Akt enthält, um so stärker und wirklicher ist er.

Also keine Fülle von Gedanken und Gefühlen, sondern Fülle dessen, was man gibt. In diesem Sinne ist das echte Gebet sogar immer nüchterner. Ein typisches Beispiel dafür ist das Gebet des Zöllners im Vergleich zum Wortschwall des betenden Pharisäers.

Auf die *Wahrheit* also kommt es an, und sie ist Gebet im ureigentlichsten Sinne und wirksamer und eherlicher.

Ist diese Grundlage geschaffen, und hat die Seele die Verbindung zu Gott in der Haltung der Hingabe gefunden, so macht sie Fortschritte im Gebet.

Eine Methode dafür gibt es nicht, denn was hier herrscht, ist die Freiheit des Geistes. Die einen bedienen sich zur weiteren Entfaltung des Lippengebetes, die anderen ziehen das innere Beten vor. Sicher darf man das Lippengebet nicht unterschätzen, da es auch die Hingabe der Seele ausdrücken und in diesem Sinne vervollkommnen kann.

GEBET UND LEBEN

Wollen wir das Beten lernen, dann müssen wir uns zuerst mit der unverkürzten Wirklichkeit des Menschen solidarisieren, mit seiner Bestimmung und mit der Bestimmung der ganzen Welt. Zu allem müssen wir ja sagen. So hat es auch Gott selbst in der Menschwerdung getan.

Wir denken oft, zu Gott beten hieße, ihn an die Dinge zu erinnern, die er zu vollbringen vergessen hat. Beten ist in Wirklichkeit – wie Metropolit Anthony Blum sagt – der nämliche Schritt, den Christus getan hat, als er ein für allemal Mensch wurde.

Hinsichtlich der Welt müssen wir also einen Schritt tun, der uns in eine Lage versetzt, aus der wir nie mehr entlassen sind. Das ist nicht leicht. Hinzu kommt, daß wir eine falsche Vorstellung davon haben, was Leben und Gebet sind.

Wir stellen uns vor, Leben sei Handeln, Beten hingegen bedeute, sich irgendwohin zurückziehen, unseren Nächsten und unsere Situation des Menschseins zu vergessen. Das aber ist falsch. Das ist eine Verleumdung von Leben und Gebet.

Wenn wir zu Zeiten bei unseren persönlichen Beziehungen zu Gott eine Art Isolierung schaffen, dann erinnert er selbst uns daran, daß wir die Brüder nicht vergessen dürfen, daß sich unsere Liebe mit ihnen solidarisieren muß.

Gott selbst hat uns in Jesus Christus das Gebot der Liebe gegeben – jedem von uns, der ganzen Kirche: »Liebet einander, wie ich euch geliebt habe!« Diese Liebe heißt Selbsthingabe.

Mein Leben muß also Hingabe werden. Dann wird es auch Gebet. Dann ist mir die Einheit meines Seins gelungen, dann betrete ich den Raum des Wirklichen. Wer Hingabe und Vollkommenheit lebt, ist Licht. Er ist Gabe für Gott und für die Menschen. Die Heiligen sind die Menschen, denen das gelungen ist.

ARBEIT UND LEBENSWIRKLICHKEIT

»Das Reich Gottes ist mitten unter euch« (Lk 17,21). Daran muß man denken, wenn man den irdischen Dingen ihren rechten Wert geben will.

Gewöhnlich meinen die Menschen: Arbeit, Brot, Alltagskram seien leer von Gott, seien weltlich, neutral.

Aber so ist es nicht. Wenn Jesus in deiner Arbeit gegenwärtig ist, dann ist deine Arbeit geheiligt. Wenn Gott in deiner Pflichterfüllung lebt, dann ist deine Pflichterfüllung Gebet, wenn in deinem Haus Jesus wohnt, dann ist dein Haus eine Kirche.

Wenn du das einmal begriffen hast, daß die Grenze des Unsichtbaren durch den Glauben verläuft und nicht durch die Wirklichkeit, dann bist du ein großes Stück weiter.

Nach der Menschwerdung ist die Wirklichkeit göttlich geworden, weil Jesus in sie eintrat, und wenn du das Wirkliche anrührst, rührst du an das Göttliche.

Wenn das Wort Fleisch geworden ist, dann ist alles Fleisch Wort geworden, das ganze Universum spricht von Gott.

Das Sichtbare des Universums ist Zeichen des Wortes, und das Unsichtbare darin ist der Geist.

Nein, die Menschen können sich diesem Winken und Drängen des nun von Gott umkleideten und bewohnten Wirklichen unmöglich entziehen.

Du verstehst jetzt, wie wichtig Glaube, Hoffnung und Liebe sind, die dich über die Grenze des Sichtbaren tragen.

Das Wirkliche ist Gottes Umgebung.

»Als Jesus von den Pharisäern gefragt wurde, wann das Reich komme, antwortete er: Das Reich Gottes kommt nicht so, daß man es in äußeren Zeichen erkennen könnte. Man kann auch nicht sagen: Seht, hier ist es!, oder: Dort ist es! Denn: Das Reich Gottes ist (schon) mitten unter euch« (Lk 17,20–21).

DER STUMME JUBEL

Redet man vom Gebet, so muß auch dies gesagt sein: Nicht von der Erde stammt es, sondern vom Himmel. Der stumme Jubel, der mich durchdringt: »Gott, ich liebe dich«; die Kraft, die Faragghi, den blinden Muslim neben mir auf dem Wege, unablässig wiederholen läßt: »Gott ist groß«; die Klage Davids: »Hab Erbarmen«; die Freude Marias: »Meine Seele preist den Herrn«; die Tränen dessen, der bekennt: »Jesus, Verzeihung«; das plötzliche Innehalten des Forschers vor den Wundern des Schöpfers – es sind Werke des Heiligen Geistes.

Der Geist des Herrn erfüllt die Welt. Er läßt uns »Vater« rufen. Er gießt den Strom des Betens in uns ein. Wir brauchen nur ein aufmerksames Herz, einen willigen Geist und das zu wiederholen, was der Geist Jesu uns eingibt und uns sagen läßt.

Sicher, wir können uns sperren, können nein sagen; wir können die dunklen Tiefen unserer Seele gegen den Strom göttlichen Geistes verschließen. Wir können die Lippen aufeinanderpressen und stumm bleiben. Und das tun wir denn auch oft genug; sonst, geöffnet dem Rufen des Geistes, würden wir unaufhörlich beten.

Genaugenommen gibt es auch, um es so zu sagen, »unser« Gebet, das auf Erden im Herzen des Menschen entsteht. Damit ist es nicht weit her: ein paar hübsche Ideen oder eine Bitte um Dinge, die uns gar nicht guttun, oder ein Mund voll frommer Worte, weil wir Angst vor dem Alleinsein oder dem Leiden haben. Doch dieses Gebet erhebt sich keinen Fingerbreit über unsere blinde Verbohrtheit, unseren Egoismus.

Dies ist der springende Punkt: Dort beginnt das wahre Gebet, wo der Wille Gottes gesucht wird. Im Grunde sind die Dinge einfach, äußerst einfach: Es genügt, auf das zu hören, was Jesus uns gesagt hat. Es genügt, das Evangelium zu nehmen und in die Tat umzusetzen, was er uns gesagt hat. Kurz: Es geht um den Willen, nicht um Worte.

EINZIG ER

Wenn ich so recht zum Beten aufgelegt bin, meldet sich immer wieder beharrlich der Gedanke, daß *es Sache des Herrn ist, die Dinge zu lenken.* Wie stolz sind wir doch, wenn es uns so leichtfällt, die Dinge in dem Glauben, selbst alles zu können, auf den Kopf zu stellen und ihren Gang zu lenken, und wenn es uns so schwerfällt, zuzugeben, daß es sich in Wirklichkeit ganz anders verhält. Hier muß ich mich noch sehr mit Akten des Glaubens bemühen. Ich muß zur Braut werden. Eine Braut spielt nicht die führende Rolle, sie läßt sich führen. Sie lebt aus dem Denken des Bräutigams. Er ist da zuständig.

Selbst wenn es nicht genau so wäre, welcher Gott sähe sich nicht aufgerufen, solch eine Haltung zu belohnen, die doch die höchste Anerkennung seiner Allmacht und das herrlichste Zeugnis dafür ist, daß sein Geschöpf ihn liebt?

Das ist also die Richtung, in die ich bauen muß, indem ich mir den Gedanken zu eigen mache, daß Er es tun, daß Er den Weg weisen, daß er rufen, daß er zeigen, daß Er Fruchtbarkeit schenken wird. Er, einzig Er, und ich so klein wie möglich, so gefügig wie möglich und so überflüssig wie möglich.

Mein Vater, ich überlasse mich dir. Mach mit mir was du willst. Was du auch mit mir tun magst, ich danke dir.

Zu allem bin ich bereit, alles nehme ich an. Wenn nur dein Wille sich an mir erfüllt und an allen deinen Geschöpfen, so ersehne ich weiter nichts, mein Gott.

In deine Hände lege ich meine Seele; ich gebe sie dir, mein Gott, mit der ganzen Liebe meines Herzens, weil ich dich liebe, und weil diese Liebe mich treibt, mich dir hinzugeben, mich in deine Hände zu legen, ohne Maß, mit einem grenzenlosen Vertrauen; denn du bist mein Vater.

KONTEMPLATIV UND AKTIV

Wenn jemand mich fragte, wie es mir denn im einzelnen ergangen sei, würde ich drei Etappen unterscheiden, die meinen Lebensweg geprägt haben.

Die erste Etappe ist die des totalen Einsatzes: familiärer Einsatz, geistiger Einsatz, organisatorischer Einsatz. Und das blieb so, bis ich vierzig wurde. Man kann diese Etappe auf einen Nenner bringen, der ihr den Grundton gibt: die Katholische Aktion. Ich bin völlig in ihr aufgegangen, ganz wie es in meinem Wesen liegt.

Die Katholische Aktion hat mich aus dem kleinen und engen Familienkreis hinausgeführt, mir dazu verholfen, die Kirche zu verstehen, die tiefen Spannungen zu erleben, die es in ihr gibt, und das göttliche »Wir« der christlichen Gemeinde zu entdecken. Der Katholischen Aktion verdanke ich viel, und mit ihr verbinden mich nur liebe Erinnerungen.

Mit vierzig sollte ich noch eine Entdeckung machen und geriet sozusagen unversehens in das gewaltige Abenteuer der Wüste. Die Sahara war für mich wirklich ein Zufluchtsort der Seele, ein Ort der Kontemplation von überwältigender Großartigkeit, mein Lieblingswinkel für den vertrauten Umgang mit Gott.

Dann kam die dritte Etappe, die wie von selbst so etwas wie eine Synthese der beiden vorausgehenden werden sollte.

Ich hatte die Aktion kennengelernt, ich hatte das Schweigen der Kontemplation kennengelernt, und jetzt führte Gott mich in eine Lebensform, in der Kontemplation und Aktion sich zu einem Ganzen vereinen sollten: zur Kirche.

Die Wirklichkeit Kirche ist in der Einsamkeit der Wüste und auf den Straßen der Welt zu Hause, ist in der Nacht, die man betend durchwacht hat, und sie ist in den Wehen der Welt, die zur Wiedergeburt in Christus Jesus berufen ist.

Die Kirche, die wahre Kirche, ist kontemplativ und aktiv zugleich, und das, weil auch ihr Stifter und einziges Vorbild, Jesus, kontemplativ und aktiv ist.

LIEBE IST GEBET

Unersetzlich für das Gebet ist allein meine Liebe, denn Liebe ist das höchste Gebet, ist dessen Fülle. Liebe bringt Vertrauen hervor. Dieses wird zum »Zustand«, zu einem »Sein«, einer dauernden Wirklichkeit. Ich traue Gott und vertraue auf ihn, weil ich ihn liebe.

Solches Gebet ist lebendiger Vollzug. Man kann es immer verrichten, auch wenn man unter vielen Menschen ist. In einer kurzen Begegnung muß nicht weniger Liebeskraft stekken als in vielen Stunden, die man mit dem Geliebten verbracht hat.

Wenn du meinst, du hast keine Zeit zum Beten, dann erinnere dich daran, daß Christus gekommen ist, uns zu befreien, nicht, uns einzukerkern.

In dem Maße, in dem wir Strukturen und Formeln hinter uns lassen, Götzen zerstören, gestalten wir unser geistliches Leben einfacher, wird die Einigung mit Gott mehr Wirklichkeit. Diese Einigung ist immer die Antwort auf den Anruf der Liebe.

Kirchengebäude und Formeln sind wirklich nicht unentbehrlich zum Beten. Normalerweise können sie aber dabei hilfreich sein. Jeder von uns wird bekennen, daß in der Geschichte seines geistlichen Lebens die eine oder andere Kirche eine große Rolle spielt.

Deshalb soll man sich die Stätten seines Gebetes aussuchen, soweit es möglich ist. Friede muß dort herrschen. Und Schweigen. Unser jeden Tag so strapaziertes Ich braucht Ruhe.

Und noch ein Rat an die vielen, die unter der Last täglicher Arbeit zu ersticken drohen.

Warum errichtest du dir nicht eine Art Oratorium in deinem Hause, dort, wo du lebst, liebst und leidest?

Wie schön ist es, sich die Stadt von morgen vorzustellen, in der da und dort ein Licht aus den Wohnungen die Gegenwart Jesu anzeigt!

WÜSTE IST ÜBERALL

Erleuchtete Wolkenkratzer sehen aus wie Diamanten. Wie ist es möglich, daß die häßlichsten Dinge so lebendig und schön werden, wenn das Licht in sie einzieht.

Nein, es gibt nichts absolut Negatives. Auch die Großstadt, dieser Dschungel von Asphalt, kann ihr Licht und ihre »Transparenz« haben.

Die wirkliche Wüste mit ihrem Sand und ihren Sternen war meine erste Liebe, und nie hätte ich mich von ihr getrennt, wäre nicht der Gehorsam gewesen, der mich wieder fortrief: »Bruder Carlo, du hast die Absolutheit Gottes kennengelernt, nun sollst du die Absolutheit des Menschen kennenlernen.«

Da brach ich auf und ging auf die Suche nach den Menschen. Erst war ich wie verstört und brauchte ein wenig Zeit, um mein Gleichgewicht und meine tiefe Freude wiederzugewinnen. Doch dann ließ mich Gott erfahren, daß es keinen bevorzugten »Ort« gibt, wo er wohnt, sondern daß alles »Ort« seiner Einwohnung ist und daß man ihn allüberall finden kann.

»Richte dir die Wüste in deinem alltäglichen Leben ein«, sagte ich zu mir, und so entfernte ich mich in kleinen Schritten von der Stabilität jener Einsamkeit und ging auf eine grundverschiedene Welt zu.

Das war nicht genug.

Ich mußte erst eine Zeit in Hongkong gelebt haben, um zu erkennen, daß selbst die Großstadt fähig ist, die Stille der Wüste in sich zu bergen, und daß auch die Wolkenkratzer aufleuchten können wie Diamanten. Es genügte, sie mit dem Dunkel des Glaubens zu umfangen, und schon erschienen ihre Lichter wie Sterne in der Nacht.

Die Wüste kannst du überall finden, auch in der Stadt. Du mußt nur Liebe aufbringen, dann geht es. Es ist nur ein bißchen schwieriger.

Und vergiß nicht: Wüste bedeutet nicht Abwesenheit von Menschen, sondern Anwesenheit Gottes.

ANWESEND IN ALLEM

Gott ist anwesend in allem, und alles ist Zeichen Gottes. Wie mein sichtbarer Leib Zeichen meiner Person ist und sie anzeigt, so ist alles Sichtbare und Unsichtbare Zeichen Gottes und kündet unaufhörlich, unbeirrbar von ihm.

Da ist keine Zelle, kein Atom, kein Komma, nichts, was sich der Einheit des Ganzen, die sich mit einer unerschütterlichen Logik, Harmonie, Übereinstimmung anzeigt, entziehen könnte.

Die Zeichen haben mir meine Geschichte erzählt, sie haben mir meine Wünsche erklärt, haben meinen Fragen Licht gegeben.

Das Zeichen eines Vogelnestes oder einer Fuchshöhle hat mir die Seele des ganzen Universums abgebildet, und Newtons Gesetz über die Anziehung der Himmelskörper hat mir den Prolog des Johannesevangeliums präludiert.

In der Logik einer chemischen Verbindung sah ich das Modell für die Interdependenz zwischen Menschen und Dingen, und die Undurchdringlichkeit der Körper war mir drastisch genug, um mir den Raum meiner Freiheit zu bestätigen.

Doch wo das Zeichen zum unablässigen Ruf wird, zum eindeutigen Hinweis auf das, was es anzeigen und ankündigen will, da kommt im Ankündigen und Anzeigen eine andere Präsenz auf mich zu.

Was immer ich sehe, jedes Geräusch, das ich höre, jeder Morgen, der wiederkehrt, jede Begegnung, die ich erlebe, sind Zeichen von etwas, von jemand, der mir vorausging und mich erwartet: Gott.

Allerdings kann ich sagen: »Ich glaube nicht daran.«

Ich habe die Macht – und das ist die Sünde, in die ich untergetaucht bin –, nicht zu glauben, die Macht, nein zu sagen zur Hoffnung; die Möglichkeit, nicht lieben zu wollen, aber... dessen könnt ihr sicher sein: das Zeichen wird nicht aufhören, mich zur Rede zu stellen, und müßte es auch warten bis ans Ende der Zeiten.

DIE FREUDE SEINES FRIEDENS

Das, was mich immer wieder befähigt, zu beten oder doch beten zu wollen, ist der Friede.

Hat man Schwierigkeiten hinter sich gelassen, die Phantasie bezähmt, sich gesammelt, dann spürt man jenen Frieden, der unaussprechlich ist. Man freut sich mehr und mehr an einer Wirklichkeit, die sich im eigenen Ich herausformt, man lernt diese Wirklichkeit immer besser kennen und immer höher schätzen.

Natürlich wird man sie unter Umständen auch bei anderen Gelegenheiten spüren – vielleicht dann, wenn man einen festen Vorsatz zur Änderung des Lebens gefaßt hat.

Immer ist es derselbe Gott, der uns begreifen läßt, daß in der Unordnung kein Frieden, in der Vergötzung von Geschöpflichem keine Anbetung liegen. Es ist schon etwas Wahres dran, wenn man Frieden umschreibt als »Ruhe in Ordnung«.

Schwer ist es, den Frieden Gottes zu spüren, wenn man sich nicht ernstlich vornimmt, das Leben zu ändern: Dem zu vergeben, der mich beleidigt hat, ernsthaft meiner Arbeit nachzugehen, meine Begierden und Wünsche zu zähmen.

Die Einheit zwischen Gebet und Leben ist wie die zwischen Tag und Nacht, zwischen Handeln und Denken. Man braucht darüber nicht zu diskutieren, es steht zweifelsfrei fest. Wenn wir erst einmal von unserer Seite diese Einheit verwirklichen, dann schenkt er uns die Freude seiner Nähe und seines Friedens. Man sollte sich also beim Gebet nicht beeilen, sich nicht von der Zeit knechten lassen. Freuen wir uns an diesem Frieden, solange es möglich ist!

Diese Freude wird wie Licht auf unserem Antlitz. Die Menschen brauchen dieses Licht. Und unsere Aufgabe besteht darin, dieses Licht unseren Brüdern und Schwestern zu bringen.

BETET VIEL!

Das Licht, das die Menschen des Friedens erleuchtet, wollte ich selbst weitergeben. Dabei habe ich eines gelernt: Nicht Tugend führt zum Gebet, sondern Gebet führt zur Tugend.

Man muß sich das immer wieder klarmachen, denn in der Regel versuchen wir den umgekehrten Weg.

Wir meinen, die Ergebnisse hingen von unseren Bemühungen ab, während sie doch aus unserem langen, geduldigen Beten kommen.

Wenn heute ein junges Paar zu mir kommt, das sagt: Es geht alles schief. Wir sind in Schwierigkeiten, lieben uns nicht mehr so wie früher, streiten oft – dann pflege ich zu antworten: Betet viel, versucht eure Beziehungen zu Gott zu verbessern, dann werden sich eure Schwierigkeiten von selbst lösen. Kommt ein junger Mann zu mir, der immer wieder erfährt, wie schwach sein Wille ist, dann rate ich ihm, nicht mehr auf Gymnastik oder Yoga zu bauen, sondern auf die Gnade und Gottes Gegenwart in der Eucharistie. Vor allem aber soll man täglich mindestens eine Stunde beten, demütig beten.

Sogar schwierigen Fällen sage ich in meinem Vertrauen auf die ändernde Kraft des Gebets: Wenn du geheilt werden willst, dann mach die Sonnenkur!

Ja, Jesus ist doch die Sonne, die auf die Erde scheint und sie heilen kann.

Willst du geheilt werden, dann gehe über ein Jahr hin jeden Tag für eine Stunde in eine kleine Kapelle und sprich immer nur das eine: »Jesus, sei barmherzig. Ich bin ein Sünder.« Laß dich von einem guten Priester beraten. Lies auch die Bibel, feiere die Liturgie mit. Vor allem aber halte dich viel in der Sonne auf. Laß Jesus dir ganz nahe werden, laß die Sonne eindringen in deine Wunden.

Normalerweise kommen die Heilungserfolge vor der gedachten Zeit.

PREISET DEN HERRN!

Gottes Größe ist uns ja so nahe! Mehr noch: Sie ist mitten in uns, umschließt uns völlig:

»Zwar steht es jederzeit bei dir, deine große Macht zu entfalten, und wer könnte der Kraft deines Armes widerstehen? Ist doch die ganze Welt vor dir wie ein Stäubchen an der Waage und wie ein Tropfen Tau, der am Morgen auf die Erde fällt. Aber du hast mit allen Erbarmen, weil du alles vermagst, und siehst über die Sünden der Menschen hinweg, damit sie Buße tun. Denn du liebst alles, was da ist, und verabscheust nichts von dem, was du gemacht hast. Hättest du etwas gehaßt, du hättest es nicht geschaffen. Wie hätte etwas Bestand gehabt, wenn du es nicht gewollt, oder wie wäre etwas erhalten worden, wenn es nicht von dir gerufen wäre? Du aber schonst alles, weil es dir gehört, Herr, Freund des Lebens!« (Weish 11,21–26).

Wieviel Licht! Und wie leicht ist es, für dieses Licht Zeugnis abzulegen! Dies ist die priesterliche Aufgabe des Menschen schlechthin. Aufgerichtet auf der Erde stehend, merke ich, wie die Geschöpfe sich an mich wenden, auf daß ich zur »Stimme« ihrer lautlosen Gottesanbetung werde.

Die Winde, die Feuer, Reif und Tau, Eis und Schnee, Berge und Hügel, Brunnen und Meere drängen in mir, auf daß ich meiner Berufung treu bleibe, sie alle vor dem Ewigen zu vertreten.

Also bete ich:

»Preist den Herrn, all ihr Werke des Herrn; lobt und rühmt ihn in Ewigkeit! Preist den Herrn, ihr Himmel; lobt und rühmt ihn in Ewigkeit! Preist den Herrn, ihr Engel des Herrn; lobt und rühmt ihn in Ewigkeit! Preist den Herrn, all ihr Wasser über dem Himmel; lobt und rühmt ihn in Ewigkeit! Preist den Herrn, all ihr Mächte des Herrn; lobt und rühmt ihn in Ewigkeit! Preist den Herrn, Sonne und Mond; lobt und rühmt ihn in Ewigkeit! Preist den Herrn, ihr Sterne am Himmel; lobt und rühmt ihn in Ewigkeit! Preist den Herrn, aller Regen und Tau; lobt und rühmt ihn in Ewigkeit!« (Dan 3,57–64).

STUNDEN MIT GOTT

Am Tage macht es mir keinerlei Schwierigkeiten, in unmittelbarer Nähe von vielen Menschen zu leben.

Aber des Nachts ziehe ich die Einsamkeit vor. Ich suche ein wenig Schweigen und Sammlung. Die Sonne sinkt, der Wind legt sich. Es kommen Stunden des Friedens in der Sahara.

Du entzündest zunächst ein Feuerchen, kochst dir Wasser für eine Suppe, brichst dein Brot hinein. Suppe und Datteln stärken dich.

Das Feuer glimmt weiter, erleuchtet deine Behausung wie eine Kirche. Dann gehst du ein wenig hinweg, setzt dich auf einer Düne oder einem kleinen Felsen nieder, sammelst dich und beginnst mit dem Beten.

Ich kann gar nicht intensiv genug schildern, was es bedeutet, auf solche Weise Stunden mit Gott verbringen zu können. Man sollte sich der Möglichkeiten solcher Begegnungen nicht berauben, auch wenn es am Anfang schwer ist.

Man ist ja nie allein dabei. Oft brauchte ich allerdings schon bis zu einer Stunde, um die Wirklichkeiten ganz zu realisieren, die im Gebet begegnen. Das Ganze ist ein Kampf mit einem Engel, wie ja auch Jakob in jener Nacht mit einem Engel kämpfte.

Das Gebet muß sich mehr und mehr läutern. Anfangsschwierigkeiten dürfen nicht entmutigen.

Dann spürst du aber unweigerlich, was es ist um den Frieden Gottes. Gott wird gegenwärtig, er offenbart sich.

Das Gebet ist hart und angenehm in einem. Beides zeigt untrüglich das Handeln Gottes in uns an.

Niemals halten wir ihn in Händen, jedoch kann man miterleben, was da geschieht. Niemals ist es aber vorhersehbar. Gott bleibt am Ruder.

STUNDE DER WAHRHEIT

Der Mensch, der sich nach den ersten Gehversuchen geistlichen Lebens in die Schlachten des Gebets stürzt, in das Ringen der Vereinigung mit Gott, ist erschrocken über die Härte dieses Weges.

Je weiter er geht, desto dunkler wird es um ihn. Je länger er läuft, desto bitterer wird es ihm.

Um wieder Mut zu bekommen, muß er sich geradezu zwingen, an die Freude von einst zurückzudenken, an das Glück der ersten Stunden, das Gott ihm schenkte, um ihn an sich zu ziehen. Manchmal ist er versucht, zu rufen: »Aber Herr, hilf uns doch ein bißchen besser, und du hättest mehr Leute, die dich suchen, die dir folgen!«

Aber Gott hört nicht auf solche Rufe. Im Gegenteil, statt mehr Lust gibt er Überdruß; statt mehr Licht verbreitet er Dunkel. Und dann, mitten auf unserem Weg, wissen wir nicht mehr, ob wir vorwärtsgehen oder rückwärtsgehen; besser gesagt, wir haben den Eindruck: Es geht bergab.

Jetzt erst beginnt der eigentliche Kampf. Jetzt fängt die Sache mit Gott an, ernst zu werden. Ja, es wird ernst, weil es wahr wird.

Wir beginnen, zu entdecken, was wir wert sind: nichts oder fast nichts. In der Woge der Gefühle kamen wir uns großartig vor, und jetzt entdecken wir unseren Egoismus. Im falschen Schein frommer Anmutungen glaubten wir, beten zu können, und jetzt merken wir, daß wir nicht mehr »Vater« sagen können.

Wir waren überzeugt, demütig, dienstbereit, gehorsam zu sein, und jetzt stellen wir fest, daß der Stolz unser ganzes Wesen bis in die tiefsten Wurzeln zerfressen hat. Das Gebet, die menschlichen Beziehungen, unser Tun und Lassen: alles ist befleckt.

Das ist die Stunde der Wahrheit, die Stunde der Rechenschaft. Was wir vorzuweisen haben, ist sehr dürftig.

ANGESCHAUT WERDEN

Wenn du müde bist, dir von Phantasie, Verstand oder gar Furcht Altärchen für Gott bauen zu lassen, und dir nur der Sand bleibt, der das Endliche vom Unendlichen trennt, bleibt dir nicht mehr sehr viel zu sagen oder zu denken. Du merkst, daß die Betrachtung eine arme Sache wäre, wenn sie ganz und gar dein Werk wäre.

Deine Phantasie und Einbildungskraft ließen dich einmal im Stich. Dein tägliches Leiden und der Ekel würden dich niederdrücken. Es bliebe dir nur die Sicht auf einen ganz grauen Himmel, ähnlich, wie sich der Himmel im Winter darstellt, in den nördlichen Breiten zumindest.

Du bist nicht selbst das Morgengrauen, sondern bist Erde, die auf den Morgen zu warten hat. Gott ist dir Morgen und Mittag.

Du bist Erde, die auf Licht wartet, du bist schwarze Masse, die nur ein fähiger Künstler zu einem Kunstwerk umgestalten kann. Es bleibt dir nur, dich niederzusetzen und zu hoffen. Laß alles hinter dir, Raum, Zeit, Vernunft und Kultur; blicke nach vorn, blicke über dich, deine Unfähigkeiten und Grenzen, hinaus. Warte!

Laß ruhig zu, daß dein Herz, das Prüfung und Leiden mitgemacht hat, keine Hoffnung auf dieser Erde mehr findet. Laß den Tränen ihren Lauf! Denke nur an eines: Gott ist vor dir, er kommt auch zu dir.

Betrachtung heißt nicht schauen, sondern angeschaut werden. Er blickt dich liebevoll an. Und dabei schenkt er dir, was du suchst: Sich selbst. Es gibt kein anderes Geschenk für den, der lange gesucht hat. Unser Herz ist unersättlich.

Gott allein genügt. Die Dinge dieser Welt können nicht befriedigen.

DER WEG DES GEBETS

Der Weg des Gebetes ist ebenso lang wie das menschliche Leben selbst. Bisweilen ist er wie ein heiterer Pfad inmitten von Wiesen, bisweilen wie eine ruhige Landstraße, bisweilen ein mühsamer Weg, der einen Berg hinaufführt, vielleicht sogar inmitten nackter Felsen.

Manchmal kommt er einem vor wie eine verkehrsreiche Stadtstraße, voll Lärm und Ablenkung, manchmal wie ein unterirdischer Kanal, dessen Wasser den Schmutz und Dreck des Lebens fortspült. Immer aber ist es Gebet.

Um Gebet kann es sich auch handeln, wenn man von außen so gut wie nichts sieht – Steine im Bett eines ausgetrockneten Baches. Eine gebeugte, vertrocknete Pflanze, die nicht mehr um Wasser bitten kann, ist auch Gebet in den Augen des Himmels. Auch der unglückliche Mensch betet, der vielleicht mit dem Mund schweigt, jedoch mit seinem Leben redet.

Für einen Gott, der die Liebe selber ist, wird es schwierig sein, nicht noch einen Ansatz zu finden, der ihm Hilfe erlaubt. In einer doppelten Unglückslage befindet sich der Mensch ja: Vor der Erbsünde wollte er sein Ziel – Gott – zu schnell erreichen, danach fällt es ihm schwer, an dieses Ziel zu glauben.

Doch hört Gott das Gebet des Menschen – jenseits der Grenze. Er hört es, wenn es gesprochenes Gebet ist. Er hilft, wenn sich das Gebet schon in Gedanken und Meditation abspielt. Er stützt und beseelt es, wenn es endlich Leben geworden ist.

Aber damit noch nicht genug.

Das Ziel des Menschen liegt jenseits der Erde und jenseits der Grenzen des menschlichen Lebens.

Gott ist dieses letzte Ziel, wir sollen ihm einmal begegnen, von Angesicht zu Angesicht. Um zu diesem Ziel zu gelangen, ist also ein Gebet nötig, das die Höhe Gottes erreicht, ihm ebenbürtig wird, also übernatürlich ist.

Das ist die eingegossene Kontemplation schlechthin.

SICH GANZ LOSLASSEN

Während du deine Vernunft in aller Demut bittest, sie möge sich ein wenig ausruhen, die Augen schließen und ein Weilchen schlafen, und wär's nur aus Müdigkeit, dann schau dich nach einer anderen Möglichkeit in dir um, die dir aus deinem ewigen Zweifel heraushelfen könnte. Versuch dich in den trockenen Sand deiner Wüste gleiten zu lassen, am Rand der von dir getretenen Wegspur. Wer weiß, ob du nicht etwas anderes findest, das dir zu Hilfe kommen könnte.

Versuch's! Ich habe es versucht!

Und das ist es, was dir der Psalm der Kontemplation sagt:

»Herr, mein Herz ist nicht stolz,
nicht hochmütig blicken meine Augen.
Ich gehe nicht um mit Dingen,
die mir zu wunderbar und zu hoch sind.
Ich ließ meine Seele ruhig werden und still...« (Ps 131).

Des Argumentierens müde, habe ich versucht zu lieben. Ich dachte mich wie ein Kind in den Arm Gottes, wie an meine Mutter geschmiegt. So bin ich eingeschlafen. Da kam mir die Kontemplation entgegen. Und die Kontemplation ist voller Liebe. Sie geht über die Meditation hinaus, auch über die höchste und tiefste.

In der Kontemplation habe ich Gott erfahren.

Wenn in der Vernunft der Zweifel schwelte, in der Kontemplation ist der Zweifel erloschen. Ich habe erfahren, daß Gott sich dem gibt, der sich ganz losläßt. Und bei seinem sich Hergeben und bei deinem dich Hingeben vergißt du schließlich zu grübeln.

O Nächte der Glut seiner Umarmung!
O Fülle der Hingabe!
O Übersteigung alles Sichtbaren!
O Liebe, die alles überwindet!

Was ist alles übrige im Vergleich mit diesem?

»Spreu«, wird Thomas von Aquin sagen. »Nichts«, wird Johannes vom Kreuz sagen.

GOTTES LIEBE IN UNS

Sobald der Mensch auf Erden die Stufe der Kontemplation erreicht hat und ganz in ihr lebt, wird er ganz ruhig. »Wie ein Kind ist er im Schoß seiner Mutter« (Ps 131). Getragen von der Liebe Gottes, hat sein Lebensschifflein praktisch die »Schallmauer« durchbrochen wie ein Astronautenschiff. Mit anderen Worten: Er braucht nicht mehr viel zu reden, er ist eingetreten in die Umlaufbahn Gottes. »Seine Seele ist in Frieden« (vgl. Ps 131).

Er wird sich jetzt bewußt, daß er nicht in der Mitte des Alls steht; vielmehr erweist sich Gott als die Mitte von allem. Gott erweist sich als die Tür, die auf Wege führt, die eben Gottes, nicht unsere Wege sind. In Liebe bereitet er den Menschen auf den ewigen Besitz Gottes vor. Das ist ja das Ziel, das uns Menschen von Gott gesetzt ist. Die Seele in ihrer »Umlaufbahn um Gott« stellt fest, daß es auf einmal andere feste Punkte gibt, als jene auf der Erde, eine andere Fülle, andere Dimensionen. Vor allem die Art des Friedens ist jetzt anders. »Meinen Frieden gebe ich euch; nicht wie die Welt ihn gibt, gebe ich ihn euch« (Joh 14,27). Dieser von Jesus verheißene Friede gibt der Seele das Gefühl neuen Lebens und reiner Freude, wenn auch Prüfungen bei diesem »Raumflug« um Gott bleiben. Die Hoffnung auf das, was da kommen soll, wird reich und echt.

Was macht es uns denn so schwer, hier unten zu leben? Ist es nicht immer wieder die Schwierigkeit, Schmerz, Angst, Übel, Leid, Alter und Tod überwinden und aushalten zu müssen? Haben wir erst einmal gefunden, was uns dabei sicher hilft, dann lachen wir selbst dann, wenn wir weinen. Wir hoffen selbst dann noch, wenn wir uns selbst auflösen. Im Tod wissen wir um das Leben. Wir tragen den Sieg Christi in uns. »Ich habe die Welt überwunden« (Joh 16,33). Der Sieg Christi ist Liebe, die Gott uns mitteilt. Die Theologen reden von »caritas«.

Wer diese Form der Liebe in sich trägt, hat Gott in sich.

VERBUNDEN BLEIBEN

Als ich in El Abiod Sidi Cheikh angekommen war, um mein Noviziat zu machen, sagte mir mein Novizenmeister mit der vollendeten Ruhe eines Mannes, der zwanzig Jahre in der Wüste gelebt hatte: »Man muß eine Zäsur machen, Carlo.« Ich verstand, was dieser Satz bedeutete, und ich beschloß, diesen Schnitt zu machen, auch wenn er schmerzhaft sein sollte.

In meinem Koffer hatte ich ein dickes Heft, in dem die Adressen meiner alten Freunde standen: über tausend Namen. In seiner Güte hat der Herr mich niemals ohne die Freude der Freundschaft gelassen, mein Lebensschiff ist auf einem wahren Strom der Freundesliebe gefahren. Wenn in mir ein verborgener Schmerz blieb, dann sicherlich dieser: Ich konnte, als ich nach Afrika aufbrach, nicht mit jedem von ihnen sprechen, ich konnte ihnen nicht erklären, warum ich sie verließ.

Aber ich mußte den berühmten »Schnitt« tun, und ich habe ihn getan mit Mut und großem Vertrauen auf Gott. Ich nahm das Adreßbuch, für mich gleichsam das letzte Band zur Vergangenheit, und habe es während eines Einkehrtages hinter einer Düne verbrannt. Ich sehe noch die verkohlten Reste des Heftes, bis der Wind der Sahara die Asche verwehte. Eine Adresse verbrennen heißt aber nicht eine Freundschaft zerstören. Das wurde nicht von mir verlangt, im Gegenteil...

Niemals habe ich so sehr meine früheren Freunde geliebt, niemals so sehr für sie *gebetet* wie in der Einsamkeit der Wüste. Ich sah ihre Gesichter, ich spürte ihre Probleme und ihre Schmerzen schärfer. Sie wurden für mich wie eine Herde, die mir für immer gehörte und die ich jeden Tag mit mir an die Quelle des Gebetes führen durfte.

So ist es das Gebet, durch das ich mit meinen Freunden verbunden bleibe...

ANBETUNG

Der große Reichtum eines Noviziats in der Sahara ist zweifellos die Einsamkeit und die Freude der Einsamkeit, die Stille: wahre Stille, die alles durchdringt, die jedes Wesen erfaßt, die mit wunderbarer, neuer Macht zur Seele spricht, einer Macht, von der der zerstreute Mensch nichts weiß.

Um die Stille kennenzulernen, schickt uns der Novizenmeister zu einigen »Wüstentagen« fort. Ein Korb mit Brot, Datteln, Wasser, die Bibel. Ein Tagesmarsch, eine Grotte. Ein Priester hält die Messe. Auf einem Altar von Steinen in der Grotte läßt er die Eucharistie zurück, dann geht er. Eine Woche lang wird man mit der Tag und Nacht ausgesetzten Eucharistie allein sein.

Schweigen in der Wüste, Schweigen in der Grotte, Schweigen in der Eucharistie. Kein Gebet ist so schwer wie die Anbetung der Eucharistie. Die Natur bäumt sich mit allen ihren Kräften dagegen auf. Lieber würde man Steine unter der glühenden Sonne schleppen. Die Sinne, die Erinnerung, die Phantasie – alles stirbt ab. Nur der Glaube triumphiert, und der Glaube ist hart, dunkel, nackt. Sich vor das stellen, was wie Brot aussieht, und sagen: »Da – Jesus Christus, der Lebendige, der Wahre«, das ist reiner Glaube.

Aber nichts ist nahrhafter als reiner Glaube, und Beten im Glauben ist wahres Beten. Es ist die Begegnung mit Gott über die Sinne hinaus, über die Einbildungskraft hinaus, über die Natur hinaus. Dies ist der erste Schritt der Loslösung. Solange sich mein Gebet noch an Geschmack klammert, bleibt es Höhen und Tiefen ausgeliefert, Depressionen werden kurzlebigen Höhenflügen folgen.

»Du mußt dein Beten entlasten«, sagt der Novizenmeister zu mir. »Du mußt es vereinfachen, von Verstandesarbeit lösen. Stell dich vor Jesus hin als ein Armer: ohne Ideen, aber mit lebendigem Glauben! Verharre unbeweglich vor dem Vater in Liebe! Suche nicht Gott mit dem Verstand zu erreichen, das wird nie gelingen. Erreiche ihn in der Liebe, das ist möglich.«

NICHT VIELE WORTE

»Herr, mein Herz ist nicht stolz,
nicht hochmütig blicken meine Augen.
Ich gehe nicht um mit Dingen,
die mir zu wunderbar und zu hoch sind.
Ich ließ meine Seele ruhig werden und still;
wie ein kleines Kind bei der Mutter
ist meine Seele still in mir« (Ps 131).

Ja, wie ein Kind, unfähig, lange Reden zu halten, wenn nicht gar unfähig zu sprechen.

Ist es euch nicht schon aufgefallen, daß ihr beim Beten eigentlich nicht wißt, was ihr sagen sollt?

Nun, das ist das richtige Gebet.

Natürlich ist dieses Kind noch umschlungen vom Fleisch Adams und trägt auf seinem Gesicht die Maske des alten Menschen. Dieser freilich, der redet – redet fast zuviel –, so daß Jesus sagt: »Wenn ihr betet, plappert nicht wie die Heiden. Sie meinen erhört zu werden, wenn sie viele Worte machen« (Mt 6,7). Aber was so einer sagt, ist nicht Gebet, es ist ein bißchen Klatsch; oft auch nur Bildungsaufwand, oder noch öfter: eine Entladung von Angst.

Doch vieler Worte bedarf es nicht. Es bedarf hingegen des Wortes Gottes, und mit ihm können wir immer beten, auch wenn wir von uns aus nichts zu sagen wissen.

Auf was es ankommt, ist, sich von ihm formen zu lassen,
der das *Leben* ist und das Leben gibt,
der Licht ist und sich zu erkennen gibt,
der Liebe ist und Lieben lehrt.

Das wahre Gebet, das bleibt und das zählt, ist die Kontemplation, und diese ist passiv. Gott selbst prägt sie seinem Kind auf, damit es seinen Vater erkennen kann und sich daran gewöhnt, ihn zu lieben, wie es das höchste Gebot will:

»Liebe deinen Gott mit deinem ganzen Herzen, mit deiner ganzen Seele, mit deiner ganzen Kraft, mit allem, was du bist.«

ANTWORT

Wenn sich der Mensch erst einmal der Liebe Gottes geöffnet hat, wird er diesen Gott freudig loben.

Es ist, als ob ein großes Verlangen im Innern des Menschen plötzlich zufriedengestellt sei. »Mein Herz ist getrost, o Gott, ich will dir singen und spielen. Wach auf, meine Seele; Psalter und Harfe, wacht auf! Ich will das Morgenrot wecken« (Ps 108,2–3). Als ob Wasserfluten über ausgetrocknetes Land hereinbrächen, ist es. »Gott, mein Gott, dich suche ich; es dürstet nach dir meine Seele. Nach dir verlangt mein Leib gleich einem dürren, lechzenden Land ohne Wasser« (Ps 63,2).

Das Gebet ist in erster Linie ein Antworten. Erst im zweiten Schritt handelt es sich um Bitten. Aber auch da fehlt nicht der Charakter der Antwort. Zuerst ist es Gott, der bittet und anfragt. Wollte er nicht mit uns reden, dann wäre unser Reden umsonst. Wollte er nicht heraustreten, dann könnte uns niemand befreien aus unserer Isolierung. Würde er nicht rufen, dann könnte niemand antworten. Zwei müssen immer da sein, wenn Liebe geschehen soll. Hier ist Gott der erste, der aktive Teil. Jesus sagt: »Ihr könnt nicht zu mir kommen, wenn euch der Vater nicht zieht.« Der Vater ist derjenige, der beginnt. Aus dem Schweigen seiner Transzendenz kommt er auf uns zu und ruft uns mit Namen. Der Mensch antwortet. So beginnt das Gespräch, das wir Gebet nennen. Wir werden uns des göttlichen Anrufs bewußt. Wir hören es in der Tiefe unserer Existenz antworten – eine Antwort, die er selbst dort hineingelegt hat. Wenn wir uns so zurüsten, bereiten wir uns vor auf das Gebet.

Die erste Antwort ist Dank. Das gehört zu unserem Geschöpf-Sein: Der Mensch, der entdeckt, Geschöpf zu sein, wird etwa so zu seinem Schöpfer reden: »Kommt, laßt uns frohlocken Jahwe! Jauchzet ihm zu, dem Felsen unseres Heiles! Vor sein Angesicht tretet mit Lobgesang, jubelt ihm laut mit Psalmen! Denn ein großer Gott ist Jahwe, ein König, über alle Götter erhaben. In seiner Hand sind die Tiefen der Erde, die Gipfel der Berge sind sein« (Ps 95,1–4).

MEDITATION DES WORTES

Die *Meditation* ist die Zeit des Buches, die Zeit, in der man nach dem sucht, was andere von Gott gesagt haben. Es ist die Zeit des Überlegens, des Studierens, des Diskutierens, Zeit der Begegnung – eine herrliche Zeit.

Es gibt tausend Weisen der Meditation. Jeder muß seine eigenen Erfahrungen machen. Nur durch Meditation kann ich erfahren, welches für mich der geeignete Weg ist. Zwei Dinge seien hier erwähnt, die ich von dem großen Lehrmeister, dem heiligen Johannes vom Kreuz gelernt habe: Über die Methode der Meditation und über die Wahl des Buches.

Johannes vom Kreuz teilte die Meditation in drei Teile:

Erstens: sich das Geheimnis, das man meditieren will, mit Hilfe der Phantasie vorstellen;

Zweitens: das so vorgestellte Geheimnis mit Hilfe des Verstandes betrachten;

Drittens, und dies ist das wichtigste: voller Liebe und Aufmerksamkeit auf Gott dabei verweilen, damit sich das Tor menschlichen Geistes der göttlichen Erleuchtung erschließt und damit so Frucht erwächst.

Diese zutiefst menschliche liebevolle Zuneigung muß in eine beglückende Ruhe vor Gott münden. Meditation muß auf innere Einfalt und Stille gerichtet sein.

Wählt die Bibel! Ihr könnt und sollt ruhig alle anderen Meditationsbücher lesen, die ihr mögt, aber das ist nicht unentbehrlich. Unentbehrlich ist es, die Bibel zu lesen und zu meditieren. Ohne Bibel kein Christentum, keine Predigt, keine Glaubensbildung, kein geistliches Leben.

Die Bibel ist der Brief, den Gott selbst den Menschen im Laufe von Jahrhunderten geschrieben hat. Sie ist Erwartung, Sehnsucht nach Christus (Altes Testament) und Kunde von seinem Kommen (Neues Testament).

Der Wort gewordene Logos – die Bibel; der Fleisch gewordene Logos – die Eucharistie. Ich werde beide auf den Altar legen und mich hinknien.

WIR SIND DAS, WAS WIR BETEN

Man könnte sagen: Wir sind das, was wir beten. Der Grad unseres Glaubens ist der Grad unseres Betens. Die Kraft unserer Hoffnung ist die Kraft unseres Betens. Die Glut unserer Liebe ist die Glut unseres Betens. Nicht mehr, nicht weniger.

Unser Gebet hat einen Anfang gehabt, weil wir einen Anfang gehabt haben. Aber es wird kein Ende haben, es wird uns in Ewigkeit begleiten, es wird der Hauch unserer hingerissenen Gottesschau sein, der Jubel unseres ewigen Glücks.

Das Gebet ist ein Wort, das sich unaufhörlich wandelt, selbst wenn es ständig mit denselben Silben und mit demselben Tonfall wiederholt würde. Was sich wandelt, ist der Geist des Herrn, der es beseelt.

Er wiederholt sich nie. Er ist immer neu.

Die heilige Bernadette Soubirous, die nichts als »Ave Maria« betete, und der Mystiker, der unaufhörlich das eine Wort »Gott« wiederholt, sie sprechen das vielfältigste und persönlichste Gebet, das man sich vorstellen kann. Unter dem Schleier dieses einen Wortes birgt sich der ganze Geist Jesu, der der Geist des Vaters ist.

Um das Beten zu begreifen, muß man begreifen, daß man mit Gott spricht. Zwei Pole sind da: Der eine ganz klein, ganz schwach – ich; der andere ganz groß, ganz mächtig – Gott. Und nun die erste Überraschung: Er, der so groß ist, will mit mir, der ich so klein bin, reden, der Schöpfer mit der Kreatur.

Nicht ich wollte das Gebet, er wollte es. Nicht ich suchte ihn, er hat mich zuerst gesucht. Umsonst wäre mein Suchen nach ihm gewesen, wenn nicht vorher, vor aller Zeit er mich gesucht hätte.

Darin liegt die Hoffnung, die mein Beten hält und trägt: Er will, daß ich bete. Weil er auf mich wartet, kann ich zu ihm kommen. Hätte er geschwiegen, hätte er sich verschlossen, nie hätte ich die Mauern meines Ich durchbrechen können. Mit einem Stein, einem Strauch, einem Stern hat noch keiner reden können. Mit Gott rede ich mein Leben lang.

DER ROSENKRANZ

Mit dem Gebet ist es ähnlich wie mit der Liebe: am Anfang viele Worte, eine Menge Gespräche, Diskussionen. Dann wird man stiller und versteht sich mit wenigen Worten. Bei Schwierigkeiten genügt eine Geste, ein Blick, ein Nichts: sich lieben ist genug.

Es kommt dann die Zeit, in der selbst das Wort schon zuviel ist. Die Meditation wird schwer, fast unmöglich. Es ist die Zeit des Gebets der Einfachheit. Die Seele redet mit Gott einfach im Blick der Liebe, auch wenn dieser Blick oft von Schmerz erfüllt ist.

In dieser Zeit liebt man das Litaneigebet, die endlose Wiederholung gleicher Wendungen, arm an Worten, aber überreich an Gehalt: Jesus, ich liebe dich... Herr Jesus Christus, erbarme dich meiner... Gegrüßet seist du, Maria...

Es ist die Zeit des gelebten Rosenkranzes. In meinen europäischen Jahren hatte ich oft Gelegenheit zu Diskussionen über das Pro und Kontra des Rosenkranzgebets. Am Ende aber war ich niemals wirklich befriedigt.

Erst in der Wüste habe ich begriffen, daß man bei allen solchen Diskussionen von der Seele dieses Gebetes noch weit entfernt ist. Der Rosenkranz gehört zu dem Typus von Gebet, der das kontemplative Beten im Heiligen Geist begleitet oder kurz davorsteht. Ob ihr meditiert oder nicht meditiert, ob ihr im Gebet mehr oder weniger zerfahren oder leer seid, wenn ihr nur den Rosenkranz liebt, wenn ihr keinen Tag vergehen laßt, ohne ihn zu beten, dann seid ihr Menschen des Gebets.

Der Rosenkranz ist wie das Echo von Wellen, die sich am Ufer Gottes brechen: Gegrüßet seist du, Maria... Gegrüßet seist du, Maria... Gegrüßet seist du, Maria... Es ist wie die Hand der Mutter über eurem Kinderbett. Es ist wie ein Zeichen dafür, daß man alle komplizierten Gedankengänge über das Gebet aufgibt und in seine Kleinheit, Schwachheit, Armut einwilligt.

Der Rosenkranz ist ein Zielpunkt, kein Ausgangspunkt.

JESUS-GEBET

Der Rosenkranz ist ein Gebet geistlicher Reife. Wenn einer den Rosenkranz nicht beten mag, weil ihm das langweilig vorkommt, drängt nicht! Für ihn wird die Lektüre eines religiösen Buches oder ein »vernünftiges« Gebet besser sein. Wenn ihr aber ein Kind oder einen alten Menschen oder eine einfache Frau trefft, die euch sagen, daß sie den Rosenkranz gern haben, ohne zu wissen warum, dann freut euch, denn in diesen Herzen ist der Heilige Geist, der betet. Der Rosenkranz ist ein Gebet, das dem Menschen mit »gesundem Menschenverstand« unfaßbar ist, genauso wie es unbegreiflich ist, einem Gott, den man nicht sieht, tausendmal am Tage »Ich liebe dich« zu sagen. Für jene aber, denen die Seligpreisungen gelten, für die, die ein reines Herz haben, ist es ein Gebet, das ihnen ganz und gar aus dem Herzen gesprochen ist.

Die Christen der Ostkirche kennen ein Litaneigebet, das unserem Rosenkranz ähnlich ist. Sie nennen es das »Jesus-Gebet«. In Gelassenheit des Herzens, in Empfindung von Frieden, in Versöhnlichkeit gegenüber allen Menschen wird unablässig wiederholt:

Jesus, Herr, erbarme dich.

Dieses Gebet wird ganz eng mit der Haltung oder dem Rhythmus des Körpers verbunden. So sitzt man, die Muskeln entspannt und auf das Herz blickend, und spricht in diese äußere Haltung der Ruhe und Sammlung unzählige Male:

Jesus, Herr, erbarme dich.

Wenn ich also Schwierigkeiten habe, über die Dinge Gottes zu meditieren, wenn es mir nicht gelingen will, bei diesem oder jenem Mysterium des Lebens Jesu, dieser oder jener Heilswahrheit zu verharren, wenn ich mich vielmehr danach sehne, still zu Füßen Gottes zu sein, ganz still, ohne etwas zu denken, ganz in Liebe Gott zugeneigt – das ist etwas Großartiges, es ist eines der schönsten Geheimnisse geistlichen Lebens.

SEINE LIEBE ANNEHMEN

Gott liebt dich wirklich. Ich verdiene es zwar nicht, aber er liebt mich, liebt dich. Diese Liebe ist völlig ungeschuldet. Er liebt mich nicht, weil ich einen großen Wert habe, sondern weil er nicht anders kann als lieben. Gott ist die Liebe. Laß es an dir geschehen, laß dich lieben!

Er betrachtet dich als sein Kind.

Oft hast du dich schon aus dem Staub gemacht, hast fremde Länder seinem Haus vorgezogen. Das alles ist aber nun vorüber, du solltest nicht mehr daran denken. Die Zeit zu lieben ist gekommen.

Wie kann ich aber den lieben, den ich nicht erkenne und nicht sehe? Ich weiß doch, daß Gott unerkennbar ist.

Hier liegt eine wirkliche Schwierigkeit, aber sie löst sich auf in dem Gedanken, daß Gott als die Liebe sich erkennen läßt. Wie sich der unsichtbare und unberührbare Gott in Christus sichtbar gemacht hat, so teilt sich der unerkennbare Gott mit in der Liebe.

Nimmst du betend diese Liebe an, dann läßt er sich von dir erkennen. In deine Seele prägt er die Umrisse seines Antlitzes ein. Erinnern wir uns an Jesu Worte: »Das ist das ewige Leben: dich, den einzigen wahren Gott, zu erkennen und Jesus Christus, den du gesandt hast« (Joh 17,3).

Liebend finden wir Gott.

In diesem Geheimnis läßt sich die ganze Geschichte, läßt sich unsere Geschichte zusammenfassen.

Wir sollten uns das vor Augen halten.

Du sagst, du habest keinen Glauben? Dann liebe, und der Glaube wird sich einstellen.

Du bist traurig? Liebe, und die Freude wird kommen.

Du bist allein? Liebe, und deine Einsamkeit ist zu Ende.

Du fühlst dich gleichsam in der Hölle? Liebe, und du betrittst das Paradies.

Denn das Paradies ist die Liebe.

WER MICH LIEBT

In der Nacht, da Jesus verraten wird, sagt er: »Wenn ihr mich liebt, werdet ihr meine Gebote halten. Ich werde den Vater bitten, und er wird euch einen anderen Beistand geben, damit er immer bei euch bleibt. Es ist der Geist der Wahrheit, den die Welt nicht empfangen kann, weil sie ihn nicht sieht und nicht kennt. Ihr kennt ihn, weil er bei euch bleibt und in euch sein wird« (Joh 14,15–17).

Dann fügt er hinzu:

»Wer meine Gebote hat und sie hält, der liebt mich. Wer aber mich liebt, wird von meinem Vater geliebt werden, und ich werde ihn lieben und mich ihm offenbaren« (Joh 14,21).

Und schließlich:

»Wer mich liebt, wird mein Wort festhalten; mein Vater wird ihn lieben, und wir werden zu ihm kommen und bei ihm wohnen« (Joh 14,23).

Gott macht dem Menschen drei Angebote: seinen *Geist*, seine *Gegenwart*, seine *Offenbarung*. Und diese drei Angebote unter einer einzigen Bedingung: »Wer mich liebt«.

Das Herz eines Menschen, der darin einwilligt, Gott zu lieben, wird zu einem »Paradies auf Erden« durch die reale Gegenwart des dreifaltigen Gottes, durch das aufleuchtende Wirken des Heiligen Geistes und durch den unüberbietbaren Willen Gottes, sich zu offenbaren, sich vom Menschen erkennen zu lassen.

Diese drei Wirklichkeiten, die uns durch das Blut Christi und durch Pfingsten zugänglich wurden, verleihen unserer Seele eine Größe, die sich der Mensch nicht einmal erträumen kann. Sie dringen zuerst in unser Beten, diesen Ort des Austausches zwischen Schöpfer und Geschöpf, und sie verleihen ihm etwas Unendliches oder, besser gesagt, Göttliches.

VATER UNSER

Wir gehören zu einer Familie, die Gott als Vater hat. Das ist wohl die größte Gabe, die Gott schenken kann. Sie nimmt Angst und sogar den Tod. Ich brauche nicht mehr zu fürchten, alleine sterben zu müssen.

Das einzige Gebet, das uns Jesus gelehrt hat, lautet:
»Vater unser im Himmel,
geheiligt werde dein Name,
dein Reich komme,
dein Wille geschehe,
wie im Himmel so auf Erden.«
Wer dieses Gebet betet, kommt auch nicht in die Gefahr, Transzendenz und Immanenz zu verwechseln. Weil bestimmte Zusammenhänge der Natur heute bekannter sind als früher, gelangen die Menschen in unseren Tagen leichter dahin, das unmittelbare Einwirken Gottes auf alles zu leugnen.

Wie aber kann man dieses Gebet – »Unser tägliches Brot gib uns heute« – sprechen, wenn man nicht glaubt, daß Gott auch in die Natur eingreift? Wie kann ich sagen: »Erlöse uns von dem Bösen«, wenn ich vor einer schweren Operation der Ansicht bin, alles hinge allein vom Chirurgen ab?

Über kurz oder lang wird man überhaupt nicht mehr beten, man kann es gar nicht mehr. Man hat kein Ohr mehr für Jesu Botschaft, auch wenn man noch nicht an dem Punkt ist, an dem man sagt, es gäbe gar nichts.

Gott ist mein Vater. Er behandelt mich immer als sein Kind. Im Kleinen und Großen sorgt er für mich, ob es sich um die Nahrung handelt, oder um meinen Beruf, oder um mein Sterben.

»Deswegen sage ich euch: Sorgt euch nicht um euer Leben und darum, daß ihr etwas zu essen habt, noch um euren Leib und darum, daß ihr etwas anzuziehen habt... Sorgt euch also nicht um morgen; denn der morgige Tag wird für sich selbst sorgen. Jeder Tag hat genug eigene Plage« (vgl. Mt 6,25–34).

Friede kommt uns daher, wenn wir dies alles für wahr und sicher halten.

IN DEN HIMMELN

Vater unser im Himmel. Wo ist Gott, wenn nicht überall? Ist denn dann nicht überall *Himmel*? Ist »überall« demnach kein *Versteck*, in dem er sich verbirgt und wir ihn suchen?

Ist die ungeheure Welt der Gestirne, in der er sich verbirgt mit seiner Macht und seiner Schönheit, kein Himmel? Ist das Rätsel des unendlich Kleinen, das Atom, kein Himmel?

Ist die Blume kein Himmel? Ist die Erde mit ihrer mütterlichen Fruchtbarkeit kein Himmel? Und das Meer, und die Pflanzen? Und der Instinkt des Vogels, der, ohne den Weg zu kennen, Tausende von Kilometern zurücklegt?

Alles Geschaffene ist ein gewaltiger, überaus herrlicher, lieblicher, harmonischer Himmel, in dem Gott sich verbirgt mit seiner Macht, seiner Liebe und seiner Schönheit. Vor allem mit seiner Liebe.

Und das Menschenherz?

Was für ein wunderbarer und erhabener Himmel, doppelt Himmel, geheimnisvoller Himmel. Deshalb ist im Vaterunser des Evangeliums ja die Rede von »Himmeln« und nicht vom »Himmel«. Himmel gibt es in großer Zahl, unzählige, und mir, dem Menschen, ist es gegeben, sie zu suchen und in ihnen meinen Schöpfer aufzuspüren, um ihn anzubeten, um mit ihm zu sprechen, um ihn zu »heiligen«, das heißt, seine Heiligkeit zu entdecken. *Vater unser, der du bist in den Himmeln.*

Geheiligt werde dein Name: Dich, Vater, soll man erkennen. Das wird genügen. Gibt dich zu erkennen, und alle werden dir folgen, deinen Willen tun und in dein Reich gelangen. Jesus selbst sollte dir doch später sagen: das ist das ewige Leben, daß sie dich, Vater, erkennen.

DEIN REICH – DEIN WILLE...

Dein Reich komme – das Gottesreich ist das Reich, in dem das Wahre, das Gute und das Schöne herrschen. Alles, was gut, harmonisch und wahrhaftig ist, gehört zum Gottesreich.

Dein Wille geschehe – was kann Gott wollen, wenn nicht das Gute, und das mit einer Intensität und Kraft, die nichts anderes als seine Heiligkeit sind? Was ist denn die Heiligkeit anders als das Verlangen nach dem Guten?

Die Menschen reinen Herzens,
die Friedenstifter,
die Barmherzigen,
die nach Gerechtigkeit Dürstenden,
die Armen vor Gott,
die unschuldig Verfolgten,
wer sind sie anders als die, die sich für das Gute, das Wahre und das Schöne entschieden haben? Sie gehören dem Gottesreich an.

Unser Brot gib uns heute! Ein schlichtes, menschliches, weit von den Umständlichkeiten einer Pseudomystik entferntes Gebet.

Vater, ich habe Hunger: gib mir, was ich brauche.

Wenn ein Kind erwachsen wird, merkt es, daß nicht alles, was es tut, gut ist. Das Böse ist eine traurige Angelegenheit, und deshalb *vergib uns unsere Schuld,* schau, *wie auch wir vergeben unseren Schuldigern.* Das ist schon geschehen. Jesus ist es, der weiter sagen sollte: Denn wie ihr richtet, so werdet ihr gerichtet werden, und nach dem Maß, mit dem ihr meßt und zuteilt, wird euch zugeteilt werden (Mt 7,2). »Wenn ihr nicht vergebt...«

Und führe uns nicht in Versuchung: Jesus bringt uns kein dünkelhaftes, selbstsicheres Gebet bei, im Gegenteil.

Und der Mensch als Kind fühlt sich dann aufgefordert, zu sagen: Ich weiß, daß ich zum Aufwachsen Gegensätze und Bewährungsproben brauche, aber... langsam, Vater, ich bin noch klein.

SEPTEMBER

Größer als Reden: Lieben

WIE GOTT

Wenn es uns in diesem Leben nicht gelingt, uns in Gott zu verlieben, sind wir verloren. Ohne Liebe sind wir gleichsam unvollständig, unreif, gelangweilt, gibt es für uns kein Paradies.

Wir können ohne Zögern die Gleichung aufstellen: Gott lieben ist gleich Frieden, Freude, Fröhlichkeit, Fruchtbarkeit, Jubel, Paradies; nicht lieben ist gleich Krieg, Trauer, Einsamkeit, Unfruchtbarkeit, Tod, Hölle.

»Seid vollkommen, wie euer Vater im Himmel vollkommen ist« (Mt 5,48). Die Forderungen des Reiches Gottes dekken sich mit denen der Liebe, die von Natur aus das Gemeinsame entdeckt oder erstrebt.

Die Liebe zu Gott nötigt uns, wie Gott zu werden, Gott ähnlich, nach seinem Geschmack.

Da ist kein Ausweg.

Wenn Gott das Licht liebt, müssen auch wir das Licht lieben. Wenn Gott vergibt, müssen auch wir vergeben. Wenn Gott aus Liebe stirbt, müssen auch wir dahin kommen, aus Liebe zu sterben.

Das Reich Gottes aufbauen bedeutet gerade dies: sich mühen und arbeiten, Gott ähnlich zu werden nach dem Modell Christi. Und nicht durch Geschwätz, sondern durch Taten. Jedesmal, wenn wir etwas Konkretes tun als Erwiderung der Liebe, die Gott ist, wächst das Reich Gottes.

Wenn ich dem Hungrigen zu essen gebe,
wenn ich den Gefangenen besuche,
wenn ich den Nackten kleide,
wenn ich dem Feind vergebe,
wenn ich meine Habe austeile,
wenn ich die Betrübten tröste,
wenn ich für die Lebenden und für die Verstorbenen bete.

Und da die Liebe Gleichheit will, werden wir Gott mit derselben Intensität lieben, die er in seiner Liebe zu uns besitzt. Das ist, in einem Wort, das Paradies.

HAUS UND HIMMEL

Es liegt in der Natur des Menschen, er sucht ein Zuhause – *das Haus*. Er meint damit einen Ort, an dem man auflebt, aufatmet, einander liebt, an dem man Ruhe findet.

Wer ein scheinbares, falsches Zuhause gehabt hat, ein liebloses, friedloses, ein Haus, darin man einander anschrie und übelwollte, der wird sein Leben lang das Gegenteil dessen suchen, was er erfahren mußte, und wird bis ans Ende ein kranker, verwundeter Mensch sein.

Wieviele Ängste suchen den heim, der kein Zuhause hatte! Haus und Himmel bedeuten dasselbe, und niemand wird sich von diesem Unbewußten in seinem Leben losreißen können, weil sowohl das Haus wie der Himmel der Hinweis auf das erste und größte Gebot sind, das Gott uns ins Herz geschrieben hat.

Du suchst das Haus, weil du die Liebe suchst.

Du suchst den Himmel, weil du die Liebe suchst.

Die Liebe ist der Himmel, die Hölle ist das Nicht-Lieben.

Die Liebe ist das Leben des Menschen, seine Nahrung, seine Vollendung, seine Fülle. Ohne Liebe kann er nicht leben; man braucht nur die Gegenprobe zu machen, dann weiß man, was die Hölle ist.

Die Hölle ist das Nicht-Lieben, und wir haben auf dieser Erde schon den Beweis dafür.

Die Liebe hält alles in Spannung. Alle Arten von Liebe, die wir in unserem Leben kennenlernen und auskosten – Nahrung, Freundschaft, körperliche Liebe, Kultur, das Gute, die Gerechtigkeit, das Licht –, sind nur Stufen und Bruchstücke, sie bereiten, entfalten und läutern die ungeteilte, heilige Liebe, in der alle Art Liebe, alles, was wir lieben, versammelt ist: die Liebe Gottes, die unser ewiges Erbe sein wird.

Dann werden wir verstehen, warum wir geboren sind, warum Gott uns zum Leben gerufen hat.

STADT GOTTES

Gott hat dem Menschen auf den langen Weg seiner Entwicklung eine Weisung mitgegeben, die nicht einfacher sein könnte:

In der Erwartung des Reiches Gottes fange du an, es aufzubauen.

In der Erwartung, mein Kind zu werden, verhalte du dich als Vater.

In der Erwartung der Gerechtigkeit und des Friedens schaffe du Gerechtigkeit und Frieden.

In der Erwartung dessen, was du zu bekommen wünschst, gib das gleiche deinen Brüdern.

Willst du ein Paradies der Liebe? So mache aus der Erde ein Paradies.

Willst du Vergebung, so vergib.

Willst du den Hunger gestillt bekommen, so stille den anderen den Hunger.

Willst du befreit werden, so befreie die anderen.

Die Erde wird also für den Menschen zum Experimentierfeld seiner Wünsche, zur Ausgestaltung dessen, was ihm am Herzen liegt, zur Erprobung im Sichtbaren, im Vorgriff auf das, was er vom Unsichtbaren erahnt.

Unerachtet der Widersprüchlichkeiten, die von seiner Schwäche und mehr noch von seiner Unwissenheit herrühren, setzt der Mensch all sein Verlangen nach Gerechtigkeit und nach dem Guten ein für die Errichtung der Stadt Gottes auf Erden.

Trotz aller Irrungen wird er ständig von der Idee des Reiches Gottes vorangetrieben... Und wenn er sich geirrt hat, werden seine Kinder dort wiedereinsetzen, wo sein Fehler lag, und ihn zu korrigieren suchen.

Jede Generation glaubt, von vorn zu beginnen.

Aber nicht alles ist verloren.

Was an Echtem bleibt, ist die Liebe.

DAS NEUE

»Es gibt nichts Neues unter der Sonne«, haben die Alten gesagt. Sie waren im Recht, denn sie wußten noch nichts von dem Neuen, das die Erde in Gestalt Jesu noch erleben sollte, von dem Menschen, der wirklich Neues zu schaffen vermochte. Insofern hat sich dieser Anspruch nicht als richtig erwiesen.

Auch im Bereich der Liebe hat er Neues gebracht. Im Altertum hat man gesagt: »Du sollst den Nächsten lieben wie dich selbst.«

Dem Menschen, der sich mühte, diese alte Regel der Liebe zu verwirklichen, offenbarte Jesus nun einen ganz anderen Typ von Liebe. Er nennt ihn »sein Gebot«. Es ist ausgedrückt mit den Worten: »Wie ich euch geliebt habe, so sollt auch ihr einander lieben« (Joh 13,34). Mit anderen Worten heißt das: »Ihr sollt lieben wie ich, bis zur Selbstaufopferung, bis zur Selbsthingabe.«

In der Zeit zuvor hatte man sehr auf das Prinzip der Gerechtigkeit und dessen Verwirklichung geachtet: Das eine mir, das andere dir – ein Schlag mir, der andere dir – Auge um Auge, Zahn um Zahn.

Bei Jesus ist das nun anders: »Liebet eure Feinde, tut Gutes denen, die euch hassen. Segnet, die euch fluchen, und betet für die, welche euch verleugnen. Wer dich auf die Wange schlägt, dem halte auch die andere hin, und dem, der dir den Mantel nimmt, verweigere auch den Rock nicht. Jedem, der dich bittet, gib; und von dem, der dir das Deine nimmt, fordere es nicht zurück« (Lk 6,27–30).

Die Menschheit hätte nicht auf Gandhi zu warten brauchen, um Gewaltlosigkeit zu lernen. Vielleicht war die Zeit aber noch zu früh für die Menschen in all ihrer Grausamkeit. Der wahre Prophet ist immer seiner Zeit voraus.

DAS EIGENTLICHE

Alle Religionen predigen, mehr oder minder, Liebe. Auch ein Atheist kann ein Beispiel von Liebe geben.

Dabei handelt es sich aber nicht um die Liebe, die Christus auf die Erde gebracht hat, jene Liebe, an denen man die Jünger Christi »*erkennen*« kann und soll (vgl. Joh 13,35).

Diese Liebe ist mehr als Zuneigung, sie ist die Liebe als göttliche Tugend, sie ist »caritas«, sie ist Christi Liebe für die Menschen und für die Welt, die er damals vorlebte und die von denen nachgelebt wird, die ihm verbunden sind in Glaube und Hoffnung.

Die dreifaltige Liebe Gottes, die im Herzen derer wohnt, die an Christus glauben, ist das »Eigentliche«, das »Spezifische« des Christen, sie kennzeichnet sein Tun und ist die Seele jeder Form seiner Liebe.

Der vom Vater im Namen Jesu gesandte Heilige Geist senkt uns die Fülle des göttlichen Lebens ins Mark. Sie ist nicht nur Gegenwart Gottes in uns, sondern die dynamische Art und Weise seines Liebens. Dieses »typische Verhalten« Gottes hat uns Jesus geoffenbart: »Denn ich habe euch ein Beispiel gegeben – liebet einander, wie ich euch geliebt habe« (Joh 13,15.34).

Jesus hat nicht geliebt wie ein Mensch, sondern wie Gott. Er hat geliebt mit der dreifaltigen Liebe Gottes.

Dies ist die neue Form der Liebe, die dem Menschen nahegebracht wird. Leben läßt sie sich nur, wenn die Dreifaltigkeit in uns lebt. Deshalb ist der Christ »bewohnt«, bewohnt von der Dreifaltigkeit.

»Wenn einer mich liebt, wird er mein Wort bewahren, und mein Vater wird ihn lieben, und wir werden zu ihm kommen und Wohnung bei ihm nehmen« (Joh 14,23).

DER WEG

Die Seinsweise Gottes als Liebe ist der Heilige Geist. Sie geht hervor aus dem Leben, das der Vater ist, und aus dem Sohn, der Licht ist.

Die Liebe ist so durchsichtig, daß sie für uns unsichtbar ist. Um sie sichtbar zu machen, war die Inkarnation notwendig. So wurde das Wort Fleisch und wohnte unter uns und ging auf unseren Wegen, neben uns, und hatte den Namen Jesus.

Der Mensch, der als Weg zur Liebe den Leib, das Herz, den Geist hatte, hat nun als Weg Gott selbst in Jesus. Wenn er handelt, wie Jesus gehandelt hat, kann er die höchste Stufe der Liebe erreichen.

Natürlich ist das alles nicht leicht, und um die Tragweite und Schwierigkeit von all dem zu begreifen, muß man sich nur erinnern, daß Jesus selbst hat sterben müssen. Er hat uns nichts vorerzählt und vorgeplaudert: er ist gestorben.

Und er hat den Tod freiwillig auf sich genommen. Er ist gestorben, um uns wachsam zu machen: denn mit dem angenommenen oder nicht angenommenen Gesetz der Liebe stand unser ewiges Heil auf dem Spiel: Hinweg von mir, Verfluchte, in das ewige Feuer, denn ich war hungrig, und ihr habt mir nicht zu essen gegeben, ich war durstig, und ihr habt mir nicht zu trinken gegeben (Mt 25,41 f.).

Er ist gestorben, um uns den Weg zu zeigen: Ich bin das Licht der Welt. Wer mir folgt, wird nimmer in der Finsternis wandern, sondern das Licht des Lebens haben (Joh 8,12).

Er ist gestorben, um uns seine Liebe zu beweisen: Liebt einander, wie ich euch geliebt habe (Joh 13,34).

Der Weg, den wir zurücklegen müssen, wird unser wahres Gesicht enthüllen; er ist uns Ansporn, immer Besseres zu erarbeiten, der Ruf zur Wahrheit und vor allem das Verlangen, tief in unserem menschlichen Mysterium die Quelle jenes göttlichen Lebens zu finden, das allein fähig ist, das Unmögliche auf dieser Erde zu verwirklichen: ein Leben der Liebe unter freien Menschen.

WO GOTT SICH OFFENBART

Da Gott ein verborgener Gott ist, sieht ihn niemand, doch alle suchen ihn, weil in allen ein großes Verlangen ist, ihn zu sehen.

Aber während ich darüber nachdenke und du nach dem besten Verfahren forschst, Gott zu entdecken, Gott zu sehen, geht Mutter Teresa auf die Straße und sieht einen Sterbenden, dem niemand beisteht. Sie klügelt nicht über Gott, macht keine Fünfjahrespläne, entwirft keine Theorien über den Menschen. Sie hebt den Sterbenden auf, läßt sich helfen, ihn ins Haus zu tragen, reicht ihm ein Glas Wasser, kämmt ihn, trocknet ihm den Todesschweiß von der Stirn und denkt bei sich liebevoll: »Ich möchte, daß er im Sterben eine freundliche Hand ganz nahe spürt.« Das Programm ist durchaus nicht ehrgeizig, nichts Revolutionäres ist in ihrem Tun, es ist eine schlichte Verwirklichung der Liebe.

Brüder, Schwestern, vor Mutter Teresa hielt die Welt für einen Augenblick in ihrem Lauf inne: sie sah Gott durch die Straßen von Kalkutta gehen.

Und was tat Martin Luther King? Er schaute um sich, er liebte leidenschaftlich seine wegen ihrer Hautfarbe verachteten Brüder und bot seine Brust einer Ladung von Kugeln an. Die Welt wurde inne, daß Gott im Opfer dieses Lebens gegenwärtig war.

Was tat Roger Schutz? Er ließ seinen Blick über seinen kleinen Mönchskonvent hinausschweifen und sah viele Jugendliche, die nach Kommunikation, Glauben, Hoffnung suchen. Er liebte sie, und sie verstanden, und wir sahen die denkwürdigen Ereignisse von Taizé: Gott offenbarte sich in Taizé.

Ihr könnt so fortfahren.

Gott offenbart sich dort, wo jemand ist, der das Leben achtet, das Licht will, die Liebe sucht. Jedesmal, wenn du dem Leben Raum gibst, die Wahrheit ins Werk setzest, liebst, kommt Gott aus deinem Handeln ans Licht.

DAS GESETZ DER VERGEBUNG

Die Liebe steht über dem Gesetz. Die Vergebung steht unter den Gesetzen der Gemeinschaft, die Jesus gewollt hat, an erster Stelle.

Das wollen wir nicht vergessen.

Aber wenn sich dennoch bei uns, in unserem Herzen, so etwas wie ein unerbittlicher Anspruch auf Gerechtigkeit und Licht festgesetzt hat, ein unausweichlicher Drang, das Gesetz zu wahren, Fehltritte zu bestrafen und kein menschliches Fehlverhalten auf Kosten Unschuldiger durchgehen zu lassen, dann wollen wir daran denken, daß es ein Gesetz der Vergebung gibt, das alles viel besser in Ordnung bringen kann als wir und, insofern es danach dürstet, angesichts der Gerechtigkeit klare Verhältnisse zu schaffen, viel unerbittlicher und härter ist als wir selbst.

Habe ich es erst einmal in meinem Inneren entdeckt, so habe ich auch begriffen, daß Gott nicht auf die Gerechtigkeit verzichtet, auch nicht, wenn er mich in seinem Blut wäscht.

Dies ist das Gesetz: der Mensch straft sich schon ganz von selbst durch seine eigene Bosheit. Ein Mensch, der sündigt, geht ganz von selbst in seine Hölle und wird von dem Mechanismus, den er ausgelöst hat, gezwungen, den bitteren Kelch seiner Fehltritte, seiner Überheblichkeit, seines Egoismus und seines Ungehorsams dem Gesetze Gottes gegenüber bis zur Neige zu leeren.

Nein, meine Brüder, meine Schwestern, Freude hat der Sünder nicht zu erwarten, und wer sich der Liebe entzieht, hat keine Zukunft.

Wohin will ein Mensch, der das Vaterhaus verläßt, denn fliehen? Wo findet denn jemand, der von der Liebe nichts wissen will, Frieden, Ruhe, Beschaulichkeit und Freude? Seine Vermessenheit vergeht unter dem Druck seiner Laster.

Nein, ohne Gott kann man nicht leben, und wer vor ihm flieht, ist schon in der Hölle.

MASSTAB DER LIEBE

Welches sind die Gesetze, die man beachten muß, damit das menschliche Mühen Früchte trägt? Die Gesetze des Evangeliums – Hinweise Jesu, präzise Eingebungen des Heiligen Geistes.

Und um damit zu beginnen: *Die Gebote* sind die früheste Formulierung des Gesetzes, das man entdecken muß, die Vollendung des Naturrechtes und der Stimme des Gewissens, das vom Schöpfer in einem jeden von uns als Norm verankert worden ist.

Über die Gebote hinaus ist sodann *das Gesetz der Liebe* ein Faktor, der bei allem entscheidet: »Ama et fac, quod vis – Liebe und tu, was du willst«, ist tatsächlich die große Richtlinie für das Tun. Was die Liebe diktiert, wird zum Gesetz, dessen praktische Verwirklichung Aufgabe des Menschen ist. Hier könnten wir wirklich das Wort des Evangeliums: »Wer hat, dem wird gegeben ...; wer aber nicht hat, dem wird auch noch weggenommen, was er hat« (Mt 25,29), zur Verdeutlichung heranziehen.

Es geht also darum, aus Liebe zu handeln. Wenn man das tut, wird es zur Gewohnheit, und man erringt allmählich einen Grad der Liebe, der, alles in allem, insofern schon Heiligkeit ist, als die Gnade auf dieses Bemühen einwirkt und in uns die Gestalt Jesu entstehen läßt nach dem Pauluswort: »Denn alle, die er im voraus erkannt hat, hat er auch im voraus dazu bestimmt, an Wesen und Gestalt seines Sohnes teilzuhaben ...« (Röm 8,29 f.).

Die Liebe ist der Schlüssel zu allen Geheimnissen des Christentums. Ohne sie kann man die Schatztruhen der Gedanken Jesu nicht öffnen. Sie steht hinter den Seligpreisungen, sie ist das ureigene Leben Gottes. Wie kann man die Keuschheit verstehen ohne die Liebe? Und was wird aus der Armut, wenn sie nicht von der Gottes- und Nächstenliebe beseelt wird? Eine Torheit. Wir müssen spüren, daß wir zur Liebe berufen sind, und uns in allen gedanklichen und praktischen Schwierigkeiten an die Liebe halten.

PROBIERE ES

Ich gehe zu meiner Tante, die einen kleinen Laden hat: »Ich will dir helfen, die Körbe ins Geschäft zu tragen; ich mache dir den Laden sauber. Willst du?« – »Ja, schon, aber...« – »Mach dir keine Sorgen. Ich muß müde werden; ich muß mich nützlich machen; wenn du willst, gib mir hinterher ein Stück Brot. Ich habe mich entschlossen, arm zu sein, arm wie Christus zu leben.«

»Aber du bist verrückt!«

»Ja, ich bin verrückt, und ich will wie ein Verrückter leben, um mich zu retten, denn die vernünftigen Leute machen sich kaputt.«

Die Tante behielt mich eine Woche, das Verhältnis zu ihr ist viel freundschaftlicher geworden.

Dann bin ich aus der Stadt herausgegangen.

Zusammen mit ein paar Gleichgesinnten habe ich mich daran gemacht, eine verdreckte Gegend zu reinigen, Müll zu vergraben, weggeworfenes Papier zu verbrennen. Die Leute waren neugierig, Verrückte zu sehen, die mit solcher Begeisterung arbeiteten.

Einige Tage später fragte uns ein Bauer, ob wir ihm helfen könnten. Er war allein mit seiner alten Mutter, halbtot von der vielen Arbeit und der Einsamkeit. Wir arbeiteten, ohne irgend etwas von ihm zu verlangen. Er war völlig verblüfft. Er versorgte uns mit Arbeit, und die alte Mutter bereitete uns ein Essen, und es schmeckte uns wie seit langem nicht mehr.

Probiere es, einmal zu arbeiten, ohne etwas zu verlangen; sei ein großmütiger Mensch, der versucht, für jeden verfügbar zu sein, und du wirst sehen. Du wirst alles finden, vor allem die Lösung deiner Probleme. Du wirst dich retten, weil du Glauben und Hoffnung hast. Du wirst gerettet werden, weil du die Liebe in Gang gebracht hast, und Gott ist die Liebe.

BERÜHRUNG DURCH GOTT

Immer stärker und in immer größerem Ausmaß empfinde ich die Liebe als das Kernproblem bei Gott und den Menschen. Sie ist wirklich das, was alles bewegt, der Schlüssel zu allen Rätseln, der Drang zu allem Guten.

Gott ist ein Gott der Liebe, der Himmel ist beseligende Liebe, Ziel wie auch Ausgangspunkt ist die Liebe.

In diesem Licht präsentieren sich denn auch die Schöpfung, die Menschwerdung, der Tod Jesu, die Eucharistie, die Versöhnung der Seelen und ihre Verherrlichung.

Ich habe ganz unmögliche junge Leute kennengelernt, die ganz in sich verkapselt, ja nahezu bösartig waren. Sobald sie sich verliebten, wurden sie hilfsbereit und offen für die anderen. Sie erschienen mir wie trockene Äste, die auf einmal im Frühling aufbrechen.

Die Liebe hat also einen ungeheuer großen Einfluß auf Ängstliche, auf Kranke, auf Pessimisten und Egoisten.

Es gibt keine bessere Medizin als eine echte Liebe. Alles im Menschen lebt auf. Der melancholische Schwarzseher beginnt sein Leben mit neuem Schwung.

Viele Menschen wurden schon gerettet durch die Liebe. In ihr und durch sie haben sie die Freuden des Lebens wiedergefunden. Sie haben sich besser und neu eingesetzt bei ihrer Arbeit, haben auf einmal Ideale in ihr Leben eingeführt.

Wahre, echte Liebe ist wie eine Berührung durch Gott.

GOTT IN MIR

Die Liebe ist ein Gheimnis. Liebe können wir empfinden, wir erfahren und suchen sie. Wir besitzen Liebe. Was sie aber selbst ist, das wissen wir nicht. Ein solches Begreifen würde menschliches Vermögen bei weitem überschreiten. Trotzdem ist sie das, was die Welt im Innersten zusammenhält. Sie ist die Mitte, um die sich alles bewegt.

Die Liebe ist Gott in mir. Wenn ich in der Liebe bin, dann bin ich in Gott und habe teil am Sein Gottes. Niemand hat das besser gesehen und ausgedrückt als der Apostel Paulus in seinem Hohenlied der Liebe.

»Wenn ich mit Menschen-, ja mit Engelszungen rede, habe aber die Liebe nicht, so bin ich ein tönendes Erz und eine gellende Schelle.

Und wenn ich die Prophetengabe habe und alle Geheimnisse weiß und alle Erkenntnis besitze und wenn ich allen Glauben habe, so daß ich Berge zu versetzen vermöchte, habe aber die Liebe nicht, so bin ich nichts.

Und wenn ich all meine Habe zu Almosen mache und wenn ich meinen Leib hingebe zum Verbrennen, habe aber die Liebe nicht, so nutzt es mir nicht.

Die Liebe ist langmütig, gütig ist die Liebe, die Liebe ist nicht eifersüchtig, sie prahlt nicht, ist nicht aufgeblasen.

Sie handelt nicht taktlos, sie sucht nicht den eigenen Vorteil, sie läßt sich nicht erbittern, sie trägt das Böse nicht nach.

Sie freut sich nicht über das Unrecht, freut sich vielmehr mit an der Wahrheit.

Alles deckt sie zu, alles glaubt sie, alles hofft sie, alles erträgt sie« (1 Kor 13,1–7).

Gäbe es klarere Worte? Wenn Gott in mir ist, warum suche ich ihn noch außerhalb von mir? Wenn er aber als Liebe in mir ist, wie könnte und dürfte ich sein Antlitz entstellen durch ein Tun, das nicht aus Liebe käme?

DIE HAUPTAUFGABE

Beiseite mit allen Illusionen und Trugvorstellungen! Gott zu suchen, ihn zu lieben, ihn anzubeten, bleibt die Hauptaufgabe des Menschen auf Erden.

Alles andere spielt wirklich kaum eine Rolle!

Und warum will Gott, daß wir ihn lieben, warum macht er das zum Gebot, zum ersten?

Weil er uns in seine Familie aufnehmen will, und wie kann man ein Familienleben führen ohne Liebe?

Es ist die Liebe, die verbindet, zudeckt, erklärt und begreift. Es ist die Liebe, die Frieden, Freude, Fröhlichkeit und Ewigkeitsgefühl schenkt. Es ist die Liebe, die aufbaut, befruchtet und belebt. Sie ist alles: sie ist Gott selbst. Sie ist sein innerstes Geheimnis. Sie ist sein Leben.

Daraus ergibt sich alles andere. Was nutzt es, die ganze Welt zu erobern, wenn man dieser Liebe mißfällt? Sich zu plagen, zu sterben, selbst für das Gute, wenn es nicht für diese Liebe geschieht? Diese Liebe wird sein Wille. Seinen Willen zu tun, heißt, dieser Liebe zu genügen.

Das also ist der Mittelpunkt, der unser Leben zusammenhält! Ihn muß man unter allen Umständen erreichen und darf ihn, ist er einmal erreicht, nicht mehr verlieren: den Willen Gottes, das heißt, Gottes Liebe.

Herr, gib mir deine Liebe! Ich bitte darum im Namen deines Sohnes Jesus. Gib mir einen ganzen Abgrund davon. Alles andere zählt dann nicht mehr.

Erbitte ich da zu viel von dir? Ich kann von dir nur erbitten, was du willst, deinen heiligen Willen, wie er sogar in deinem Gebot zum Ausdruck kommt: »Du sollst den Herrn, deinen Gott, lieben mit ganzem Herzen und ganzer Seele und all deiner Kraft.«

WEGERFAHRUNGEN

Klein ist der Mensch, der keine bleibende Sicherheit hat und der weiß, er muß aus der ihn tragenden Wirklichkeit immerfort sich selbst verwirklichen.

Arm ist der Mensch, der das, was er besitzt, nicht zum Götzen macht und der im tiefsten Grund fühlt, daß nichts ihn wird sättigen können, außer das Absolute.

Da gibt es kein Zwischending, denn wer nicht klein sein will, begehrt Macht, und wer nicht arm sein will, den verlangt es nach Reichtum.

Die Bibel müht sich auf ihrem ganzen langen Weg, uns die Bedeutung dieser zwei Worte beizubringen, die für unsere Beziehung zu Gott so wichtig sind.

Manch einer mag lächeln über solch eine Vereinfachung des ungeheuren Glaubensproblems. Einen anderen mag meine Behauptung schockieren, der Glaube an Gott sei allen als elementare Gabe auf den Weg gegeben wie das Leben, das Brot, der Atem.

Ich maße mir nicht an, zu überzeugen; ich versuche nur in aller Schlichtheit meine Erfahrung Gottes darzulegen. Jeder hat seinen Weg.

Einer sieht Gott als den Schöpfer.

Einer erschaut ihn als das Sein.

Einer definiert ihn als Weltbaumeister, als den unbewegten Beweger.

Einer gelangt zu ihm über die Schönheit, die Ästhetik, die Zahl, die Logik, das Ewige, das Unendliche, und wieder einer erlebt ihn als den ganz Anderen, den Transzendenten.

Wollt ihr wissen, wie ich zu Gott gekommen bin, so kann ich euch am Ende meiner irdischen Laufbahn rückblickend sagen: Alle diese aufgezählten Wege waren für mich hilfreich, und ich bin sie im einen oder anderen Sinn gegangen.

Was mir aber am meisten geholfen hat, was mich aus dem systematischen Zweifel herausholte, war die lebendige Erfahrung Gottes.

BARMHERZIG SEIN

Ich habe gesucht und gefunden...
Was mich vom Sein Gottes überzeugt hat, war die Kontemplation.

Was mich von seinem Leben und von seinem Herzen überzeugt hat, ist die Barmherzigkeit.

Im Gebet habe ich mich zu Gott bekehrt, in der Vergebung habe ich sein innerstes Wesen berührt.

Das Größte, was ich von ihm sagen kann, ist, daß er der »Barmherzige« ist, und ich glaube an die universale Rettung.

Gottes Liebeskraft, sein Durst nach Gerechtigkeit, sein Kampf gegen das Böse, sein Wunsch, den Menschen als geliebten Sohn zu umarmen, dies vereint mit der Macht, alles neu zu machen, all das drückt sich in den Worten aus:

»Barmherzigkeit will ich und nicht Opfer.« An dieser Wahrheit können wir nachmessen, wie es mit unserer Zustimmung zu dem Denken Gottes wirklich steht.

Wenn ich mich nur auf die Kontemplation verstünde und nicht auf die Vergebung, so würde ich nicht zu den Seinen zählen.

Wenn ich mich aus Liebe zu ihm mit tausend Bußübungen martern würde, aber vor meinem Bruder, auch wenn er mein Feind ist, die Tür zuhielte, so hätte ich nichts von seinem Reich verstanden.

Wenn ich um des Triumphes der Gerechtigkeit willen meinen Leib zum Verbrennen gäbe und hielte auch nur einen Winkel meines Herzens von Antipathie besetzt gegen einen einzigen meiner Brüder, so wäre ich fern von der Gesinnung Jesu.

»Selig die Barmherzigen; denn sie werden Erbarmen finden« (Mt 5,7).

DAS ZIEL

Die Liebe mit ihrem Licht und Leben ist das Ziel des Menschen. Durch sie wird er eins mit Gott.

Im Johannesevangelium wird von Gott gesagt, er sei Liebe. Daher ist es dasselbe, ob wir sagen, unser Ziel sei Gott, oder ob wir sagen, unser Ziel sei die Liebe.

Was nützte der Glaube von sich aus? Wozu wäre ein Leben gelebt, das sich nur in der Hoffnung bewegte?

Allein die Liebe gibt Antwort darauf.

Aus Liebe habe ich mich auf den Weg gemacht.

Aus Liebe schreite ich weiter auf dem Weg.

Aus Liebe richte ich mich immer wieder glaubend und hoffend auf.

Paulus sagt: »Nun aber bleiben Glaube, Hoffnung, Liebe, diese drei; am größten jedoch unter ihnen ist die Liebe« (1 Kor 13,13).

Die Liebe ist ein Geheimnis. Niemals kann man es eigentlich »definieren«, ebensowenig, wie man Gottes Geheimnis »definieren« kann. Liebe können wir empfinden, wir erfahren und suchen sie. Wir besitzen Liebe. Was sie aber selbst ist, das wissen wir nicht. Ein solches Begreifen würde menschliches Vermögen bei weitem überschreiten. Trotzdem ist sie das, was die Welt im Innersten zusammenhält. Sie ist die Mitte, um die sich alles bewegt.

Aus Liebe strahlt der Frühling, aus Liebe blühen die Blumen. Aus Liebe bewegen sich Tiere und Menschen. Ohne Liebe wäre die Erde eine Wüste. Der Mensch bliebe in seiner Einsamkeit. Das All ohne Liebe ist undenkbar.

Wollen wir darauf vertrauen, daß der Weg aller zum Glauben an die ewige Liebe führen wird! Eines jeden Menschen Weg muß bei Gott und in der Schau Gottes enden. Jeder Weg muß hinführen zum Haus des Vaters auf dem Hügel, von wo er immer schon Ausschau hält nach dem Sohn, der verloren war.

GOTTES »LEIDENSCHAFT«

Der Schlüssel zum Geheimnis ist die *Liebe*. Gott liebt mich, sein Kind. Dieser Liebe kann man sich schwerlich entziehen.

Etwas von dieser »Leidenschaft« Gottes erzählt uns das Gleichnis vom verlorenen Sohn, dieses schönste Gleichnis des Evangeliums. Jeder von uns lebt es, und gewöhnlich identifizieren wir uns mit dem jüngeren Sohn.

Unser Fortgehen ist der Beweis, daß wir nicht an Gott glauben, nicht an das Leben, das Licht, die Liebe.

Der Vater, der die Liebe ist, weiß, daß man Liebe nicht erzwingen kann, und so läßt er uns ziehen.

Und wir gehen fort.

Dem Leben ziehen wir das Nichtleben vor, der Wahrheit die Lüge, der Liebe den Haß oder den Egoismus.

Und wir bekommen es zu spüren. Das Erschreckende an dem Gleichnis ist, daß wir gar nicht nach Hause zurückgekehrt wären, wenn wir gefunden hätten, was wir suchten.

Zum Glück liefen die Dinge nicht wie gewünscht, und statt Brot fanden wir Eicheln, und statt uns dem Genuß hinzugeben, mußten wir darben.

Auch die Freunde sind nicht Freunde, fern von Gott, und die Hilfen sind keine Hilfen.

Da braucht man sich gar nicht zu wundern.

Da braucht man sich nicht aufzuregen, wenn nun alles sich querstellt.

Ich möchte fast sagen, die Dinge sind klüger als wir, sie suchen uns zu helfen, indem sie sich gegen uns stellen.

Schlimm, wenn sie es nicht täten und uns gefällig wären, indessen wir uns endgültig zugrunde richten.

DER VERLORENE SOHN

Ein Drogensüchtiger, massig wie ein Stier, ist bei uns während der Messe zusammengebrochen. Zum Glück waren wir am Ende der Liturgie, und der Mann, der am Rande seiner Kraft war, ging mit uns hinaus, die wir auch am Rande unserer Kraft waren vor Erregung, so sehr hatte sich seine Unruhe auf die im Gebet Versammelten übertragen.

In der Küche bat er mich um eine Tasse Kaffee, und wohl nie werde ich die Augen, mit denen er mich anstarrte, vergessen. Sie glichen denen eines seit Tagen gehetzten und zu Tode erschöpften Wildes.

Er verschüttete die Hälfte der Tasse über seine Jacke, weil seine Hand so zitterte, und dann fiel er mit einem Plumps zu Boden, und dort lag er in schrecklichen Krämpfen. Wir waren zu viert und konnten nicht verhindern, daß er mit dem Kopf gegen die Kante des Ofens stieß. In meiner Hand war Blut, Kaffee und Speichel. Wir legten ihm ein Kissen unter den Kopf und betteten ihn so auf dem Boden, da wir im Augenblick nicht wagten, ihn in den ersten Stock zu tragen, wo die Schlafstätten der Brüder sind.

Er schlummerte ein wenig ein, dann öffnete er die Augen voll unendlicher Traurigkeit und bat mich um irgendeinen Drogenersatz. Er hatte den ganzen Tag ohne Drogen durchgehalten, und nun konnte er nicht mehr. Er fing wieder an, sich wie ein Besessener herumzuwälzen. Später kam ein Arzt und gab ihm eine Spritze.

Dann kamen vier Krankenwärter und brachten ihn in die Nervenklinik.

Was ich hier erzählt habe, ist die moderne Übersetzung des alten lukanischen Gleichnisses vom verlorenen Sohn.

BEGREIFEN

Für mich ist es keine Frage, ob es eine Hölle gibt oder nicht. Sie erübrigt sich, wenn ich das Evangelium richtig lese. Vielmehr muß ich versuchen, nicht hineinzugeraten und jemanden zu finden, der mir den Weg abschneidet, ehe es zu spät ist.

Genau das ist dem Verlorenen Sohn im Gleichnis bei Lukas passiert (vgl. Lk 15,11–32).

Der Hunger hat ihm auf der Flucht Einhalt geboten, und er ist wieder nach Hause gegangen, weil er Hunger hatte. Das ist nicht sehr schön, auch nicht stilvoll, aber so geht's im Leben.

Und Gott kümmert sich nicht allzu sehr um Kleinigkeiten. Worauf es ihm ankommt, ist die Rettung seines Sohnes, und die ist ihm mit Hilfe des Hungers geglückt.

Manchmal bedient er sich auch noch härterer Mittel. Gottes Liebe schreckt vor nichts zurück, wenn es um unser Heil geht! Er zerstückelt und zermalmt uns, um uns nur nicht zu verlieren. Und uns nicht zu verlieren heißt, von uns aus gesehen, begreifen.

Begreifen, daß die Liebe nicht mit sich spaßen läßt.

Begreifen heißt, Zugang zum Leid des Bruders gewinnen.

Begreifen heißt, erkennen, daß unser Stolz in unserer Umgebung verletzend wirkt, daß unsere Habgier jemanden in den Hunger treibt.

Nur zu schnell sind wir bei der Hand mit den Worten: »Warum das Leid der Welt, warum das Leiden Unschuldiger, warum der Hunger, warum der Krieg?«

Was würde in der Welt geschehen, wenn man, ob mächtig oder nicht, begänne, einander zu achten und den Menschen zu achten und vor allem zu lernen, ihm zu helfen, wenn wir Brüder würden oder es zu werden versuchten?

Die Erde würde zum Paradies.

LEIDEN

Die Liebe bewirkt deine Geburt zum Leben, sie richtet dich wieder auf, wenn du gefallen bist, sie tadelt dich, wenn du etwas falsch machst, sie wartet auf dich, wenn du fliehst, sie umarmt dich, wenn du anhältst, um sie zu suchen, sie küßt dich, wenn du sie küßt.

Und außerdem läßt sie dich leiden.

Das Leidenlassen bleibt dem Menschen lange unverständlich. Die meisten fassen das Leiden als eine Art von Sündenstrafe auf. Und da alle sündigen, und das immer und immer wieder, sagen wir in unserer Unreife: »Gott hat mich bestraft.« So kommen wir von einer Bestrafung zur anderen, von einem leidvollen Erleben zum anderen.

Aber so ist es nicht.

Gott bestraft niemanden, und jetzt, da ich ihn doch ein wenig kenne, schäme ich mich der Zeit, in der ich, noch unreif, den Schmerz für eine Gottesstrafe gehalten habe. Wenn wir uns Gott als einen strafenden Gott vorstellen, stellen wir uns Gott im Grunde nicht anders vor als... wir sind: böse und nochmals böse.

Ist es nicht böse, jemanden zu strafen? Ganz schlicht und einfach ausgedrückt, ein wenig Privatrache zu üben. Du hast nicht gehört, also bestrafe ich dich!

Auch das noch! Wenn Jesus selbst uns gesagt hat, wir sollten dem, der uns schlägt, auch die andere Wange hinhalten, würde dann ausgerechnet er anders handeln und uns anstelle der anderen Wange die wohlverdiente Strafe anbieten?

Solch ein Gott würde mir nicht mehr behagen... In Gott ist das Leiden, das er uns anbietet – und er bietet es uns äußerst reichlich an –, keine Strafe. Es ist eine Schule. Es ist die Schule der Liebe.

Gott, der die Liebe ist, kann nur Liebe geben, und das Leiden hilft uns, in die Liebe einzugehen.

DER WIRKLICHE TOD

Wir sagen immer »Gott ist Liebe«, aber begreifen wir denn die Tragweite einer solchen Aussage?

Wir versuchen uns mit Gleichnissen auszuhelfen, aber sie taugen nur, soweit sie gelten, sie reichen nie so weit, daß sie den vollen Inhalt des Geheimnisses ausdrücken könnten.

Eins ist sicher: wenn ich liebe, wirklich liebe, weiß ich, daß das Böse schlechthin in der Trennung besteht. Die Trennung ist für den, der liebt, unerträglich. Versucht es euch konkret auszudenken.

Die Mutter getrennt vom Kind, der Gatte von der Gattin, der Freund vom Freund, der Sohn vom Vater – und... für immer. Es ist nicht zu ertragen.

Ein Zug überfährt meinen Körper und zertrennt ihn.

Aber was ist zerteilt worden? Mein Körper oder mein Leben? Eine chemische Verbindung oder mein Licht? Ein Agglomerat von Zellen oder meine Liebe?

Nein, niemand kann mein Leben abschneiden, es ist ewig. Niemand kann mein Licht abschneiden, es besteht immerfort. Niemand kann meine Liebe abschneiden.

Wir sind ewig, wir können nicht mehr sterben, weil wir in das ewige Leben, das Gott ist, eingepflanzt sind.

Wir sind eingetaucht in das Licht, das Christus ist.

Wir sind vereinigt mit der Liebe, die der Heilige Geist ist.

Und niemand kann den Heiligen Geist entzweischneiden. Diese Teilhabe am göttlichen Leben kann uns niemand nehmen. Aber was niemand mir nehmen kann, was kein Zug mit seinen Rädern zerteilen kann, ich kann es mir nehmen, ich kann es zerteilen mit meinem Willen.

Ich kann mich von Gott losreißen, und das ist mein wirklicher Tod.

RICHTET NICHT

»Richtet nicht, damit ihr nicht gerichtet werdet! Denn wie ihr richtet, so werdet ihr gerichtet werden, und nach dem Maß, mit dem ihr meßt und zuteilt, wird euch zugeteilt werden. Warum siehst du den Splitter im Auge deines Bruders, aber den Balken in deinem Auge bemerkst du nicht?« (Mt 7,1–3)

Wie können wir in uns diesem schrecklichen Übel des Richtens Einhalt gebieten? Sogar Jesus fordert uns mit so starken Worten auf, kein Urteil über unseren Bruder zu fällen. Menschlich ist das unmöglich, und nur das Wirken des Heiligen Geistes kann dieses Wunder fertigbringen. Nur wenn die Seligpreisung der Barmherzigkeit uns ganz durchdrungen hat, wird diese Meisterleistung der Liebe, das Nicht-Richten, möglich.

Unsererseits bleibt es ein unlösbares Problem, und die Welt ist der Beweis dafür, auch die Welt der Frommen, in der das Richten das Unkraut ist, das den Acker Gottes entstellt.

Der Herr verlangt mit seiner Anweisung, nicht zu richten, allerdings nicht, daß wir blind sein sollten. Über Taten müssen wir richten, über ergangene Urteile können wir richten: aber nicht über einen Menschen.

Niemand von uns kann angesichts eines Bruders um dessen Zukunft, um dessen Stärke und Heiligkeit wissen. Laue haben sich bekehrt und diejenigen übertroffen, die tugendhafter waren. Und außerdem: wer kann wissen, wie weit ein jeder verantwortlich oder schuldig ist? Der Befehl des Herrn bleibt also klar.

Aber, wie gesagt, die eigentliche Lösung zeigt der Heilige Geist, der in uns die ganze Fülle der Seligpreisung der Barmherzigkeit heranreifen läßt.

Das Licht, das diese herrliche Seligpreisung ausströmt, wirft einen hellen Strahl auf die Seele, in dem sie ihr eigenes Elend erkennt, so daß sie jedes Verlangen, den Nächsten zu richten, im Keim erstickt und einzig um Erbarmen und nochmals Erbarmen bittet.

DER WEG DER LIEBE

Wenn mich ein anderer Mensch beleidigt oder bestiehlt, wenn er mich kränkt oder sich sonst an mir vergeht, ist es mir unmöglich, nicht zu sagen: »Ich habe recht.«

Ich kann ja nicht einfach die Augen schließen, wenn es auf Tatsachen beruht, daß jener mich beleidigt, bestiehlt usw. Das ist eben die Wahrheit.

Aber ich muß nicht unbedingt nur ausgehen von der Ebene der Wahrheit und Richtigkeit, muß nicht die Gerechtigkeit anrufen. Ich kann mich auf den Weg der Liebe begeben. Sonst bleibt auf ewig das Dilemma zwischen meinem Bewußtsein, recht zu haben, und seinem Standpunkt.

Im Namen der Gerechtigkeit hat man fast immer die Kriege geführt. Im Namen der Wahrheit wurden Menschen eingekerkert, hat doch ein jeder eine Wahrheit zu vertreten und zu verteidigen.

Jesus denkt anders.

Versuchen wir, sein Denken immer besser zu verstehen! Jesus übersteigt die Gerechtigkeit durch die Liebe, stellt über die Wahrheit seine eigene Hingabe.

Jetzt haben wir ebenso »listig« zu sein, müssen dem Nächsten ein Maß zumessen, das er »eigentlich« nicht verdient hat. Begegnen wir einem Übeltäter, einer Maria Magdalena oder einem Petrus, so werden wir ihm vergeben. Nicht Steine heben wir vom Boden, sondern sagen wie Jesus zur Ehebrecherin: »Auch ich verurteile dich nicht. Geh und sündige von jetzt an nicht mehr« (Joh 8,11).

Verhalten wir uns anders, so wird aus unserer Kirche sehr rasch ein juridisches Gebilde, etwas Totes und Eingekapseltes. Wir stellen uns in eine Reihe mit den Pharisäern aller Zeiten, die die Tempel und Heiligtümer dieser Welt bewachen.

DEN ERSTEN SCHRITT

Es gibt Augenblicke, da bringst du es nicht fertig, deinen Bruder oder deine Schwester zu lieben, du magst dich anstrengen wie du willst. Schuld daran sind deine Sünde, deine Trägheit und Oberflächlichkeit.

Erinnere dich dann daran, daß es eine übernatürliche Gabe ist, den Bruder und die Schwester auch dann zu lieben, wenn du auf seinem Antlitz Lüge und Haß siehst. Dabei bleiben wir immer stehen. Wenn du »handelst, als ob«, dann liebst du mit der Liebe, mit der Jesus geliebt hat.

Du brauchst dich nicht gewaltsam mühen, deine Gefühle zu ändern. Es wird dir doch nicht gelingen. Die Gefühle folgen nicht immer der Wahrheit. Wie soll ein Herz lieben können, das schrecklich leidet unter empfangener Beleidigung? Und doch kannst du Taten setzen, kannst beten und handeln. Ich möchte das noch ein wenig erläutern.

Jemand aus deiner Familie hat dich beleidigt, jedenfalls fühlst du dich beleidigt. Ihr versteht euch nicht mehr. Du glaubst, du hast recht: Der andere habe aus Egoismus und Bosheit so gesprochen oder gehandelt, habe dir weh tun wollen. Daher diskutierst du auch gar nicht weiter.

Aber gerade deshalb, weil du recht hast, sage ich dir: Versuche, dich zu überwinden! Tue den ersten Schritt, biete die Versöhnung an!

Wer nicht liebt, überhebt sich über andere.
Wer liebt, fühlt sich den anderen gleich.
Wer viel liebt, fühlt sich kleiner als die anderen.

Wer nicht liebt, ist im Tod. Wer liebt, ist im Leben. Wer viel liebt, ist ein Heiliger.

DIE EINE WAHRHEIT

Es ist schwer, den richtigen Punkt im Geheimnis des Menschen zu erfassen, der ein Teil des großen Geheimnisses Gottes ist.

Der eine träumt von einer angesehenen Kirche voller Mittel und Möglichkeiten, und der andere will sie arm und schwach. Der eine setzt Leben, Bildung, Studium ein, um das christliche Denken reicher zu machen, und der andere verzichtet sogar auf das Studium aus Liebe zu Gott und dem Nächsten...

Kann ich am Glauben meiner Mutter zweifeln, die allen Reichtum in die Hand der Kirche gewünscht haben würde für den Schmuck der Altäre, für die Missionswerke, für einen würdigen Gottesdienst?

Und ich, ihr Sohn, dem genau das Gegenteil vorschwebte, ein schlichterer Kult, eine überzeugendere Armut und vor allem ein Apostolat mit armen Mitteln, hatte nicht auch ich meine Gründe?

Es ist so schwer zu urteilen. Eine Wahrheit gibt es aber, an der wir immer und um jeden Preis festhalten müssen: die Liebe! Die Liebe rechtfertigt unsere oft so widersprüchlichen Handlungen. Die Liebe ist die Vollendung des Gesetzes.

Und wenn Bruder Paul *aus Liebe* gewählt hat, auf einer Straße der Wüste zu sterben, dann ist er dadurch gerechtfertigt.

Wenn Don Bosco und Cottolengo *aus Liebe* Schulen und Hospitäler gebaut haben, dann sind sie dadurch gerechtfertigt.

Wenn Thomas von Aquin *aus Liebe* sein Leben an die Theologie verwandte, dann ist er dadurch gerechtfertigt.

Es bleibt nur das Problem, die Rangfolge dieser verschiedenen Liebe zu finden. Hierzu sagt Jesus selbst unzweideutig: »Der Größte unter euch soll dem Kleinsten gleich werden und der Führende dem Dienenden« (Lk 22,26). Und: »Es gibt keine größere Liebe als die, wenn einer sein Leben gibt für seine Freunde« (Joh 15,13).

DIE UMWANDLUNG

Dieser Sand, den ich mit den Händen berühre, der durch meine Finger rieselt, gehört zum »Erdaltertum«. Ein Geologe sagte mir, er sei 350 Millionen Jahre alt.

Die großen Kriechtiere, die diese Gegend bewohnten und deren Versteinerungen ich in den Bodenfalten der Sahara sah, gehören zum Erdmittelalter: 130 Millionen Jahre.

Jene Kamele, die das Salz zum Niger tragen und die vor mir in langen Karawanen schreiten, gehen in ihren Ahnen in das Tertiär zurück: 70 Millionen Jahre.

Und der Mensch, dieser gleichzeitig so große und so kleine Mensch, wie langsam geht er über die Friedhöfe der Lebewesen, die ihm vorangegangen sind! Er stammt aus der Quartärzeit, von gestern: 500000 Jahre.

Gott hat keine Eile, die Dinge zu schaffen. Die Zeit gehört ihm, nicht mir. Und ich, kleine Kreatur Mensch, ich bin berufen, in Gott umgewandelt zu werden, an ihm teilzuhaben. Was mich umwandelt, ist die Liebe, die Gott in mein Wesen gelegt hat.

Die Liebe wandelt mich langsam in Gott um.

Die Sünde ist nichts anderes als: dieser Umwandlung widerstehen, zur Liebe nein sagen. Im Egoismus leben bedeutet: sich im Zustand des Menschen verschließen und die Umwandlung in die göttliche Liebe verhindern.

»Gerichtet werdet ihr nach der Liebe«, das ruft mir die Wüste zwischen Tit und Silet zu.

»Gerichtet werdet ihr nach der Liebe«, sagt mir jene Wüste, in der ich mein Fegefeuer durchmachen werde, um zur Reife der vollkommenen Liebe zu gelangen, die Jesus mir auf die Erde gebracht und mir um den Preis seines Blutes geschenkt hat.

Er ruft mir die große Hoffnung zu: »Ich werde euch auferwecken am Letzten Tag« (Joh 6,40).

Möge dieser Tag nicht allzu fern sein!

DEN NÄCHSTEN LIEBEN

Eines Abends traf ich in der Wüste einen alten, vor Kälte zitternden Mann. Es klingt merkwürdig, von Kälte in der Wüste zu reden, aber es ist so. Die Beschreibung der Sahara ist nämlich: »Kalte Gegend, die heiß wird, wenn die Sonne scheint.«

Die Sonne war untergegangen, also zitterte der Alte. Ich hatte zwei Decken bei mir, meine eigenen zwei Decken, beide unentbehrlich, um die Nacht unter freiem Himmel zu verbringen. Hätte ich sie ihm gegeben, hätte die Kälte mich erwischt. Ich bekam Angst und behielt die Decken für mich.

In jener Nacht brauchte ich nicht vor Kälte zu zittern. Um so mehr mußte ich es am Tag darauf vor Gottes Gericht.

Ich träumte, verunglückt zu sein, erschlagen von dem Fels, in dessen Schatten ich mich hingelegt hatte. Mit dem Leib unter Tonnen von Granit völlig unbeweglich, allerdings bei ganz lebendiger Seele, erlebte ich mein Urteil. Ich wurde für unreif für das Reich Gottes befunden, weil ich meinem Bruder aus Angst vor der Kälte der Nacht eine Decke vorenthalten und somit gegen das Gebot Gottes verstoßen hatte: »Du wirst deinen Nächsten lieben wie dich selbst.« Ich hatte meine eigene Haut mehr geliebt als die des alten Mannes.

Und nicht nur das kam hervor. Indem ich mich entschlossen hatte, als »Kleiner Bruder« Jesus nachzuahmen, hatte ich die Liebe Christi erkannt: Sie bleibt nicht dabei, den Nächsten »wie sich selbst« zu lieben, sondern sie geht weit darüber hinaus und liebt ihn bis »zum Tode am Kreuze«. Ich hatte also auch gegen meine Pflicht als Nachfolger Jesu verstoßen.

Wie konnte ich ins Reich der Liebe unter diesen Umständen eintreten? Ich trat also in mein Fegefeuer ein.

Ich mußte lernen, beide Decken abzugeben. Die erste, um zu beweisen, daß ich die anderen Menschen wie mich selbst liebte, die zweite, um zu zeigen, daß ich nach Jesu Vorbild fähig war, auf meinen Schultern das Leid der anderen mitzutragen.

WAS ZÄHLT

In gewisser Weise beginnt das Fegefeuer schon hier auf Erden. Was ich jetzt schon tun kann, brauche ich später nicht zu tun.

Jetzt schon kann ich durch Liebe einiges »fortbrennen«. Die Schmerzen des Alltags und die Prüfungen, zu denen ich ja sage, sind eine Anzahlung, »Angeld« für später.

Nicht Jesu körperlicher Schmerz hat uns gerettet, sondern die innere Haltung, mit der er sie bejaht hat.

Nicht sein Gang zum Kreuz hat uns gerettet, sondern seine Geduld und sein Gehorsam.

Seine Liebe ist das Neue, das den Menschen aus der Erlösung zukommt.

Was zählt, ist die Liebe.

Gelänge es uns, jeden Augenblick unseres Daseins in Liebe zu wandeln, dann wäre alles gelöst. Wer dem Feuer des Läuterungsortes entgehen will, muß sich diesem Feuer auf Erden unterziehen.

Die Liebe, die das Feuer an jenem Reinigungsort ausmacht, ist die übernatürliche Liebe. Sie hat Jesus als Opfer auf Golgota verbrannt, hat die Blutzeugen in ihrem Martyrium aufgezehrt. Selbst Nichtgetaufte konnten so in das Himmelreich eingehen.

Diesem Feuer können wir auf keine Weise entfliehen. Davon abgesehen, möchte ich gar nicht fliehen. Ich muß hindurch, auch wenn ich weiß, daß es hart sein wird.

Ich will ja nicht der bleiben, der ich war. Im Paradies will ich kein grünes Holz bleiben. Dorthin möchte ich kommen, wo Jesus ist, möchte erprobt und geprüft werden, wie er geprüft wurde.

Einen anderen Weg gibt es nicht.

Gott in seiner Allmacht wird mir helfen, daß ich diesen Weg gehen kann.

SICH VERSCHENKEN

Immer wieder kommt mir die Erinnerung an jenen Traum, in dem ich von Gott gerichtet wurde. Ich hatte die Welt verlassen und wollte allein Gott dienen. Ich war in die Wüste gegangen, um zu lernen, die Ärmsten der Armen zu lieben. An einem Abend hatte ich einem frierenden alten Mann den Mantel verweigert, vor Angst, selbst zu frieren in der Nacht...

Ein paar Monate, nachdem das passiert war, kam ein Arzt der Fremdenlegion zu mir und sagte: »Gehen Sie doch einmal nach Tazrouk. Im Lager der Uksem werden Sie die Ärmsten der Armen antreffen.« Ohne daran zu denken, daß Gott mir hier einen Weg weisen wollte, ging ich bei der nächsten Gelegenheit zu den Zelten, von denen der Arzt gesprochen hatte.

Ich kam im Morgengrauen an, es war noch kalt. Man führte mich zu einem alleinstehenden Zelt: dort liege eine sterbende Frau. Sie hatte keinen Mann, aber ein ganz kleines Kind. Im Zelt erwartete mich schreckliches Elend. Die arme Frau lag auf trockenen Blättern und zitterte. Sie war zugedeckt mit blauen Lumpen. Das ist die charakteristische Farbe der Tuareg, ihrer Herren. Der Stoff konnte die Frau nicht warm halten. Neben ihr lag, in eine Leinendecke gehüllt, das Kind.

Diese Frau war keine Christin. Sie gehörte wirklich zu den Ärmsten der Armen, ein Nichts geradezu. Sie starb, wie die Armen der Dritten Welt sterben. Aber sie hatte an ihrem Kind in vollkommener Liebe gehandelt.

Ich fühlte mich trocken wie Sand, fühlte mich ganz im Staube angesichts der gottgewirkten Größe dieser Frau, die ich, der ich glaubte, in der Gnade zu leben, nicht hatte.

Gott war gegenwärtig in diesem armen Zelt. Er hatte diese von niemandem geachtete Frau befähigt, etwas zu tun, was der Tat Jesu am Kreuz würdig ist: Sie verschenkte sich ganz einfach.

AUFGEWOGEN

Auf meinem Lebensweg bin ich zu einem unfähigen Nichts geworden. Ich konnte aufgrund eines Mißgeschicks überhaupt nicht mehr gehen. Mit all meinen Bosheiten fiel ich Himmel und Erde zur Last. Welche Sünde gibt es, die ich nicht begangen habe oder hätte, wenn ich die Gelegenheit dazu gehabt hätte?

Da ist *er* wie der gute Samariter herabgestiegen vom Pferd, ist hingetreten zu mir, hat das fließende Blut gestillt. Ohne ihn wäre ich gestorben. Jesus ist das Sakrament, die Ursache meines Heiles geworden. Er bewahrt mich vor Hölle und Untergang, die ich mir selbst bereiten wollte. Er wäscht mich rein im Wasser der Taufe, schenkt mir in der Firmung seinen Geist, stärkt mich mit seinem Brot und seinem Wort. Vor allem aber hat er vergeben und vergessen, will sich nicht mehr meiner Vergangenheit erinnern.

Wenn ich wieder einmal anfange, meine Vergangenheit zu beklagen, tritt er zu mir und legt mir sanft die Hand auf den Mund. Seine einzige Sorge war ja, daß ich noch einmal aufzustehen vermöchte, daß ich mich auf den Weg begäbe trotz meiner Schwäche. Ich wollte weiterhin an seine Liebe glauben, obwohl mich Furcht und Ängste bedrückten.

Vor allem aber hat er eins getan, das jedes Maß überschreitet, etwas, was nur ein Gott hat tun können.

Ich zweifle an meinem Heil, halte es nicht für möglich, daß meine Sünden vergeben werden können. Ich denke nur in den Kategorien von Gerechtigkeit.

Da geht er ans Kreuz, an jenem denkwürdigen Freitag. Ströme des Blutes aus seinen offenen Wunden übergießen mich. Drei Stunden bleibt er am Kreuz, dann stirbt er.

Er ist gestorben, damit ich nicht mehr nach Gerechtigkeit frage, sondern erkenne, daß die Liebe alles aufgewogen hat.

Für alle Zeiten ist er Sieger, zieht alles und alle an sich.

OKTOBER

Der Arme kann dich retten

DIE LEHRE DER ARMEN

Als ein reicher satter Bürger, der Franziskus war, hätte er nie gedacht, daß die Armen ihn einmal retten würden.

Von seiner Mutter hatte er die Gewohnheit, regelmäßig zur Kirche zu gehen, und er war immer der Meinung, die Reichen und Wohlanständigen seien die Rettung der Armen. Sie wären von den Reichen und ihrer Großmut abhängig und wären ohne sie verloren.

So blind war er.

Das Gegenteil ist wahr, er hat es zu spüren bekommen.

Die Armen haben ihn gerettet, nicht er die Armen. Sie haben ihn wieder auf die Füße gestellt. Nach seiner langen Krankheit, die ihm, wie er erzählte, neue Augen gegeben hat, sind die Armen mit Wucht in sein Leben eingetreten. Sie zogen ihn an, sie erzogen ihn. Er nahm sie jetzt erst wirklich wahr und sah sie überall. Auf den Stufen vor den Kirchen, an den Haustüren, auf den Straßen, in der Stadt und auf dem Land: allenthalben.

Die Armen waren auf die öffentlichen Almosen angewiesen, die man ihnen aus Gnade gewährte oder auch nicht.

Auch seine Mutter gab reichlich. Zu Hause hatte er immer viele Arme gesehen.

Aber wie gesagt, seit ihm das Leben wiedergeschenkt war, sah er die Dinge mit neuen Augen, und da erschienen ihm auch die Armen in neuem Licht, sie ganz besonders. Und sie haben ihn gerettet, sie haben ihn aus der Höhle seines Egoismus gezogen. Bei ihrem Anblick gewann er wieder Lebenskraft, weil er in ihnen sein Morgen, seine Berufung fand und froh wurde, etwas Brauchbares in seinem Leben zu tun.

Außerdem erzogen ihn die Armen in Geduld, die er nicht hatte, zur Buße, die er nicht kannte. Gar nicht zu reden von der Fügsamkeit, der Feinheit im Empfangen, von der Hoffnung auf morgen, vom Mut, weiterzustapfen.

Aber allem voran öffneten sie Franziskus das Herz für das Verstehen...

DIE HERZEN ÄNDERN

Als Franziskus den Ruf des Evangeliums vernahm, fühlte er sich nicht aufgerufen, in Assisi eine politische Macht zu organisieren.

Er ist aus Liebe gegangen, einfach vom Evangelium getrieben, ohne sich gegen die Reichen aufzupflanzen, ohne mit denen zu zanken, die reich blieben, ohne Klassenhaß, ganz gewiß ohne Klassenhaß.

Der soziale Kampf war zu seinen Lebzeiten zäh und erbittert, gar nicht viel anders als wir ihn erleben. An allen Ecken schossen Gruppen armer Gesellen aus dem Boden, die über die Armut der Kirche und die Erneuerung der Gesellschaft predigten, aber die Dinge änderten sich nicht, weil sich die Herzen nicht änderten.

Wurde ein Armer, ein Aufwiegler reich, so wurde er anmaßend wie die Reichen und vergaß seine ehemaligen Elendsgenossen.

Ja, so ging das damals, so geht es auch heute...

Nein, Brüder und Schwestern, Gesetze ändern genügt nicht, die Herzen müssen sich ändern, sonst finden wir, am Ziel unseres sozialen Einsatzes angelangt, alles wie gehabt: Machthaber, Reiche und Ausbeuter der übriggebliebenen Armen.

Darum hat Franziskus seinen Weg eingeschlagen, den Weg des Evangeliums.

Für ihn war die Armut das Zeichen der Befreiung, aber der wahren, der Befreiung der Herzen, sie war Mittel und Antrieb, sich herauszuziehen aus dem Spießergeist der Bürger, der in keiner Epoche fehlt und sich zusammensetzt aus Egoismus, Anmaßung, Trägheit und Hochmut.

DER SICHERSTE WEG

Franziskus hatte Frau Armut in einem Aussätzigen gesehen. Es war die Armut der ganzen Welt, sie war die Solidarität mit allem, was klein, schwach, leidend ist; auf sie richtete sich die Barmherzigkeit Gottes am allermeisten.

Frau Armut!

Ihr demutvolles Antlitz war das Antlitz aller Armen, die ihm je begegnet waren und die ihn mit unendlicher Milde und Zartheit angeblickt hatten. Ihre Augen waren voller Tränen, sie bargen ein Geheimnis, das sich nur wenigen enthüllt. Ihre gequälten Glieder waren von Licht durchstrahlt, sie allein waren würdig, Christus selbst zu umarmen.

Bisher war er der Meinung, die Armut sei der Fluch der Erde, ein schrecklicher Irrtum der Schöpfung, eine Art Vergeßlichkeit Gottes...

Jetzt sah er es ganz anders.

Der Fluch bestand nicht in der Armut, sondern im Reichtum, in der Macht, in der Üppigkeit, die die Herzen verhärtet und vergiftet.

Nicht ein Irrtum der Schöpfung war die Armut, sondern mit ihr wendet sich das letzte Blatt der Schöpfung, das wichtigste vielleicht, um den Menschen vor das Geheimnis zu bringen und ihn zur Suche nach Gott und zur höchsten Selbsthingabe zu bewegen.

Die Armut war nicht ein Versäumnis Gottes an ihm, sondern das rauhe, aber wirksame Mittel, in seinem Innern die unbedingte Liebe und den nackten Glauben auszuschachten.

Von diesem Augenblick an gab es für ihn keinen Zweifel mehr: die Armut war der bevorzugte Ort des Göttlichen, die hohe Schule der wahren Liebe, die mächtigste Anziehungskraft für die Barmherzigkeit, die erleichterte Begegnung mit Gott, der sicherste Weg, die irdische Reise zurückzulegen.

Franziskus erkor sich Frau Armut zur Braut, und alsbald verließ ihn jede Furcht. Er betrat die wahre Freiheit.

FRANZISKUS IN UNS

Es gibt wenige Christen – ob Katholiken, Protestanten oder Orthodoxe –, die den Begriff menschlicher Heiligkeit nicht alsbald mit der Gestalt des Franz von Assisi verbinden und die sich nicht in irgendeiner Weise von ihm angezogen fühlen.

In allen Kirchen verkörpert Franziskus den Typus des Menschen, der sich auf das Abenteuer der Heiligkeit einläßt und ihr einen wahrhaft universalen Ausdruck verleiht.

Wer Heiligkeit im Menschen für möglich hält, entdeckt sie in der Armut und Milde des Franziskus; wer sich seinem Gebet im Lied der Kreaturen anschließt, ahnt etwas von der Überwindung des Grenzwalls, den Ungläubigkeit und Angst errichtet haben, und weiß: drüben lassen sich Wölfe zähmen, dort kann man mit Fischen und Schwalben sprechen.

Ich glaube, Franziskus von Assisi ist in der Tiefe jedes Menschen, der von der Gnade berührt ist, wie in der Tiefe jedes Menschen der Ruf nach Heiligkeit ertönt.

Und wiewohl Franziskus durchaus eingewurzelt ist in die Geschichte, ein Kind seiner Zeit, so kann man ihn auch der Geschichte entziehen und ihn in jede Zeit hineinstellen.

Man kann ihn zu den ersten Christen gesellen, diesen Pilgern auf den Straßen des römischen Reiches, die die Freude einer ganz neuen Botschaft mit sich trugen, man kann ihn ins Mittelalter stellen als Reformator und Restaurator einer von politischen Kämpfen und Korruption zerrütteten Kirche, man kann ihn in die Zeit des Barock versetzen, um durch seine verblüffende Armut und Demut den Klerus herauszufordern, der das Priesteramt mehr als Herrschaft denn als Dienst auffaßte.

Man kann ihn heute als den Typus des wahrhaft modernen Menschen aufstellen, der aus seiner Ängstlichkeit und Isolierung ausbricht, um das Gespräch mit der Natur, mit den Menschen und mit Gott wiederanzuknüpfen.

Vor allem mit Gott.

DIE BOTSCHAFT DER STEINE

Ich habe jene Einsiedelei in Speco di Narni aufgesucht, die ein bevorzugter Ort des heiligen Franziskus war. Hier ist alles in eine vollkommene Einheit getaucht. Wald, nackter Stein, Architektur, Armut, Demut, Einfachheit, Schönheit; für Jahrhunderte ein Beispiel von Frieden, Gebet, Stille.

Betrachtet man diese Einsiedelei und die stillen Menschen, die hier Frieden gefunden haben im Gebet und in der freudig angenommen Armut, dann hat man die Antwort auf den beängstigenden Zwist, der unsere Gesellschaft zernagt.

Seht nur, sagen uns diese Steine: seht, daß der Frieden möglich ist. Sucht nicht den Luxus, wenn ihr eure Häuser erbaut, sondern das Wesentliche. Dann wandelt sich die Armut in Schönheit und befreiende Harmonie. Schlagt nicht die Wälder, um Industrieanlagen zu errichten, die noch mehr Arbeitslosigkeit und noch mehr Übelstände zur Folge haben, sondern helft den Menschen, sich wieder auf dem Land zurechtzufinden, Geschmack zu finden an handwerklicher, gediegener Arbeit, die Wohltat des Schweigens und des Kontakts mit der Erde und mit dem Himmel zu erleben.

Schändet nicht eure Arbeit damit, daß ihr Gegenstände herstellt, die keine ganze Saison aushalten und so die wenigen Rohstoffe verzehren, die ihr noch habt, sondern macht Eimer wie diesen da, den ihr über diesem Brunnen seht und der seit Jahrhunderten das Wasser heraufzieht.

Ihr redet soviel Schlechtes vom Konsumzwang, um euch den Mund mit Worten vollzustopfen und das schlechte Gewissen zum Schweigen zu bringen: aber ihr bleibt treue Sklaven, phantasielos, unfähig, etwas Neues anzufangen.

Was nun?

Die Einsiedelei spricht aus der Stille. Sie spricht und sagt, die Brüderlichkeit ist möglich. Sie sagt, Gott ist Vater, die Geschöpfe sind Brüder und Schwestern, der Friede ist Freude.

Man muß ihn nur wollen. Versucht es, Brüder und Schwestern, versucht es, und ihr werdet sehen, es ist möglich.

ARM SEIN

Unter Armut verstehe ich nicht, Geld zu haben oder keines zu haben, Läuse zu haben oder keine zu haben. Die Armut ist nicht etwas Materielles. Sie ist eine Seligpreisung. »Selig, die das Herz eines Armen haben.« Sie ist eine Art und Weise zu sein, zu denken, zu lieben. Sie ist eine Gabe des Heiligen Geistes.

Armut ist Loslösung, ist Freiheit, vor allem Wahrheit.

Geht in die gutbürgerlichen Häuser, auch in die christlichen, und ihr könnt euch vom Mangel dieser Seligpreisung überzeugen.

Möbel, Einrichtungsgegenstände, Ausstattung sind in allen Häusern erschreckend gleich. Der Lebensstil wird von der Mode, vom Luxus bestimmt, nicht vom Bedürfnis, von der Wahrheit.

Dieser Mangel an Freiheit oder, besser, diese Versklavung durch die Mode ist einer jener Dämonen, von denen viele Christen an die Kette gelegt werden. Das Herz eines Armen haben heißt vor allem frei sein von dem, was sich Mode nennt, heißt Freiheit. Ich kaufe keine Decke, weil sie gerade in Mode ist. Ich kaufe eine Decke, weil ohne sie ein Kind friert.

Brot, Decke, Tisch, Feuer sind in sich notwendige Dinge. Sich ihrer bedienen heißt Gottes Plan verwirklichen. »Alles übrige kommt vom Bösen«, könnte man ein Wort Jesu über die Wahrheit variieren. Dieses »übrige« ist die Mode, die Gewohnheit, der Luxus, der Reichtum, die Versklavung, die Welt.

Das Herz eines wahren Armen wird man nicht mit einem Schlag bekommen. Ein Leben wird dazu nicht ausreichen. Aber wir müssen daran denken, darüber nachsinnen, darum beten.

Jesus, der Gott des Unmöglichen, wird uns dabei helfen. Er wird, wenn es nötig ist, ein Wunder vollbringen und das Kamel des Gleichnisses durch das winzige, rostige Nadelöhr unserer armen Seele gehen lassen.

DIE LEBENSWEISE JESU

Dem armen Menschen fällt es leichter, sich menschlich und geistlich zu entfalten, und er kommt ganz von selbst der Lebensweise des Gott-Menschen Jesus von Nazaret näher.

Als Jesus auf Erden lebte, hat er seine Wahl getroffen: er hat sich weder für den Reichtum der Familien entschieden, die in Jerusalem Macht und Einfluß besitzen, noch für die erschütternde Armut des Täufers.

Er wollte uns beispielhaft vorleben, was leichter und der menschlichen Natur entsprechender ist: die aktive Armut eines Menschen, dessen irdischer Lebensweg aus Mühsal und Freude, Sparsamkeit und Sorglosigkeit besteht.

Es ist ganz mein Glaube, daß in diesem Gleichgewicht zwischen den Spannungen der Geschichte und den Freuden des Lebens, dem leidigen Kampf um das tägliche Brot und der Genugtuung, an der Tafel Platz zu nehmen, der enormen Schwierigkeit des Gemeinschaftslebens und der Hochstimmung des Miteinanders das Beste liegt, was Gott uns anbietet, damit wir uns entfalten und die Strecke unseres Lebens auf die einfachste und fruchtbarste Weise zurücklegen können.

Nicht von ungefähr hat der Sohn Gottes, als er zu uns kam, einen Lebensentwurf vorgefunden, der für alle Völker die menschlichste und wahrhaftigste Form zur Gestaltung ihres Weges in die Ewigkeit bleibt.

Nazaret zeigt uns das sehr gut.

NAZARET-LEBEN

Die Berufung Charles de Foucaulds und die der Kleinen Brüder und der Kleinen Schwestern besteht wesentlich darin, aus Liebe das Leben Jesu als Arbeiter in Nazaret nachzuvollziehen und wie er mitten unter den Menschen, in schlichter und vertrauter Aufgeschlossenheit für sie, ein kontemplatives Leben der Armut und der Arbeit zu führen.

Das Leben Jesu in Nazaret nachvollziehen: dieses Lebensideal läßt vor allem an die Übung der verborgenen Tugenden der Demut, der Armut, der Sammlung und des niedrigen und stillen Dienens denken, die sich die Kleinen Brüder und Schwestern Jesu zum Ziel gesetzt haben.

Am 13. Juni 1968, dem Fest des allerheiligsten Leibes und Blutes Christi, kam die Fraternität der Kleinen Brüder Jesu zum päpstlichen Recht.

Die Brüder wurden in ihrer Sendung bestätigt und aufgefordert, »sich dem kontemplativen Leben zu widmen, indem sie wie Jesus in Nazaret mit denen zusammenleben, die in der Welt weder einen Namen noch Einfluß besitzen.

Dieses Nazaret-Leben, das aus Armut, Verborgenheit und Arbeit besteht, stellt nicht nur den Rahmen, sondern auch den Inhalt ihres Ordenslebens dar.«

Nazaret ist die Weise, auf dieser Erde unter dem Wirken des Glaubens zu leben.

Nazaret bedeutet Gott mit uns, bedeutet die Vergöttlichung der einfachen Dinge wie Arbeit, menschliche Beziehungen. Es bedeutet Gebet tagaus tagein.

Bedenke, daß der heutige Tag grundlegend ist.

ARM UND REICH

Was bedeutet in der Redeweise Jesu »arm«, was bedeutet »reich«? Wenige Worte haben im Laufe der Jahrhunderte einen ähnlichen Bedeutungswandel erfahren.

Der Arme im biblischen Sprachgebrauch ist nicht der Hungernde und Arbeitslose. Es handelt sich um einen ganz »normalen« Menschen, um einen, der eine Wohnung, Kinder und Arbeit hat wie alle anderen auch, der auf den Markt geht oder sonst an eine Arbeitsstelle, sich bei Kälte Kleider kaufen kann und einen Arzt aufsuchen, wenn er krank ist. Der Arme kann Minister sein oder Bischof, Bauer oder Handwerker, Künstler oder Arbeiter, jung oder alt.

Der Arme ist ein Mensch!

Jedoch: Welchen Menschen darf man nach biblischem Sprachgebrauch »arm« nennen? Der Mensch ist arm, der in Leid und Schmerzen oder auch im Lichte Gottes klar erkennt, was es bedeutet, Mensch zu sein. Es betrifft den Menschen, der seine Grenzen erkennt und anerkennt, dem sich das Geheimnis enthüllt, was es bedeutet, Geschöpf zu sein und nicht Schöpfer.

Der Mensch ist es, der versteht, was es bedeutet, krank zu sein, verletzbar, Sünder, bedürftig, eingespannt in das Kräftespiel der Mächtigen, an dem er nichts ändern kann; der Mensch, der leidet und Furcht kennt, der, der Hilfe und Liebe braucht. Er ist selig oder wird selig, wenn er diese seine Grenzen anerkennt, sie annimmt aus den Händen Gottes im Wissen, daß sich nur so das Reich Gottes verwirklichen kann. Natürlich gehören zu den »Armen« auch die Arbeitslosen, Hungernden und Ausgebeuteten. Aber nicht sie allein sind es, und sie werden nicht deshalb seliggepriesen, weil sie nichts zu essen haben.

Nur wer liebend sein Armsein annimmt, wird zu einem »Seligen«.

GRENZEN

Es gibt Menschen, die können das ganze Leben hindurch nicht ja sagen zu sich und ihrer Wirklichkeit.

Der wirklich Arme ist sich nicht nur seiner materiellen Grenzen bewußt, sondern ebenso – und mehr noch – schließt er jede Art von geistiger Überheblichkeit aus, weiß um seine Grenzen des Geistes. Er legt gleichsam einen Stacheldraht um sein Herz, damit dort nicht alle möglichen, unnützen und gefährlichen Nichtigkeiten Einzug halten.

Es ist etwas sehr Schlimmes, den Bruder auszuschließen von den Festen, die man feiert. Schlimmer noch ist die Überheblichkeit, die einen anderen ausschließt, weil seine Hautfarbe anders ist.

Die Reichen des Geistes, die Überheblichen und Stolzen, richten unter Umständen mehr Schaden an als die an Geld Reichen. Hochmütig wird sehr rasch der Mensch, der meint, die Wahrheit – oder die Kultur – für sich gepachtet zu haben. Das Evangelium bleibt solchen Arten des Reichtums auf jeden Fall verschlossen. Die Weherufe Jesu über die Reichen gelten wahrscheinlich mehr für jene »Weisen« dieser Welt als für die, die ihr Hab und Gut zu vergrößern suchen.

Eine Gruppe von Reichen dürfen wir nicht vergessen. Ich denke an die, die sich für fromm halten, dabei sehr sicher sind, sich der Religion bedienen, wie man sich seines Besitzes bedient. Sie dienen nicht, sondern bedienen sich. Anstatt mit dem letzten Platz zufrieden zu sein, wollen sie immer weiter aufrücken nach oben (vgl. Mt 23).

Jesus hat mit solchen nichts zu tun haben wollen. Er wußte, daß seine Worte bei den Pharisäern nicht ankommen konnten, er wußte das, noch bevor er vor ihnen zu reden begann.

Jeder von uns kann aufs neue zum Pharisäer werden, kann aufs neue Christus aus seinem Herzen ausschließen. Einziger Schutz dagegen ist, wenn wir uns immer wieder vor Augen halten, daß wir arm sind, ganz arm.

DER BAUM DER LIEBE

Was wollte Jesus sagen, als er die Armen seligpries? Immer neu stellen sich diese Fragen, immer neu legen die Christen sie sich vor. In unserer sogenannten Wohlstandsgesellschaft möchten sie klar sehen, wollen eine verantwortete Haltung einnehmen.

Fast in jeder Versammlung auf kirchlicher Ebene ist davon die Rede.

Müssen wir allen Überfluß verkaufen? Darf ich mir ohne weiteres ein neues Kleidungsstück erwerben, eine Touristenreise mitmachen? Sollten wir nicht all unseren Besitz zusammenlegen und leben wie die ersten Christen, von denen die Apostelgeschichte redet?

Die Antwort ist wirklich nicht leicht. Je mehr über die ganze Problematik diskutiert wird, desto unbefriedigter bleibt der einzelne Christ.

Wir sind auf einem falschen Weg.

Wir möchten Früchte, ohne uns zu dem Baum zu begeben, auf dem sie wachsen.

Die Armut – jene, die ein Franziskus gelebt hat – ist eine reife Frucht, nicht die Antwort auf ein Problem. Der Baum, auf dem sie wächst, ist der Baum der Liebe.

Der Baum der Liebe ist nicht der Baum sozialer Gerechtigkeit oder Menschenfreundlichkeit. Schon gar nicht ist er der Baum des hochmütigen Zeugnisses, mit dem man beweisen will, besser zu sein als die anderen.

Der Baum der Liebe ist eben der Baum der Liebe. Nur der Liebende vermag die evangelische Armut zu leben. Ohne Liebe bleibt die Armut etwas Verkrüppeltes und Verstümmeltes, ist sie keine Seligkeit.

Bevor ich also die Frage nach der Armut stelle, muß ich mich erst bemühen zu lieben. Ich muß versuchen, meine Brüder und Schwestern so zu lieben, als ob sie mir ganz gleich wären. Das ist wahre, echte Liebe.

Sie trägt sehr, sehr weit.

DAS MODELL

Wir können uns gut vorstellen, wie Gott in seinem Heilsplan die Menschen anschaut. Wir können dies, weil wir ja Beispiel und Rede Jesu haben. Dieser Jesus ist der vollkommene Mensch, auf dem das ganze Wohlgefallen des Vaters ruht. Wir kennen sein Leben von der Krippe bis zum Kreuz.

Was für ein Mensch war er? Er hat gearbeitet, war weder verelendet noch reich. Er wußte um die Grenzen des Menschen. Diese Grenzen lehren ihn den Wert von Wasser, Brot, einem Haus. Er hat Würde, weil er sich müht und arbeitet, hat sie nicht als Erbstück von den Eltern. Er liebt das Echte, verabscheut alles Gekünstelte, alle Tricks. Er hält nicht zum Narren, will nicht übervorteilen. Er ist schlicht und einfach.

Das Modell dieses Menschen tragen wir alle in uns, das Modell des Menschen, wie Gott ihn haben will. In dem Maße, wie wir von ihm abrücken, geraten wir mehr in Knechtschaft, wächst unsere Trauer.

Das Modell, das wir in uns tragen und das Jesus verwirklicht, ist der Arme Jahwes, von dem die Schrift so viel redet. Abraham und Moses waren ja zuerst Arme Jahwes. Die Propheten waren es, Amos, Ezechiel, Jesaja – einfache, betende, geduldige Menschen.

Von der ersten Seite des Alten Testamentes bis zur letzten ist nur Platz für den »Armen Jahwes«. Die Armen bilden die Kette, deren letztes Glied dann Jesus ist, der Arme Jahwes schlechthin.

Kein Platz für die Reichen, die Machthaber, die Hochmütigen. Tauchen sie doch auf, dann als dunkler Hintergrund. Sie stellen die dunklen Flecke im Gewebe der menschlichen Geschichte dar, einer Geschichte, die ganz durchwirkt ist vom Heilswillen Gottes. Er lenkt die Geschichte einzig mit der Absicht, den Gerechten zu reinigen, seine Geduld zu stärken.

Es bleibt jedem die Freiheit, Gott zu lieben oder nicht. Jeder kann wählen, wie er will. Ich wähle meinen Platz gerne unter den Armen. Nur sie können wirklich lieben.

LOSLÖSUNG

Armut ist Armut und bleibt Armut. Es genügt nicht, das Gelübde der Armut abzulegen, um arm im Geiste zu sein.

Wenn es wahr ist – und es ist wahr –, daß die Vollkommenheit des Gesetzes in der Liebe liegt, dann muß diese Vollkommenheit mein Hab und Gut, meinen Reichtum und meinen Besitz durchdringen. Sonst werde ich die Seligpreisung nicht erfahren.

Wenn ich liebe, wirklich liebe, werde ich nicht ertragen können, daß ein Drittel der Menschheit von der Hungerbombe bedroht ist, während ich meine ganze wirtschaftliche Sicherheit behalte. Dann werde ich vielleicht ein sogenannter guter Christ sein, aber bestimmt kein Heiliger. Solche guten Christen gibt es heute haufenweise, aber die Welt braucht Heilige.

Ich weiß: Was ich über die Armut sagte, ist schwer, und ich weiß auch, daß ich sie in der Welt nicht gelebt habe. Ich bin es, der sich dem Diktat der Mode, des »Man hat«, des »Man tut« unterworfen hat. Ich bin es, der jahrelang in der Maske der Wohlanständigkeit gelebt hat, der Geld – und nicht nur sein eigenes – für Dinge »ohne Wahrheit« ausgegeben hat.

Und dennoch kann ich nicht schweigen. Den alten Freunden muß ich sagen: Hütet euch vor den Versuchungen des Reichtums. Es ist viel gefährlicher, als es den gutgläubigen Christen heute scheint.

Jetzt, da die Einsamkeit und das Gebet mir geholfen haben, klarer zu sehen, verstehe ich, warum Kontemplation und Armut unzertrennlich sind.

Man kann nicht in eine innige Nähe zu Jesus kommen – zum Kind Jesus zu Betlehem, zum vertriebenen Jesus, zum Handwerker Jesus von Nazaret, zum Wanderprediger Jesus, der keine Stätte hat, wo er sein Haupt hinlegen kann, zum als Verbrecher gekreuzigten Jesus –, wenn man nicht jene Loslösung von der Verstrickung an den Reichtum vollzogen hat, die er gefordert und gelebt hat.

SEHNSUCHT DER ARMEN

Es gibt einen Tatbestand, der keiner ist und dennoch Bürgerrecht im Himmelreich hat: das ist die »Sehnsucht der Armen«.

Die ist weit wie das Meer.

Sie ist schön wie das Licht.

Sie ist heiß wie das Feuer.

Die »Sehnsucht der Armen« ist das schmerzliche Auslangen des Menschen nach einem Traum, der größer ist als er.

Das geschieht, wenn Gott im Menschen wohnt und ihm seine Wärme mitteilt.

Den meisten Menschen auf dieser Erde gelingt es nicht, sich in ihrem Werk zu verwirklichen. Aus Schwäche der eine, der andere aus Armut, der dritte aus Unwissenheit: es gibt für den Menschen Ursachen genug, auf dem Pfad des Schaffens zu versagen. Abgekämpft, gedemütigt, ausgebootet, bleiben ihm nur die Tränen.

Aber danach, wenn er aus seiner Depression aufzuschauen vermag zu Gott, wenn er erkennt, was Gott aus ihm und seiner Armut machen will, dann entdeckt er das größte Geheimnis des Lebens und des Himmelreiches: bei Gott zählt nicht das Schaffen oder Nichtschaffen, das Gelingen oder Mißlingen, nur die Liebe zählt.

Und wenn meine Liebe sich nicht in der Tat verwirklichen durfte, dann verwirklicht sie sich heute in meiner Sehnsucht, in meiner Armut.

Und wenn meine Liebe sich nicht in der Ehe verwirklicht hat, so verwirklicht sie sich in der Ehelosigkeit.

Unserer Sehnsucht sind keine Grenzen gesetzt...

Das Reich Gottes ist das Ergebnis einer unermeßlichen Sehnsucht, die in den Herzen der Armen entspringt und überfließt in das durchbohrte Herz des wahrhaft Armen: Christus.

NICHT VON DIESER WELT

Das Reich Gottes ist der Ausdruck, mit dem Jesus die göttlich-menschliche Wirklichkeit bezeichnet, in der sich die Menschen nach der Vollendung des Erlösungswerkes und der Ankunft des Heiligen Geistes auf Erden befinden werden.

Sie ist das Leben des mystischen Leibes, das Lebensprinzip der Kirche, die Wirklichkeit des Christseins in seiner Vollbedeutung. Die Menschen, die Stämmen, Völkern und irdischen Reichen angehören, werden durch die Taufe in eine neue, göttlich-menschliche Wirklichkeit eingegliedert, die Reich Gottes heißt.

Das ist dann auch das Reich, auf das Jesus bei seinem Verhör vor Pilatus hingewiesen hat: »Mein Reich ist nicht von dieser Welt« (Joh 18,36), wenn es auch an einer anderen Stelle heißt: »Das Reich Gottes ist schon mitten unter euch« (Lk 17,21).

Es ist also ein Reich, das nicht auf der Erde beheimatet ist, das keine irdischen Grenzen besitzt, das aber doch auf Erden tatsächlich vorhanden ist, und zwar in den Seelen der Menschen, es macht Eroberungen, kennt Niederlagen, Erweiterungen und Schrumpfungen: es ist also ein Reich.

Selbstverständlich ist Gott der König dieses Reiches, und seine Hauptstadt befindet sich in der verborgenen Gegend, die wir »Himmel« nennen.

Seine Bürger sind die Seligen, die Engel, die Seelen am Läuterungsort und hier auf Erden die Christen. Selbstverständlich liegt der Teil des Reiches, in dem es am turbulentesten zugeht, hier auf Erden, es ist aber auch der Teil, in dem man die (schönsten) Siege erringt und die schönsten Seiten seiner Geschichte schreibt.

Die Seligpreisungen (vgl. Mt 5,3–10) sind das Grundgesetz des Reiches in seiner irdischen Fassung.

GEIST DER SELIGPREISUNGEN

Die Seligpreisungen (vgl. Mt 5,3–10) bringen zum Ausdruck, wie Gott die von ihm erschaffene und erlöste Menschheit am liebsten sähe. Auch ohne die Sünde hätte der Herr uns gesagt: »Seid arm, sanftmütig, friedfertig.«

In jeder Seligpreisung harrt ein Geheimnis Gottes der Entdeckung, ein Geheimnis, weil die Sünde es unseren Augen tief verschleiert hat.

Selig diejenigen, die das Herz eines Armen haben, ganz wie Jesus, der ewige Lehrer jeglicher Vollkommenheit. Arm ist, wer sich nicht auf Geldmittel verläßt, wer sich niemandem überlegen fühlt, wer weiß, daß alles von Gott abhängt.

Die Armut hat die Sanftmut im Gefolge, worin echte Demut zum Ausdruck kommt, und diese Demut ist der Ursprung des Hungers und Durstes nach der Gerechtigkeit.

Ist die Seele da angelangt, so dürstet sie nach Vergebung, und der Gedanke an ihre Sünden und ihre Barmherzigkeit nimmt ihr jede Lust zu richten: »Selig die Barmherzigen.«

So gesehen, ist das geistliche Leben eine Einübung in die »Reinheit des Herzens«. Keine Dunkelheiten, keine egoistischen Winkel mehr: alles ist rein im Lichte Gottes.

Dann kommt die großartigste Gabe für ein Kind Gottes: Friedensbringer. Der Friedensbringer ist ein Mensch, der für einen Menschen des Friedens den Friedensfürst selbst verkörpert und um sich herum die großartigste Gabe Gottes, des »Friedens für die Menschen« verbreitet.

Und hier wären die Seligpreisungen zu Ende, wenn es die Sünde nicht gegeben hätte. Aber diese furchtbare Wirklichkeit hat nicht nur Jesus, den vollendeten Menschen, sondern auch Jesus, den Gekreuzigten, auf die Erde gebracht.

Und so kommt es zur höchsten Seligpreisung: der Nachfolge Jesu in der Passion: »Selig seid ihr, wenn ihr um meinetwillen beschimpft und auf alle mögliche Weise verleumdet werdet...« (Mt 5,11).

Jesus, gib mir den Geist der Seligpreisungen.

DEN WILLEN MEINES VATERS TUN

»Mit dem Himmelreich ist es wie mit einem König, der die Hochzeit seines Sohnes vorbereitete« (Mt 22,2). Das ist ein sehr wichtiges Gleichnis, denn es allegorisiert die Vermählung Gottes mit dem Menschen im Schoß Mariens. Die göttliche Natur vereint sich mit der menschlichen Natur, und es entsteht etwas, »als wahres Geheimnis, das seit ewigen Zeiten verborgen war«, das das Erhabenste am ganzen Christentum ist.

Der Mensch wird auf eine Weise Bürger dieses Reiches, die in keiner anderen menschlichen Realität ein Gegenstück besitzt: er wird der göttlichen Natur teilhaft: »Hat es nicht geheißen: ihr werdet allesamt Götter sein?« (Ps 82,6). Der Mensch wird beim Eintritt in das Reich vergöttlicht, von nun an wird er sogar zur Familie Gottes gehören – wird »blutsverwandt mit Christus«.

Jesus zieht die Suche nach diesem Reich allen Gütern vor und stellt eine neue Ordnung für den freien Menschen auf: »Sucht zuerst das Reich Gottes und seine Gerechtigkeit; dann wird euch das andere dazugegeben« (Lk 12,31), und er hat seinen Besitz denen zugesichert, die sich nicht mit Worten, sondern mit Taten darum bemüht haben: »Nicht wer zu mir sagt: Herr! Herr!, wird in das Himmelreich kommen, sondern nur, wer den Willen meines Vaters tut« (Mt 7,21).

Schließlich hat er angedeutet, wie man bei der Eroberung des Reiches vorgehen muß: »Wahrlich, ich sage euch: Wenn ihr nicht umkehrt und wie die Kinder werdet, könnt ihr nicht hineinkommen« (Mt 18,3), und er hat es für die Menschen aller Zeiten offen gelassen. »Mit dem Himmelreich ist es wie mit einem Gutsbesitzer, der frühmorgens sein Haus verließ, um Arbeiter für seinen Weinberg anzuwerben... Um die dritte Stunde ging er wieder...« (Mt 20,1 ff).

Was kann man sodann von der Sehnsucht Jesu sagen, dieses Reich zu schaffen, die so groß war, daß er sie in sein eigenes Gebet aufgenommen hat: »Dein Reich komme«?

GOTTESLIEBE

Wenn es mir gelingt, zu einer starken Gottesliebe zu kommen, regelt sich alles andere von selbst. Wenn nicht, nutzt es nichts, nichtssagende Einzelheiten losgelöst vom großen Beweger, der Liebe, in Fächer einzuordnen.

Wer aber gibt mir die Gottesliebe? Das kann doch sicher nur er, und demütig und inständig bitte ich ihn heute darum.

Ich bin bereit, mich ganz und gar zu entäußern, aber ich will seine Liebe. Ohne ihn empfinde ich eine quälende Leere, empfinde ich das Nichts, die abgrundtiefe Traurigkeit. Wie wahr ist es doch, daß der Mensch für Gott geschaffen ist. In der Welt verlockt mich nichts mehr, und doch bin ich noch nicht in Gott verwurzelt. Es ist, als hinge ich in der Luft. Gott, hilf mir. Ich glaube fest an dich, und du weißt es. Ich habe darauf vertraut, daß du mich aus den Schlingen des Todes befreien würdest. Ich habe darauf vertraut, daß du das Problem lösen würdest, das mein Wille nicht mehr lösen konnte. Mein Glaubensakt war meine einzige Kraft, und du bist gekommen. Dank dir, Herr! Vollende nun das Werk, tu du es wieder, traue mir nichts zu, zieh mich in dich hinein, gib mir die Freude der ersten Liebe wieder.

Weißt du noch, wie du mich in der Wüste meiner Jugend gerufen hast? Ich war damals dreiundzwanzig Jahre alt, und du hast mich in deine Arme geschlossen wie eine Braut. Gib mir diese Freude wieder. Ich bin sicher, daß du mir meine Vergangenheit verziehen hast. Das hast du mit dem Jeremia-Wort gesagt: »Kann denn eine Frau, die ihrem Mann treulos wird, je zu ihm zurückkehren, verkommen und ehebrecherisch? Und ihr habt mit vielen gebuhlt. Doch kommt zu mir zurück, spricht der Herr, und ich nehme euch wieder auf wie ehedem und schließe mit euch einen ewigen Bund« (vgl. Jer 3).

Welche Güte spricht doch aus diesen Worten, Herr, und wie künden sie das Maß deiner Liebe zu uns!

Herr, ich glaube an deine Liebe.

GERUFEN SEIN

Der Ruf Gottes verklingt niemals: Gott ruft immer. Dennoch gibt es besonders eindringliche Momente und Stadien dieses Rufes, die sich dann dem Gedächtnis einprägen und nie vergessen werden.

Abraham vergißt die Worte Gottes nie: »Ziehe fort aus deinem Land, aus deiner Verwandtschaft und aus deinem Vaterhaus in das Land, das ich dir zeigen werde.« Er folgt diesen Worten und zieht aus. »Abraham war fünfundsiebzig Jahre alt, als er von Haran wegzog. Und Abraham nahm seine Frau Sarai, seinen Neffen Lot und alle ihre Habe, die sie besaßen, sowie alles Gesinde, das sie in Haran erworben hatten« (Gen 12,1.4–5).

Wenn ein Mensch auf Erden gerufen wird, dann ist das für ihn wie ein plötzliches Licht. Die Nacht erhellt sich, ein Nebel wird durchbrochen, ein Stern strahlt auf.

Jetzt weiß man auf einmal, wohin man zu gehen hat.

Wenn jemand wissen möchte, wie und auf welche Weise Gott denn nun eigentlich zu einem Abraham oder einem Franz von Assisi gesprochen hat – er wird darauf keine Antwort erhalten. Gott begegnet jedem so, daß er verstanden werden kann. Er hat immer die rechten Mittel und Weisen zur Hand.

Maria begegnet er durch einen Engel. Zu Josef redet er im Traum. Dem Mose tritt er im brennenden Dornbusch gegenüber. Den Elia haucht er sanft an. Entscheidend ist, *daß* Gott redet, und daß der Mensch hört und versteht.

Wenn Gott nicht redete, welcher Laut könnte bis zu unserer schrecklichen Einsamkeit vordringen? Wenn er nicht riefe, wer würde uns erheben aus dem Nichts, das wir sind und in dem wir leben?

Unser Glaube gründet auf der Sicherheit, daß Gott uns sucht. Er durchbricht unsere Isolierung und führt uns dahin, wo er will. Er möchte uns glücklich und erfüllt machen, möchte uns heimführen zu unserem Ziel.

IN SEINER WIRKLICHKEIT

Die authentische Erfahrung eines Volkes, das auf jahrhundertelangen Wegen nicht aufhört, seine Geschichte nach ihrem Sinn zu befragen, findet Ausdruck im Psalm 139:

»Herr, du erforschest mich, und du kennst mich;
wann ich sitze und wann ich stehe, du weißt es.
Meine Gedanken schaust du von ferne,
du schaust mich, wann ich gehe und ruhe.

Wohin soll ich flüchten vor deinem Geiste?
Wohin vor deinem Antlitz entfliehn?
Stiege ich zum Himmel empor, so bist du zugegen;
wollte ich in der Unterwelt lagern, so bist du auch dort.

Nähm' ich des Morgenrots Schwingen
und ließe mich nieder am fernsten Gestade:
auch dort noch wird deine Hand mich geleiten
und deine Rechte mich halten.

Und sagte ich auch: Finsternis soll mich bedecken
und Nacht mich umgeben wie sonst das Licht:
So ist doch Finsternis selbst nicht dunkel für dich,
Nacht ist dir hell wie der Tag.«

Gottes Gegenwart in der Natur, in der Geschichte, das ist für mich eine fundamentale Erfahrung. Sie trägt den Glauben. Ich versuche immer tiefer aus dieser Erfahrung zu leben, die Gegenwart Gottes Tag und Nacht zu verspüren, während ich arbeite und während ich ausruhe, sie zu verkosten im Gebet und in der Liebe. Immer! Vierundzwanzig Stunden täglich!

Dieser Weg führt mich zum Leben im Reich Gottes, das die Vereinigung ist zwischen Himmel und Erde, zwischen Gott und dem Menschen.

Außerhalb dieser absoluten Realität Gottes kann nichts bestehen.

In Gott leben wir, bewegen wir uns und sind wir
(Apg 17,28).

NIE BIN ICH ALLEIN

Die Aktion ist in erster Linie Gehorsam. »Im Schweiße deines Angesichtes wirst du dein Brot essen« (Gen 3,19). Sie ist Berufung: »Der Herr hat mich gesandt, den Armen die Frohbotschaft zu bringen« (Jes 61,1). Sie ist eine Leidenschaft zum Guten: »Als er die Volksscharen sah, wurde er von Mitleid mit ihnen ergriffen. Denn sie waren erschöpft und hingestreckt wie Schafe, die keinen Hirten haben« (Mt 9,36). So ist die Tätigkeit begründet.

Gott hat uns geheißen, tätig zu sein, und so ist ein Widerstreit zwischen Aktion und Kontemplation ohne jeden Sinn.

Arbeit, Gerechtigkeit, Liebe sind die drei Stufen der Verpflichtung und die drei Möglichkeiten, die dem Menschen gegeben sind, um die menschliche Gesellschaft als Stadt Gottes zu errichten, als konkretes Zeichen und unmittelbare Vorbereitung der himmlischen Stadt, die ihre Erfüllung sein wird, wenn der Finger der göttlichen Verwandlung sie berührt: »Ich mache alles neu« (Offb 21,5).

Aber ob ich nun in schlichter Arbeit mein Feld bestelle, pflüge und Saat ausstreue, ob ich Recht spreche an einem Gerichtshof oder ob ich ein Spital für Leprakranke eröffne: nie bin ich allein in meinem Tun. Gott ist mit mir, wie Jesus sagt: »Der Vater hat mich nicht alleingelassen« (Joh 8,16).

Gott ist mit mir als Inspiration.
Gott ist mit mir als Gnade.
Gott ist mit mir als Trost.
Gott ist mit mir als Licht.
Gott ist mit mir als Charisma.
Gott ist mit mir als Vorwurf.
Und seine Gegenwart ist nicht theoretisch.
Seine Gegenwart ist nicht nebelhaft.
Seine Gegenwart ist personal, ist befruchtend.
Es ist die Gegenwart des Schöpfers.
»Der Vater ist in mir und ich in ihm.«

KONSEQUENT SEIN

Wenn ich aus dem Licht, das der Herr mir im Augenblick meiner Entscheidung geschenkt hat, die rechte Folgerung ziehen wollte, konnte ich nur eins tun: auf die Aktion, *meine* Aktion, verzichten und an die Kontemplation glauben, das heißt glauben, daß es unsere Pflicht war, *uns demütig hinzusetzen und Jesus zuzuhören* wie Maria, ohne uns um sonst etwas zu sorgen; keinen anderen Traum zu hegen als den, Jesus selbstlos zu lieben mit einer solchen Liebe, daß sie zur Aktion, zum Apostolat und zur Rettung wurde.

Stell dir einmal vor, du wärest Gott.

Da sind zwei, die dir dienen wollen.

Der erste ist ständig von irgend etwas umgetrieben, ein Macher, er ruft Werke ins Leben und kommt in seinen kurzen freien Augenblicken zu dir, um dir zu sagen, was er Großes geleistet hat, und dich zu bitten, ihn in seinen Absichten zu unterstützen.

Der andere gewinnt dich lieb und kann nur noch dich lieben und sich in dich versenken. Sogar sein Dürsten nach dem Heil seiner Brüder führt ihn zu seiner Liebe, von der er sich nie losreißt.

Wer von beiden lebt mehr im Wahren?

Die Gleichung ist sehr einfach. Dabei geht es nur darum, konsequent zu sein.

Gott gebe mir die Gnade, konsequent zu sein.

Der Rest ist Rauch, ja stinkender Qualm. Vergessen zu werden, verborgen, arm und demütig zu leben, ist das nicht das Ideal der ganzen christlichen Aszetik?

DAS WICHTIGERE ELEMENT

Ich habe viel für die Kirche getan – das gebe ich zu. Ich habe keinen anderen Gedanken, keine andere Sorge gehabt. Ich bin gelaufen, was ich nur konnte, und habe viele Kilometer zurückgelegt wie der eifrigste Missionar. An einem bestimmten Punkt ging mir aber plötzlich auf, daß das, was in der Kirche fehlte, nicht die Arbeit, die Aktivität, der Aufbau von »Werken« waren.

Was fehlte oder zumindest knapp war, war das Element des Gebetes, der Kontemplation, der Selbsthingabe, der Vertrautheit mit Gott, der Treue zum Heiligen Geist, die Überzeugung, daß er der wahre Erbauer der Kirche war, kurz: Versteh mich recht: man braucht selbstverständlich in der Kirche Menschen der Aktion, doch muß man sehr aufpassen, daß diese Aktion das sensiblere, aber viel wichtigere Element des Gebetes nicht erstickt.

Wenn die Aktion fehlt, das Gebet aber da ist, lebt und atmet die Kirche noch, wenn aber das Gebet fehlt und es nur Aktion gibt, geht die Kirche ein und stirbt.

Nehmen wir ein Beispiel aus der Natur, das ich hier in der Wüste vor Augen habe – die Wüste ist eine großartige Schule! Da ist ein Stück Wüste, alles ist Sand und Tod. Höchstens hier und da ein paar Dornen. Die Menschen wollen die Wüste in eine grünende Oase verwandeln. Man legt Straßen, Wege, Kanäle an und baut Häuser usw. Nichts ändert sich: alles bleibt Wüste, denn es fehlt das Grundelement: das Wasser.

Da beginnt jemand, der es begriffen hat, nicht an der Oberfläche zu arbeiten, sondern in die Tiefe zu gehen. Er sucht Wasser. Er baut einen Brunnen; die Fruchtbarkeit der Oase hängt nicht von den Kanälen ab, die man anlegt, nicht von den Straßen und den Häusern, sondern von diesem Brunnen. Wenn das Wasser aus dem Boden kommt, belebt sich alles, wenn es ausbleibt, *nichts*.

Jesus hat uns doch gesagt: »Ohne mich, nichts.«

WAS MUSS ICH TUN?

In der Kirche ist es allzuleicht, von den anderen die großen prophetischen Taten, die heroische Armut, die Austeilung der Güter zu verlangen.

Schwieriger ist es, das von sich selbst zu verlangen, selber danach zu leben.

Ich erinnere mich an einen Schriftsteller aus Lateinamerika, der berühmt war wegen seiner Proteste und seiner ergreifenden Seiten über die Folterungen und über die soziale Ungerechtigkeit, über die anstehende Revolution.

Er selbst hat mir erzählt, kaum sei die Erprobung an ihn herangekommen und die Gefahr, nach einem militärischen Einsatz verhaftet zu werden, sei er mit dem ersten Flugzeug aus seinem Land geflüchtet, hinter sich die Schande seiner Feigheit, denn er wußte wohl, daß er die Schutzlosen und Ärmsten in Gefahr zurückgelassen hatte.

Brüder, Schwestern, das Zeugnisgeben ist schwer. Und gerade dann, wenn wir es nicht fertigbringen, sind wir geneigt, uns hinter schönen Worten zu verstecken!

Hört die Absichtserklärungen der Gläubigen und ihre Fürbitten an, die sie in den verschiedenen kirchlichen Gruppen formulieren. Sie klingen alle heroisch, alle entschlossen, die Kirche von ihren Reichtümern zu entblößen.

Aber bei uns selbst, entsprechen bei uns die Tatsachen unseren Worten?

An welchem Punkt stehen wir auf unserem Weg zur Verteilung der Güter?

Was muß *ich* tun, um die Erwartung Jesu konkret zu erfüllen, der wie zu Zachäus zu mir sagt: »Steig schnell herab, denn ich will heute in dein Haus kommen« (Lk 19,5)?

MIR GENÜGT, WAS ICH SEHE

Du sollst nichts erbitten, nur schauen und betrachten. Laß dich nicht davon abbringen durch die Bosheiten, die in deinem Herzen schlummern. Du spürst doch, daß dieses kranke Herz schon Fragen stellen will, während es doch darauf ankommt, zu schauen.

Statt sich hinzugeben, will es schon aufmucken. Es läßt deinem Auge kaum Zeit zum Schauen, beginnt schon zu zweifeln, verlangt vom unsichtbaren Gott ein Zeichen. »Gib mir ein Zeichen – ein anderes als das, das du mir gegeben hast!«

Warum tust du das, mein Herz? Genügen dir die Zeichen nicht, die dich umgeben? Scheinen nicht seine Macht, seine Vollkommenheit und seine Schönheit auf in der Schöpfung, die sich vor deinen Augen erstreckt? Warum also dieses Verhalten, mein Herz?

Nein, ich erbitte kein anderes Zeichen von ihm.

Mir genügen die Dinge, die ich sehe. Man verlangt ja auch kein Visitenkärtchen von der Mutter, aus deren Leib man gekommen ist. Ich brauche sie wahrhaftig nicht zu fragen, wer es war, der vor mir gewesen ist. So verlange ich auch kein Zeichen von meinem Gott, der ja doch in der Schöpfung mit all ihren Inhalten gegenwärtig ist und sie doch unendlich überragt.

Wenn ich aber auf seine Zeichen achte, an denen es wirklich nicht fehlt, muß ich mir eine Haltung zu eigen machen, die als Bedingung »sine qua non« für meine Beziehung zu Gott im Evangelium ausgesprochen ist: »Wenn ihr nicht werdet wie die Kinder, könnt ihr nicht eingehen in das Reich« (Mt 18,3).

Dieses Wort Jesu ist sehr einfach; es steckt aber auch eine Drohung darin: Ihr könnt nicht eingehen...

LEBEN AUS DEM GLAUBEN

Jener Mensch, der »sich in Purpur und feine Leinwand kleidete und alle Tage herrlich und in Freuden lebte«, wird nach seinem Tod »in der Hölle begraben«, weil er dem Lazarus nicht einmal »die Brosamen gegönnt hatte, die von seinem Tisch fielen« (Lk 16,19).

Mitten unter den Qualen fällt ihm ein, zu Hause weitere fünf Brüder zu haben. Besorgt um ihr Heil, bittet er Abraham, er möge den Lazarus zu ihnen senden, »daß er ihnen Kunde bringe, damit nicht auch sie an den Ort der Qual kommen«. Abraham gibt aber zurück: »Es hilft nichts. Sie haben doch Mose und die Propheten. Sie sollen sie hören.«

Und der andere: »Wenn allerdings, Vater Abraham, einer von den Toten zu ihnen kommt, werden sie doch Buße tun.« Abraham: »Wenn sie auf Mose und auf die Propheten nicht hören, werden sie auch nicht einem glauben, der von den Toten aufersteht.«

Wie oft haben wir die gleichen Dinge des reichen Prassers gedacht! »Wenn einer von den Toten käme!« »Es hilft nichts«, sagt Jesus, »ihr werdet einem nicht glauben, der von den Toten aufersteht.«

Angenommen, dieser bewußte Bote käme tatsächlich, uns vom Jenseits zu reden, er käme des Nachts. Nehmen wir an, er würde uns ansprechen, alles erzählen...

Ich wette, noch vor Sonnenaufgang, nach dem Schock der Überraschung, würden wir allmählich so zu denken beginnen: »Vom Abendessen lag noch zuviel im Magen, es war nur ein Traum, ein simpler Alptraum...«

Und nach einer guten Tasse Kaffee würden wir wieder von vorne anfangen, genauso zu leben, wie wir sonst schon gelebt hatten: weder besser noch schlechter.

Es gibt keinen menschlichen Ersatz für den Glauben, kein Mittel, uns den Glaubensvollzug abzunehmen, uns irgendeinen Ausweg aus dieser schrecklichen Mühe zu zeigen, die »Leben aus dem Glauben« heißt.

WUNDER

Viele erlebten am Ufer des Sees die Brotvermehrung und wurden satt davon, wenige aber glaubten an Jesus. Viele ließen ihn bei der ersten Schwierigkeit – bei der Rede über die Eucharistie – im Stich (vgl. Joh 6,66).

Viele erlebten die Auferweckung des Lazarus, wenige allerdings glaubten an die Ursache jener Auferweckung, an Christus. Einige beschlossen sogar, ihn zu töten, denn gerade jenes Wunder lag ihnen in der Quere (vgl. Joh 12,10)!

Nicht einmal das Wunder also gibt uns das Leben aus dem Glauben, das Schreiten im Glauben. Es kann uns lediglich helfen – als Zeugnis.

Allerdings: Fehlt es uns etwa an solchen Hilfeleistungen, an solchen Zeugnissen?

Gibt es derer nicht so viele, daß sie den ganzen Raum noch ausfüllen, der uns umgibt, gibt es etwa auch nur ein einziges Geschöpf, das Gott nicht bezeugt?

Wird es vielleicht so sein, daß alles wie ein Bild, ein Zeichen, ein Aufruf von ihm ist? Sind wir nicht im höchsten, im unendlichen, im schönsten, im vollständigen, ja traumhaftesten aller Träume eingetaucht?

Sind wir nicht ein Teil einer unendlichen Vielfalt, die immer wieder auf die beeindruckendste Einheit zurückgeführt wird? Ist die ganze Transparenz des Universums nicht eine Transparenz?

Ist die Unendlichkeit des Kosmos nicht Abbild seiner Unendlichkeit?

Ist er denn nicht selbst und einzig Antwort auf alle unsere Probleme?

Ja, er ist es.

Und doch bleibt eine Frage: sie heißt Verhältnis zu ihm, Gespräch mit ihm, Entdeckung von ihm.

All das geschieht im Glauben und durch den Glauben allein.

DIE NEUE DIMENSION

Urbild und Vorbild jeder Berufung eines Menschen zum Glauben und beeindruckender Bericht menschlichen Redens und Ringens mit Gott finden sich im Buch Genesis, Kapitel 12–25.

Es handelt sich um die Abrahamsgeschichte: »Jahwe sprach zu Abraham: ›Ziehe fort aus deinem Land, aus deiner Verwandtschaft und aus deinem Vaterhaus in das Land, das ich dir zeigen werde! Ich will dich zu einem großen Volke machen. Ich will dich segnen und deinen Namen groß machen, und du sollst ein Segen sein. Ich werde segnen, die dich segnen, und die dich verwünschen, werde ich verwünschen! Durch dich sollen gesegnet werden alle Geschlechter der Erde!« (Gen 12,1–3)

Hier haben wir es: das Geheimnis des »Berufenwerdens« durch Gott, das, was wir »Berufung« nennen.

Sie geschieht im Glaubensdunkel. Alle menschliche Vernunft ist unfähig, dies zu entziffern.

Ja: Warum wendet sich Gott gerade an Abraham?

Warum spürt der spätere Papst Johannes schon mit vierzehn Jahren, daß sein Weg es ist, einmal Priester zu werden?

Was haben wir – jeder einzelne von uns – getan, daß wir auf den Weg gekommen sind, den wir jetzt gehen?

Der Glaube ist es, der in uns wirkt, jene »neue Dimension«, die nicht von der Vernunft herkommt, aber auch nicht in Gegensatz tritt zu ihr; jene Dimension, die die Vernunft unendlich überschreitet, weil sie vermag, zu Gott in Beziehung zu treten.

Der Glaube tritt in Beziehung zu Gott.

Er sieht Gott, redet mit Gott.

ES HAT UNS GESCHADET

Ich saß in der Eisenbahn und betrachtete betend einen Ezechiel-Text. Mir gegenüber saß eine Frau mit dem schwarzen Schultertuch süditalienischer Bäuerinnen. Sie interessierte sich sichtlich für mich. Ihren Blick hielt sie mit offensichtlicher Neugier auf die Bibel gerichtet, die ich in Händen hielt.

Ich brach das Schweigen und stellte gleich fest, daß wir uns verstanden, zumal sie begriffen hatte, daß ich betete. Sie erzählt mir ihre Geschichte.

Ich bin aus Kalabrien und habe mit meiner Familie in einem ganz, ganz armen Dorf gewohnt. Eines Tages sagte mein Sohn: »Mama, ich gehe nach Mailand und such' mir Arbeit.« »Geh nur«, sagte ich, und er reiste ab. Er fand schnell Arbeit und hat, so gut er konnte, in Mailand Fuß gefaßt. Nach einiger Zeit schrieb er seinem Vater, meinem Mann: »Papa, komm doch auch. Du bist Maurer und wirst auch Arbeit finden.«

Da ging auch mein Mann. Es dauerte kein Jahr, bis er meinen beiden Töchtern schrieb: »Warum kommt ihr denn nicht?« So gingen auch meine Töchter auf die Reise. Bald zog auch ich weg, und wir wurden alle miteinander Mailänder. Jetzt... Hier brach die Frau in Tränen aus, sie weinte und sagte: Jetzt sind wir ganz traurig. So viel Geld habe ich noch nie im Haus gesehen, vier Lohntüten!

Wir sind so traurig. Jetzt sind wir reich und haben uns ruiniert. Wir sind einander nicht mehr zugetan. Wir fahren uns nur noch an und haben keine Ruhe mehr. Wir können nicht mehr singen!

Damals im Dorf waren wir arm, aber glücklich und zufrieden. Unsere Feste haben wir gefeiert, wie sie fielen. Jetzt ist jeder Tag ein Fest, aber wir können nicht mehr froh sein.

Das Geld hat uns geschadet. Früher war es doch viel besser!

Dieses Zeugnis ist echtes Evangelium im Mund einer Armen, die uns richtig sieht.

ZEICHEN DER ZEIT

Christus, der Sohn Gottes, der Allmächtige, hätte den Vater bitten können, den Tod aus dem Leben der Menschen zu tilgen, den Hunger von der Erde wegzubringen, die Gewalthaber zu zermalmen, die Gerechtigkeit triumphieren zu lassen.

Er hat nicht darum gebeten.

Soviel ich weiß, hat er nur um eines gebetet:

»Vater, dein Wille geschehe« (Mt 6,10).

Er sah die Wirklichkeit als den Willen des Vaters im Vollzug, die vorübergehenden Dinge als eine Abhandlung, die gelesen werden muß, die Ereignisse als Zeichen der Zeit, die das Reich Gottes ankündigen und sein Kommen vorbereiten.

Er fordert den Menschen auf, angesichts der wahren Dinge innezuhalten und nach ihrem Warum zu fragen, angesichts des Schmerzes nach seinem Sinn zu forschen.

Da spricht der Hungernde vom Egoismus des Reichen und seiner Gefräßigkeit.

Die armen Länder verklagen durch ihr Dasein die untragbare Anmaßung der reichen Länder, und die von Gefolterten überfüllten Gefängnisse werden denen zum Gericht, die sich an die Macht festkrallen.

Der Sterbende wird mir einschärfen, daß die Erde nicht meine Heimat ist, und die Folgen meiner Fehler werden mir die Gerechtigkeit und Notwendigkeit der Sühne zu verstehen geben.

Nichts kann der Vielfalt der Wirklichkeit entfliehen, in die wir eingetaucht sind und die mir hilft, daß ich in ein neues Leben geboren werde.

Aber wie schwer ist es, klar zu sehen in den Zeichen der Zeit, und wie behend sind wir Christen dabei, den materiellen Reichtum und die Macht in eine Seligkeit und die Seligpreisung der Armut und der Verfolgung in ein *Diskussionsthema* umzumünzen.

DIE ANTWORT GOTTES

»Selig die Armen.« Nein, Herr, ich bitte dich nicht um Reichtum, ich bitte dich, arm sein zu dürfen.

Ich bitte dich nicht um deine Macht, ich bitte dich um deine Armut. Sie ist der Weg, der dich zu mir führt.

Deine Armut ist es, die mich rettet, denn in deiner Armut konnte die ungeschaffene Liebe Mensch werden und wie unsereiner sein: ein Armer.

Im Gehorsam dem Vater gegenüber ist die Armut Jesu am tiefsten, hier tritt sie in das Geheimnis der Liebe ein...

Angesichts der menschlichen Armut, angesichts des Bösen, angesichts des Meers von Schmerzen hat Jesus den Vater nicht gebeten, die Dinge zu ändern.

Jesus beugt sich und nimmt das Wirkliche an, das ihn von allen Seiten wie ein unbeschreiblicher Polyp, wie ein schauriges Chaos, wie ein tödlicher Schraubstock bedrängt.

So wird er unter der Last von soviel Übel zum wahren Armen Jahwes und wirft sich kopfüber in das unermeßliche und geheimnisvolle Meer des Willens Gottes, nach dem Bild des Jonas, um ihm allein, dem Gott des Unmöglichen, die Lösung des Unlösbaren und die Vereinigung aller Gegensätze zu überlassen.

Und der Vater hat diesen Gehorsam angenommen, der allen Ungehorsam der Menschen gutmachte, diese Demütigung, die alle Auflehnung tilgte, diesen Akt der Gerechtigkeit, der »alle Gerechtigkeit erfüllte« (Mt 3,15).

»Er ist erhört worden um seiner Frömmigkeit willen« (Hebr 5,7).

»Darum hat Gott ihn erhöht und ihm den Namen gegeben, der über alle Namen ist« (Phil 2,9).

Und er hat ihn von den Toten auferweckt.

Die Auferstehung Jesu ist die Antwort Gottes auf die Armut des Menschen, auf die von Jesus bis ins letzte angenommene Armut.

NOVEMBER

Die Wüste bestehen

DIE ZEIT DES WEIZENKORNES

Der Mensch legt seinen Weg nicht nur hier auf Erden zurück, wie so manche glauben. Und sie gehen in diesem Glauben so weit, daß sie im Friedhof den absoluten Schlußpunkt des Weges und das endgültige Aus sehen.

Das ist der größte Irrtum. In Wahrheit ist der Friedhof nur ein Schrank, in dem wir das erste, aber nicht das wichtigste Zeichen unseres Daseins deponieren, wie man ein altes Gewand weghängt.

Der Tod existiert – da wir doch ewig sind – nämlich nur als Zeichen. Dieser schreckliche Schrank ist dazu da, uns auf wichtige Sachverhalte hinzuweisen, uns ein wenig zum Nachdenken zu bringen und den Weg wieder unter die Füße nehmen zu lassen, der weiter führt, viel weiter.

Kurz, das Erdenleben ist nur eine erste, ganz kurze Strecke des Weges, den wir zurücklegen müssen, und dazu noch eine sehr unvollständige. Es ist die Zeit des »Weizenkornes, das in der Erde stirbt«, der Zeitraum des einen Tages, hinter dem die tausend und abertausend Jahre Gottes liegen. Trotzdem ist es sehr wichtig, denn in Gott ist alles wichtig.

Ist das Erdenleben zu Ende, so beginnt ein neuer Abschnitt, der anders aussieht, mit anderen Zeichen ausgestattet, aber nicht unvergänglicher ist als der vorige, denn auch der vorige war unvergänglich. Sein Stellenwert ist doch aus dem Lichtgewand ersichtlich, mit dem Gott das Wesen des Menschen schon gleich bei seiner Empfängnis bekleidet hat.

Ich würde sagen, das unvergängliche, das eigentliche Leben ist nichts anderes als Gotteserkenntnis, die im Laufe deines Weges zunimmt, aber am Wesen der Dinge nichts ändert. Sie ist schon Erkenntnis vor dem irdischen Tod, und ist Erkenntnis danach, wenn auch auf einer anderen Wirklichkeitsstufe.

»ICH HABE DIE WELT BESIEGT«

Jesus der erstgeborene Sohn.
Der erste Auferstandene.

Er, der siegreich durch den Tod hindurchgegangen ist, wendet sich an uns: »Fürchtet euch nicht. Ich habe die Welt besiegt« (Joh 16,33).

Was sich in der Nacht der Auferstehung zugetragen hat, das geht seither jeden von uns persönlich an. Es war wirklich der »Durchgang« der ganzen Menschheit in Christus, der die Kirche beseelt und allen Erlösten vorangeht.

Das bedeutet uns: Gott ist Gott, das Leben geht weiter, es gibt eine Erklärung für alle Dinge, auch für die völlig unbegreiflichen, die uns entsetzen.

Es bedeutet: Der Mensch ist ewig, und der Tod, der ihm erst soviel Angst eingejagt hat, der sein Dasein quälend bedrückt hat, der ist nun erklärt, begriffen, verstanden, besiegt.

Nun kann ich lachen, lachen über meine frühere Angst.

Seit ich Christus, den Auferstandenen gesehen habe, kann ich meinen Tod mit Zuversicht erwarten.

Auch ich werde auferstehen.

Ich bin dein Gott, sagt der Herr.

Und daß Gott mein Gott ist, bedeutet, daß er mein Vater ist, Wurzel meines Seins, Herr des Himmels und der Erde, das Absolute, der Retter, mein Ziel, mein Alles.

Wenn Gott mein Gott ist, fürchte ich nichts mehr.

Ich vertraue mich ihm an.

Ich lasse seinen Willen an mir geschehen.

Mein Vater, ich überlasse mich dir; mach mit mir, was dir gefällt. Was du auch mit mir tun magst, ich danke dir. Zu allem bin ich bereit, alles nehme ich an. Wenn nur dein Wille sich an mir erfüllt und an allen deinen Geschöpfen, so ersehne ich weiter nichts, mein Gott.

KOMM MIT MIR IN DIE WÜSTE

Wenn man von Wüste für die Seele spricht, wenn man sagt, daß in deinem Leben Wüste dasein müsse, dann darfst du nicht nur daran denken, in die Sahara, in die Wüsten am Sinai oder sonstwo zu gehen.

Einen solchen Luxus können sich sicher nicht alle leisten, einen so radikalen Abschied vom gewöhnlichen Leben. Der Herr hat mich in eine richtige Wüste geschickt, weil ich ein so dickes Fell habe. Für mich war das nötig. Der ganze Sand hat bei mir noch nicht gelangt, die Dreckkrusten meiner Seele abzuscheuern.

Der gleiche Weg gilt nicht für alle.

Wenn du nicht in die Wüste gehen kannst, mußt du dennoch in deinem Leben »Wüste machen«. Bring ein wenig Wüste in dein Leben, verlaß von Zeit zu Zeit die Menschen, such die Einsamkeit, um im Schweigen und anhaltenden Gebet deine Seele zu erneuern! Das ist unentbehrlich. Das bedeutet »Wüste« in deinem geistlichen Leben.

Eine Stunde am Tag, einen Tag im Monat, acht Tage im Jahr, länger, wenn es nötig ist, mußt du alles und alle verlassen, um dich allein mit Gott zurückzuziehen. Wenn du das nicht suchst, wenn du das nicht liebst, mach dir keine Illusionen. Anders wirst du nie zum kontemplativen Gebet kommen. Denn nicht allein sein wollen – obwohl man es könnte –, um die innige Nähe Gottes zu kosten, ist ein Zeichen, daß es an dem Grundelement der Beziehung zum allmächtigen Gott fehlt: an der Liebe. Ohne Liebe aber ist keine Offenbarung möglich.

Komm,
komm mit mir in die Wüste,
von Herz zu Herz
will ich von Liebe dir sprechen (Hosea)

WAS WÜSTE BEDEUTET

Die Wüste ist eine geistliche Größe. Wüste bedeutet Suche nach Stille, Friede, Härte, Einsamkeit. Wüste bedeutet inniges Vertrautsein, echtes und tiefes Vertrautsein mit Gott.

»Weißt du noch Israel? Weißt du noch, wie ich dich in die Wüste hinausführte und dich umwarb?« (vgl. Hos).

»Ich wollte sehen, was du im Herzen trugst; ich wollte dir die Götzenbilder vor Augen führen, die du, an die Schnüre deines Kamelsattels festgebunden, mitgenommen und versteckt hattest« (vgl. Gen 31,34).

Die Wüste wird dir helfen, wird dich läutern, wird dich eher zum richtigen echten und freien Menschen machen.

Ist der Exodus ein Bild für den Weg des Menschen zur Vollkommenheit, so ist die Wüste dafür der Lebensraum. Denn in der Wüste lernt der Mensch sich kennen und seine Entscheidungen zu treffen, wie es im Buch Deuteronomium heißt: »Zwei Wege stelle ich dir zur Auswahl: das Gute und das Böse, entscheide du!« (vgl. Dtn 30,15.19).

In der Wüste reift der Mensch für die lebenswichtige Versenkung ins Gebet, gewöhnt er sich an die Mühsal des Dahinziehens, lernt er seine Grenzen, seinen Egoismus, seine Trägheit, seine Gaumenlust und vor allem das kennen, was verborgen in ihm steckt. »Ich habe dich in die Wüste geführt, um zu sehen, was du im Herzen trugst« (vgl. Ex).

Aber das ist nicht alles. Die Wüste ist die Schule für den vertrauten Umgang mit Gott, sie ist die grenzenlose, stille Weite, in der man Gott, dem Absoluten, begegnet. In der Wüste wird das Gesetz zur Liebe und entdeckt der Mensch, daß Gott ein Jemand ist.

DIE EIGENTLICHE WÜSTE

Ich glaube, der längste Abschnitt unserer Einsamkeit mit Gott verläuft nicht hier auf Erden.

Hier werden wir zu sehr abgelenkt und sind mit zu viel anderem beschäftigt. Die Mehrzahl der Menschen stirbt, bevor sie diese Einsamkeit verkostet hat. Der Tod überrascht sie auf ihrem Weg, wenn sie den Kopf noch voller Pläne und das Herz mit überflüssigen Anhänglichkeiten vollgestopft haben.

Aber dann kommt der Hinübergang, der fast immer für alle eine Überraschung ist, wie auch Jesus im Evangelium sagt, und der doch das ernsteste und mit aller Sicherheit eintretende Ereignis ist.

Ja, der »Hinübergang« oder Tod, wie wir ihn gemeinhin nennen, führt uns in eine neue Wirklichkeit, einen neuen Bereich. In eine Wirklichkeit und in einen Bereich, der noch mit der Erde zusammenhängt, aber sich von ihr ziemlich unterscheidet.

Er ist die eigentliche Wüste.

In alten Zeiten hat man ihn Fegefeuer genannt, aber das ist genau dasselbe. Er ist eine Örtlichkeit – Teilhard de Chardin würde sie eine Ionosphäre nennen –, an der tiefes Schweigen und tiefer Friede herrschen, und an der die »Erinnerung« unser neues Leben sein wird, wie der Dampf für das Wasser »Erinnerung« und doch genau dasselbe ist, wenn auch unter anderer Form.

In diesem Bereich werden wir soviel Zeit zum Gebet, zur Meditation und Kontemplation haben, wie wir nur wollen. Aber vor allem werden wir Zeit haben, unsere Sünden zu beweinen, die fast durch die Bank Unterlassungssünden sind.

Ja, unser Schmerz wird das sein, was wir nicht getan haben, die Liebe, die wir nicht geschenkt haben, die Geduld, an der es uns gefehlt hat, die Zärtlichkeit, die wir nicht erwiesen haben, die Nächstenliebe, die wir nicht gelebt haben.

Das, und sonst nichts.

DIE LÄUTERUNG

Das Fegefeuer oder die »Wüste«, wie immer man es nennen will, ist der Ort, an dem man den Weg zu Ende geht, an dem man erfüllt, was wir auf Erden aus Unreife, aus Bosheit oder aus Unachtsamkeit nicht zustande gebracht haben. Da werden wir die Zeit dazu haben.

Wir sind hier auf Erden schon ein Stück marschiert und können unseren Weg in aller Ruhe drüben vollenden. Vor uns liegt dann die Unendlichkeit, und damit wir mit unseren Schritten in der Richtung bleiben, wird uns die Feuersäule nicht im Stich lassen. Die Nacht wird hier zu Hause sein und durch Glaube, Hoffnung und Liebe erträglich werden, dieselben, die wir schon hier auf Erden gekannt haben und die nie versagen...

Ich bin sicher, daß der Weg nach vorn geht, dem Land entgegen, das nun wirklich das Land der Verheißung ist und ganz in der Nähe liegt.

Die einzelnen Etappen muß man nach Vorschrift und ohne Hast zurücklegen.

Es geht darum, sich von den Götzen zu trennen, wenn wir das auf Erden noch nicht getan haben, endlich durch das Rote Meer zu ziehen, die Läuterung von Lüge und Egoismus an sich geschehen zu lassen, und... vor allem in Jesus unseren großen Bruder, unser einziges Vorbild und unser »Alles« sehen zu lernen.

Und Jesus wird es auch sein, der uns auf der letzten, entscheidenden Etappe, die das Kreuz zum Ziel hat, lehrt und führt. Er wird uns nämlich lehren, an Liebe zu sterben.

Wenn wir auf Erden an Völlerei gestorben sind, müssen wir jetzt an Liebe sterben. Wenn wir an Krebs gestorben sind, müssen wir hier an Liebe sterben. Wenn wir auf Erden gelitten haben, weil jemand uns gehaßt hat, müssen wir hier für unsere Feinde sterben, um sie zu retten.

Für jemanden, der das Evangelium kennt und lebt, ist das alles klar. Nicht wahr?

DIE SCHULE GOTTES

Die Reise ist lang und heißt »Exodus«. Und der Exodus ist der Weg, den der Mensch zurücklegt, wenn er am eigenen Leib die Vorlieben Gottes kennenlernen will. Er ist die Schule Gottes, die Lehrzeit für das Reich, das Heranreifen des Kindes, das wie der Vater werden soll.

Das ganze Leben ist ein Exodus. Er dauert viel länger als die Zeit, die man unter der Sonne und auf dieser Erde verbringt, ... sehr viel länger. Der Exodus des Menschen umfaßt viel weitere Räume.

Auf Erden hat der Mensch kaum Zeit, geboren zu werden wie ein Samenkorn, das einen Keim einen Zentimeter hoch sprießen läßt. Dann kommt der physische Tod, der für ihn das irdische Erleben beendet, während der Keim die eingeschlagene Entwicklung beibehält wie beim Samenkorn, das meterhoch wachsen muß. Dann kommt die Ähre, die für mich die Fülle des Reiches ist, und die Ernte, die in die Scheune gebracht werden muß, wie das Evangelium sagt.

Aber wir wissen, daß wir das Vollalter Jesu haben müssen, um in die Scheune des Vaters zu gelangen.

Muß man nicht vom gleichen Verlangen beseelt sein wie er, wenn man mit ihm zu Tisch gehen will? »Er war Gott gleich, hielt aber nicht daran fest, wie Gott zu sein. Mensch geworden, entäußerte er sich, wurde wie ein Sklave und willigte in den Sklaventod am Kreuz ein« (vgl. Phil 2,6–8).

Und ihr wollt ins Reich gelangen und habt die Gedanken noch habgierig bei dem Geld, das in euren Schubladen geblieben ist, habt noch das Scheckbuch vor Augen, noch euren Tabakmief in den Kleidern? Oder – noch schlimmer – den Haß gegen euren Hausherrn oder die Abneigung gegen euren Ehepartner im Herzen?

Nein, Schwestern und Brüder, ihr könnt davon überzeugt sein: der Exodus beginnt beim Empfang der Taufe, die normalerweise eine Wassertaufe ist, und endet, wenn ihr in eurem Blut getauft werdet: das aber ganz und gar.

ZUM VATER UND ZUM NÄCHSTEN

Die Wüste ist der Ort der Reife.

Die Wüste leugnen heißt die »vertikale« Dimension menschlicher Existenz leugnen, die Notwendigkeit persönlicher Beziehung zu Gott, des langen Gebetes, des Du-auf-Du mit dem Allerhöchsten.

Wir haben heute den Gemeinschaftscharakter des Christentums wiederentdeckt, haben den Individualismus von gestern überwunden. In gemeinschaftsbezogener Liturgie wird das gemeinschaftliche Gebet gepflegt. Das darf aber auf keinen Fall dem Individual- und Einzelcharakter menschlicher Existenz zum Schaden gereichen. Mit viel Wirklichkeitssinn haben heute gerade junge Menschen und Priester erkannt, daß sich Gott im Akt der Liebe offenbart, mit dem wir uns der Gemeinschaft zuwenden.

Auf keinen Fall darf diese Haltung aber dahin führen, daß wir den – schweren – Weg des persönlichen Gebetes nicht mehr gehen. Nur er führt uns hin zur vollen Reife der Einigung mit Gott.

Es ist wahr, Jesus hat gesagt: »Wo zwei oder drei in meinem Namen versammelt sind, da bin ich mitten unter ihnen« (Mt 18,20). Aber vergessen wir darüber sein anderes Wort nicht: »Du aber, wenn du betest, geh in deine Kammer und schließ deine Tür zu und bete zu deinem Vater im Verborgenen« (Mt 6,6).

Sicher haben jene geirrt, die meinten, man könne das Christentum auf eine ganz persönliche Angelegenheit zurückführen. Es irren aber auch die, die meinen, die Lehre Jesu sei nur unter »horizontalen« Gesichtspunkten zu betrachten. Hier würde das Evangelium zu einem soziologischen Text, verlöre sein Salz.

Die Wahrheit liegt in der Verbindung dieser beiden Dimensionen.

Nicht umsonst ist das Kreuz Symbol des Christentums. Bis zum Blutzeugnis gelebt, verbindet es beide Weisen der Liebe: die zum Vater und die zum Nächsten.

»DU«

Je näher du *ihm* kommst in der Kontemplation, desto mehr entdeckst du ihn als den, der hinter deinem Handeln steht, deine Berufung lebendig hält, deine Verkündigung inspiriert, der dir dein Charisma gibt.

Je mehr du betest, desto größer erscheint dir der Abstand zwischen dir und ihm, und das bedeutet, daß die Unterscheidung zwischen dir als Person und ihm als Person immer klarer wird.

Je tiefer du ins Schweigen eindringst, desto mehr fühlst du das »Wort« dir innewohnen.

Je inniger du mit den Geschöpfen umgehst durch die Harmonie der Liebe, desto mehr entdeckst du Gott anwesend und unterschieden durch das Geheimnis seiner Transzendenz. Das Du wird das Wort, das wie kein anderes nahe und erprobt ist. Die Notwendigkeit, diesem »Du« Raum zu geben, ist eine ständige Forderung des Lebens ...

»Du«, was ist das für ein erstaunliches Wort!

»Du«, welch unverwechselbares Zeichen der Mitteilung. Wenn ich es ausspreche, trete ich aus meiner Einsamkeit und Isolierung heraus.

Das »Du« verweist mich auf den Bruder, den Freund, die Braut, den Vater. Wenn es mich auf Gott verweist, ist des Austauschs kein Ende mehr.

Die Fähigkeit, im Geist und in der Wahrheit zu Gott selbst Du zu sagen, kann das Antlitz der Erde verwandeln: sicher aber verwandelt sie mein Leben.

Das »Du« ist die Seele des Gebets.

Gott, mein Gott, dich suche ich,
meine Seele dürstet nach dir.
Nach dir verlangt mein Leib
gleich einer trockenen Wüste,
gleich einem dürren Land
ohne Wasser (Ps 63).

SCHWEIGENDE SUCHE

Wer sich vom Geist führen läßt, der das Wort Gottes beseelt, für den ist »Wüste« die schweigende Suche nach Gott, ein Wurfseil, das die in Gott verliebte Seele über den finsteren Abgrund der eigenen Gedanken wirft, über die bizarren, tiefen Klüfte der Versuchung, über die bodenlosen Schluchten der Ängste, die ihm den Weg zu Gott ungangbar machen.

Das Wort Wüste bedeutet weit mehr als einen geographischen Ort. Die Russen, die darin Meister sind, nennen sie »pustinia«.

Pustinia kann einen geographischen Ort bezeichnen, zugleich aber auch einen Ort, wohin die Wüstenväter sich zurückgezogen haben, es kann auch Einöde bedeuten, irgendeinen ruhigen Ort, wo man »die Arme im Gebet zu Gott erheben kann, im Sühne- und Fürbittgebet wegen der eigenen Sünden und der Sünden der Brüder. Die Wüste ist der Ort, wo wir Mut fassen können, wo wir mit unseren Worten die Wahrheit sagen, weil es uns bewußt wird, daß Gott die Wahrheit ist. Die Wüste ist der Ort, wo wir uns läutern und uns zum Handeln rüsten, als würden wir mit der glühenden Kohle berührt, die der Engel auf die Lippen des Propheten legte« (C. de Hueck Doherty).

Darauf kommt es an: was »Pustinia« für die Russen ist und was auf derselben Linie unserer mystischen Erfahrung liegt, dies folgt dem Menschen überall hin und verläßt ihn nicht, wenn er die Sandwüste nicht mehr nötig hat.

Wenn der Mensch nicht mehr in die Wüste kommen kann, dann kann die Wüste zum Menschen kommen. Das ist der Sinn des Satzes: »Schaff dir eine Wüste in der Stadt.«

Richte dir eine kleine »Pustinia« in deinem Haus ein, in deinem Garten, in deiner Dachstube. Trenne nicht den Begriff Wüste von den verkehrsreichen Orten, versuche diesem wirklich hinreißenden Ausdruck nachzusinnen und mehr noch, in ihm zu leben: »die Wüste im Herzen der Stadt«.

ORT GOTTES

Alles ist »Ort« Gottes und »Umgebung« seiner Gegenwart. Auch das Zugabteil habe ich zum »Ort« meines Gebets gemacht.

Du kannst dir einen Eisenbahnwagen vorstellen, wie er morgens und abends in der Stadt abfährt und ankommt, gesteckt voll mit Arbeitern und Studenten. Lärm, Gelächter, Rauch, Durcheinander, Gedränge.

Ich setzte mich in eine Ecke und merkte von allem nichts mehr.

Ich las das Evangelium. Ich schloß die Augen. Ich redete mit Gott und hörte ihm zu. Was war das für ein Wohlgefühl, ein Friede, eine Stille!

Die Macht der Liebe bezwang die Zerstreuung, die in meine Festung einzudringen suchte. Ich war wirklich eins mit mir, und nichts konnte mich ablenken. Von der Liebe umfangen, war ich im Frieden. Ja, die Liebe muß es gewesen sein, die in mir diese Einheit schuf...

Die Wüste mitten im Trubel. Aus einem Eisenbahnwagen wird ein Meditationsraum und aus den Straßen meiner Stadt werden Korridore meines idealen Klosters.

Charles de Foucauld, der einer der leidenschaftlichsten Sucher nach der modernen Spiritualität war, wählte für seine Einsiedelei eine Stelle, an der er sich ebenso leicht in die Gegenwart Gottes wie in die Gegenwart der Menschen begeben konnte.

Er machte sich daran, eine Mauer ringsherum zu bauen, doch als sie einen halben Meter hoch war, hielt er ein und zog sie nicht höher, um es den Bewohnern der Oase leicht zu machen, darüberzusteigen, wenn sie ihn besuchen wollten.

Die Mauer blieb... als »Zeichen« seiner monastischen Zurückgezogenheit. Die Wüste schlug sein Leben tiefer in Bann.

Ja, wir müssen die Wüste mitten ins Getriebe der Menschen bringen. So können wir ganz konkret den Menschen von heute helfen.

WIRKLICHKEIT, DIE ERZIEHT

Betrachte die Wirklichkeit, in der du lebst – deine Aufgabe, deine Arbeit, die menschlichen Beziehungen, die Versammlungen, Gänge, Einkäufe, die Zeitung, die gelesen werden muß, die Kinder, die deine Zuwendung brauchen –, alles zusammen als eine Einheit, von der du dich nicht absetzen darfst, an die du denken mußt.

Mehr noch: betrachte all das als ein einziges Ganzes, durch das Gott zu dir spricht und dich leitet.

Wenn du vor all dem fliehst, wirst du Gott deswegen nicht leichter finden; du brauchst nur dein Herz zu verwandeln, und alles sieht anders aus.

Die Wüste in deinem Leben ist nur möglich, wenn du die Bedingung annimmst: die Dinge mit neuen Augen zu sehen, sie mit einem neuen Geist anzufassen, sie mit einem neuen Herzen zu lieben. Teilhard de Chardin würde sagen: sie mit keuschem Herzen umarmen.

Dann braucht man nicht mehr zu fliehen, sich zu entfremden, zwischen Traum und Wirklichkeit zu balancieren, sich zu spalten in das, was man denkt, und das, was man tut, sich ins Gebet zu versenken und danach sich in der Arbeit zerstreuen, Pendler zu spielen zwischen Maria und Martha, zwischen Gebet und Sorge, ein geteiltes Herz zu haben, nicht zu wissen, wo einem der Kopf steht.

Ja, die Wirklichkeit erzieht uns, und wie!

Die Wirklichkeit ist das Fahrzeug, auf dem Gott zu mir kommt. Im Wirklichen drinnen finde ich Gott auf viel lebendigere Weise als in den schönen Gedanken, die ich mir über ihn machen kann.

Besonders wenn es sich um eine schmerzliche Wirklichkeit handelt, die meinen guten Willen auf eine harte Probe stellt und meine Armut an den Tag bringt.

GEBET UND LEBEN

Oft laufen sich Gebet und Leben hinterher wie zwei spielende Kinder, begegnen sich wie zwei Fremde auf der Straße, leben zusammen wie zwei Nachbarn, die sich nicht grüßen. Sie sind einander vielleicht sogar spinnefeind wie zwei Verheiratete, die sich nicht mehr lieben.

Unser Tun darf das Beten nicht ersticken, und unser Gebet darf uns nicht zu untätigen Zeitgenossen machen. Wir müssen versuchen, die Widersprüchlichkeiten und Spannungen zwischen Aktion und Kontemplation zu beseitigen, zwischen Engagement und Gebet, zwischen innerlichem und äußerlichem Tätigwerden, zwischen Hingabe an uns selbst und Einsatz für die anderen. Wie sollen wir das machen? Oft hört man: »Ich bin beruflich so ausgelastet, daß ich nicht zum Beten komme.« Oder: »Wie soll ich beten, wenn ich von morgens bis abends fünf Kinder am Schürzenband hängen habe?« Diese Ausdrücke decken eine traurige Realität auf: eine grundsätzliche Abwertung der menschlichen Tätigkeit.

Studium und Arbeit, Haushalt und Kindererziehung sind außerordentlich wichtige Dinge. Man kann geradezu sagen, daß es sich um Heiliges handelt, weil es sich um von Gott gegebene Werte handelt, die ich mit meinem ganzen Denken und Tun anstreben soll.

Wenn es richtig ist, daß es sich beim Beten um einen Ausdruck von Gottesliebe handelt, wie kann da eine andere Art von Gottesliebe ausgeschlossen sein, nämlich der Einsatz für andere? Kann das erste Gebot in Konkurrenz zum zweiten treten, wo es diesem doch gleich ist? Die Liebe, die mich zum Nächsten treibt – treibt sie mich nicht gleichzeitig auch hin zu Gott? Oder ist mein Apostolat vielleicht reiner Aktivismus und Selbstbeweihräucherung?

Wir sollten Gottesliebe und Nächstenliebe nicht trennen. Diese beiden Formen der Liebe müssen in einem bis zur Einheit gelebt werden.

GOTTES ANTLITZ

Die Geschichte des heiligen Christophorus gefällt mir sehr, weil sie uns so schön zeigt, wie es um die Liebe bestellt ist.

Von diesem heidnischen Riesen, der Christ geworden war, wird erzählt, er habe Schwierigkeiten mit dem Gebet gehabt.

Er »spüre« Gott nicht beim Beten. Er bete Stunde um Stunde, einen Psalm nach dem anderen. Dann fragte er seinen Lehrer, einen Einsiedler: »Wann wird mir Gott sein Antlitz zeigen?« Der Meister merkte, daß sein Schüler noch nicht reif war für langes Beten. Er mußte ihm ein »menschliches« Programm geben.

»Geh runter zum Fluß. Du bist ja ein starker Mann. Trage die Pilger, die ankommen, von der einen Seite auf die andere.« Er wollte damit im Grunde sagen: »Du siehst Gottes Antlitz im nackten Glauben noch nicht. Leichter siehst du ihn im Antlitz der Menschen, denen du dienst.«

Der Riesenkerl beginnt, den Menschen zu dienen. Ausgerüstet mit einem dicken Stock, überquert er Tag für Tag den Fluß und transportiert die Pilger.

Dann kommt der Tag, an dem er Jesus selbst tragen darf, verborgen im Körper eines Kindes. In diesem Moment wird der Heide zu Christophorus (= »Christusträger«). Er entdeckt das Antlitz Gottes.

In unserem Leben ist es nicht viel anders.

Wir arbeiten, gründen eine Familie, tragen das unsere dazu bei, daß diese Gesellschaft glücklicher werde. Wir lieben die Dinge dieser Welt als Geschöpfe Gottes. So kommen wir Stufe für Stufe näher zu Gott...

Gott lieben und den Nächsten lieben heißt: Gott im Nächsten lieben und den Nächsten in Gott lieben. So nur können wir den Weg gehen, der zu unserer ganzheitlichen Verwirklichung in Jesus Christus führt.

IM SCHWEISSE DEINES ANGESICHTS

Gott bedient sich des Menschen, um seinen Willen ganz durchzuführen, sein Werk zu vollenden. Der Mensch mit seiner Arbeit verbessert und verschönert die Schöpfung.

Da ist ein verwilderter Hügel, bedeckt mit allerlei Unkraut und wildgewachsenen Bäumen. Dort ist ein wilder Weinstock mit kleinen und trockenen Blättern. Nun kommt der Mensch. Er nimmt sich des Weinstocks an. Er schneidet ihn und macht ihn sauber. Nach einiger Zeit der Pflege hat sich der Weinstock verändert: Er bietet ein friedliches und harmonisches Bild. Der ganze Hügel kann langsam in einen fruchtbaren Weinberg umgestaltet werden. Das »Später« ist besser als das »Früher«.

Der Mensch ist bei seinem Arbeiten nicht allein. Gott arbeitet sozusagen in ihm. Gott ist in der Schöpfung gegenwärtig. Er führt die Gestalt der Schöpfung aus. Dabei bedient er sich auch des Menschen.

Gott ist es, der durch die Hand des Künstlers Schönheit verwirklicht. Aber auch durch die Arbeit des einfachen Arbeiters wirkt Gott. Er will, daß alle Menschen zu essen haben. Gott ist in der Arbeit aller Menschen gegenwärtig. Er ist überall da, wo guter Wille herrscht. Keine Entdeckung, die der Mensch macht, liegt außerhalb Gottes. Keine technische Errungenschaft wird erreicht ohne das göttliche Wohlwollen. Ja, die Arbeit ist wirklich unentbehrlich für den Menschen.

Arbeit hat mit Erlösung zu tun. Sie ist ja Teilnahme am Schöpferwerk Gottes, Werkzeug für Harmonie und Schönheit. Einheit und Glück der Menschenfamilie wird mehr und mehr verwirklicht durch sie.

Gott hat gesagt: »Im Schweiße deines Angesichts sollst du dein Brot essen« (Gen 3,19). Vor dem Sündenfall war die Arbeit reine Freude. Seitdem ist sie verbunden mit Mühsal, Leiden und Schweiß. Das heißt aber auch, daß der Mensch durch sie seine »Schuld bezahlen« kann. So wirkt er Tag für Tag mit an seinem Heil.

IN SOLIDARITÄT

Arbeiten in der Oase bei einer Höllenhitze, das ist nicht leicht. Ich war halbtot vor Erschöpfung. Als ich in die Fraternität zurückkam, konnte ich nicht mehr. Ich warf mich auf die Matte in der Kapelle vor dem Altarsakrament, mit meinem zerschlagenen Rücken und dem schmerzenden Kopf. Umsonst versuchte ich zu beten. Verdorrt, leer, kaputt.

Das einzige Positive, was ich empfand und zu begreifen anfing, war die Solidarität mit den Armen, den ganz Armen. Ich fühlte mich wie einer, der an das Montage-Fließband gekettet ist, zermalmt unter dem täglichen Joch. Ich dachte an das Gebet meiner Mutter, um die fünf Kinder herumsprangen, und an die Bauern, die im Sommer zwölf Stunden im Tag arbeiten müssen.

Wenn zum Gebet ein wenig Ruhe notwendig wäre, hätten diese Armen nie beten können. Das Gebet, das ich bisher ausgiebig gepflegt hatte, war folglich das Gebet der Reichen, das Gebet eines bequemen, wohlgenährten Menschen, der Herr seiner Zeit ist und seinen Tag einteilen kann.

Mein Kopf begriff nichts mehr, aber gerade jetzt fing ich an, die wahren Dinge zu begreifen.

Ich weinte! Die Tränen liefen mir die »gandura« herunter; meine Müdigkeit hatte mich so recht den Armen gleichgemacht.

Und in diesem Zustand wirklicher Armut sollte ich die wichtigste Entdeckung meines Gebetslebens machen.

Wollt ihr sie wissen?

Das Gebet geht durchs Herz, nicht durch den Kopf.

Es war mir, als öffnete sich eine Ader in meinem Herzen, und zum erstenmal »erlebte« ich eine neue Dimension der Vereinigung mit Gott.

Welch abenteuerliche Entdeckung war das für mich. Nie werde ich diesen Augenblick vergessen.

Ich habe die Beständigkeit Gottes erschaut.

UNGESTÖRTES ZUSAMMENSEIN

Die Wüste im biblischen Verständnis ist kein End- und Zielpunkt. Sie ist Ort des Durchgangs, wie sie sich etwa dem Propheten Elija darstellte: »Da stand er auf, aß und trank und wanderte... vierzig Tage und vierzig Nächte bis zum Gottesberge, dem Horeb« (1 Kön 19,8). Die Wüste ist der Ort, an dem der Auszug aus der Knechtschaft in die Freiheit geschieht (vgl. Dtn 8,2–6).

Im Evangelium bedeutet die Wüste die Zeit, in der und mit der sich Jesus auf sein Wirken vorbereitet. »Und sofort trieb ihn der Geist hinaus in die Wüste. Vierzig Tage lang war er in der Wüste und wurde vom Satan versucht. Mit den wilden Tieren war er zusammen, und die Engel dienten ihm« (Mk 1,12). Dorthin kann er sich von der beanspruchenden Menge zurückziehen: »Kommt mit mir, ihr allein, an einen einsamen Ort und ruht ein wenig aus« (Mk 6,31).

Dort kann er beten: Er entläßt die Menge, steigt auf einen Berg und widmet sich allein dem Gebet (vgl. Mt 14,23). Oft dauert das Gebet längere Zeit: »Und es begab sich in jenen Tagen, daß er auf den Berg ging, um zu beten, und er verbrachte die ganze Nacht im Gebete zu Gott« (Lk 6,12). Danach handelt er: »Und als es Tag geworden war, rief er seine Jünger herbei und erwählte aus ihnen zwölf, die er auch Apostel nannte« (Lk 6,13). Die Wüste ist Ort des ungestörten Beisammenseins mit dem Vater: »›Setzt euch hier nieder, während ich bete‹... Dann ging er ein wenig weiter, warf sich auf die Erde nieder und betete, daß diese Stunde an ihm vorübergehen möge, wenn es möglich wäre, und sprach: ›Abba, Vater...‹« (vgl. Mk 14,32–36)

Wenn sich die Propheten und Jesus in die Wüste zurückgezogen haben, müssen auch wir es von Zeit zu Zeit tun.

Es geht natürlich nicht darum, sich wirklich und tatsächlich in die Wüste zu begeben. Es handelt sich darum, ein Stück Wüste in das eigene Leben hineinzutragen. Das heißt, sich zurückzuziehen, sich zu lösen von den Dingen und den Menschen. Nur so können wir geistig gesund bleiben.

DER SABBAT

In die Wüste gehen meint, sich in einem Zimmer einzuschließen, allein in einer leeren Kirche zu sein, sich eine Andachtsecke zu errichten, in der man den persönlichen Kontakt mit Gott pflegen, in der man Frieden finden kann.

In die Wüste gehen bedeutet, von Zeit zu Zeit einen ganzen Tag dem Gebet zu widmen, auf einen einsamen Berg zu steigen, nachts aufzustehen, um zu beten.

Letztlich bedeutet es nichts anderes, als Gott zu gehorchen. Schließlich gibt es ein Gebot – von vielen vergessen –, das anordnet, die Arbeit zu unterbrechen, sich von den Verpflichtungen zu lösen und sich ganz der wohltuenden Untätigkeit einer Betrachtung hinzugeben.

Gott spricht: »Gedenke des Sabbattags, daß du ihn heiligst. Sechs Tage sollst du arbeiten und all dein Werk tun. Der siebte Tag aber ist Sabbat für Jahwe, deinen Gott. Da darfst du keinerlei Werk tun, weder du selbst noch dein Sohn, noch deine Tochter, noch dein Knecht, noch deine Magd, noch dein Vieh, noch der Fremde, der sich in deinen Toren aufhält. Denn in sechs Tagen hat Jahwe den Himmel, die Erde und das Meer und alles, was in ihnen ist, erschaffen; aber am siebten Tag ruhte er ...« (Ex 20,8–11)

Man braucht nicht zu fürchten, daß die anderen Schaden nehmen, wenn man sich von Zeit zu Zeit zurückzieht. Unsere Liebe zum Nächsten wird nicht abnehmen, wenn wir versuchen, unsere persönliche Liebe zu Gott zum Wachsen zu bringen. Es wird sogar recht vorteilhaft sein für die Entfaltung jener Liebe!

Wir müssen uns eins vor Augen halten: Unsere Liebe zu den Mitmenschen, die uns aufgetragen ist, die demütige Hinwendung zum Armen mit seinen Problemen – das alles ist sehr fordernd und beanspruchend. Man kann es nur leisten, wenn man mit einer starken und sehr persönlichen Liebe dem Herrgott verbunden ist. Nur dann bleibt unsere Liebe zum Nächsten ursprünglich und immer neu.

BAND DER VOLLKOMMENHEIT

Die Liebe überwindet alles. Sie besiegt und überwindet selbst die schrecklichsten Dinge. War das Leben Jesu nicht schrecklich? Ist es nicht schrecklich, in einem Stall zur Welt zu kommen, nachdem man die Mutter überall abgewiesen hatte? Ist nicht schrecklich, was die Menschen diesem Jesus während seines Lebens und Sterbens angetan haben? Die Liebe Jesu erhöht jedoch dies alles. Seine Milde, seine Demut wandeln dies alles. Das dunkle Bild wird wunderschön und hell. Gott vergibt noch im Sterben und lächelt dem Menschen zu, der ihn tötet. Nur die Liebe hat solche umwandelnde und erlösende Kraft in sich, nur sie vermag Leben so fruchtbar zu machen. Die Liebe hat Vorrang vor allem und ersetzt alles. Durch die Liebe erreicht der Mensch Vollkommenheit. »Die Liebe ist das Band der Vollkommenheit« (Kol 3,14).

Was zählt, ist die Liebe. Begegnet mir einmal ein Bruder, der mich verleumdet und mir alles Böse nachsagt, dann will ich ihn lieben und werde auf diese Weise das Böse in Gutes umwandeln, denn *nur die Liebe zählt.* Muß ich mit Menschen zusammenleben, die nicht wie ich denken, ja, die sich sogar als Feinde meines Glaubens erweisen, werde ich sie doch lieben und so die Möglichkeit eines Gesprächs grundlegen, denn *die Liebe ist es, die zählt.* Komme ich irgendwo hin, um etwas zu kaufen, dann will ich auch an die Brüder denken, die Not leiden. Davon will ich mich bei meinen Einkäufen leiten lassen. Kleinlich will ich für mich sein und großzügig für andere, denn *entscheidend ist die Liebe.* Wenn ich sehe, daß mein Körper seinem Alter entgegengeht und langsam zerfällt, dann will ich den Winter des Lebens doch noch mit der Liebe erwärmen und selbst zu einem Opfer werden, denn *was zählt, ist Liebe.* Kommt dann meine Todesstunde, sei es im Bett, sei es auf der Straße, dann will ich mich bemühen, in Freude ja zu sagen zu dem letzten Weg, den ich nach dem Willen Gottes gehen soll, denn *was zählt, ist die Liebe.*

OHNE MASS

Ihr fragt mich nach dem Geheimnis des wahren Glücks und wirklichen Friedens? Ihr wollt wissen, wie man es verhindert, mit dem Mitmenschen Schwierigkeiten zu haben?

Die Antwort ist einfach: Liebt die Dinge und die Menschen so, wie sie Jesus geliebt hat – das heißt: bis zur Selbsthingabe. Rechnet nicht, wenn ihr liebt.

Wenn einer schön und sympathisch ist, dann liebt ihn. Liebt mit gleicher Kraft aber auch den, der häßlich und unsympathisch ist. Wenn einer grüßt, dann grüßt lächelnd zurück. Lächelt aber auch dem zu, der euch böse anschaut. Dankt Gott, wenn euch einer Gutes tut. Dankt aber auch, wenn man euch verleumdet und verfolgt. Sage nicht ständig: »Ich habe recht.« Sage lieber: »Ich liebe und will weiterlieben.« Diese Liebe wollte uns Jesus lehren. Es ist eine Art von Liebe, die alles belebt und jedes Problem löst.

Es ist nicht einfach zu lieben.

Wer sich auf den Weg der Liebe begibt, muß Mut haben. Die Reise ist lang. Vielleicht kostet sie Blut. Glückselig der, der ein paar Minuten vor dem Tod das Ziel erreicht.

Jeden Tag erbitte ich dies vom Herrn: Lehre mich, so zu lieben, wie du geliebt hast! So will ich lieben, wie Jesus in Bethlehem: Er begibt sich eher auf die Flucht, als in seiner Allmacht den Herodes zu töten. Wie Jesus in Nazaret möchte ich lieben: Er verbirgt seine Göttlichkeit. Ich möchte lieben wie Jesus im Angesicht der hungernden Menge, wie Jesus im Garten Gethsemane und vor seinen Richtern. Schließlich möchte ich lieben wie Jesus am Kreuz, der noch im Todeskampf betet: »Vater, vergib ihnen!«

Das ist das Entscheidende am Leben, am irdischen wie am ewigen: Lieben ohne Maß.

Alles andere ist nicht so wichtig.

DEIN WILLE

Was steht im Gesetz? Was liest du dort? »Du sollst den Herrn, deinen Gott, lieben mit ganzem Herzen, mit all deiner Kraft und all deinen Gedanken und deinen Nächsten wie dich selbst« (Dtn 6,5). Tu das, und du wirst leben.

Um das Leben zu haben, das Gott selbst ist, muß man lieben. Dazu sind alle berufen, und das ist auch meine Berufung. Ich habe sie vom Herrn erbeten, bitte um sie und werde immer wieder um sie bitten: ich will sie in mir verwirklichen. Das ist die Gnade, um die ich ihn gebeten habe, die er mir in seiner Liebe gewähren muß.

Gott, mein Gott, laß mich immer deinen Willen erkennen; dann laß mich brennend nach ihm verlangen, und gib ihn mir schließlich, damit du in ihm verherrlicht wirst. Dann werde ich selig sein, wie du in deiner Thronrede sagst (vgl. Mt 5,1–12):

Selig 1. die Armen,
2. die keine Gewalt anwenden,
3. die Trauernden,
4. Hunger und Durst nach der Gerechtigkeit,
5. die Barmherzigen,
6. die ein reines Herz haben,
7. die Frieden stiften,
8. die Verfolgten.

Das ist das Profil des Sohnes, des Kindes, an dem Jesus so großes Wohlgefallen hatte und das er uns nahegelegt hat, damit wir ins Himmelreich kämen.

Loslösung des Herzens von den Gütern der Erde, Nachfolge des armen Jesus, ein Leben in Armut suchen aus Liebe zu den Armen, relativen Schmerz ertragen, gerecht sein und die Gerechtigkeit lieben, barmherzig, rein und Friedensbringer sein, aus Liebe zu Jesus Verfolgung ertragen.

Mein Gott, laß mich dieses Profil deines Sohnes zu meinem eigenen machen. Ich bin so weit davon entfernt! Du kannst alles, verwirkliche in mir diese Wesenszüge, die dir so gefallen. Ist das dein Wille? *Dein Wille geschehe.*

FÜR ALLE

Jesus ist der vollendete Mensch. In ihm wohnt die Fülle der Gottheit. Gesandt vom Vater, ist ihm alle Macht im Himmel und auf Erden gegeben.

Er ist das Haupt, und in der Sicht des Vaters gehörten ihm alle Menschen an. Er ist wirklich ein *König*, aber, wie es in der Liturgie heißt, sein Reich ist das Reich »der Wahrheit und des Lebens, das Reich der Heiligkeit und der Gnade, das Reich der Gerechtigkeit, der Liebe und des Friedens«. Alle Völker der Erde sind in dieses Reich berufen, und Christus ist für alle gesandt.

Wo Wahrheit und Leben, Heiligkeit und Gnade, Gerechtigkeit, Liebe und Frieden ihre Stätte haben, da befindet sich sein Reich.

Wir müssen unser Denken auf den Kopf stellen, das sich hinter Vorstellungen wie »Christentum als Sekte« und »wir und die anderen« verschanzt hat, die zu anderen Zeiten einmal angebracht gewesen sein konnten, heute aber nicht mehr dem tatsächlichen Stand der Geschichte entsprechen.

Die sichtbare Kirche ist die Treuhänderin des Schatzes der ganzen Botschaft, der Gnade und der Sakramente, aber Christi Wirken beschränkt sich nicht auf sie. Jeder Mensch, der in die Welt kommt, wird von Christus erleuchtet und von ihm auf eine weit, weit herrlichere Offenbarung vorbereitet. Deshalb ist Christus König aller Völker und Herrscher aller Nationen.

Weg daher aus unserem Denken mit der Vorstellung einer Absonderung, die Haß oder wenigstens Fehleinschätzung war, Überheblichkeit, Unverstand und manchmal Unrecht und Mangel an Liebe.

Alles muß man im Licht des großen Reiches sehen, dessen gründliche Erforschung und Ausweitung in ständigem Fluß sind. Sympathie für alle Völker, Öffnung für alle Menschen, Suche nach der Wahrheit auf allen Breitengraden.

DAS GESCHENK DER FREIHEIT

Der heilige Johannes erwähnt im Evangelium ein Weizenkorn, das in der Erde stirbt, um reiche Frucht zu bringen. Dann sproßt ein Hälmchen, das immer weiter wächst und wächst, bis es zu einem kräftigen hohen Stengel wird für die Ähre, die sich dann ganz zuletzt entwickelt.

Das Sterben des Weizenkorns ist das irdische Leben des Menschen, das Wachsen des Halmes die Läuterung, in der der Weg weiterführt, und der Himmel ist der Schlußabschnitt, der in Gottes Ewigkeit unaufhaltsam weitergeht. Das ist der Exodus, der uns in die Freiheit führt. Er ist ein langsamer, bewußter Reifungsprozeß des Menschen, der in der Sklaverei seiner Begrenzung geboren worden ist, ein Reifungsprozeß, der ihn zu dem Entschluß führt, das Joch aller Pharaonen abzuschütteln, die er in sich trägt und die ihn durch die Sünde, in der die Herrschaft des Bösen in der Welt ihren Ausdruck findet, unter ihre Gewalt zwingen.

Das ist keine einfache, keine leichte Aufgabe, aber sie ist äußerst wichtig, denn es steht hier das größte Geschenk auf dem Spiel, das Gott dem Menschen außer dem Geschenk des unvergänglichen Lebens gemacht hat: das Geschenk der Freiheit. Der Mensch ist dazu bestimmt, frei zu sein, der Mensch ist für die Freiheit bestimmt, denn nur in Freiheit kann er voll und ganz die Wahrheit und die Liebe zum Ausdruck bringen, die für ihn wesensnotwendig sind. Die Freiheit ist der Ruhm des Menschen, sie ist der Boden, den er als Sieger betritt, die unendliche Weite, die der Würde seiner Gotteskindschaft entspricht.

Solange er nicht frei ist, kann er nicht Sohn sein, sondern nur Sklave. Solange er nicht frei ist, bleibt er den dunklen Mächten ausgeliefert, lebt er im Chaos, im Irrationalen des Widersinns und des Todes.

Mit der Freiheit gewinnt man die Menschenwürde, die Fähigkeit, den Weg ins Land der Verheißung fortzusetzen, den Sinn des Göttlichen im Menschen, die Hoffnung, zum Ziel zu gelangen.

NICHTS MEHR FRAGEN

Ein Mensch, der aus Ägypten auszieht, ist ein Mensch, der von Gott zur Freiheit berufen ist, zur wahren, zur ewigen Freiheit.

Aber welchen Einsatz, welche Läuterung kostet es, wenn man frei werden will!

Die »Nacht der Sinne« zu erreichen, d. h. das Stadium, in dem wir unsere Leidenschaften zu beherrschen lernen, geht nicht ohne Verzicht, ohne Fasten!

Aber das ist erst der Anfang.

Der Weg führt in eine andere, sehr viel dunklere und schmerzlichere Nacht, in die »Nacht des Geistes«, d. h. die Nacht, in der wir, für die das ständige Reden zur Gewohnheit geworden ist, schweigen lernen müssen.

Immer bereit, mit Fragen zu kommen, würden wir nicht mehr wagen, eine Frage zu stellen. Wir schweigen wie gebannt von der Größe dessen, der uns gegenübersteht: Gott.

Wir schweigen, ergriffen von Liebe zu ihm.

Jesus selbst ist es, der uns gesagt hat: *An jenem Tag werdet ihr mich nichts mehr fragen* (Joh 16,23).

In der Nacht des Geistes ist der Mensch dazu herangereift, Gott im Dunkel zu lieben, Gottes Absicht zu bejahen, auch ohne sie zu verstehen, in fragloser Ergebenheit die Gottesferne zu ertragen.

Um dann den Marsch, den Aufstieg – wie Johannes vom Kreuz sagen würde – zum Ziel zu führen, muß man die Liebe läutern und in selbstlose Liebe, in »caritas«, umwandeln.

Was heißt das?

Etwas ganz Einfaches: Jesus auf dem Weg nach Jerusalem nachfolgen.

Man möchte sich davor entsetzen und sagen: »So weit komme ich nie.« Und das stimmte wohl auch. Aber wir wissen, daß die Liebe selbst es ist, die dieses Wunder wirkt.

Gott ist Gott, und er ist der Gott des Unmöglichen.

DIE DUNKLE NACHT

Die Wüste ist der Zug des Menschen zum Land der Verheißung, die Stätte, an der Gott sich in seiner Absolutheit offenbart und der Mensch gelernt hat, bei ihm zu weilen, mit ihm zu reden, mit ihm zu beten und das Erbarmen und das Herz des Vaters und sein wahres Wesen zu erkennen, das Liebe ist, nur Liebe, ganz und gar Liebe.

Die Wüste verläßt man mit der Gewißheit, daß Gott mit dem Menschen zieht, daß er den Menschen liebt und rettet, daß er den Menschen sucht, daß er das Ein und Alles des Menschen ist, und daß es keinen anderen Gott gibt außer ihn.

Der Wüstenzug macht uns früher oder später mit der »dunklen Nacht« bekannt. Ganz allmählich führt er uns dorthin, wo die menschlichen Kräfte nicht mehr ausreichen und wir voller Angst haltmachen müssen.

In der dunklen Nacht kann man sich nur nach den Sternen richten, d. h. nach etwas, das nicht mehr von dieser Welt ist. Dann gelangt man zu der Erkenntnis, daß das Göttliche uns übertrifft und daß Gottes Gedanken nicht unsere Gedanken sind.

Das ist hart, aber notwendig, wenn man Zugang zum Geheimnis erlangen will.

Solange man sich nur auf seine Vernunft verläßt, kann man Gott nicht erkennen. Gott entzieht sich dem Erkennen, und die Wolke, die ihn verhüllt, heißt »Wolke des Nichtwissens« um Gott. Wir haben eingewilligt, uns in diese Wolke zu begeben, damit wir unseren Weg darüber hinaus fortsetzen können.

Jenseits davon befindet sich die reine Transzendenz Gottes, das Geheimnis des Absoluten, die Wurzel dessen, was dem menschlichen Stolz versagt ist.

In der dunklen Nacht lernen wir auch, wie man erkennt, worauf es wirklich ankommt: Die Liebe Gottes und den Grund der Dinge. Das lernt man nur durch Offenbarung.

NOTWENDIG IST DIE NACHT

Notwendig ist die Nacht, notwendig ist das Dunkel des Glaubens, damit wir nicht von zuviel Licht Gottes geblendet werden.

Für mein Wesen als Mensch gibt es keine andere Möglichkeit. Ich begreife immer mehr, daß der Glaube keine mysteriöse oder grausame List eines Gottes ist, der sich verbirgt, ohne mir zu sagen warum, sondern ein notwendiger, unersetzlicher Schleier, damit ich Gott stufenweise entdecke entsprechend den Entwicklungsstufen des göttlichen Lebens in mir.

»Niemand kann Gott sehen, ohne zu sterben«, sagt die Schrift. Das heißt: Ihn von Angesicht zu Angesicht schauen ist nur denen möglich, die hindurchgegangen sind durch das Stadium des Todes.

Für das Stadium auf Erden, das erste Stadium, sind das Licht, die Unendlichkeit des Geheimnisses und die Unangepaßtheit der menschlichen Natur so groß, daß ich ganz langsam eindringen muß. Zuerst durch die Symbole, dann durch die Erfahrung, dann durch die Kontemplation, die manches bereits auf Erden vorwegnehmen kann, wenn ich nur der Liebe Gottes treu bleibe.

Es kann aber nur ein Anfang sein, ein Gewöhnen der Augen der Seele an so großes Licht. Aber die Entwicklung wird ohne Ende weitergehen, und immer wird das Geheimnis bleiben, so sehr überragt uns die Unendlichkeit Gottes.

Was ist im Grunde unser Leben hier auf Erden anderes als dieses Geheimnis Gottes entdecken, kennenlernen, durchdringen, betrachten, annehmen, lieben, diese einzige Wirklichkeit, die uns umgibt und in die wir eingetaucht sind wie Meteoriten in den grenzenlosen Kosmos?

»Denn in ihm leben wir, bewegen wir uns und sind wir« (Apg 17,28). Es gibt nicht viele Geheimnisse. Von einem einzigen hängt alles ab, ihm kann man nicht entfliehen.

LOBGESANG SEINER GEGENWART

Wenn ich bete und er läßt mich seine Abwesenheit spüren; wenn ich seine Gegenwart suche und er mir nur Dunkel gewährt, ich aber dabei ausharre, wißt ihr, wie die Antwort darauf aussieht?

Die Neuheit! Auf dieser Erde langweilt mich alles, außer der Neuheit Gottes. Gott ist immer Neuheit, er ist die ewige Neuheit. Er scheint deinem Gebet fern zu sein, und du bleibst in der Trockenheit, im Dunkel die ganze Nacht, während du ihn suchst wie die Braut des Hohenliedes den Bräutigam.

Doch riechst du schließlich seinen Duft, der auf deinem Kleid haftenblieb. Wenn dies geschieht, hast du die echte Kontemplation vor dir.

Ich fühle mich in Gott eingetaucht, so wie der Wassertropfen im Ozean, wie der Stern in der Dunkelheit der Nacht, wie die Lerche in der Sonne des Sommers, wie der Fisch im Wasser des Meeres.

Die Grenzen meiner bedingten Freiheit berühren ständig sein Sein, das mich liebevoll umhüllt. Mein Drang nach Selbstverwirklichung wird Minute für Minute durch seine lebendige Präsenz ernährt.

Nichts kann ich tun, wenn nicht mit ihm, nichts kann ich sehen, wenn nicht durch ihn.

Gott ist das Meer, in dem ich schwimme, die Atmosphäre, in der ich atme, die Wirklichkeit, in der ich mich wahrnehme.

Ich vermag es nicht mehr, auch nur ein einziges, winzig kleines Ding zu finden, das mir von ihm nicht spräche, das mir sein Widerhall nicht wäre – oder seine Kunde, sein Aufruf, sein Lächeln, seine Rüge, oder eines seiner Worte.

»Die Himmel rühmen die Herrlichkeit Gottes, vom Werk seiner Hände kündet das Firmament« (Ps 19,2).

GLAUBE UND HOFFNUNG

»Alles fließt«, hat Heraklit gesagt; die Geschichte war für ihn wie ein Fluß.
Von der Strömung eines Flusses kann man sich einfach mitreißen lassen. Man kann aber auch schwimmen in diesem Fluß oder, was noch besser ist, man kann in einem Schiff auf ihm fahren.

Es handelt sich um ganz verschiedene Dinge, ob man nur zur Kenntnis nimmt, daß man sich in einem Fluß befindet und sich von ihm weitertragen läßt, oder ob man auch nach dem Sinn der Reise fragt und dementsprechend versucht, der Strömung Widerstand entgegenzusetzen.

Die einen leben, lieben und sterben, ohne weitere Fragen zu stellen. Man kann das Ganze seines Lebens aber auch bejahen. Auf einmal kommt Freude und Sinn in dieses Leben. Die erkannte Berufung ist es, die aus der einen Einstellung die andere werden läßt. Deshalb ist der Glaube so wichtig. Ohne ihn kann man den Sinn des Lebens nicht erkennen.

Durch den Glauben entdecken wir also unsere Berufung. Wenn wir darüber hinaus in der Hoffnung stehen, dann sind wir auf dem Weg, unsere Berufung auch zu verwirklichen. In der Kraft der Hoffnung gelingt es uns, das Leben von einem Tag auf den anderen zu meistern. Mit den Augen der Hoffnung schauen wir bis auf den letzten Tag unseres Lebens auf das ferne Ziel. Von diesem Zielpunkt aus steckt die Hoffnung die Wegstrecken ab.

Man kann auch sagen: Die Hoffnung hält dem Gedächtnis die Glaubenseinsichten gegenwärtig. Der Glaube ist in gewisser Weise blind. In seiner Blindheit tastet er nach dem unerkennbaren Gott und richtet den Willen aus auf ihn. Die Hoffnung fügt dem Glaubenden die Dimension der Zeit hinzu und heftet den Blick ganz auf das Ende, jenseits von Wüsten und Bergen. Der Glaube ist etwas sehr Schwieriges und Forderndes. Nicht weniger ist es die Hoffnung.

ERSTRAHLENDES LICHT

So merkwürdig es auch klingt: Zuviel Licht schafft Finsternis. Wenn ich auf die Sonne starre, sehe ich alles dunkel.

Nichts ist wahrer, aber auch dunkler, als Gottes Sein. Nichts ist klarer, vernünftiger, wahrnehmbarer als die Schöpfung des Kosmos durch Gott – zugleich aber ist nichts geheimnisvoller als dies. Nichts ist einleuchtender als die Ewigkeit der Seele – nichts ist schmerzlichere Dunkelheit, als wenn die Stunde des Todes da ist.

Bei der Transzendenz betreten wir die Domäne des Glaubens – und der Glaube ist finster, dunkel, nackt, oft schmerzlich. Ob es uns gefällt oder nicht: So ist es, und so wird es immer sein.

»Im Glauben halten wir fest, daß Gott die Welt geschaffen hat«, sagt Paulus. Kein noch so ausgeklügeltes Gedankensystem kann an dieser Tatsache etwas rütteln.

Das Geschöpf ist auf Erden in Dunkel eingetaucht, in »Geheimnis«, denn es ist eben Geschöpf: Und dieses Dunkel ist kein Mangel an Licht, sondern Widerschein eines Lichtes, das das Geschöpf fasziniert und übersteigt. Mehr noch: Diese Helle ist dem Geschöpf derart ungewohnt, daß sie es zu einer ständigen Fortbildung und einer fortschreitenden Offenbarung zwingt – sein ganzes Leben lang.

Gott kann nichts mehr dem hinzufügen, was er getan hat und weiterhin tut, um uns die Wirklichkeit erklärlicher zu machen, um unseren Weg zu ihm weiter zu ebnen, um uns stärker von seiner Existenz und Vorsehung zu überzeugen.

Ja, was könnte er der Grenzenlosigkeit des Kosmos noch hinzufügen, um mehr über seine eigene Unendlichkeit zu sagen? Was noch hinzufügen, um den Glanz der Schönheit der Dinge noch glanzvoller zu machen?

Nichts! Alle Schönheiten, alle Großartigkeiten, alle Vollkommenheiten, in denen wir eingetaucht sind, können uns den Vollzug des Glaubens nicht abnehmen, vermögen nicht, ihn zu ersetzen.

MEISTER DES GLAUBENS

Der Glaube ist Gottes Geschenk, das aber unsere Anstrengung braucht. Gott gibt uns Boot und Ruder, aber dann sagt er: »Das Rudern liegt bei dir.« Glauben lernt man durch Glauben. Übung entwickelt diese Fähigkeit, wie Training die Muskeln entwickelt.

David entwickelte seinen Glauben im Kampf mit Goliat, Abraham wurde zum großen Vorbild des Glaubens, weil er bis zum äußersten das Dunkel seines Gehorsams annahm, in dem von ihm das Opfer seines Sohnes verlangt wurde.

Der Hebräerbrief rühmt den Glauben der Väter: »Aufgrund dieses Glaubens haben die Alten ein ruhmvolles Zeugnis erhalten... Durch Glauben ließen sie sich foltern, statt die Freilassung anzunehmen, um eine bessere Auferstehung zu erlangen. Andere erduldeten Spott und Schläge, dazu Ketten und Kerker...« (vgl. Hebr 11,2.35–37).

Diese Glaubenszeugen des Alten Bundes und auch die des Neuen Bundes werden überragt von Maria und Josef. Maria soll die Mutter des Wortes Gottes werden, und Josef soll dieses Geheimnis verhüllen, indem er bei ihr bleibt, um allen glaubhaft zu machen, daß Jesus sein Sohn ist. Für beide war die Nacht des Glaubens nicht nur Dunkel, sondern auch Schmerz.

Maria und Josef sind Meister des Glaubens, vollkommene Vorbilder, nach denen sich unser Handeln richten und an denen sich unsere Schwachheit aufrichten kann.

Wie einst bei Jesus, so seid jetzt auch bei uns, um uns zum Ewigen zu begleiten, um uns zu lehren, klein und arm in unserer Arbeit zu sein, geduldig in der Verbannung, demütig und verborgen im Leben, mutig in Leidensprüfungen, treu im Gebet, innig in der Liebe! Und wenn die Stunde unseres Todes kommt, das heißt, wenn die Morgendämmerung über der Nacht, unserer Freundin, anbricht, mögen dann unsere Augen, zum Himmel gerichtet, den gleichen Stern erblicken, der an eurem Himmel stand, als Jesus auf die Welt kam.

DEZEMBER

Alles ist gut

MEIN HIRTE

»Der Herr ist mein Hirte,
nichts wird mir fehlen.
Er läßt mich lagern auf grünen Auen
und führt mich zum Ruheplatz am Wasser.
Er stillt mein Verlangen; er leitet mich auf rechten Pfaden,
treu seinem Namen.
Muß ich auch wandern in finsterer Schlucht,
ich fürchte kein Unheil;
denn du bist bei mir,
dein Stock und dein Stab geben mir Zuversicht (Ps 23,1–3).

Zu glauben, daß Gott mein Hirte ist, daß er mich führt, mich bei meinem Namen ruft, das erfüllt mich mit Zuversicht, mit Zärtlichkeit.

Meine Schwäche liegt darin, daß ich mich allein fühle.

Besonders wenn ich mich nicht mehr auskenne, wenn ich leide, wenn ich mit den Tränen kämpfe, wenn die Erfahrung meiner Grenze mich gegen die Mauer meines Versagens stößt, wenn meine Armut mir einhämmert, was es heißt, ein Mensch zu sein, dann muß ich den Sprung in die Hoffnung wagen und an den Gott des Unmöglichen glauben.

Und statt dessen?

Allzuoft verschließe ich mich in mir selbst und vergesse, was ich im Gebet zu ihm gesagt habe: »Herr, sei du mein Hirte.«

Ich vergesse es gerade dann, wenn ich es am nötigsten habe.

Wir sind auf dem Weg des Lebens nicht allein – diesen Gedanken sollte mir mein Glaube ständig eingeben.

Wir können auf Gott zählen, ganz konkret.

Er kann uns helfen.

Unsere Schwäche ist, daß wir auf uns selbst schauen, immer nur auf uns selbst. Wir merken nicht, daß die Mutter bei uns ist, und Gott ist die Mutter, in der wir leben und sind.

NEU GESTALTET

Als Jeremia sich über die Geschichte Israels den Kopf zerbricht und gewisse betrübliche Kursänderungen nicht versteht, führt ihn Gott in die Werkstatt eines Töpfers. »Habe ich nicht die Macht, mit euch zu verfahren wie dieser Töpfer, Haus Israel?« (Jer 18,6).

Und als das Gefäß, an dem der Töpfer arbeitete, mißriet und der erste Versuch vereitelt war, sah Jeremia, daß der Töpfer den Ton nicht wegwirft, sondern mit ihm ein neues Gefäß formt.

Nie gibt Gott den Lehm, den er formen will, auf. Er hofft immer, aus diesem Lehm etwas herausbringen zu können.

Diesen Lehm hatte er in der Genesis des Lebens gemacht: »Der Herr, Gott, bildete den Menschen aus Lehm vom Erdboden und er blies in seine Nase den Hauch des Lebens« (Gen 2,7), und davon erhielt er ein seltsames Gemisch aus Staub und Geist.

Aber Gott weiß das Gemisch neu umzuformen, er verliert nie den Mut.

»Wahrlich, wahrlich, ich sage dir, wer nicht aus Wasser und Geist geboren wird, kann nicht in das Reich Gottes eingehen« (Joh 3,5): es ist, als müsse er den Menschen ständig neu hervorbringen.

Der Mensch – Staub und Geist – kann fliehen, wohin er will, sich empören, soviel er will, sich verstecken, wo er will, die Hoffnung Gottes, das Vertrauen Gottes folgt ihm überallhin, erwartet ihn.

Und das vermag er, weil er die Liebe ist.

Der Mensch vermag es hingegen nicht, Gott zu vertrauen. Er muß es lernen. Das Leben steht auf dem Spiel.

Auf Gott vertrauen bedeutet Frieden, Freude, Heiterkeit, Sicherheit, Stärke.

Nicht vertrauen bedeutet Einsamkeit, Traurigkeit, Angst.

NACH DEM MASS DES SCHÖPFERS

Die Schwierigkeit, Gott zu vertrauen, unterscheidet sich nicht sehr von der Schwierigkeit, die wir haben, dem Menschen zu vertrauen, dem Bruder Mensch.

Wir werden nie recht damit fertig, und der Zweifel am Menschen ist in uns Ursache der Dürre und des Mangels an Freude.

Wir glauben nicht an dieses vertrackte Gemisch von Staub und Geist, das wir vor uns haben.

Wir sehen nur die Mängel an ihm.

Wir glauben nicht, daß aus diesem Lehm ein wohlgeformtes Gefäß, möglicherweise ein nützliches, herauskommen könnte.

Im Grunde ist dies Mangel an Glauben an die Künstlerhand Gottes, der, vergessen wir es nie, der Gott des Unmöglichen ist. Unser Gott – und darum zeigt er sich so schwach – ist uns noch der Gott des Möglichen, wir kennen noch nicht den Gott des Unmöglichen.

Unser Gott ist noch nach dem Maß des Menschen, nicht nach dem Maß des Schöpfers, der uns hinreißt im Zauber des Morgenlichts und im Erdbeben der Auferstehung.

Deshalb fällt uns das Vertrauen so schwer, auch unserem Bruder gegenüber.

»Kann aus Nazaret etwas Gutes kommen?« (Joh 1,46) sagt Natanael zu dem, der ihm vom Nazarener spricht.

Wir sind immer überzeugt, daß von gewissen Orten, von gewissen Typen, von gewissen Situationen nichts Gutes kommen kann. Und wir mißtrauen ihnen.

Wir fürchten uns vor Neuem, wenn wir auch noch so tüchtig, gebildet und belesen sind.

Ja, ich muß Vertrauen haben zum Menschen, denn damit beweise ich, daß ich Vertrauen habe auf Gott.

AUF IHN VERTRAUEN

Seit ich Gott kenne, weiß ich, daß er nie seinen Spott mit mir getrieben hat. Ich weiß, daß er mich nicht betrügt; das ist meine Kraft. Ihn zu kennen, hat mich dazu gebracht, auf ihn zu vertrauen.

Dieses Erleben trage ich in mir, und nichts kann es ungeschehen machen. Er ist meine Zuversicht.

Er ist meine Zuversicht, auch wenn die Zuversicht auf die Probe gestellt wird und ich nichts mehr begreife.

Ich spüre, daß ich auf ihn vertraue, auch wenn mein Horizont dunkel, öde und qualvoll ist. Ich weiß, daß ich mich auf ihn verlassen kann. Ich weiß, daß er treu ist.

Ja, er ist treu.

Dann wird er mir auch, wenn er treu ist, erklären, was mir jetzt unbegreiflich ist. Und er wird mir auch das Warum des Leidens, das Warum des Todes und das Warum des Bösen erklären.

Ich kann nicht immer begreifen, warum er einmal so und einmal so handelt. Aber ich weiß aus Erfahrung, daß er recht tut, so zu handeln.

Ihm vertraue ich.

Gott hängt an dem Vertrauen, das wir ihm schenken können. Nichts erfreut ihn mehr als dieser Akt, der die Liebe und zugleich die Beziehung zum Ausdruck bringt, die er mit uns eingehen will. Ein größeres Geschenk können wir ihm als Geschöpfe nicht machen.

WIDER ALLE HOFFNUNG

Es war heiß an dem Tag, als Abraham bei der Eiche von Mamre saß. Er hob seine Augen und schaute genau hin. Da schritten drei Männer heran. Sie blieben vor ihm stehen. Kaum hatte er sie erblickt, da warf er sich zu Boden und sagte:

»Mein Herr, geh nicht vorüber ohne einzukehren. Ich bringe dir Wasser, ihr könnt euch die Füße waschen und euch im Schatten ausruhen. Ich bringe euch einen Bissen zu essen, ihr könnt euch stärken und dann weitergehen. Es ist doch kein Zufall, ihr seid doch nicht für nichts und wieder nichts heute bei mir vorbeigekommen« (vgl. Gen 18,1–5).

Wie gewaltig ist doch dieses Gesicht Abrahams bei der Eiche von Mamre!

Da sind die drei Männer, sie wechseln mit ihm ein paar Worte, stärken sich und schauen Abraham an, der ihnen glücklich zuschaut. Die Augen der drei sind die Augen eines Einzigen!

Es ist der Herr!

Es sind die Augen dessen, der ihn, den Patriarchen, vor geraumer Zeit aufgefordert hatte, sein Land, das Land Ur, zu verlassen und nach Kanaan zu ziehen: »Verlaß dein Land und geh« (vgl. Gen 12,1).

Und er war aufgebrochen und hatte es verlassen.

Jetzt ist die Begegnung verbindlicher, persönlicher. »Herr,... eines Tages wird mein Besitz an einen Fremden fallen, und ich werde ohne Nachkommen sterben.«

»Nein, Abraham, ... du wirst einen Sohn haben.«

»Und Abraham glaubte, und das wurde ihm als Gerechtigkeit angerechnet« (vgl. Gen 15,1–6).

Und Isaak wird geboren, obgleich das unmöglich war, denn Sara war unfruchtbar und er, Abraham, war schon hundert Jahre alt.

Gott ist der Gott des Unmöglichen: das ist die Grundlage für unseren Glauben, der Mut des Menschen, die Hoffnung gegen alle Hoffnung.

GASTFREUNDSCHAFT

An einem heißen Tag durch ausgetrocknetes, glühendes Wüstenland zu ziehen, am Wegrand eine Eiche und in ihrem Schatten Abrahams Zelt zu entdecken und dabei sich angesprochen zu hören: »Mein Herr, geh doch an deinem Knecht nicht vorbei« (Gen 18,3), um dann von dem großen Patriarchen herrschaftlich bewirtet zu werden, ist eine große Wohltat.

Zur Zeit einer Dürre und Hungersnot nach Sarepta zu kommen, eine arme Witwe zu treffen, die einem mit dem letzten Mehl und dem kleinen Rest Öl einen Fladen backt und einen dann im eigenen Haus beherbergt und so vor dem Tode bewahrt, wie es Elija (vgl. 1 Kön 17) widerfuhr, ist wirklich etwas Gutes.

Die halbe Welt zu durchstreifen bei der Verkündigung des Evangeliums, wie es das Los des Apostels Paulus war, todmüde in Philippi einzutreffen und aus dem Munde Lydias, einer Purpurhändlerin aus Thyatira, die Einladung zu hören: »Wenn ihr überzeugt seid, daß ich fest an den Herrn glaube, kommt in mein Haus, und bleibt da« (Apg 16,15), ist zweifellos etwas sehr Gutes.

O heilige Gastfreundschaft!

O Fähigkeit des Menschenherzens, sich dem Bruder zu öffnen, der des Weges kommt!

O Liebenswürdigkeit und Güte dessen, der still zuhören kann.

O Gehorsam dem Worte Jesu gegenüber, der gesagt hat: »Wenn dich einer zwingen will, eine Meile mit ihm zu gehen, dann geh zwei mit ihm« (Mt 5,41)!

O unerschöpflicher Mut der Liebe, die die egoistische Selbstisolierung überwindet und dazu auffordert, dem Bruder, der dich braucht, die Tür offenzuhalten!

DIE TÜR OFFEN HALTEN

Ich habe nun, da ich an der Schwelle zur Ewigkeit stehe, zu meiner Freude noch einmal erlebt, wie schön Bruderliebe und Geschwisterlichkeit sowie wirkliche Seelsorge sind, als sie mir innerhalb einer Familie zuteil wurden, die sich als Kirche im kleinen darstellt.

Ich bin erkrankt, und zwar gründlich, als sollte ich die ganze Ohnmacht des Menschen erleben, der vom Schmerz und von Tagen voller Bitternis und Armseligkeit überwältigt wird.

In diesem Zustand holte mich eine christliche Familie ab und nahm mich in ihr Haus in den Bergen, um zu versuchen, mich mit ganzer Hingabe, falls noch möglich, ... gesund zu pflegen.

Zwei Monate lang habe ich die einzigartige Gastfreundschaft von Christen genossen, die sich nicht nur bemühten, mich wieder zu Kräften kommen zu lassen, sondern auch darauf bedacht waren, miteinander in einer Atmosphäre der Liebe und geistlicher Freude zu beten und zu leben.

Wenn ich an mich und an all das denke, was ich hier erfahren konnte, so möchte ich jedem empfehlen, der sich einsam oder im Stich gelassen fühlt, aus seiner Einsamkeit auszubrechen und zu versuchen, im Freundeskreis gemeinsam das »Projekt Kirche« zu verwirklichen, das Gemeinschaft, Nächstenliebe und Gebet besagt.

»Wehe dem, der allein ist«, heißt es in der Schrift (Koh 4,10), und das mit gutem Grund!

Und mit gutem Grund müssen wir auch alles daran setzen, solange es noch geht, die Tür offen zu halten für die Verbreitung der Frohbotschaft, für das gemeinsame Beten und für das erstaunliche Wunder, Kirche zu sein. Das wird dazu führen, daß wir nicht vereinsamen und daß unsere Freunde »wie die Söhne aus den Jahren der Jugend« und spitze »Pfeile im Köcher« sein werden und uns helfen »beim Rechtsstreit mit den Feinden« (Ps 127,4–5) am Tor.

MÜNDIG

Wenn ich als Kind in die Kirche kam, war sie für meine Begriffe etwas, das sich vor allem um den »Priester« drehte. Ich habe noch einen unmündigen Laienstand gekannt und einen Klerus, auf dessen Schultern die ganze Last der Seelsorge lag.

Dann brach eine neue Zeit an, ein gewaltiger Reifungsprozeß setzte sich durch.

Die Laien wurden sich bewußt, Kirche zu sein, und begriffen, daß ihr Glaube sie nicht nur auf den Gottesdienst verwies, sondern sie dazu verpflichtete, in der Welt das Evangelium zu verwirklichen. Das christliche Heim wurde immer mehr zu einer »Kirche im Kleinen«.

Alles erlangte auf einmal vom gelebten Glauben her Bedeutung: das Heim, die Politik, die Gesellschaft, der Beruf, das Leben, die Liebe.

Das Zweite Vatikanische Konzil entließ die Kirche aus ihrer Kindheit in die Mündigkeit und ließ das »Gottesvolk« statt der klerikal-hierarchischen Pyramide zum verpflichtenden Kirchenbild für alle werden.

Leben und Wirken einer Christengemeinde, ob klein oder groß, sind heute unvorstellbar ohne die Präsenz der Laien und ohne eine richtige, fruchtbare, ausgewogene und von der Liebe geleitete Zusammenarbeit zwischen Priestern und Laien. Die Aufgabe des Priesters, die darin besteht, das Leben Jesu in seiner absoluten Hingabe an den Vater nachzuvollziehen und dem Vater alles, was es auf Erden gibt, darzubringen, wird zur Aufgabe aller in der Einheit des Heiligen Geistes Getauften.

»Ihr seid eine königliche Priesterschaft, ein heiliger Stamm« (1 Petr 2,9).

EINE UNERMESSLICHE STILLE

El Abiodh, mein jetziger Aufenthaltsort, ist eine ganz kleine Oase und liegt am Rand der Sahara, des großen Sandmeeres, das sich bis Äquatorial-Afrika nach Süden erstreckt. Sie besteht aus zwei kleinen Araberdörfern mit Häusern aus sonnengetrocknetem Lehmgemisch.

Die Bewohner haben sich um ein paar Brunnen verschanzt, leben bei ihren Herden und bauen auf ein paar kleinen Äckern Gerste an. In der Nähe der beiden Dörfer ist das Noviziat der »Kleinen Brüder Jesu«, von dem Charles de Foucauld geträumt und für das er die Regel geschrieben hat.

Der erste Eindruck, von dem man bei der Ankunft in El Abiodh gepackt wird, ist die Stille.

Eine unermeßliche, völlige, lautlose Stille.

Ein für Meditation und Anbetung geeigneterer Ort ist schwerlich zu finden, und man versteht sofort, warum Charles de Foucauld, den man den »letzten Wüstenvater« nennt, diesen Stätten eine besondere Kraft zugeschrieben hat, wenn es darum geht, zerstreute und von den Sinnen beherrschte Seelen für Gott zurückzugewinnen.

Wie selbstverständlich wird doch an diesem Ort die Aufforderung meines Novizenmeisters, alles restlos abzulegen, was man bis gestern noch besessen hat – Kleidung, Koffer, Kästchen, allerlei Kleinigkeiten, Fläschchen, versteckt mitgeführte Wertsachen – wobei einem immer gesagt wird: *Kümmere dich um dein Leben und deine Gesundheit nicht mehr als ein Baum oder ein Blatt, das zu Boden fällt.*

GESUCHT UND GEFUNDEN

Die Wüste, die wirkliche Wüste, die aus dem Heulen der Schakale und aus Sternennächten gemacht ist, wurde zum Ort meiner Begegnung mit Gott.

Ich suchte nicht mehr nach wunderbaren oder mystischen Zeichen seines Handelns, ich suchte die Unmittelbarkeit seiner Gegenwart. Ich wollte nicht mehr über ihn diskutieren, ich wollte ihn kennenlernen.

Ich suchte nicht eine Beziehung, wie ich sie so oft in der Sonntagsliturgie genossen hatte, sondern ich suchte seine Intimität in der Nacktheit der Materie, in der Transparenz des Lichtes, in der Mühsal, die Menschen zu lieben.

Den Gott aller sieben Tage der Woche suchte ich, nicht den Gott des Sonntags. Es war nicht schwer, ihn zu finden, bestimmt nicht! Es war nicht schwer, weil er schon da war und auf mich wartete.

Und ich habe ihn gefunden.

Und deshalb sage ich es mit Freude und wage es meinen Brüdern und Schwestern im Geist zu bezeugen: »Ich habe gesucht und habe gefunden.«

Ich spüre seine Gegenwart in den Zeichen, die mir die Realität Gottes ankündigen wie das Wasser, die Sonne, die Nacht, das Feuer.

Ich spüre sie in der Geschichte.

Ich spüre sie im Schweigen.

Ich bin ihrer froh in der Hoffnung.

Ich greife sie in der Liebe.

Ja, Gott ist mir so nahe.

Er stärkt mich.

Er tadelt mich.

Er gibt mir Frieden und Lebensfreude.

Er ist mein Alles.

IN DER SCHULE GOTTES

Gott selbst ist der Katechet der Welt, und sein Geist, der die Liebe ist, überspringt jede Grenze und erreicht die Menschenkinder, die er geschaffen hat und die sein sind und die er nicht vergessen kann.

Seit ich Gott kenne, weiß ich, daß er uns nicht vergessen kann und daß er uns den Katechismus lehrt, auch wenn wir in einem entlegenen Winkel leben, wohin nie ein Missionar kommt, uns von ihm zu erzählen.

Freilich ist der Katechismus Gottes einfach, einfach wie er selbst, und er legt den Grund, daß wir als Menschen leben können, daß wir uns verwirklichen und das Glück finden.

Und er ist in allen.

Ihr kennt ihn:
– Gott ist der Lebendige, und er ist gut.
– Gott ist der Anfang und das Ende.
– Alles Geschaffene ist Zeichen von ihm, aber es kann ihn nicht umfassen: er ist der Transzendente.
– Die wirklichen Dinge sind sein Gesicht und das Zeugnis seiner Gegenwart.
– Gott spricht zu uns durch die Ereignisse, und die Geschichte ist die Erwiderung auf sein Wort.
– Gott ist ewig, und wir sind ewig in ihm.
– Die Liebe ist die Fülle seines Gesetzes.
– Das Leben geht der Auferstehung entgegen, und die Zustände des Todes sind die Übergänge, die Qualitätssprünge, der »Druck«, unter dem wir das Leben begreifen. Je mehr wir uns selber sterben, desto mehr befreien wir uns vom Tode.

ES IST GENUG

Verlier keine Zeit mehr damit, dich zu fragen, ob Gott existiert. Das Wirkliche sorgt dafür, es dir auf alle Weise mitzuteilen. Alles Wirkliche sagt es dir immerfort.

Und wenn du es nicht siehst, dann bist du ganz einfach blind, und wenn du es nicht hörst, dann mußt du wohl taub sein. Streng deinen Verstand nicht länger an, du plagst ihn nutzlos. Versuche Gott zu berühren, du kannst es, in der Liebe. Liebe ihn, und alles wird logisch, leicht, wahr.

Du kannst ihn unmittelbar berühren in der Nacht der Kontemplation, wenn er sich dir zeigt, weil deine liebende Bereitschaft ihm nichts mehr entgegensetzt. Du kannst ihn mittelbar berühren, wenn du den Geschöpfen echt und uneigennützig dienst. Aber ohne Liebe geht es nicht.

Das Gottesproblem ist ein Problem der Kommunikation. Und die Kommunikation heißt mit Namen Heiliger Geist.

Wir entdecken Gott als Begegnung, aber wir entdecken ihn innen, nicht außen.

Auf dem Gipfel seiner Freude an der Begegnung mit dem Vater sagt Jesus: Du in mir und ich in dir, damit wir vollkommen eins seien (vgl. Joh 17,21–22).

Er gibt uns die gleiche Möglichkeit, da er uns den Heiligen Geist verspricht. Und um uns zu überzeugen, sagt er uns eine Wahrheit, die für unsere Verbundenheit mit ihm von hoher Bedeutung ist: »An jenem Tag werdet ihr mich nichts mehr fragen« (Joh 16,23).

Ich hätte nie gedacht, daß es im Leben einen solchen Augenblick gibt. Einen, der so lichtvoll ist, daß man nicht mehr den Wunsch hat, Fragen zu stellen. »An jenem Tag werdet ihr mich nichts mehr fragen.«

Es ist nicht mehr nötig. In diesem Augenblick ist alles so hell, daß du nur noch sagst: Es ist genug.

Alles ist so freudenvoll, daß du nur noch sagst: danke!

GOTTES BILD UND GLEICHNIS

Wir haben die Versuchung geerbt, Gott auf anthropomorphe Weise zu denken, ihn als alten Herrn auf weißen Wolken zu sehen, als ein Auge in einem gleichseitigen Dreieck, und erst heute kann ich so recht ermessen, wie begründet die warnenden Worte im Buch Deuteronomium sind: »Hütet euch, daß ihr euch nicht verderbt und euch nicht von Gott ein Schnitzwerk macht, irgendeine Figur, männlich oder weiblich, Figur irgendeines Tieres, Figur eines beschwingten Vogels, der am Himmel fliegt, Figur von irgend etwas, das auf dem Erdboden kriecht« (vgl. Dtn 4,16–18). – »Denn ihr saht keinerlei Gestalt an jenem Tage, als der Herr zu euch redete, am Horeb, mitten aus dem Feuer« (Dtn 4,15).

Die Transzendenz Gottes bekomme ich nicht in einer Figur zu fassen, die ihn doch immer entstellt, sondern sie kündigt sich an durch ein Zeichen, das auf sie hinweist, wie die Schönheit, wie das Haus, wie das Gastmahl, wie der Himmel und die Erde.

Das Zeichen bemächtigt sich nicht der göttlichen Gegenwart, es hat keine instrumentelle Funktion, es grenzt nicht ein. Es ist weiter nichts als ein Zeichen, ganz und gar durchsichtig.

Aber die Gegenwart Gottes geht über das Zeichen hinaus, wie mein Leben über meinen Körper hinausgeht.

Die Gegenwart Gottes ist in der Substanz des Kosmos, in der Substanz des Menschen, in der Substanz der Geschichte. Sie ist nicht vordraußen, sondern drinnen, wenn auch das Drinnensein sie nie bedingen kann; denn weil sie transzendent ist, identifiziert sie sich nie mit dem, worin sie enthalten ist, wie auch mein Körper, in dem ich wohne, meine Person nicht begrenzt, die als Geheimnis ihn immer überflügelt und ihm unendlich überlegen ist.

Ja, das Geheimnis Gottes ist das Geheimnis der Person, und wir, die wir nach Gottes »Bild und Gleichnis« (Gen 1,27) geschaffen sind, gehen in seinen Spuren.

HYMNE AN DIE MATERIE

Man muß einen Sinn für die Immanenz Gottes bekommen, sich davon bestricken lassen, dann sieht man Gott überall, Gott in den Dingen, Gott in der Natur, Gott »an jedem Ort«.

Habt nur keine Angst zu übertreiben.

Der christliche Personalismus, die Wirklichkeit der Transzendenz, die Betrachtung der Dreifaltigkeit wird euch über die Gefahren einer falsch verstandenen, verfestigten Immanenz hinausführen und euch ausrufen lassen: »Vater unser im Himmel«, und diese transzendente Immanenz wird euch ständig in die Fülle der Offenbarung Jesu versetzen.

Aber man muß damit anfangen, Gott in der Natur zu erfahren, in der Begegnung mit den Menschen, in der wissenschaftlichen Forschung, in der Sozialarbeit, in den Naturerscheinungen, in der Farbenglut der Sonnenuntergänge, im gewaltigen Meer, im Weizenkorn, das stirbt.

Der Atheismus von heute hat allzuviel Nahrung gefunden an unserer falsch verstandenen kindlichen Frömmigkeit aus dem Mittelalter, in der alles nur Transzendenz war und in der es selbst der Inkarnation vor dem menschlichen Leib grauste und vor der Dynamik der Evolution.

Daher kommt es, daß die Fakultäten an der Universität, die sich mit dem Geschaffenen, mit der Materie abgaben, also mit Medizin, Physik, Chemie, Biologie, am gefährlichsten für den Glauben wurden.

Der Tag wird kommen – er ist nicht fern –, an dem wir eine neue Sprache geschaffen haben werden, und der Heilige Geist wird auf die Forscher herabkommen mit großer Macht wie damals auf Teilhard de Chardin in der Wüste, als er die Erfahrung der Materie machte und den Stein fühlte, auf den er den Kopf gebettet hatte, um die Nacht zu verbringen, die von Gottes Anwesenheit bebte und überging; wie er werden die Forscher anheben, die Hymne an die Materie zu singen, als wäre es ein reifer Kommentar der modernen Welt zum Buch Genesis.

IN DER ZEIT UND IN DER EWIGKEIT

Der Sprung zwischen dem Glauben an einen seiner Schöpfung immanenten Gott, einen für die Augen fast unsichtbaren Gott und dem der Schöpfung transzendenten Gott, dieser Sprung ist derart stark, daß wir gezwungen werden, »durch Glauben« Gottes Unerkennbarkeit, d. h. »die Finsternis für unsere menschlichen Augen« anzunehmen.

Gott als Transzendenz ist und bleibt auf immer das Geheimnis für den Menschen – selbst im Himmel, selbst wenn wir ihn »von Angesicht zu Angesicht« sehen werden.

Und doch wollte und will dieser Gott sich dem Menschen »entschleiern«, sich erkennbar machen.

Deswegen wurde uns das irdische Leben gegeben, dafür das Fegefeuer, daher der Himmel.

Gott offenbart sich dem Menschen in der Zeit und in der Ewigkeit. Nie wird er damit aufhören, sich uns hinzugeben durch die Erkenntnis, die wir von ihm gewinnen können, sowie durch die Liebe, durch die wir ihn »besitzen« werden. Einiges wird allerdings immer doch von seinem »Geheimnis« verhüllt, und wir werden unseren Durst stillen können, ihn zu betrachten. Wir werden nie aufhören, uns ins Meer seiner Unerkennbarkeit einzutauchen, uns über den Besitz seiner zu freuen.

Der Weg zu dieser Erkenntnis, die Stunden dieser Offenbarung beginnen auf dieser Erde.

Anfangs in den Symbolen und den Zeichen der Schöpfung, dann durch die Zeilen und Schleier der Schrift hindurch, weiter in der existentiellen Erfahrung von uns selbst und von der gesamten Schöpfung als Ganzes, schließlich in der Kontemplation und in der verändernden Kommunion, die dem mystischen Leben eigen sind: all das unter der Herrschaft des Glaubens.

So gesehen ist Glaube Gewißheit und Pfand für diese fortschreitende Offenbarung Gottes.

DER GÖTTLICHE BEREICH

Das Bewußtsein ist der göttliche Bereich des Menschen, es ist seine Möglichkeit, Gott zu begegnen.

Es ist das Hören auf sein Wort, es ist der Schmelztiegel, darin der Glaube Leben wird, die Hoffnung reift, die Liebe sich verwirklicht.

Um den Leib des Menschen zu machen, hat Gott die Sterne und die Blumen abgebildet, doch um mein Bewußtsein, mein Gewissen, zu machen, hat er sich selbst abgebildet in dem Punkt, in dem die göttlichen Personen sich in der Liebe treffen.

Das Bewußtsein ist das Meisterwerk der Schöpfung Gottes,
es ist der Boden, auf dem er uns begegnet,
es ist unsere Vertrautheit mit ihm.

Es ist der Ort, an dem die Wahrheit einbricht, an dem man den Willen Gottes sucht, an dem man lieben lernt.

Dort im Bewußtsein, im Gewissen, findet sich alles ein, was mich auf Gott verweist, und dort findet meine Entscheidung statt.

Ohne den Bezug auf das Gewissen gibt es für mich kein moralisches Handeln, das Gottes würdig oder um seinetwillen getan wäre.

Ich glaube an das Gewissen, und ich wollte, daß die Christen, die allzusehr an die Bequemlichkeit, sich von den Menschen führen zu lassen, gewöhnt sind, in allem Ernst damit anfingen, sich von ihm führen zu lassen, was bedeutet, sich von Gott führen zu lassen.

Wenn ich glaube, daß Gott mein Vater ist, schlage ich mir eine Menge Befürchtungen aus dem Kopf und setze mein Vertrauen auf seine Liebe und darauf, daß es ihm ein leichtes ist, mir sein Denken und Wollen mitzuteilen.

RINGEN MIT GOTT

Die Geschichte Israels ist die meine, sie reicht für mich bis Jakob zurück.

Wie Jakob habe ich in Zelten gelebt, und eines Abends habe auch ich die Leiter gesehen, die an den Himmel gelehnt war und auf der deine Engel herabstiegen (vgl. Gen 28,12).

Wie Jakob durchschritt ich die Furt des Jabbok (vgl. Gen 32,23), und wie er habe ich in der Nacht mit dir gekämpft und habe die unüberschreitbare Grenze zwischen dem Menschen und Gott zu spüren bekommen.

Seit ich mit dir gekämpft habe, sind mir drei Dinge ins Herz geschrieben, die du Jakob zu verstehen gabst:

1. Du hast deine Schwäche erkannt
2. Verlaß dich auf Gott
3. Du wirst siegen (vgl. Gen 32,23–32).

Und seitdem habe ich mir den neuen Namen zu eigen gemacht, den du Jakob in der Nacht eures Ringens gegeben hast: Israel.

Ich glaube fest, daß Jakobs Geschichte die Geschichte aller Menschen ist. Die Geschichte der Menschheit, die auf ihrem Weg durchs Dasein mit Gott ringt. Sie ist das Drama des menschlichen Betens, die unablässige Bitte, die wir aus Erfahrung kennen. Sie ist die Erfahrung, daß wir auf dieser Erde wie in einer dunklen Nacht leben. Sie ist der Raum, in dem der Mensch vor dem absoluten Gott nach Autonomie strebt. Sie ist die Schule der mühsam errungenen Freiheit, in der wir vollberechtigte Söhne und Töchter werden sollen und die Reste unserer Knechtschaft abschütteln.

Ihr seid keine Knechte mehr, sondern Freunde (vgl. Joh 15,15; Mk 14,36; Mt 26,42), wird Jesus zu seiner Zeit sagen. Und der Freund weiß, was sein Freund will.

UM UNSERER FREIHEIT WILLEN

Ihr habt immer große Angst – sie ist eure Schwäche – und stellt euch immer die Frage, ob es eine Hölle gibt.

Wieso sollte es sie nicht geben, da sie doch die uns anheimgestellte Möglichkeit ist, uns dem Paradies zu versagen?

Und was wäre das für ein Paradies, wenn man verpflichtet wäre, hineinzugehen?

Die Alternativen, die Gott uns anbietet, erschrecken uns, aber sie sind echt, und wir müssen mit ihnen leben. Vor allem müssen wir uns an die Freiheit gewöhnen, denn sie ist wahr und ist das einzige, das uns den Sachverhalt erklärt.

Die Freiheit bietet uns die Möglichkeit, Gott unsere Liebe zu beweisen. Wenn wir nicht frei wären, könnten wir Gott niemals zeigen, wie stark und innig unsere Liebe ist, und zwischen Gott und Mensch würde immer Zweideutigkeit herrschen. Die Freiheit setzt der Zweideutigkeit ein Ende und läßt uns vor dem Absoluten sein, wie wir wirklich sind.

Das erste Gebot lautet: »Du sollst den Herrn, deinen Gott, lieben mit ganzem Herzen, mit ganzer Seele und mit ganzer Kraft« (Dtn 6,5).

Wie könnten wir dieses ungeheuerliche Gebot ohne die Freiheit erfüllen und leben? Die Sklaverei, die ja Mangel an Freiheit ist, bildet den Ausgangspunkt für den Exodus, und Gott hat Mose geheißen, sein Volk aus Ägypten hinauszuführen, damit es lerne, frei zu sein.

In der Wüste sind wir zu freien Menschen geworden, die von einem Land träumen konnten, das uns zu einem Leben in Freiheit verhelfen würde: das Land der Verheißung ist uns doch um unserer Freiheit willen verheißen worden.

WARTEN

Der Mensch auf Erden lebt also im Zustand des Wartens. Er bleibt in seinem Leben unstet, muß leiden. Allein die Zukunft ermöglicht ihm die Hoffnung.

Jede Generation versucht, sich auf der Erde wohnlich einzurichten. Aber immer sind diese Versuche fehlgeschlagen. Was dem Menschen geblieben ist, ist Mißtrauen gegen den anderen, ist großer Pessimismus.

Von bleibendem Wert ist nur der gute Wille der Menschen »guten Willens«. Was bleibt, ist die *Liebe*, mit der die Menschen je und je zu Werk gehen, denn so nähern sie sich dem Urbild, dem göttlichen Reich, in dem alle gleich und Brüder sind.

Niemals darf man den Menschen allein in irdischen Dimensionen betrachten, trägt er doch den Keim des Göttlichen in sich und das Streben hin zu jenem Reich. Wenn dieses Reich in gewisser Weise schon in uns ist, wie Jesus sagt – wie könnte sich der Mensch mit reiner »Humanität« zufriedengeben, sei sie auch noch so schön und interessant? Über kurz oder lang muß er aus solchen Fesseln ausbrechen.

Sobald er wahrnimmt, daß er die Gotteskindschaft keimhaft in sich trägt, kann er sich nicht mehr damit zufriedengeben, einfach nur Mensch zu sein.

Eben deshalb ist der Mensch so unruhig, eben deshalb verlangt es ihn dauernd nach *Neuem*.

Eben deshalb will er hinausgelangen über die Dinge dieser Welt, hin zum Unsichtbaren.

Das ist die größte aller Wahrheiten: *Ich bin nicht nur der Arme Jahwes, sondern ein Kind Jahwes.* Diese Kindschaft hat zwar keine rechtliche Basis, aber sie ist wirklich und echt: Als Menschenkind bin ich geboren, durch die Gnade aber wiedergeboren zum Kind Gottes. Das alles ist kein Scherz, sondern wirkliche Grundlage für unsere Größe und Motiv unseres Hoffens.

DIE DEMUT JESU

In Deinem Brief, meine liebe Schwester, sprichst Du davon, Du würdest Dich unfähig fühlen, das zu sein, was Du sein möchtest.

Ich glaube, wir alle müssen diese schmerzliche Wegstrecke durchlaufen, ausgenommen ganz seltene, wahrhaft demütige Seelen. Es ist der Stolz, der in uns beseitigt werden muß, das Selbstgefühl – auch im Guten –, die Vorstellung, es käme auf uns an, unsere Heiligung zu wirken.

Da Gott uns über diesen Punkt nicht anders aufklären kann, läßt er zu, daß wir uns damit allein abmühen. Dann geht uns auf, daß wir, auf uns allein gestellt, nichts sind und weniger als nichts. Wenn wir es aber fertigbrächten, uns einen Akt wahrer Demut vorzustellen, wäre alles erreicht, und wir würden entdecken, daß wir alle Probleme gelöst hätten.

Deshalb ist die Gesinnung des geistlichen Kindseins von so grundlegender Bedeutung für das Reich Gottes und eine unerläßliche Voraussetzung dafür, in es einzutreten. Nur das Kind ist wirklich demütig, da es sich nichts selbst zuschreibt, sondern alles von Vater und Mutter erhofft.

Liebe Schwester, willst Du im Lauf, im Flug ein Leben in Heiligkeit erreichen? Bemüh Dich um Demut, aber um die wahre, d. h. um die Demut Jesu, der es als Gott »nicht für einen Raub seinerseits gehalten hat, Sklave zu werden und am Kreuz zu sterben«.

Ich bin sicher, daß der Herr uns Jahr für Jahr in unseren Sünden und in unserer Untreue läßt, weil ihm kein anderer Weg offensteht, uns demütig zu machen und uns das ganze Ausmaß des erschreckenden Elends unserer stolzen Seele erkennen zu lassen.

Wir wollen einander in diesem Sinne im Gebet beistehen, liebe Schwester.

KLEIN WERDEN

Einen Sonnenuntergang bestaunen, sich freuen, wenn ein Kind lacht: das heißt beten. »Aus dem Mund von Kindern und Säuglingen hast du dir Lob bereitet.« Wir müssen wirklich Kinder werden, um recht beten zu können. Der erwachsene Mensch ist zu listig und heimtückisch. So schweigt er lieber. Das Dankgebet fällt ihm schwer. Die Kinder hingegen – wirkliche Kinder oder Menschen, die sich ihr Kindsein bewahrt haben – können loben und begeistert singen: »Ich schaue den Himmel, das Werk deiner Hände, den Mond und die Sterne, die du geschaffen. Was ist der Mensch, daß du seiner gedenkst! Des Menschen Sohn, daß du Sorge tragest um ihn! Du hast ihn zu einem Gottwesen gemacht, hast ihn gekrönt mit Glorie und Glanz...« (vgl. Ps 8,4–9).

Großes wird hier vom Menschen gesagt. Der Mensch muß aber ganz klein werden, damit er diese seine Größe entdeckt. Klein muß man werden, damit man beten kann! Was wir haben, kommt von Gott. Wer in seinem geistlichen Leben nicht klein ist, wird das nur schwer begreifen. Maria hatte das verstanden. Ihr Gebet ist für alle Zeiten das Urbild des Gebets, die genaueste und treffendste Antwort auf Gottes Ruf.

»Hochpreist meine Seele den Herrn, und mein Geist frohlockt in Gott, meinem Heilande. Denn er hat niedergeschaut auf die Niedrigkeit seiner Magd. Denn siehe, von nun an werden mich seligpreisen alle Geschlechter. Denn Großes hat an mir getan der Mächtige, und heilig ist sein Name. Seine Barmherzigkeit währet von Geschlecht zu Geschlecht denen, die ihn fürchten. Er hat Macht geübt mit seinem Arme, zerstreut die Hochmütigen in ihres Herzens Sinne.. Hungrige hat er erfüllt mit Gütern und Reiche leer davongeschickt. Angenommen hat er sich Israels, seines Knechtes, eingedenk seiner Barmherzigkeit, wie er gesprochen hat zu unseren Vätern, Abraham und seinen Nachkommen in Ewigkeit« (Lk 1,46–55).

Dies ist die wahre Antwort auf die Frage, die Gott durch die Menschwerdung an den Menschen richtet.

DAS BEISPIEL MARIAS

Die Größe Mariens liegt in der Treue, mit der sie zum gegebenen Wort steht. Ihre Vorzugsstellung als Mutter des Erlösers ist Gottes Geschenk und nicht ihr Verdienst. Worin sie sich aber verdient gemacht hat, waren ihr Ja und ihre Treue gegenüber den Forderungen Gottes. Vor allem drängen in ihr die ganze jüdische Vergangenheit, die ganze Geschichte und das Sehnen ihres Volkes.

Unverhofft vom Engel gefordert, verlangt sie Klarheit, Licht, gemäß ihrer beherzten und lauteren Art und spricht dann ihr »Ja«, das für die ganze Geschichte allergrößte Bedeutung erlangt.

Ihrem Versprechen bleibt Maria treu, selbst angesichts der schwersten Prüfungen, und sie erfüllt es von Mal zu Mal, wenn der Herr es von ihr einfordert.

Ihre Ehre steht auf dem Spiel. Sie wartet, schweigt, gehorcht. Die zweite schwere Prüfung ist sicher die Flucht nach Ägypten gewesen und die Tragödie, die durch die Geburt ihres Sohnes mit dem Mord an den unschuldigen Kindern ausgelöst worden ist. Was konnte das mit der glanzvollen und bejubelten Ankunft des Messias zu tun haben? Eine Flucht bei Nacht, das Exil, der Kindermord.

Und Gott? Wo ist Gott, der Herr der Heere?

Die Prüfung, die Gott dann mit Maria im Dunkel des Glaubens anstellt, haben wir in der Begebenheit vor uns, in der Jesus verschwunden war: »Habt ihr denn nicht gewußt?« »Maria bewahrte all das in ihrem Herzen und dachte darüber nach« (Lk 2,19).

Zu jeder Etappe eine neue Forderung, ganz wie Gott mit seinem Geschöpf vorzugehen pflegt. Im Leben ihres Sohnes war sie zur Stelle, wenn die Situation kritisch war, und sie hat in ihrem großen Schmerz seine Tragödie begleitet, einzig vom Glauben gehalten, dann entzieht sie sich unseren Blikken in der Umgebung des Johannes in Ephesus, wo sie der Wiedervereinigung mit ihrem geliebten Sohn durch den Tod entgegenharrt.

FREU DICH

Freu dich, Maria, Mutter des Herrn, weil du die gute Botschaft empfangen hast.

Freu dich, o gesegnete unter den Frauen, weil alle Geschlechter dich seligpreisen.

Selig sind jene, die das Wort Gottes hören und es leben.

Freu dich, Maria, demütige Magd des Herrn, weil du an seine Verheißung geglaubt hast.

Freu dich, du von der Liebe Gottes Erfüllte, weil sich um deinetwillen alle Geschöpfe freuen.

Selig sind jene, die das Wort Gottes hören und es leben.

Freu dich, Maria, Mutter des Messias, weil Christus von den Toten auferstanden ist.

Freu dich, du Vorbild der Kirche, weil Jesus dich zur Mutter der Glaubenden gemacht hat.

Selig sind jene, die das Wort Gottes hören und es leben.

Mit der Jungfrau Maria, der Mutter des Herrn, preist unsere Seele den Herrn und frohlockt in Jesus unserem Erlöser.

Gelobt sei der Herr in Ewigkeit!

Mit Maria, der demütigen Tochter Gottes, singt und ruft unser Herz: Gott ist mit uns!

Gelobt sei der Herr in Ewigkeit!

Mit Maria, der Magd des Herrn, überlassen wir Gott unser Leben und sagen: dein Wille geschehe in uns.

Gelobt sei der Herr in Ewigkeit!

Mit Maria, der mit der Sonne bekleideten Frau, geben wir der Welt ein Zeichen des nahen Kommens unseres Herrn.

Gelobt sei der Herr in Ewigkeit!

Mit Maria, der Mutter Emmanuels, lassen wir es geschehen, daß das Wort Fleisch werde in uns und daß es uns aufnehme in sein Zelt.

Gelobt sei der Herr in Ewigkeit!

WEIHNACHTEN

Weihnachten stand bevor. Ich hatte beschlossen, mich zur Vorbereitung auf das Fest in die Einsamkeit zurückzuziehen, und hatte mir als Ort den Brunnen von Ouarourout ausgewählt, wo es reichlich Wasser gab und eine kleine natürliche Grotte, die als Kapelle dienen konnte.

Bald schlug das Wetter um, und die Wüste wurde bleigrau und kalt von dem Hochnebel, der die Sonne bedeckte.

Ich befand mich in meiner Grotte zusammen mit dem Hirten Alì. Ich fror. Schafe waren da, und es roch nach Mist. Es fehlte wirklich nichts.

Die Eucharistie, die ich am Halse trug, hielt mich an, mich auf Jesus zu besinnen, der unter dem Zeichen des Brotes gegenwärtig war.

Die Nacht brach herein. Draußen tobte der Sturm über der Wüste. Es war nun ganz still in der Grotte. Die Schafe füllten allen verfügbaren Raum aus.

Alì schlief, in seinen Burnus gehüllt, den Kopf auf die Schulter eines dicken Schafes gestützt. Zu seinen Füßen hatte er zwei Lämmchen liegen.

Ich sagte mir aus dem Gedächtnis das Lukasevangelium auf.

Als sie dort waren, kam für Maria die Zeit ihrer Niederkunft, und sie gebar ihren Sohn, den Erstgeborenen. Sie wickelte ihn in Windeln und legte ihn in eine Krippe, weil in der Herberge kein Platz für sie war (2,6–7).

Ich hielt inne und wartete.

Maria wurde mein Gebet, und ich fühlte sie mir ganz nahe. Jesus war in der Eucharistie bei mir unter meinem Mantel. All mein Glaube, meine Hoffnung, meine Liebe verdichteten sich in einem Punkt.

GOTT WURDE SOHN

Der Gott jenseits aller Dinge und allen Begreifens ist Mensch geworden, die Furcht hat sich in linden Trost verwandelt, aus der Unzugänglichkeit wurde Umarmung. Der Ferne ist nahe gekommen, Gott wurde Sohn.

Begreift ihr, wie umwälzend das ist? Es hat sich ereignet, daß eine Frau in aller Wahrheit sagen konnte:

»Mein Gott, mein Sohn.«

Jetzt habe ich keine Angst mehr. Wenn Gott dieses kleine Kind ist, auf Stroh gebettet im Stall, macht mir Gott keine Angst mehr.

Und wenn ich, neben Maria sitzend, leise nachsprechen darf: »Mein Gott, mein Sohn«, ist der Himmel in mein Haus eingetreten und hat mir den Frieden gebracht.

Vor meinem Vater kann ich mich fürchten, besonders wenn ich ihn noch nicht kenne, vor meinem Kind nicht.

Vor einem Kind nicht, das ich an mich drücke und streichle, ein Kind, das bei mir Schutz und Wärme sucht.

Ich habe keine Angst, jetzt nicht mehr. Der Friede, der alle Angst vertreibt, ist mit mir.

Mir bleibt nur die Anstrengung, den Glauben aufrechtzuerhalten. Glauben ist wie Zur-Welt-Bringen. Im Glauben bringe ich hier und heute Jesus zur Welt.

Maria, ich glaube wie du, daß dieses Kind Gott ist und daß es dein Sohn ist, und ich bete ihn an.

Ich bete seine Gegenwart in der Kapsel an, die ich unter dem Mantel trage, in der er sich unter dem wehrlosen Zeichen des Brotes verbirgt, wehrloser noch als im Fleisch.

Dann und wann meine ich deine leise Stimme zu hören, Maria, wie du vor dich hinsagst wie in Bethlehem:

»Mein Gott, mein Sohn.«

DER MESSIAS

Wen hat man in Israel erwartet?

Den Sohn Davids, den Sieger, den Herrn der Heerscharen, jenen, der das Reich wiederherstellen, die verhaßten Römer verjagen sollte. Triumph, Sicherheit, Sieg, also: immer dasselbe!

Doch was kommt?

Ein Arbeiterkind kommt auf diese Welt in einem abgelegenen, ja verrufenen Ort.

Und nach so langer Zeit der Erwartung nimmt keiner von ihm Notiz.

Aller Augen hatten nach etwas viel Besserem gesucht als nach dem Schweiß eines Arbeiters und der Anonymität eines Armen.

Und wie geht die Geschichte weiter?

Der Konflikt zwischen dem, welcher von sich behauptet, der Sohn Gottes, der Messias zu sein, und denen, die eine solche Tatsache nicht hinnehmen können, spitzt sich so zu, daß er sich erst mit der Kreuzigung eines Unschuldigen löst.

Sind Bethlehem, Nazaret und Golgota nicht Beweise für das Schweigen Gottes, die Armut Gottes? Sind es nicht Straßen, auf denen er geht, um zu uns zu kommen?

Diese Straßen aber sind dunkel.

Für ihn und in sich sind sie freilich nicht dunkel: Es gibt für ihn nichts Strahlenderes als seine Erniedrigung bei der Geburt in Bethlehem, als die Wirklichkeit der Menschwerdung in Nazaret, als den Erweis der Liebe auf Golgota.

Licht ist das alles für ihn, Licht!

Für uns aber ist es dunkel, die wir Lärm um uns wollen, während Gott Schweigen ist.

Dunkel ist es für uns, die wir Macht und Stärke wollen, während Gott stille Sanftmut ist.

DIE GROSSE LIEBESTAT

Wenn Jesus in einem Stall geboren wird und seine Unendlichkeit und Allmacht zusammenschrumpft auf das Gewimmer eines Kindes, das der Geschichte und der Bosheit der Menschen preisgegeben ist, dann deswegen, um uns die schwierigste Lektion des Lebens zu lehren, uns vorzubereiten, daß unsere Existenz die Ohnmacht und Schwäche der Dinge erleiden muß.

Wenn er in der breiten Schicht verborgen lebt und nicht die Ehren der Mächtigen annimmt, sondern den Schweiß des Arbeiters, dann deswegen, um sich und uns an den Schweiß der Todesangst zu gewöhnen.

Wenn er zum Gesetz seines Handelns die Sanftmut und nicht die Gewalt wählt, dann deswegen, weil ihm bewußt ist, daß die Weisheit Gottes uns nicht durch die Gewalt, sondern durch die Liebe triumphieren lassen will, und daß er seinen Sieg durch die Niederlage am Kreuz erringen wird.

Wenn er sich die reife Haltung der Propheten des Gottesknechts, des Unschuldigen, zu eigen macht, die Haltung, die die Lebensader der Hoffnung und Geistigkeit Israels ausmacht, dann deswegen, weil er weiß: das Reich, das wahre, das Reich Gottes, wird nicht ein politisches Reich der Herrschaft, der Stabilität, des Wohlstandes sein, sondern die größte Liebestat auf Erden, die Annahme der Armut des Menschen, mitsamt seinem Tod.

Es ist nicht leicht zu lieben, weder für uns, noch für Christus, aber nichts ist so groß, so vollkommen wie diese Liebe Jesu in seiner freiwilligen, freudig angenommenen Armut.

Ich möchte sagen, nichts ist mir teurer als diese Armut Gottes.

Sie bewegt mich mehr als seine Allmacht.
Sie sagt mir mehr als seine Allwissenheit.
Sie ist mir näher als seine Schönheit.
Die Armut Gottes, das ist die höchste Stufe der Liebe.

WIE JESUS MIT DEM VATER SPRICHT

In der Regel ist der Weg, den wir zurücklegen, um zu Gott zu gelangen, derselbe, den Gott zurücklegt, um uns zu begegnen. Zur Begegnung kommt es dann mehr oder weniger auf halbem Weg, und das aus einem einfachen Grund. Gott will das gesunde Maß einhalten und uns als seine Kinder, nicht aber als seine Sklaven erziehen.

Denn was die Beziehung zwischen Gott und dem Menschen angeht, so seien wir uns immer im klaren, daß es sich nicht um eine Beziehung zwischen Wolken oder Begriffen handelt.

Es handelt sich um Personen.

Ich bin Person und Gott ist Person.

Der christliche »Personalismus«, der sein Urbild in der Dreifaltigkeit Gottes hat, hielt mich immer davon ab, meinen Glauben in etwas Atmosphärisches, Haltloses verschwimmen zu lassen.

Je mehr ich versucht habe, zu einer Vertrautheit mit Gott zu gelangen, desto mehr habe ich in Gott die Person verspürt.

Der Vater ist eine von Jesus verschiedene Person, und wenn Jesus sagt: »Mein Vater wirkt noch immer und auch ich wirke«, sagt er etwas sehr Klares, das für mich die Quelle von so viel Licht ist.

Hat denn Abraham nicht einer Person zugehört, als er die Stimme vernahm: »Geh aus deinem Lande« (Gen 12,1)? Und hat denn Moses nicht einer Person die Gegenwart Gottes im brennenden Dornbusch zugeschrieben? Wer sonst konnte ihm sagen: »Streife deine Schuhe von deinen Füßen!« (Ex 3,5).

Und wie Jesus in Beziehung zum Vater steht, sollen auch wir Gemeinschaft halten mit Gott.

Wie Jesus mit dem Vater spricht, sollen auch wir mit dem Vater sprechen.

UNTER UNS GEWOHNT

Alle die Häuser, die ich hienieden bewohnt habe, alle haben im guten oder schlechten Sinn nur immer die Idee in mir gefördert und ausgeläutert, manchmal auch zugeschärft, daß wir dazu geschaffen sind, in einem *Haus* zu wohnen, ein Zuhause zu haben, nicht allein zu sein.

Wir sind aus den Beziehungen zu den anderen gemacht. Wir sind aus Liebe gemacht, aus Wärme, aus Hingabe, aus dem Füreinander.

Als Johannes in der Apokalypse das Ende der Zeiten in einer Vision sah, in der alle messianischen Zeichen zusammenschießen, die seit dem Sieg Christi eingelöst sind, da verwendet er, um seiner Vision Gestalt zu leihen, auch das Haus:

»Ich sah die heilige Stadt, das neue Jerusalem, herabsteigen aus dem Himmel von Gott her, bereitet wie eine Braut, die sich für ihren Mann geschmückt hat. Und ich hörte eine mächtige Stimme vom Throne her sprechen: ›Seht, das Zelt Gottes unter den Menschen. Er wird seine Wohnung in ihrer Mitte aufschlagen, und sie werden sein Volk sein, und Gott selbst wird mit ihnen sein. Und er wird alle Tränen von ihren Augen abwischen, und es wird keinen Tod mehr geben‹« (Offb 21,2–4). Ja, Gott wird mit den Menschen wohnen, im selben »Haus«, und seine Gegenwart bei seinen Geschöpfen wird so vollkommen sein, daß sie die früheren »Präsenzen«, selbst die im Heiligtum, ausschließt, besser, überbietet.

»Und einen Tempel sah ich nicht in ihr; denn der Herr, Gott, der Allherrscher, ist selbst ihr Heiligtum« (Offb 21,22). Und dort ist das Licht nicht mehr irdisches Licht, sondern das Licht Gottes: »Auch braucht die Stadt keine Sonne und keinen Mond, damit sie ihr leuchten; denn die Herrlichkeit Gottes hat sie erleuchtet, und ihre Leuchte ist das Lamm« (Offb 21,23).

Ja, wir sind dazu geschaffen, ein Haus zu haben, das uns den Sinn für Beständigkeit, für das Bleibende, für die Ruhe gibt.

Wir sind für ein Haus geschaffen, in dem Gott Vater ist und in dem alle Menschen Brüder sind.

ER IST GEKOMMEN

Gott ist schon gekommen, und er wird noch kommen. Gott ist schon in mir, aber noch erwarte ich ihn im Dunkel des Glaubens, in der Spannung der Hoffnung, in der Hingabe der Liebe.

Merkwürdig erscheint das nur dem, der die Dynamik Gottes nicht kennt. Nichts ist wahrer als diese Weise des Vorgehens Gottes.

Gott ist bei der Erschaffung des Lichts gekommen, mehr aber noch bei der Erschaffung Adams.

Er ist in Jakob gekommen, mehr aber noch in Elija.

Gekommen ist er in Abraham, mehr aber noch in Paulus.

Der kommende Gott schreitet mit der Zeit und der Geschichte fort, wird Raum in der Geographie des Kosmos.

In der Materie kannst du seine Gegenwart erahnen, unendlich näher aber bist du ihm im eucharistischen Brot.

Alles strebt zu auf die Vergöttlichung des Menschen und auf die Wandlung hin zur Kindschaft Gottes.

Gott ist im Keim, im Prozeß der Entwicklung, er ist in der Vollendung.

Deshalb ist er schon gekommen, kommt immer, wird kommen. Daher ist das Warten unsere ureigenste Haltung.

Beten heißt warten auf den, der kommt.

Leben heißt den aufnehmen, der schon gekommen ist, Sterben meint auf den hoffen, der da kommen wird.

Wenn er dann zum letzten Mal in unserer Geschichte kommt, ist es Apokalypse, die Zeit der absoluten Vollendung, des nie endenden Besitzens.

Der neue Himmel und die neue Erde sind die prophetische Kunde einer messianischen Zeit der Fülle und der Freude und des Besitzes Gottes, sind das Endziel für den alten Himmel und für unsere alte Erde. Sie sind alt, weil Gott von ihnen wegen unseres Widerstandes keinen Besitz nehmen kann – obschon er immer danach sucht.

KOMM, HERR JESUS!

Ich habe verstanden, daß Gott ein Gott ist, der kommt. Und ich habe gewartet. Beten heißt für mich: Warten.

Im Bewußtsein meiner Grenzen und Schwäche, in der Spannung meiner Liebe galt es, die Kraft des Wartens aufzubringen.

Und er ist immer gekommen. Freilich war sein Kommen jedesmal anders, jedesmal neu. Er ist ja das Neue schlechthin, ist die ewige Vielfalt.

Immer war es gut, bei ihm zu sein, auch wenn er mir oft in einer Liebe begegnete, die schmerzte. Als Gekreuzigter kam er mir entgegen und hat gefordert, meine Liebe mit meinem Leid und dem Leid meiner Brüder zu einen.

Ich hoffe – ich baue auf seine Gnade –, daß diese Begegnung an jedem Morgen und jedem Abend meines Lebens wiederkehrt. Ich weiß, meine Armut wird immer größer werden, je näher ich an den Tod herankomme. Das Warten wird immer bitterer sein. Um keinen Preis aber werde ich an jenem unserem Treffpunkt fehlen.

Der fortwährend kommende Gott hat ganz von mir Besitz ergriffen. Meine Augen sind nun müde, die Dinge hier zu schauen, sie lächeln ihm schon entgegen.

Mögen sie offen bleiben und bereit, die Herrlichkeit seiner Ankunft zu schauen, wenn er zum letzten Mal kommt, den Schleier meiner Begrenztheit hinwegnimmt und mich mit seinem Volk – der Kirche – einführt in sein Reich des Lichtes, des Lebens und der Liebe.

Damit dieser Tag schneller zu mir komme, bete ich von nun an immer wieder mit den schönsten Worten der Apokalypse, mit jenen letzten Worten, die gleich einem Siegel über der ganzen Offenbarung stehen:

»Komm, Herr Jesus!«

Und mein wird die Freude und die Hoffnung jener Antwort:

»Ja, ich komme bald.« Amen!

QUELLENVERZEICHNIS

Die Texte dieses Bandes wurden aus folgenden Werken Carlo Carrettos ausgewählt:

Allein die Liebe zählt, 2. Auflage, München 1975; die Seitenangaben beziehen sich auf die Taschenbuchausgabe dieses Werkes in der Herderbücherei (Bd. 831), die unter dem Titel *Die Bibel läßt uns nie im Stich. Erfahrungen mit Gottes Wort* (Freiburg i. Br. 1981) erschienen ist: 9–11 = 9. März; 14–16 = 27. Sept.; 20f. = 27. Nov.; 23 = 12. Aug.; 25f. = 29. Nov.; 26f. = 15. Dez.; 27f. = 26. Okt.; 28f. = 27. Okt.; 29f. = 28. Okt.; 31 = 19. Okt.; 35f. = 28. Nov.; 43f., 46 = 16. Sept.; 50f. = 14. Nov.; 53 = 13. Nov.; 58f. = 11. Sept.; 60f. = 29. Sept.; 66f., 69 = 15. Nov.; 82f. = 22. Aug.; 83–85 = 21. Dez.; 89f. = 3. Mai; 91f. = 25. Mai; 95–97 = 13. Nov.; 97–99 = 3. Juni; 99–102 = 4. Juni; 102f. = 16. Aug.; 103f. = 15. Juli; 106f. = 18. Aug.; 107–109 = 19. Nov.; 109f. = 12. Sept.; 112f. = 4. Sept.; 115f. = 20. Nov.; 119f. = 28. Sept.; 123f. = 10. März (mit freundlicher Genehmigung des Verlages Neue Stadt).

Denn du bist mein Vater. Bekenntnis eines Lebens, 12. Auflage, Freiburg i. Br. 1984: 15f., 19 = 5. Jan.; 21f. = 7. Jan.; 22–24 = 8. Jan.; 23 = 2. Nov.; 24f. = 7. Febr.; 29. f. = 2. Juli; 30f. = 7. Juli; 31f. = 3. Juli; 35–37 = 4. Juli; 37–39 = 6. Juli; 39–41 = 29. Dez.; 41f. = 5. Juli; 42f. = 20. Juli; 43f. = 21. Juli; 45–47 = 22. Juli; 47f. = 24. Juli; 49f. = 23. Juli; 51 = 24. Juli; 51f. = 2. Nov.; 53f. = 25. Juli; 55f. = 25. April; 56–58 = 2. Sept.; 61f. = 26. Juli; 63f. = 6. März; 65f. = 27. Juli; 69f. = 28. Juli; 73f. = 29. Juli; 74f. = 5. März; 78f. = 29. April; 79–82 = 30. Juli; 82 = 28. Dez.; 84f. = 3. Sept.; 89f. = 10. Jan.; 91–93 = 21. Okt.; 93–95 = 9. Nov.; 96f. = 22. Jan.; 97–99 = 21. Aug.; 99–101 = 31. Juli; 101–103 = 16. Dez.; 107f. = 17. Juni; 109f. = 2. März; 110f. = 1. März; 111f. = 27. Dez.; 112–114 = 31. Okt.; 114–116 = 19. April; 120f. = 21. März; 122f. = 22. März; 125f. = 27. März; 127–129 = 11. Jan.; 130f. = 28. März; 132f. = 17. Dez.; 143–145 = 6. Sept.; 141–143 = 27. Febr.; 146f. = 16. Juni; 150, 152–154 = 19. März; 157–159 = 2. Dez.; 160f., 163 = 3. Dez.; 168f., 171 = 26. Jan.; 173f. = 27. Jan.

Empfangen und unvergänglich. Unser Leben, Freiburg i. Br. 1989: 12f. = 6. Aug.; 21 = 28. Dez.; 45–47 = 1. Nov.; 51–53 = 23. Nov.; 53–55 = 19. Juli; 64f. = 4. Nov.; 68f. = 5. Nov.; 69–71 = 6. Nov.; 72f. = 25. Nov.; 77f. = 19. Juni; 79–81 = 18. April; 83f. = 26. April.

Gib mir deinen Glauben. Gespräche mit Maria von Nazareth, 9. Auflage, Freiburg i. Br. 1990: 7–9 = 12. Mai; 16f. = 13. Mai; 18f. = 14. Mai; 28f. =

15. Mai; 31, 35f. = 24. Dez.; 37–39 = 16. Mai; 40–42 = 25. Dez.; 58f. = 3. Aug.; 69–71 = 15. Jan.; 78–81 = 17. April; 80–82 = 16. März; 87–90 = 17. Mai; 90–92 = 18. Mai; 92f. = 10. Mai; 94f. = 11. Mai; 102f. = 23. Dez.; 109 = 8. Okt.

Gott auf der Spur, Aschaffenburg 1975; die Seitenangaben beziehen sich auf die Taschenbuchausgabe dieses Werkes in der Herderbücherei (Bd. 753), die unter dem Titel *Gott ist unterwegs zu uns. Ich habe es erfahren* (3. Auflage, Freiburg i. Br. 1984) erschienen ist: 23f. = 10. April; 26, 30f. = 22. Mai; 32f. = 5. Mai; 34f. = 6. Mai; 36f. = 7. Mai; 48f. = 24. März; 72f. = 14. März; 72–74 = 15. März; 79 = 5. Sept.; 83 = 9. Juni; 85 = 30. Dez.; 88f. = 23. Mai; 94 = 26. Dez.; 99f. = 16. April; 105f. = 5. Juni; 123f. = 11. Juni; 139f. = 6. Febr.; 148f. = 10. Juni; 152 = 8. Juni; 155–157 = 15. Juni; 173f. = 31. Dez. (mit freundlicher Genehmigung des Paul Pattloch Verlages).

Ich habe gesucht und gefunden, 5. Auflage, Freiburg i. Br. 1991: 7–9 = 4. April; 13–15 = 23. April; 14f. = 10. Dez.; 15–17 = 12. Jan.; 19 = 10. Dez.; 28f. = 2. Mai; 29–31 = 21. Mai; 32f. = 11. Dez.; 33–35 = 14. Sept.; 35f. = 13. April; 53–55 = 24. Febr.; 86f. = 17. Aug.; 87–89 = 12. Dez.; 89f. = 12. Juni; 94f. = 3. April; 97–99 = 3. März; 99f. = 4. März; 110f. = 25. März; 153–155 = 14. Jan.; 171– 173 = 15. Sept.; 173f. = 24. Mai; 192–195 = 20. Jan.

In deiner Stadt ist deine Wüste. Geistliche Erfahrungen, 9. Auflage, Freiburg i. Br. 1990: 5 = 8. Aug.; 9f. = 23. Jan.; 14–16 = 24. Jan.; 22–24 = 10. Nov.; 24–26 = 11. Nov.; 27f. = 12. Nov.; 29f. = 16. Nov.; 35f. = 26. Mai; 36–38 = 20. Okt.; 38–40 = 6. Jan.; 40–42 = 13. Dez.; 42–44 = 7. April; 45f. = 14. Dez.; 53f. = 9. Aug.; 54–56 = 6. April; 56–58 = 5. April; 59f. = 24. April; 62f., 66 = 17. Jan.; 67–69 = 14. Okt.; 72 = 20. Juni; 74f. = 20. Juni, 1. Dez.; 77f. = 29. Febr.; 80–82 = 1. Sept.; 83–85 = 17. Febr.; 89f. = 18. Sept.; 94 = 17. März; 94f. = 17. Sept.; 98–100 = 21. Sept.; 100f. = 17. März; 110f. = 28. Jan.; 111f. = 30. Okt.; 113f. = 16. Juli; 115 = 30. Okt.; 116–118 = 24. Okt.; 121–123 = 5. Febr.; 124f. = 30. Mai; 125–128 = 9. Jan.; 130f. = 18. März; 132 = 1. Mai; 133f. = 7. Sept.

In der Wüste bist du bei mir. Geistliches Tagebuch, Freiburg i. Br. 1991: 26 = 1. Aug.; 31f. = 18. Okt.; 32f. = 8. Juli; 33–35 = 7. Juni; 36f. = 9. Juli; 38 = 9. Sept.; 41f. = 19. Mai; 45f. = 7. März; 47f. = 20. Mai; 49 = 26. März; 50f. = 15. Febr.; 52f. = 15. Okt; 54–56 = 17. Okt.; 66f. = 1. Juni; 67f. = 2. Juni; 68f. = 1. Juni; 73 = 22. Juni; 76f. = 29. Mai; 85 = 31. Aug.; 86f. = 26. März; 93f. = 22. Juni; 94 = 21. Juni; 95 = 1. Sept.; 96f. = 22. Dez.; 98 = 11. Juli; 100, 102f. = 9. Febr.; 104 = 23. März; 105f. = 11. Juli; 112 = 21. Juni; 115 = 16. Febr.; 116f. = 11. Sept.; 117–119 = 21. Nov.; 119 = 13. Sept.; 120–122 = 30. Aug.; 121 = 31. Aug.; 123f. = 1. Juli; 126 = 13. Sept.; 132–134 = 15. April; 137 = 22. Nov.; 138–140 = 16. Okt.; 140f. = 1. Aug.; 144f. = 22. Sept.; 178, 187 = 8. Okt.

Jenseits aller Dinge. Meditationen, 3. Auflage, Aschaffenburg 1978; die Seitenangaben beziehen sich auf die Taschenbuchausgabe dieses Werkes in der Herderbücherei (Bd. 694), die unter dem Titel *Unser Weg durch die Wüste, Gotteserfahrung in dunkler Zeit* (3. Auflage, Freiburg i. Br. 1979) erschienen ist: 19f. = 17. Nov.; 20f. = 18. Nov.; 22 = 8. Nov.; 23 = 1. Mai; 24f. = 25. Okt.; 25f. = 4. Mai; 27f. = 3. Jan.; 31f. = 8. März; 44f. = 19. Dez.; 50f. = 30. Sept.; 53 = 10. Juli; 73f. = 15. Aug.; 74, 77 = 27. Aug.; 79f., 82f. = 2. Aug.; 88–90 = 6. Juni; 96–98 = 7. Aug.; 101–103 = 2. Febr.; 105 = 22. Febr.; 106f. = 9. Okt.; 109f. = 10. Okt.; 110f. = 11. Okt.; 113f. = 12. Okt.; 115, 118f. = 14. April; 117 = 1. Jan.; 126f. = 24. Sept.; 129f. = 23. Sept.; 135f. = 13. Aug.; 136f. = 10. Aug.; 138f. = 11. Aug.; 139–141 = 29. Aug. (mit freundlicher Genehmigung des Paul Pattloch Verlages).

Kontemplation auf den Straßen, in: Lebenswege des Glaubens, hrsg. von Joseph Sauer, Freiburg i. Br. 1978: 59f. = 30. April; 61f. = 2. April; 63f. = 17. Juli; 67 = 27. Nov.; 67f. = 21. Jan.; 68f. = 8. April; 5. Aug.; 69f. = 4. Jan.

Karl Klein, *Tanz ins Abenteuer der Wüste*. Mit einem Vorwort von Carlo Carretto, Freiburg i. Br. 1981: 4f. = 4. Febr.; 6f. = 3. Febr.

Und doch ist alles gut. Zeugnis des Vertrauens, 3. Auflage, Freiburg i. Br. 1991: 5f. = 6. Dez.; 6. f. = 7. Dez.; 6–8 = 8. Dez.; 23–26 = 18. Dez.; 32f. = 18. Juli; 36f. = 12. Febr.; 38–40 = 11. Febr.; 45f. = 28. Febr.; 46f. = 13. Juni; 47–49 = 25. Febr.; 57f. = 11. März; 59f. = 12. April; 62f. = 13. März; 67f. = 30. März; 74f. = 31. Mai; 90–92 = 10. Febr.; 94f., 97 = 8. Mai; 97–99 = 9. Mai.

Die Utopie, die dich zu retten vermag, in: Petrus Ceelen-Carlo Carretto, Ehrlich vor Gott, Freiburg i. Br. 1981: 136–138 = 10. Sept.

Warum, Herr? Erfahrungen der Hoffnung über das Geheimnis des Leids, 4. Auflage, Freiburg i. Br. 1989: 17f. = 1. April; 27f. = 4. Dez.; 33f. = 31. März; 40 = 20. März; 46f. = 2. Jan.; 51f. = 19. Jan.; 55f. = 25. Jan.; 60–62 = 7. Nov.; 62–64 = 24. Nov.; 65f. = 16. Jan.; 73f. = 18. Jan.; 77f. = 31. Jan.; 81f. = 8. Sept.; 93f. = 19. Sept.; 99f. = 12. März; 108f. = 17. Dez.; 115f. = 29. Okt.; 117f. = 7. Okt.; 120–122 = 20. Sept.; 123–125 = 21. April; 149f. = 26. Febr.

Was Franziskus uns heute sagt, 9. Auflage, Freiburg i. Br. 1990: 7f. = 4. Okt.; 8f. = 28. April; 12–14 = 5. Okt.; 24–26 = 1. Okt.; 39f. = 2. Okt.; 42–44 = 3. Okt.; 63f. = 13. Jan.; 66–68 = 22. April; 85f. = 30. Juni; 94 = 31. März; 109f. = 29. März; 124 = 20. April.

Weil deine Liebe mich treibt. Geistliche Briefe, Freiburg i. Br. 1990: 25–27 = 9. Dez.; 46f. = 23. Okt.; 51f. = 22. Okt.; 100f. = 20. Dez.; 104f. = 14. Juni.

Wo der Dornbusch brennt. Geistliche Briefe aus der Wüste, 20. Auflage, Freiburg i. Br. 1989: 7, 9 = 1. Febr.; 10f. = 19. Aug.; 19f. = 11. April; 20–22 = 26. Sept.; 23f. = 20. Aug.; 26f. = 28. Juni; 29–31 = 8. Febr.; 31–33 = 27. Mai; 33f. = 28. Mai; 34f. = 13. Febr.; 35f. = 14. Febr.; 43–45 = 24. Aug.; 45–47 = 4. Aug.; 51–53 = 23. Aug.; 53f. = 25. Aug.; 54–57 = 26. Aug.; 59f. = 28. Aug.; 60f. = 27. April; 62–64 = 14. Juli; 66f. = 13. Juli; 70f. = 24. Juni; 71f. = 3. Nov.; 73f. = 6. Okt.; 77f. = 13. Okt.; 78 = 6. Okt.; 79f. = 12. Juli; 80f. = 14. Aug.; 91f. = 1. Jan.; 93f. = 23. Juni; 94–96 = 20. Febr.; 95f. = 26. Juni; 96f. = 21. Febr.; 97f. = 19. Febr.; 99f. = 23. Febr.; 103f. = 25. Juni; 105f. = 29. Juni; 106–108 = 25. Sept.; 114f. = 18. Febr.; 116f. = 27. Juni; 124f. = 29. Jan.; 126f. = 30. Jan.; 133f. = 18. Juni; 141f. = 26. Nov.; 142f. = 9. April; 143f. = 30. Nov.

CARLO CARRETTOS VERMÄCHTNIS – EINBLICKE IN SEINE GEISTLICHE BIOGRAPHIE

In der Wüste bist du bei mir
Geistliches Tagebuch
216 Seiten, Paperback. ISBN 3–451-22377-5

Eine kleine Oase in der algerischen Sahara wird für Carlo Carretto zum Ort einer entscheidenden neuen Gotteserfahrung, zum Ort der Verwandlung: vom Manager zum Mystiker, von einem, der sich für Gott engagiert, zu einem, der sich von Gott engagieren und ergreifen läßt.

Diese Tagebuchaufzeichnungen führen an Wurzel und Wendepunkt der geistlichen Biographie Carlo Carrettos: sie sind authentisches Zeugnis und leidenschaftlicher Impuls für eine Spiritualität, die Gott und den Menschen radikal ernst nimmt.

Weil deine Liebe mich treibt
Geistliche Briefe
216 Seiten, gebunden. ISBN 3-451–21987-5

Diese privaten, bisher unveröffentlichten Briefe an seine Schwester Dolcidia gewähren einen tiefen Einblick in die geistliche Biographie Carlo Carrettos. In ihnen kommen spirituelle Erfahrungen zur Sprache, wie sie der Mensch auf der Suche nach Gott macht.

Ein klassischer Carretto, durchglüht von seinem Engagement für das Evangelium. Näher als hier kann man Carretto und der mitreißenden Kraft seiner Gedanken nicht kommen. Ein großes geistliches Erlebnis.

Verlag Herder Freiburg · Basel · Wien

WEITERE BÜCHER
DES GROSSEN GEISTLICHEN AUTORS

Denn du bist mein Vater
Bekenntnis eines Lebens
Herderbücherei Band 1741 ISBN 3-451-08741-3

Empfangen und unvergänglich
Unser Leben
160 Seiten, gebunden. ISBN 3-451-21594-2

Gib mir deinen Glauben
Gespräche mit Maria von Nazareth
9. Auflage, 128 Seiten, Paperback. ISBN 3-451-19018-4

Ich habe gesucht und gefunden
5. Auflage, 200 Seiten, Paperback. ISBN 3-451-19805-3

In deiner Stadt ist deine Wüste
Geistliche Erfahrungen
8. Auflage, 152 Seiten, Paperback. ISBN 3-451-18234-3

Und doch ist alles gut
Zeugnis des Vertrauens
3. Auflage, 144 Seiten, gebunden. ISBN 3-451-21347-8

Warum, Herr?
Erfahrungen der Hoffnung über das Geheimnis des Leids
4. Auflage, 176 Seiten, Paperback. ISBN 3-451-20536-X

Was Franziskus uns heute sagt
9. Auflage, 160 Seiten, Paperback. ISBN 3-451-19397-3

Wo der Dornbusch brennt
Geistliche Briefe aus der Wüste
20. Auflage, 144 Seiten, Paperback. ISBN 3-451-16654-2

Verlag Herder Freiburg · Basel · Wien